中国人民大学刑事法律
科学研究中心系列丛书

比较刑法研究

COMPARATIVE STUDIES OF CRIMINAL LAW

主　编　冯　军　陈　山
副主编　蔡　鹤　谭　淦

基础学理
刑事立法论与再法典化
单位犯罪
少年刑法与少年司法
古为今用

教育部人文社会科学重点研究基地　（第三辑）

中国人民大学出版社
· 北京 ·

序

2022年9月24日至25日，通过腾讯会议视频，首届“中德日刑事法论坛”以线上形式召开。这次论坛是由中国刑法学研究会、中国人民大学刑事法律科学研究中心和四川师范大学主办，由四川师范大学法学院承办，由四川发现律师事务所、中国行为法学会理论研究专业委员会和教育部高校国别和区域研究备案中心日韩研究院协办的。会议的主题是“规制时代的刑法学走向”，会议分别研讨了“刑法改革与刑法的再法典化”“少年刑法与少年司法”“责任刑法还是预防刑法”等具体问题。参加会议的学者，除了我国的刑法学者，还有德国、日本等国家的著名刑法学家，共两百余人。

这次会议共收到43篇论文。在征得作者的同意后，我们从这次会议的论文中选择了22篇论文，以《比较刑法研究》第三辑的形式公开出版。这22篇论文都具有很高的学术价值和实践意义。此外，英国利物浦大学瓦萨米斯·米契里加斯教授的《欧盟法中的有罪不罚：一个概念的评估》与本辑主题高度相关，因而也被收入本辑之中。考虑到集刊编写的特殊性，本辑论文没有完全按照会议论文顺序编排，而是根据论文主题的相关性进行了分类，并区分为“基础学理”、“刑法立法论与再法典化”、“单位犯罪”、“少年刑法与少年司法”和“古为今用”几大板块。“古为今用”板块是此次研讨会论文中讨论传统法律制度和文化之现代意义的文章，带有古今比较的色彩。

刑事法学不是孤独者的事业。尽管当今的刑事法还是国家的刑事法，它存在于国境之中，被国境中的时间、空间、人和物所限定，但是，刑事法所要解决的问题是普遍的，解决刑法普遍问题的具体方案是可以比较的。在历史的长河中，那些能够自我优化的方案“千秋凛然”地存续，而那些总是自封固化的方案很快地化为历史的尘埃。一国刑事法学的自我优化，途径之一是对他国刑事法学的比较研究。“中德日刑事法论坛”，乃是中、德、日刑事法学者进行刑事法学比较研究的交流平台。中国刑法学研究会会长贾宇教授在开幕致辞中说：“衷心希望中国人民大学刑事法律科学研究中心与四川师范大学长期合作，将这样一个国际性刑事法学交流平台发展好、维护好，使其成为中、德、日三国青年长期对话、深入交流的一个窗口、一个品牌。”日本刑法学家井田良教授在开幕致辞中也说：“衷心希望本次研讨会取得圆满成功，并期待第二届、第三届等等，将‘中德日刑事法论坛’发展成为跨国意见交流的定期性盛会。”我们热切期盼中、德、日刑事法学者能够携手同行，在继续主办的“中德日刑事法论坛”这个平台上，充分交流，深入沟通，为刑事法学的自我优化创造契机。

向参加首届“中德日刑事法论坛”的全体同仁表示衷心感谢；由衷感谢蔡鹤教授前期的编辑工作；向容忍我们拖至今日方出版《比较刑法研究》第三辑的全体作者表达愧歉；向认真细致的本书责任编辑致以敬意。

编者
2024年岁末

目　录

CONTENTS

基础学理

刑法立法论与再法典化

单位犯罪

少年刑法与少年司法

古为今用

基础学理

刑法中的公民协力义务

——一种合法性范式的证立及边界*

［德］米夏埃尔·帕夫利克** 著

谭 淦*** 译

一、任务与目标

关于刑罚的任务，以及合法的刑法（legitime Strafrecht）之前提条件与边界问题，往往——正如本次会议的邀请函中——被表述为“责任刑法还是预防刑法”的正反义词。这种对立，当然也有其道理。不过，它主要是针对刚才提到的两个问题中的第一个：关于刑罚任务的问题。在该处，它指的是“作为预防将来犯罪的一种手段的刑罚”与“作为对有责的不法之报应的刑罚”之间的选择。费尔巴哈与李斯特代表的是两个选项中的第一个，康德——至少在其传统解读中——代表的则是第二个。

关于合法的刑法之前提条件与边界的追问，涉及的却是另一问题。从黑格尔法哲学的范畴来看，该问题涉及市民社会与国家之间的关系。用理想型（idealtypisch gesprochen）（以及高度简略的）的话来说，它是关于在专制主义的（充其量是开明的专制主义）国家观（absolutistische Staatsverständnis）与自由主义的国家观（liberale Staatsverständnis）之间的选择。专制主义的——说得更客气些：干预主义的（interventionistisch）——立法者将刑法作为全面塑造社会（Gesellschaftsgestaltung）的手段；换言之，他不尊重市民社会的固有权利。与此相对，自由主义的刑事立法者相信市民社会的自我组织能力和自我调节能力。因此，他（指自由主义立法者——译者注）只限于保护让这些能力能够实现预期成效的条件。尽管这些条件绝非微不足道——包含从个别法律关系的完整性，到基础性国家机构，再到对在广泛的匿名条件下交往互动必不可少的制度信赖——但它们远远没有达到前一模式（指专制主义国家观——译者注）所赋予刑事立法者的权限。

在上述两对备选方案之间，并不必然存在着概念上的相互联系。一种预防性的刑罚根据，不是一定要与一种干预主义的刑法任务界定携手出现。例如，预防论者费尔巴

---

* 本文的译稿，得到了中国社会科学院大学樊文教授的重要指正，特别感谢。

** 米夏埃尔·帕夫利克（Michael Pawlik），法学博士，德国弗莱堡大学刑法学与刑事诉讼法学研究所所长，刑法学、刑事诉讼法学与法哲学教席教授。

*** 谭淦，西南政法大学法学院讲师，法学博士。

哈，因其权利侵犯说，代表的就是一种至少在起点上特别狭义的刑事不法观[①]；一种报应性的刑罚理论，也不会导致犯罪概念的瘦身。例如，宾丁——即使他所谓的报应论在实质上更像是一种积极的一般预防理论——明确地给了立法机构在法益的创设及其刑罚捍卫方面的自由。[②]

下面，我想简单向大家介绍一下我本人的构想（Konzeption），它也分为两个层面。首先，我要表明的是，根据其形式上的特性，刑事不法（Kriminalunrecht）应被理解为是对公民协力义务（Mitwirkungspflicht）的违反。其次，我要提到的是，为何允许公民被赋予此种协力义务，亦即刑法和刑罚的实质合法性问题。我的回答是：因为这样做对一种自由状态（Zustand der Freiheitlichkeit）的维护是必要的。

然而，我不想局限在介绍这一构想的主要特点。对我来说，同样重要的，是对我提出的证立要求（Begründungsanspruch）的范围以及由此产生的边界进行说明。我请求您注意证立（Begründung）与讨论（Debattieren）这两个层次之间的区别，这一区别本身是众所周知的，但在日常讨论中经常被忽视。根据托马斯·库恩（Thomas Kuhn）提出的科学范式类别（Kategorie des wissenschaftlichen Paradigmas），对这一区别可以表述如下：参与讨论者是否关心一个原则上普遍认为具有权威性的合法性范式（Legitimationsparadigma），比迄今为止出现的更能得到正当地（richtig），更一致、全面地应用。或者说，这恰恰是一个关于何种合法性范式才是正当的（das richtige）的争议问题。换言之，存疑待决的分歧，能否被定性为在一种合法性范式之内的争论（Streit innerhalb eines Legitimationsparadigmas），或者关于一种合法性范式本身的争论（Streit um ein Legitimationsparadigma）？只有清楚知道一个人每一次是在何种层面上进行活动，才能进行基本的讨论，特别是跨文化的讨论，同时不抱幻想，并保持着互相理解的希望。

二、本文构想的方法论主张

（一）为什么是协力义务？

哲学家的基本态度，是惊讶于他人看来不言自明的东西。一位法哲学家会惊讶于什么？他会意识到，规范性组织形式（die Organisationsform der Normativität）存在相当大的风险。[③] 由于规范（Normen）一开始就指定了备选方案——规范的履行与规范的违反[④]，它们剥夺了其对象的必要性，并突出了其自身的可违反性[⑤]，因此，从一名法哲学家角度考虑，令人惊讶并且需要解释的，首先是规范性的形式（die Form der Normativität）已被证明是成功的，尽管它很容易受到侵犯。通过法（Recht）来驯服权力（Macht），不单是文学作品与悦耳宣言中的主题，在社会现实中也要能坚持（sich behaupten）——尽管一直都不完美——这怎么可能呢？因此，法哲学不能满足于陈述

---

① 详细的论述，参见 Jakobs，in：Koch u. a.（Hrsg.），Feuerbachs Bayerisches Strafgesetzbuch，2014，S. 209 ff。

② 对此更进一步的论述，参见 Pawlik，in：Kubiciel u. a.（Hrsg.），Eine gewaltige Erscheinung des positiven Rechts，2020，S. 113 ff。

③ Nida-Rümelin，Philosophie und Lebensform，S. 123，138 f.

④ Möllers，Die Möglichkeit der Normen，2015，S. 368.

⑤ Möllers（Fn. 4），S. 153.

法律应该是（soll）什么样子；相反，它还必须处理法要如何获得（gewinn）和捍卫（bewahrt）其定义现实的力量问题。

康德仍然相信，法秩序的维护，只能通过一个能可靠地中和人的自私倾向的国家权威网络来实现；公民的动机结构（entgegenkommende Motivationsstruktur der Bürger）并不重要。因此，国家的设立问题，“虽然听起来很难，但即使是一个魔鬼的民族，也是可以解决的（只要他们有脑子）”⑥。正如英国犯罪学家大卫·加兰（David Garland）所指出的，这种观点在某些时候一跃成为“高度现代主义”（der Hochmoderne）的信条。⑦ 然而，这是不准确的。由于在一个魔鬼民族的国度里，当局只能求助于强制性胁迫这一诱导手段，他们要实现法律维护（Rechtswahrung）的必要条件（conditio sine qua non），是存在一个强有力的、无所不在的强制机器。然而，设立它（强制机器）的代价无比高昂，包括建立一个全面的监控系统。费希特（Fichte）明确得出如下结论：面对设计一个其存在要独立于公民道德的法律体系的任务，他的建议是，建立一个“警察……非常清楚每个公民在一天中的每一个小时都在哪里，正在做什么”⑧ 的国家。然而，这不仅会破坏公民的自由，也会大大透支国家的组织能力，使其因对监视的渴望而快要窒息。⑨

因此，只有当受法约束之人的守法行为在很大程度上不言自明时，法秩序的执行成本才能被控制在自由理论可接受的框架内。⑩ 因此，必须通过法律伙伴（Rechtsgenessen）足够可靠的自我控制，来弥补外部纪律机构的撤出。因此，一个自由的国家之所以能够存在，是因为其公民普遍地、自由地服从法律，而违法的行为仍然只是孤立的现象——这就是他们作为现行法状态共同承载者之责任（Verantwortung）的核心所在；这就是为什么公民的守法（Rechtsbeachtung）与其他形式的法律行为（Rechtshandeln）同等重要⑪；这就是为什么不仅立法和司法具有代表性，而且正如哲学家沃尔克·格哈特（Volker Gerhardt）所指出的，日常的守法也具有代表性。“法律（Gesetz）代表了一个制度性共同体（institutionelle Gemeinschaft）的行为预期，法官代表了法律（Gesetz），依法行事的公民则示例性地展示了法律的有效性（Geltung der Gesetze）。”⑫ 通过这种方式，公民个人能克服前面提到的规范性的基本风险（Grundrisikos von Normativität）：因为如下事实，即为了完成其任务，它有赖于规范对象的对向行为（entgegenkommendes Verhalten der Normadressaten）。这样一来，守法者以与违法者相反的方式履行其作为公民的角色：后者（违法者）声称可以自行决定其守法的条件和范围，而前者（守法者）则承认（法律的）普遍性（Allgemeinen-des Gesetzes）和无条件的优先地位。通过

---

⑥ Kant，Zum Ewigen Frieden，AA Bd. 8，S. 366. Im Einzelnen dazu Pawlik，JRE 14，2006，S. 269 ff.

⑦ Garland，Kultur der Kontrolle，2008，S. 92.

⑧ Fichte，Grundlagen des Naturrechts，Werke，hrsg. von I. H. Fichte，Bd. 3，S. 302.

⑨ 也可以参见 Jakobs，Norm，Person，Gesellschaft，3. Aufl. 2008，S. 78 f。

⑩ 接下来的进一步论述，参见 Pawlik，Das Unrecht des Bürgers，2012，S. 90 ff.；ders.，Normbestätigung und Identitätsbalance，2017，S. 29 ff。

⑪ Müller/Christensen，Juristische Methodik，Bd. 1，11. Aufl. 2011，SS. 45，302.

⑫ Gerhardt，Partizipation，2007，S. 343.

这种方式，他（指公民）确证并强化了它（指法律）的权威性。⑬

我们此处所理解的刑法，除了要求履行这样一种公民的协力义务，没有其他要求。因此，用英国刑法学者安东尼·达夫（Antony Duff）的话来说，它在概念上是“公民的法律”⑭（law for citizens）。相反，刑事不法（kriminelle Unrecht）的特有属性在于，行为人通过执行偏离了刑法的规范秩序、单方面有利于自己的规范，违反了他维护现有法状态的协力义务，从而破坏了他作为法共同体的代表，简言之，作为公民的角色。⑮一句话：与刑法相关的不法，是一种公民的不法（Unrecht des Bürgers）。

（二）一种共和主义的构想

上述协力义务的构想，既非在文化和政治上的中立，亦非没有前提条件。如同任何理论一样，它是在特定的文化、政治界域（Horizont）内发展起来的。当然，这样的界域可以定义得更窄，或是更广。初眼看来，我把一项共同事业的协力义务置于刑法合法性的中心位置的举动，似乎会过度地限缩由此发展出来的构想的界域。这样一种义务设想，难道不是预设了一种明显的国家公民责任感吗？正如在旧普鲁士可能会找到它，今日之德国却付之阙如。

然而，这一反对意见并不适用于我所主张的构想。正如黑格尔指出的那样，分工原则在现代国家中普遍存在⑯，不仅存在于经济领域，而且存在于法律领域。这就意味着其公民的法律责任范围受双重限制。首先，公民——至少在生存性政治危机之外——对国家的共同福祉没有直接责任；他们只需遵守法（Recht）和法律（Gesetz）。其次，用黑格尔的话说，“晚近的国家并不直接要求对它表示认同的态度（Gesinnung），而只是要求作出表现（Leistung）”⑰，因此，从何种动机来源汲取法忠诚（Rechtstreue）的意愿，要由公民个人来决定。⑱ 尽管我认为，只有当公民的守法行为在很大程度上是不言自明的时，也就是说，如果他们普遍地、自由地服从法律，如果违法的行为仍然只是孤立的现象，那么法秩序的执行成本才能被控制在自由理论可接受的框架内。⑲ 但是，我知道，这样的一种态度是无法在法律上得到执行的。在法律上，公民只需在外观上正确地履行其法律义务（die äußerlich korrekte Erfüllung seiner rechtlichen Pflichten）——这是一个连（尤其是）顽固的自由主义者都会同意的定律。诚然，他们会以不同的方式来证明这一点，即不会诉诸协力义务的范畴。我希望，通过《公民的不法》（Unrecht des Bürgers）及其后续出版的论著，能够表明，这类论证在将表面上对立的刑法与自由统一起来的目标上，不如我所提出的构想更为有效。我的理论试图将一种广泛共享的基本直觉尽可能有效地应用于刑法问题，这正是我理论中所带有的启蒙主张。

然而，我承认，对于刚才提到的那种误解，我并不是无辜的。特别是，我仿效英国

⑬ Vgl. Spaemann，Zur Kritik der politischen Utopie，1977，S. 180.

⑭ Duff，Theoretical Criminology 14，2010，293.

⑮ 相关立场的证明，参见 Pawlik（Fn. 29 Normbestätigung），S. 39 Fn. 176。

⑯ Hegel，Vorlesungen über die Ästhetik I，Werke Bd. 13，1986，S. 241.

⑰ Hegel，Vorlesungen über Rechtsphilosophie 1818－1831，Bd. 3，1974，S. 723.

⑱ Klarstellend Kant，Metaphysik der Sitten，AA Bd. 6，S. 231.

⑲ 接下来的进一步论述，参见 Pawlik（Fn. 29 Unrecht），S. 105 f.；ders.（Fn. 29-Normbestätigung），S. 35 ff。

思想史学者昆廷·斯金纳（Quentin Skinner），将我的理论命名为“共和主义”（republikanisch）[20]，这引起了过度解释。在选择这一名称时，我唯一关心的，是在政治哲学谱系上锚定（verankern）我的主张，即主张个体的自由，意味着有义务去建立一个自由者（die Freien）统治自己的政体，并协力维护它。斯金纳指出，自霍布斯以来，甚至是在自由主义（Liberalismus）中，此种自由观（Freiheitsverständnis）在很大程度上已被一种竞争性观点所取代，后者将自由定义为外部障碍的缺席（Abwesenheit äußerer Hindernisse），也因此从一开始就难以证立超个体的政治实体中的协力义务。另外，共和主义方法的特点是，它与所有个人主义的自由观——典型的是社会契约论——保持距离，但并没有落入集体主义学说的陷阱（die Fänge kollektivistischer Lehren）；因为只有当这种自由（Freiheitlichkeit）在公民个人的生活条件中实际可见、可感知时，才能在我所预设的意义上谈论一种自由的状态（ein Zustand der Freiheitlichkeit）。后一种要求的范围，将在我进一步的发言中变得清晰。

相比之下，我与古典共和主义的要求——公民出于其对政治共同体的责任意识而行动——相距甚远。正如我刚才提到的，即使是普遍守法的态度，它在公民中的广泛传播对于自由秩序的稳定必不可少，也不一定是出于“共和主义”的动机；一般来说，它会从相当不同的、往往不那么高尚的来源（如基于单纯的习惯，或是出于不想冒犯的愿望）中获得营养。只要公民依法行事，刑法本身甚至根本不问其动机。在这方面，就我的构想而言，我们只能说是一种“形似的共和主义”（Als-ob-Republikanismus）。诚然，在客观方面，它将刑法的诫命（Gebot）解释为一种协力义务的具体化。然而，从主观上讲，公民只需在行为外观上表现出政治共同体的维护对他来说形似（als ob）很重要就足够了。

（三）一种自由的状态——那是什么？

因此，这里的构想，远远没有表现出反动的倾向（reaktionäre Schlagseite）。事实上，其自身的视野边界（Horizontbegrenzung）在于一个完全不同的点——在于刑法协力义务的合法性根据，即一种自由状态的维护。因此，对捍卫自由的关切，证立了一种真正的公民刑法中的刑罚的合法性，不过，同时也限制了它。那么，对于一种自由的状态（ein Zustand der Freiheitlichkeit）要如何理解呢？即使是在这一点上，我也不想主张自己的原创性。相反，我想拾起此种自由观最重要的特征，然后，正如我希望的那样，在理论上尽可能地把握住它，这种自由观是从世界上的那些民主法治国家中发展起来的，像罗尔斯一样，我想概括地称之为“西方自由观”。

我的重建尝试，是从将人（Mensch）理解成“行动的存在”（Handlungswesen）开始的。正如我在其他地方详细解释的那样，在我的理解中，行动（Handeln）意味着以一种适格的（kompetent），即可证立的方式对规范性备选方案（normative Alternative）表达态度。[21] 那些实施了犯罪行为的人，那些对犯罪者进行判决的人，那些以科学的方式准备进行这种判决，然后试图以教义学的方式对其进行分类的人，他们都有一个共同

---

⑳ Pawlik（Fn. 29 Normbestätigung），S. 43 ff.

㉑ Pawlik（Fn. 29 Normbestätigung），S. 7 ff.

点：他们都是根据各种来源的规范性要求（从审慎的技术规则，到礼仪、法律规范，再到道德、宗教规范）来指导他们的行为，并通过他们的具体行为，展示出他们对相关规范的生活实践重要性赋予了多大程度的认可。在我的《公民的不法》一书中，我还没有意识到犯罪的一般理论（Allgemeine Verbrechenslehre），也必须从人类学的角度出发，即将人（Mensch）定义为一个（面对各种规范性要求时会）作出回应的存在（ein stellungnehmende Wesen）的概念；直到我写了《规范确证与同一性平衡》（Normbestätigung und Identitätsbalance），我才考虑到这一见解，从而真正地、认真地将犯罪的一般理论嵌入到实践哲学中，正如我在《公民的不法》一书中已经表明的那样。

只有当一个人知道他在行动中所表达的立场会产生影响时，才真正实现了制度对个人作为行动者的认同。这种制度性认同超越了简单的口头承认，具有实际的价值和后果。因此，规范秩序及其适用，必须在尽可能大的范围内以这样的一种方式设立，即无论当事人在行动中完成的表态是这样的或那样的，都会对他或她产生重大的实际影响。正如我所希望（已在前面阐明）的那样，这就是我所说的共和主义（Republikanismus）的核心。协力义务仅是这样一种认识的另一面，即在一个由公民组成并为公民服务的秩序中，这些公民自身是至关重要的。这种秩序的（或许有些过于强调的）指导性概念是：自我决定（Selbstbestimmung）。对于一个由“行动者”（Handlungswesen）组成的政治共同体来说，只有一种“作为自我决定的自由秩序”才能适合它。这一观点至少自卢梭和康德以来，便被视为所有能够在哲学上令人信服地探讨政治哲学问题的出发点。[22]

有权决定（bestimmen）某人，意味着统治（beherrschen）他们。自我决定（Selbstbestimmung）的特殊性在于统治者（Herrschender）和被统治者（Beherrschter）是同一的。那些过着自我决定的生活的人，不允许别人决定他们的行动内容，而是根据他们（自己）的价值观和目标独立地决定。法（Recht），特别是刑法（Strafrecht），其主要任务是保障如下关切：公民（die Bürger，复数）应当能够按照自己的见解来开展自己的生活。诚然，国家及其刑法不能保障个人过上充实的生活。然而，刑法可以做到的是帮助公民塑造其个体性、集体性存在（ihr individuellen und kollektiven Dasein），使其免于令人瘫痪的恐惧、令人压抑的他人决定（Fremdbestimmung）。

当然，这只是一个高度概括的准则。然而，就这一任务界定的具体化任务来说，刑法理论不应该——说得有点粗暴——假装比它现实中的更笨。哲学上的反思，加上过去两百年来在“刑法”（Strafrecht）实践领域积累的丰富实践经验，使我们有可能赋予它（指刑法理论）足够（清晰）的轮廓（hinreichende Konturen）。比如，关于刑法规范的设计，本文的方法反对片面强调对受威胁法益的保护，因为它诱使人们不断提升刑法的保护强度，并将其置于实害行为（eigentliche Verletzlungshandlung）的前领域（Vorfeld）。[23] 与其从法益的角度思考，不如从法律关系（Rechtsverhältnissen）的角度思考，后者除了保护的关切（Schutzanliegen），还考虑到了刑事禁令对义务对象的行动自由的

㉒ Pawlik（Fn. 16），S. 14 ff.

㉓ 对此的批评，参见 Pawlik（Fn. 29 Unrecht），S. 137 ff。

影响。[24] 此外，刑法的规定不能只停留在纸面上，公民必须要能够相信国家是在严肃地执行它们。一个接受事实上法律真空（faktisch rechtsfreie Räume）或是在刑事追诉中极具选择性的国家，可能会有一部精美的刑法典，但它不是一个完全意义上的自由国家（freiheitlicher Staat），这也适用于刑事诉讼法的设计。因此，侦查措施与审讯方法决不能完全受制于效率标准，而必须始终考虑到被告的自由权利；一个正常运作的法院组织，还必须确保相关的限制在实践中得到遵守，且对之的违反将导致有效的制裁。

当然，要求自我决定的公民，不仅是以一个在法面前能够答责的私人格体（ein vor dem Recht verantwortlichen Privatperson）角色出现——他对有效保护自己的完整性（Integrität）免受侵害感兴趣，而且也是以一个能够对法承担责任的国家公民（ein für das Recht verantwortlichen Staatsbürger）的角色出现。与此相应，在《论永久和平》（Zum ewigen Frieden）一文中，康德反驳称如下观点是一种同义反复，即认为法律上的自由（rechtliche Freiheit）包括允许做任何自己想做的事，只要不对他人造成不法；并用以下定义取而代之：法律上的自由，是“除了我已经能够同意的法律（Gesetz）之外，不服从任何外部法律（äußerer Gesetz）的许可（Befugniß）”[25]。在与贝卡利亚（Beccaria）的辩论中，康德明确提到了具有特别浓厚干预性的刑法（die besonders eingriffsintensiven Strafgesetz），他明确表示，它在这里所指的，并不是实际发生的同意，而是可以合理预期的同意。[26] 鉴于“多元论的事实”（Faktum [s] des Pluralismus）[27]，康德所援引的“纯粹法的—立法的理性”（reine rechtlich-gesetzgebende Vernunft）[28] 不再能在统治者的个体人格——只依赖自身及自己的良知——中找到其制度性表达，而只能在适当的程序性安排中找到。在我看来，根据所有的历史经验，迄今为止证明最有效的统治形式是代议制民主（repräsentative Demokratie），或者它的进阶发展，即参与式民主（partizipative Demokratie）。

最后，一种自由秩序，决不能满足于赋予其成员一定的行动裁量空间（Handlungsspielräume），否则——夸张地说——就会让他们听天由命（躺平）。相反，它必须考虑到这样一个事实，即要基于自我决定，以一种适格的方式来实践法，这有赖于国家的其他各种服务。诚然，世界上所有的社会中，刑法主要针对的是下层社会成员。然而，它至少必须嵌入一个整体的法秩序（Gesamt-Rechtsordnung），该秩序从一开始就不会放弃任何公民，而是给他或她一个自我发展和塑造个人生活的——尽管可能只是一个小的机会。从一个正常运作的学校体系开始，通过基本的基础设施和社会服务，到一个让他或她在维护其法律地位（Durchsetzung seiner Rechtspositionen）时不会遇到极大困难的司法体系。因此，判断一个刑法秩序的合法性，决不能只看刑法本身，而是要把相关的法秩序作为一个整体纳入其中。

㉔ Pawlik（Fn. 29 Unrecht），S. 141 ff.

㉕ Kant，Zum ewigen Frieden，AA Bd. 8，S. 350 Anm.

㉖ Kant，Die Metaphysik der Sitten，AA Bd. 6，S. 335.

㉗ Rawls，Die Idee des politischen Liberalismus，1994，S. 298 ff.

㉘ Kant（Fn. 45），S. 335.

三、两种类型的讨论

（一）"自由的状态"的方法论地位

在简单概述了我所理解的自由状态后，我想简要地解释一下这一标准的方法论地位。为此，我要再次提到斯塔姆勒（Stammler）的法哲学。它的核心要素之一，是法的概念（Begriff）与理念（Idee）之间的区别。法的概念（Begriff des Rechts）将人类意志（menschliche Wollen）的一个类别，与其他类别——道德、习惯和恣意——划清了界限。另外，法的理念（Idee des Rechts）则是基于意志的基本正当性（grundsätzliche Richtigkeit des Wollens）问题。㉙ 斯塔姆勒认为，与用作分类的概念相比，法的理念（Idee des Rechts）具有一种调节性的特征（ein regulative Charakter）。㉚ "它作为一项任务存在，其解决方案在任何特定情况下都不可能完全成功，但作为一项任务，却永远无法回避它"㉛，因为对现行法是否与理性相符的怀疑，不能简单地置之不理。㉜

当我在前面提到，刑法协力义务是致力于一种自由状态的维护时，用斯塔姆勒的术语来说，这一任务界定涉及的并不是刑法的概念（Begriff des Strafrechts），而是刑法的理念（Idee des Strafrechts）。每个刑法秩序都需要一种这样的理念。与斯塔姆勒一样，我认为所有立法了的法（gesetzte Recht），都代表了一种尝试，即要"成为正当的法"（richtige Recht zu sein）㉝ ——不是在如下的意义上，即应当通过它来标识出立法者的实际动机；而是在如下意义上，即通过它表达了"法律的制定"这一操演行为*（performative Akts "Rechtssetzung"）的客观意义内容。㉞ 正如斯塔姆勒指出的那样，事实表明，很难举出"哪怕是一个法意志的持有者（der Träger eines rechtlichen Wollen）没有宣称其基本正当性（grundsätzliche Berechtigung）的实际例子"㉟。

因此，某种刑法秩序只是不完美地完成了上述任务——对哪个刑法秩序不可以这样说呢？——这样的发现绝非马上就排除了参照该任务来解释、评价和发展它的可能性。实证的法材料（positive Rechtsmaterial），在多大程度上偏离其解释所依据的任务界定才是可接受的，这取决于各自学术界的惯例，并且至少取决于它们单个选择的文学形式（literarische Form）：相对于一篇评论（Kommentierung），一篇关于犯罪的一般理论的论文（Abhandlung）可以有更大的自由度。但是，这种差异不能过大。相反，一篇刑法学论文，仅当其能够作为一种价值主张被提出来时（Geltendmachung von Wertungen），才能被认为是（本文开头）所述的启蒙事业（ein aufklärerisches Unternehmen），

---

* performative Akt，操演行为，操演是言语行为理论（Sprechakttheorie）的概念，表示言语与行动之间的特殊联系。言语（Sprechen）与行动（Handeln）之间的正常联系被称为言语行为（Sprechhandlung）——这使得"说话"（Sprechen）是一种有意的行为。言语行为在实施或具体化时具有操演性（performativ）。因此，操演性（Performativität）意味着已说之话的执行或具体化。——译者注

㉙ Stammler，Die Lehre von dem richtigen Rechte，2. Aufl. 1926，S. 23.

㉚ Stammler（Fn. 6），S. 419.

㉛ Stammler（Fn. 6），S. 419.

㉜ Stammler（Fn. 6），S. 29，391.

㉝ Stammler（Fn. 48），S. 57.

㉞ Pawlik（Fn. 29 Unrecht），S. 39 ff.

㉟ Stammler（Fn. 48），S. 57.

那些价值主张可以在相关的刑法秩序中重新找到（wiederfinden），即便可能只是萌芽。如果情况不再是如此，就应该公开说明它是什么：作为外部的相反方案（externer Gegenentwurf），而不是作为对所提及的法秩序的（尽管是批评性的）内部解释。因此，一种向来以非世俗目标为导向的刑法，与一种作为工具、旨在为处在统治地位的政治集团的利益而恐吓和约束民众的刑法一样，都超出了此处作为基础理解的界域（Horizont）。这并不排除在这些法律体系之外引入在自由主义刑法观下发展起来的某些理论脉络的可能性，但在这样做时必须时刻保持警惕，因为这些理论一旦置于新的意识形态背景下，其呈现出的意义可能完全不同，由此可能引发各种误解和滥用的风险。

（二）两个层面的讨论

因此，一般来说，刑法科学上的每一次基础讨论都必须要被问，它是在何种层面上进行的：讨论的参与者，是否关注到要正当地（richtig）应用一种被普遍认为具有权威性的法理念（Rechtsidee）——按照托马斯·库恩（Thomas Kuhn）的说法，我们也可以称之为是一种合法性范式（Legitimationsparadigma）——而且可能比迄今为止做到的更一致、全面；还是说，何种法理念、何种合法化范式才是正当的（das richtige）？这恰恰是有争议的问题。简言之，相关的争议，能否被定性为是对某种法理念的承认的争议（Streit unter Anerkennung einer bestimmten Rechtsidee），或是关于法理念的特征的争议（Streit um die Beschaffenheit der Rechtsidee）？

这绝不是一个纯粹的学术上的区别。如果我试图用只有在我的合法性范式内才有意义和证明力的论述，来反驳对手的反对意见，那么我就犯了一个类别错误（Kategorienfehler），因为对手会否认我作为基础的合法性范式的相关性。对于像我们今天这样的跨文化对话来说，这种区别同样是相当重要的，它决定了诸如我在过去几分钟里有幸向你们介绍的那些思考以什么样的方式被纳入中国的讨论。当然，在许多情况下，这样的分类本身是有争议的。一个群体——我很高兴将本次会议组织者算作其中之一——来说，似乎已经成为自身法文化实质的一部分，而另一群体——他们更依赖国内刑法思想的本土发展——则是一个外来的异物（ein externer Fremdkörper）。对这一分歧，不能在严格的科学意义上进行判定。最近，它充分清晰地表明，对基本原则的法科学讨论，特别是跨越不同政治文化进行的讨论，也始终是政治性的解释之争。不仅是我们作为实在法解释者的角色，也包括我们作为学者的角色，都不能逃避“权力”（Macht）这个话题。我希望，天平会倾向自由一边。

从规范论看“应然的刑法学”

［日］高桥则夫[*] 著

毛乃纯[**] 译

一、引言

现代是怎样的时代，这本身就是一个问题，可能存在很多讨论。如果列举特征性的关键词，大体包括：价值多元化社会、风险社会（危险社会）、超信息化社会、超老龄化社会等等。在这样的社会状况中，我们有必要去探索应然的刑法学。但问题是，能否像最近的刑事立法那样一味地朝着“处罚的早期化、扩大化、严罚化”的方向发展?

对于刑事立法的倾向，大致可以分为以下三种类型：

第一，应对新型犯罪的刑事立法。例如，处罚服务器安全相关犯罪和性犯罪等的立法。

第二，以犯罪被害人的需求为基础的刑事立法。例如，对《尾随行为等规制法》《DV 法》、危险驾驶致死伤罪和驾驶汽车过失致死伤罪（现在由《驾驶汽车致死伤行为等处罚法》作出规定）、有关性的犯罪进行的修改。

第三，基于市民安全（消除市民的不安）视角的刑事立法。例如，增设了准备恐怖活动等罪。

当然，正如性犯罪的相关立法所体现的那样，上述三种类型之间存在重叠，而并非基于一个标准作出的分类。

而且，不仅仅是立法论，在解释论中也能发现上述倾向。例如，从最近有关特殊诈骗的判例中，在实行的着手时间、因果关系、不能犯、故意、共谋、承继的共犯等问题上都能看到“处罚的早期化、扩大化、严罚化”。

关于刑罚的种类，今年（2022 年）6 月废除了“惩役与禁锢的区别”，改为使用单一化的“拘禁刑”的名称。这说明，进一步充实受刑者在刑事设施内的处遇的观点已经全面登场。

上述现代性倾向要求我们重新思考“刑罚的目的是什么”的问题。也就是说，我们必须对刑罚的目的“是报应，还是一般预防，抑或是特殊预防”这一永恒的课题进行认

---

* 高桥则夫，日本早稻田大学名誉教授。

** 毛乃纯，郑州大学法学院讲师。

真的思考。而且，作为前提，还有必要对“刑法规范”本身展开分析。因为，只有违反了刑法规范，才会被科处刑罚。

下面，本文拟从“规范论”特别是“行为规范和制裁规范”（二元规范论）的视角对“应然的刑法学”展开若干考察。

二、何谓规范

关于“规范是什么”这一根本问题，从不同的视点进行把握会得出不同的理解。然而，基本上可以作如下理解：

规范一词源于拉丁语“norma”，通常译为直角尺或者规则（规定），所表述的都是应当事先为某对象赋予一定的理想状态。也就是说，无论是直角尺还是规则（规定），前者在建筑技术方面，后者在法律思考方面，都意味着事先设定的标准。规范与主张的命题不同，其描述的不是是什么，而是应当是什么。规范是就行动样态对主语作出的命令或者禁止，因而通常指向的是将来的行为。[①] 凯尔森认为，规范是指向应然（Sollen）的、人类的意思作用所具有含义。也就是说，“法认识的对象是具有法规范性质的规范，是赋予某些事象以法律行为或者不法行为的性质的规范。因为，作为法认识的对象的法是人类行为的规范性秩序，亦即规制人类行为的规范体系。那么，‘规范’是什么呢？其通常意味着应有的事物或者应当发生的事物，尤其是人类应当以特定的方式实施的行为。这就是有意指向他人的行为的、特定的人类行为所具有的含义”[②]。

综上所述，规范具有针对对象“禁止、命令一定行为”的指令性、指示性，其与后述具有记述性的法命题之间存在区别。

三、法规、法命题、法规范

上述以规范概念为基础的法规范（Rechtsnorm）的特性可以进一步通过与法规（Gesetz）和法命题（Rechtssatz）的区别加以明确。

法规、法命题、法规范三者是不同的，法规范的构造必须以三者间的阶段划分作为前提。第一阶段是法规，例如，“杀人的，处死刑或者无期或者 5 年以上惩役”（《刑法》第 199 条）。第二阶段是法命题，即描述在满足一定要件下应当产生一定效果的假定性判断。法命题包括“要件、效果”，是法律三段论中的大前提，属于“规范性、记述性的世界”。第三阶段是法规范，其设定的对象是“不得杀人，应当对杀人者予以处罚”，属于“规范性、指令性（指示性）的世界”[③]。

换言之，法规范具有指令性、指示性（prescriptive），法命题具有记述性（descriptive）。由于具有指令性、指示性，所以法规范无所谓真伪，只存在有效或者无效（妥当性）的问题；与此相对，由于具有记述性，所以法命题具有真理价值（真理性）。

法命题是由要件和效果构成的。特别是其中的各个要件，是通过对法规范的分析得

---

① Aichele/Meier/Renzikowski/Simmert，Einführung in die Logik und ihren Gebrauch，Aufl. 2015，S. 60. ［アイヒェレほか（小島秀夫訳）『法学における論理学の使用法』（法律文化社，2021 年）77 頁以下参照］。

② ケルゼン（長尾龍一訳）『純粋法学［第 2 版］』（岩波書店，2014 年）6 頁参照。

③ 这种阶层式构造基本上是以凯尔森后期的观点作为依据的。ケルゼン・前揭注 2，73 頁以下参照。

出的归结。也就是说，就刑法上的法命题而言，在犯罪成立要件中设定哪些要素取决于对法规范的分析。例如，根据基于社会系统论对法规范进行说明的雅科布斯的立场，规范的妥当性是基础，于是不法（违法行为）与责任的区别、故意与“不法（违法性）的意识”的区别等就能够由此而消除。

刑法上的讨论一直以来都是在由要件和效果构成的法命题的框架内展开的。打比方而言，罪刑法定主义、行为主义、法益保护主义、责任主义等是位于刑法中的法命题的地下一层的原理，位于地下二层的是规范论，位于地下三层的是行为论和归责论。④

四、法规范的构造——行为规范与裁判规范的结合

法规范分为行为规范和裁判规范，具有二者相结合的构造。

塞尔以言语行为论（其前提是对大脑和心智的分析）为基础构建了社会存在论。例如，“拜登是美国总统”，这既不属于自然科学的范畴，也不能还原为个人的主观臆想，而是旨在解释制度性事实的客观事实。⑤ 塞尔设定了以下七个基础概念：地位机能、集体志向性、义务论的权力、欲求独立的行为理由、构成性规则、制度性事实、由宣言创造出的地位机能。在这些基础概念中，对于法律制度而言具有重要意义的是构成性规则（constitutive rules）。塞尔将这种构成性规则（X 在文脉 C 中被视为 Y）与统制性规则（regulative rules）（必须视为 X）相对置。⑥ 统制性规则早于既存的行为形态或者独立地统制着行为形态。例如，有关礼仪的规则就统制着独立于该规则而形成的个人之间的关系。相反，构成性规则不仅限于统制，还能够创造或者定义新的行为形态。例如，国际象棋的规则不仅统制着国际象棋这项竞技运动，还创造了参与该游戏的可能性。

关于刑法，塞尔认为，“刑法的重点在于其具有统制性，而不具有构成性。例如，对事前存在的一定的行为形态（如杀害）予以禁止具有重要意义。但是，要使这种规制具备有效性，就必须存在制裁，要求给违反法规的人分配新的地位。其结果就是，在一定条件下有责地杀害他人的人被置于‘因谋杀而有罪’的新地位（制度性事实），与此同时还会被科处适当的刑罚。这样一来，就由统制（不得杀人）产生了适当的构成（一定情况下实施的杀害行为被规定为谋杀，而谋杀被规定为犯罪，会被科处死刑或者拘禁刑）”⑦。

在以上述塞尔提倡的社会存在论为基础分析法规范时，最具参考价值的是哈特的法理论，因为，哈特认为，法律是通过语言在制度上构建的社会实践，其与塞尔所称的制度性事实是相对应的。另外，还可以认为塞尔主张的“统制性规则与构成性规则的对置”和哈特主张的“第一次规则（primary rules）与第二次规则（adaptive rules）的对置”是相对应的。⑧

---

④ 关于行为论和归责论，高橋則夫「刑法学における『行為・規範・帰属』」『早稲田大学法学会百周年記念論文集 第 3 巻 刑事法編』（成文堂，2022 年）73 頁以下参照。

⑤ サール（三谷訳）『社会的世界の制作——人間文明の構造』（勁草書房，2018 年）；サール（坂本・土屋訳）『言語行為——言語哲学への試論』（勁草書房，1986 年）参照。

⑥ サール・前揭注 5，58 頁以下参照。

⑦ See John R. Searle, *The Construction of Social Reality*, 1995, p. 50.

⑧ 倉田剛「社会的事実の存在論的構造—『アンカー個人主義を再考する』」西日本哲学年報 27 号（2019 年）80 頁、97 頁注 12 参照。

根据哈特的观点，规则分为两个不同的层级，“最基本的第一次规则要求人们做或者不做某事。其他类型的规则是寄生于第一次规则中的第二次规则，其规定了人们可以通过行为或者发言导入、废止·变更新的第一次规则，或者通过多种方式确定其适用范围，对其作用进行统制。第一次规则赋予了义务，第二次规则提供了公私权能；第一次规则与伴有物理性活动或者变化的行为有关，第二次规则的作用不限于带来物理性活动或者变化，还能够创设或者改变义务和责务”⑨。也就是说，第一次规则是指示一定态度的规范，第二次规则是决定第一次规则的妥当性的规范。哈特认为，第一次规则是责任义务的规则（rules of obligation），第二次规则是承认的规则（rules of recognition）、变更的规则（rules of change）、裁决的规则（rules of adjudication）。这就是哈特提出的法是“第一次规则与第二次规则的结合”这一著名定义的出发点。⑩

如果将哈特的上述观点适用于刑法学，那么，刑法的主要机能首先就在于为市民指明行为的方向，只有在发生犯罪、首要机能失效的场合，法官才负有确定违反规范的事实、科处制裁的任务，于是在刑法中实现“行为规范与裁判规范的结合”的构想就成为可能。可以认为，第一次的行为规范以指向将来的展望性规范为基础，第二次的制裁规范则是以指向过去的回顾性规范为基础的。

五、从行为规范论视角看“处罚的早期化、扩大化、严罚化”

关于行为规范的正当化根据，可以作如下理解：刑法的任务在于保护人们在社会中的共同生活，具体而言，即保护个人的生命、身体、自由、名誉、财产等法益。问题是，以何种形式对法益进行保护？例如，即使对杀人犯科处刑罚，也无法使被杀害的受害人复活；即使对损坏财物者科处刑罚，也无法修复被破坏的财物。由此可见，从法益保护的观点来看，刑罚一般是较晚才登场的。于是，通过科处刑罚制裁的刑法来保护法益通常只具有面向将来的意义（预防性的法益保护）。这一点就是刑法的行为规范性的基础。也就是说，刑法通过在事前提示诸如“不得杀人”的行为要求这样的规范来保护法益；行为人通过其行为侵害了规范，这一点是犯罪性（违法性）的核心要素。⑪

行为规范是为了保护法益而设定的，因此，违反行为规范与否的判断也就必须与法益相结合。此时，由于无法否定预防性的法益保护具有事前判断性，所以只要存在针对法益的一般性、抽象性危险，就能够认定违反了行为规范。

基于以上前提对“处罚的早期化、扩大化、严罚化”进行考察，应当认为这首先是通过刑法典中的未遂犯、危险犯、预备罪等实现的。然而，最近，刑法典中规定了有关支付用卡电磁记录罪，以及《禁止非法登录法》《尾随行为等规制法》《DV 法》等特别刑法的制定，这些都是“处罚的早期化、扩大化、严罚化”的体现。在刑法中，发生法益侵害的侵害犯、结果犯是基本的犯罪形态，未遂犯、危险犯、预备罪等是修正的犯罪形态，因而可以认为新近立法的特征就在于增加了这些例外的犯罪形态。

---

⑨ ハート（長谷部訳）『法の概念［第 3 版］』（筑摩書房，2014 年）140 頁以下参照。

⑩ ハート・前掲注 9，138 頁以下参照。

⑪ 高橋則夫『規範論と理論刑法学』（成文堂，2021 年）7 頁以下参照。

关于“处罚的早期化、扩大化、严罚化”，肯定性立场重视的是使用刑罚抑止犯罪以及刑法所具有的规范意识形成机能，赞成刑法早期介入；否定性立场则认为，刑法保护应当限定于个人的生命、身体、自由、财产等古典法益，只有在这些法益受到侵害以后才能使用刑罚，所以其重视的是法益概念所具有的自由保障机能，反对刑法早期介入。

在现代社会，法益的扩大化倾向确实是不可避免的。除生命、身体、财产等古典法益以外，还要求保护安全、环境、信息等；除个人法益以外，还出现了对体系的保护以及集团利益等普遍性利益的保护。⑫ 法益本身原本并不具有刑罚限定机能，只是由于其中纳入了物质性内容，所以法益才被赋予了刑罚限定机能。但是，刑法典中已经包含了名誉、信用、宗教感情等精神性、观念性法益，于是就难以限定为物质性法益。另外，即使是个人法益，其与集团法益之间也并不存在质的区别。尤其是通过将国家法益和社会法益还原为个人法益，其间的差别就不过是程度问题而已。而且，如果将法益理解为个人发展的必要条件，将安全、环境等包含在其中也是理所当然的。

所以，法益概念本身并不具有刑罚限定机能，法律应当保护什么、是否需要使用刑罚进行保护等实质问题才是重要的，必须将前者定性为行为规范问题、将后者定性为制裁规范问题展开分析。⑬

必须注意，法益保护是行为规范的取向而不是制裁规范的取向。例如，在道路交通领域，遵守交通规则不是因为害怕制裁，而是基于对他人行动的预期以及对违反时自己所受损害的预期而作出的。由制裁规范的存在确实可以推论出行为规范的存在，但是，被禁止的行为与被允许的行为之间的界限、受保护的权利领域的确定，都无法从制裁规范中产生。可以认为，对行为自由的限制是相关行为规范能否在宪法上获得正当化的问题。

由此可见，保护法益的是行为规范，维持行为规范的是制裁规范。从法益保护的方面来看，制裁规范是间接的，在这个意义上可以将刑法定性为第二次的、具有从属性的法益保护手段。而且，由于刑法是从属性的保护法，所以制裁规范通常以行为规范为前提；相反，行为规范则未必都附有制裁规范。当然，行为规范会因为附有制裁规范而作为刑法中的行为规范被构成要件化。在解释构成要件上的行为规范时，法益无疑就会成为解释的指针。但是必须注意，法益保护不是通过制裁规范实现的。法益保护不是刑法的特权。

六、从制裁规范论视角看“处罚的早期化、扩大化、严罚化”

如上所述，法益保护与“处罚的早期化、扩大化、严罚化”之间未必存在关联，只有通过行为规范的设定，法益保护才是可能的。然而，接下来必须考虑的问题是：为什么要科处作为制裁规范的刑罚？

关于制裁规范的正当化根据，可以作如下理解：这属于刑罚的目的是什么的问题。

---

⑫ 关于对该问题的概括性研究，vgl. Hefendehl，Kollektive Rechtsgüter im Strafrecht，Aufl. 2022。

⑬ 关于这一点，高橋則夫『刑法総論［第5版］』（成文堂，2022年）13頁以下参照。

行为规范在事前对（包括行为人在内）一般人作出禁止、命令，制裁规范是对行为人违反行为规范施加的反作用。于是，刑罚就具有了恢复遭到违反的行为规范的机能。但是，如果仅仅是使“不得杀人”的行为规范得以恢复则过于抽象，于是就有必要考虑与该行为规范有关的人物。首先是作为加害人的行为人，还有被害人。然而，并非只有当事人与此有关，其涉及的范围相当广泛，从各种相关人员（微观团体）到地区社会（宏观团体）等公共层面的组织，甚至还包括社会、国家这一层面。鉴于犯罪会派生出私人事务和公共事务，所以刑法被认为是公法。也就是说，恢复刑法上的行为规范，意味着“恢复被犯罪侵害的法和平”。所谓法和平，是指加害人、被害人、团体三者之间的规范性交流。可以认为，刑罚是恢复法和平的最终手段。⑭

刑罚基本上只具有事后处理机能，因为刑罚是在犯罪后对行为人科处的。但不能否定的是，科处刑罚具有防止以后发生新的犯罪的预防目的。也就是说，通过宣告刑罚，可以威吓一般人今后不实施犯罪；通过执行刑罚，可以让受刑人获得改善更生，使其不再犯罪。这样一来，科处刑罚就能够发挥一般预防和特殊预防等事前机能。然而，这不过是由事后处理形成的派生机能，其实质内容仍然是空洞的。

与此相对，定位于事前预防的，是在条文中设置刑罚规定这一法定刑层面上的刑罚所具有的机能。也就是说，通过针对某行为设定刑罚这种法律效果，从而对一般人进行威吓（消极的一般预防），这就是刑罚所发挥的事前抑止犯罪的作用。在被称为风险社会的现代社会，刑罚的机能不得不由事后处理机能向事前预防机能转变，于是就推进了“处罚的早期化”。

但问题是：通过刑罚进行预防能够在多大程度上发挥作用？关于犯罪预防，根本无须追溯至近代学派，通过对环境、素质等的实证研究来解释犯罪原因，并在此基础上进行实践，这种做法显然会更为有效。例如，要减少少年的非行（不正当行为或者不良行为——译者注），与严罚化相比，尝试对少年的人格形成和改造、家庭教育、学校教育等进行调整才更具有先决性。也就是说，犯罪预防不仅仅是对个别具体的行为的处理，还必须立足于社会结构性的视角。由此也可以得出犯罪预防不是刑法的特权这一归结。而且，即使在法律介入犯罪预防的场合，作为控制行为的手段，也应当首先在民法上或者行政法上进行处理，只有这些法律具有第一次规范性，刑法才具有第二次规范性。

以上从刑法的规范论构造（行为规范与裁判规范相结合）的角度探讨了“处罚的早期化、扩大化、严罚化”。下面，本文拟对作为造成这种现象的主要原因的“被害人问题”和“民众严罚主义”展开若干考察。

七、从民众严罚主义到非刑罚性、非惩罚性回转

民众严惩主义（penal populism）也被翻译为刑事大众主义或者刑罚性、惩罚性大众主义等，是指以大众接受为目标而推行的刑事政策。也就是说，“Penal Populism，是指要求强化‘法与秩序’的市民团体以及主张犯罪被害人权利的活动家和媒体成为一般市民的代言人，政府的刑事政策具有较强的影响力，而司法官员和刑事司法研究者的意

---

⑭ 高橋・前揭注 13，18 頁以下、575 頁以下参照。

见逐渐不受尊重的现象”[15]。尽管对于这种民众严罚主义是不是严罚化的要因还有必要进行实证研究，但可以确定的是，支持严罚化与“社会状况的认识”以及作为其基础的“社会观”有关，而与“犯罪不安”“刑事司法无效认知”则几乎没有关系。[16] 也就是说，民意不受诸如犯罪发生率、日常生活中的不安感、刑事政策的缺陷等有关犯罪的具体问题的影响，而是由抽象的“关于社会的看法”左右的。例如，“善恶二元论”（加害人是恶，被害人是善）、“古典报应论”（对作恶者予以严罚是理所当然的）、“假定性感情论”（如果自己是被害人云云）就属于这个范畴。如果仅仅停留在这种社会观的层面，就完全可以想见：犯罪所具有的社会性构造的方面被摒弃，对他人的想象力以及多样且复杂的问题解决办法缺失，最终形成武断的严罚化。

很多人悲观地认为，这种民众严罚主义的推行是无法阻止的。[17] 但是，如果能够使“抽象的社会观”转变为“具体的社会观”，就有可能改变民众严罚主义。为此，首先就要求正确地向市民传达具体的、现实的犯罪现象。尽管市民的严罚化取向来源于抽象的社会观，但是无论怎样强调我国的犯罪率正在逐年减少的事实都不过分。在这样的犯罪现象中，我们必须考虑提倡严罚化的意义。

其次，关于犯罪预防，必须将通过刑罚进行预防的意义和界限作为问题。不仅需要对严罚化能否实现犯罪预防进行实证验证，同时还必须对其他各种预防手段进行探讨。例如，作为刑事司法框架内的限定，很多国家提倡在警察阶段采取修复性警务（Restorative Policing）。[18] 这是一种旨在基于修复性司法（问题解决型刑事司法）的原理应对犯罪的警察活动，也值得探讨。修复性警务使警察活动的含义从“力”向“服务”转变。也就是说，作为“力”的警察活动具有反作用性、法执行志向性、阶层性、过去志向性、传统依赖性、规则约束性；与此相对，作为“服务”的警察活动则具有问题解决性、团体安全志向性、个别责任性、将来志向性、改革促进性、被害人、加害人权利保护性。修复性警务是以以下三个原理为基础展开的实践：第一，将修复性司法（问题解决型刑事司法）的观点和技法用于解决警务问题；第二，市民、团体、志愿者相互协作；第三，通过在地理上、机能上促进分权化和决定，从而实现具有组织性和局部性的目标，并探索修复恶害以及解决被害人、加害人、团体问题的方法。

最近，有学者将从严罚到再犯防止、调整视为“刑事政策的方向转变”，并主张将推动这一转变作为课题。[19] 严罚化的结果是导致刑务所收容过剩，由此造成防止再犯的处遇不够充分，从而无法切断重复犯罪的负面连锁效应。也就是说，“自 2003 年至 2008 年以后的刑事政策的转变意味着对犯罪人从排除（排斥）到包容（包含）的转变”[20]。这种动向与开始在嫌疑人、被告人阶段采取适当的援助，亦即所谓的“入口支

---

⑮ 日本犯罪社会学会編（浜井浩一責任編集）『グローバル化する厳罰化とポピュリズム』（現代人文社，2009 年）7 頁参照。

⑯ 松原英世『刑事制度の周縁』（成文堂，2014 年）46 頁以下参照。

⑰ 例如，宮澤節生「日本のポピュリズム刑事政策は後退するか」・前掲注 15，183 頁以下参照。

⑱ 关于修复性警务，高橋則夫『対話による犯罪解決』（成文堂，2007 年）105 頁以下参照。

⑲ 浜井浩一「高齢者・障がい者の犯罪をめぐる変遷と課題—厳罰から再犯防止、そして立ち直りへ」法律のひろば67 巻 12 号（2014 年）6 頁以下参照。

⑳ 浜井・前掲注 19，7 頁参照；藤本哲也『新時代の矯正と更生保護』（現代人文社，2013 年）204 頁以下。

援”的配套措施之间形成了联动关系。

综上所述，从民众严罚主义到非刑罚性、非惩罚性回转必然会对今后的刑事立法产生诸多影响。基于修复性司法（问题解决型刑事司法）、再犯防止、调整等视角对刑事立法以及其他法令进行完善，是今后面临的课题。

八、规范论与责任概念

规范论与刑法学中的责任概念密切相关，在探讨责任刑法的实质内容时能够成为重要的视角。下面，本文拟对该问题进行若干考察。

第一，作为通说的“规范性责任概念”经历了由心理责任论向规范责任论的历史变迁，认为责任是指非难可能性，如果存在能够实施适法行为而未实施的“他行为可能性”，就肯定负有责任。德国联邦最高法院曾经（1952 年）作出如下阐述：“刑罚以责任为前提。责任是指非难可能性。根据责任这一无价值判断，行为人可以实施适法行为，也可以决意实施适法行为，却没有实施适法行为，于是就应当受到非难。这种责任非难的内在根据在于，人们可以自由地、答责性地、伦理性地作出自我决定，所以能够自行决定服从法律、不违反法律。”㉑ 这种规范性责任概念的问题不仅在于以不能证明的“意思自由”作为前提，而且使人类必须以如此的视角与脑科学的发展进行正面对抗。问题终究是刑法中的责任，所以应当对社会视角这一层面的责任的内容进行考察。

第二，“机能性责任概念”认为责任具有刑罚以及积极的一般预防论的机能。也就是说，刑罚的目的在于确保对遵守规范的充分的“法忠诚”，在根据积极的一般预防的目的所设定的基准认定必须予以处罚的场合，行为人才是有责的。㉒ 这种观点认为责任与刑罚目的之间是相互依存的关系，亦即责任的色调取决于刑罚的目的，于是责任概念就被刑罚的“机能”所吸收，这就是将其命名为“机能性”责任概念的原因。

但是，这种观点并未说明为何要强迫行为人遵守规范，而且，将“法忠诚”作为对国家保护的反馈，这更适合于启蒙绝对主义提倡的父权主义国家思想。㉓ 因为，“规范的正当性与规范违反者的责任”之间的关系并没有被作为问题。“法忠诚”是由有关规范的意思沟通和了解产生的，必须以此为基础对刑法中的责任进行把握。

第三，最近备受关注的是“讨论性（沟通性）责任概念”。京特以将刑法答责化予以正当化的规范遵守能力与法秩序以及刑法体系的民主主义正当性之间内在关联为基础，主张对刑法上的规范妥当性与针对民主主义法治国家中发生的侵害追究责任的正当化进行规范性结合。㉔ “熟议性人格”的概念（市民）在刑法上的个人答责化（对规范遵守的主体承认）和规范的正当订立（对规范订立的主体承认）之间架起了桥梁，并由此产生了作为刑法中的责任基础的沟通自由理论的论据。也就是说，实施违法行为的行

㉑ Vgl. BGHSt 2，194（200）.

㉒ Vgl. Jakobs，Schuld und Prävention，Aufl. 1976，S. 9.

㉓ Vgl. Kindhäuser，Rechtstreue als Schuldkategorie，in：ders.，Analytische Strafrechtswissenschaft，2021，S. 315 ff.

㉔ Günther，Individuelle Zurechnung im demokratischen Verfassungsstaat，Jahrbuch für Recht und Ethik，2，Aufl. 1994，S. 143 ff.

为人被理解为熟议性人格，其中包括刑法规范的对象（法律人格）以及法律规范的订立者（市民）；通过民主程序的制度化，违法行为的订立者也被理解为受其行为侵害的刑法规范的订立者。这就是个人答责化的归责基础。

总之，这种观点认为，从法律视角来看，人们承担着作为规范的对象和规范的订立者的双重作用。一方面，人们是服从于法律应然命题的法规范的对象；另一方面，作为市民，人们通过表达意见和参与选举而成为参与制定、修改规范的法律规范的订立者。

针对上述京特的观点，有批判指出，社会性法治国家这一文脉忽略了被社会排除在外的市民的存在。[㉕] 哈贝马斯的弟子霍耐德以自律主体为基础，主张人格之间的相互承认是必要的，并据此来探索纠正民主主义社会中各种不平等和对立的理论。他将黑格尔提倡的“家庭（爱）”“市民社会（法）”“国家（连带）”机能性地称为“原初关系”“法律关系”“价值共同体”，认为这三种承认形式是构建“实践性自我关系”必不可少的。[㉖] 也就是说，我们只有在“爱”中受到情绪性的关怀，才能获得“自我信赖”；只有权利在“法律”中受到尊重，才能够“自我尊重”；只有通过在共同体的“连带”中受到社会性评价，才能针对自己采取“自我评价”这种肯定性的态度。[㉗]

主张自由与承认之间存在关联的是毕宾提倡的“行为人性的社会理论”[㉘]。行为人性不仅仅是个人的自我关系或者自我决定的问题，还需要与他人存在适正的关系并且得到他人适正的承认。自由的行为人是一种规范性地位，其内容和可能性依赖于在由相互承认的行为人构成的共同体内部被承认是自由的行为人。也就是说，自由取决于承认，这就是“自由的社会性”[㉙]。“自由的可能性不要求行为人通常必须证明能够（绝对地）实施其他行为。证明自由的可能性无须‘摆脱’自然法则。”“自由既不是不受外界拘束的自由，也不是纯粹的自发性，其毋宁是一种集合达成的关系性，亦即‘在其他事物中，以自己为基础’。”[㉚]

根据以上承认论的观点，作为市民的犯罪人的能力与具体的市民相关联，并且依赖于实质的承认机能。于是，对于规范遵守能力和避免不法的能力，就需要考虑诸如健康、饮食、劳动、文化、教育、社会化等行为人相关的各种社会条件进行判断。据此，民主主义的社会性国家就为得到具体承认的行为人赋予了对该当构成要件且违法的行为进行个人非难的资格。这种观点提出以实质性的承认伦理取代形式性的讨论伦理。[㉛] 作为第四责任概念，可以将其称为“承认论的责任概念”。

㉕ Vgl. Buonicore, Schuldbegriff und soziale Exklusion, ZIS 1, 2002, S. 1 ff.

㉖ ホネット（山本・直江訳）『承認をめぐる闘争——社会的コンフリクトの道徳的文法［増補版］』（法政大学出版局，2014 年）34 頁以下、175 頁参照。

㉗㉘ ピピン（星野監訳）『ヘーゲルの実践哲学——人倫としての理性的行為者性』（法政大学出版局，2013 年）参照。另外，川瀬和也「行為者性の社会理論—コースガード・ピピン・ヘーゲル」思想 1137 号（2019 年）53 頁以下；竹島あゆみ「承認論の現在」岡山大学文学部紀要 73 号（2020 年）1 頁以下参照。

㉙ ピピン・前揭注 28，36 頁参照。

㉚ ピピン・前揭注 28，46 頁参照。

㉛ Vgl. Buonicore, a. a. O., S. 11f.; Buonicore, Freiheit und Schuld als Anerkennung-Die Entwicklung des strafrechtlichen Schuldbegriffs im demokratischen und sozialen Rechtsstaat, 2020.

九、结语

历史告诉我们，“时代的气氛”是可变的。“处罚的早期化、扩大化、严罚化”的气氛是相当沉重的，其在社会中逐渐沉淀。在从共同体社会向个人孤立化社会的演进过程中，出现了社会性弱者，一旦其实施犯罪，就会招致严罚化、被社会排斥、重返犯罪道路等“负面连锁效应”㉜。当然，由于存在各种各样的加害和被害、加害人和被害人，所以有时确实需要“处罚的早期化·扩大化·严罚化”。但是，通过刑罚作出应对应当限定在终极的、不得已的场合，不能忽略刑罚在任何场合都是解决问题的最终手段，经常性地对采取刑罚代替手段的可能性进行探索才是更重要的。

犯罪对策必须着眼于被害人、加害人、团体这三者。刑事立法也是一样，必须是这三者所必需的立法。例如，就被害人而言，充实对其的经济援助、精神援助㉝；就加害人而言，充实使其回归社会、更生、治疗所需的社会援助㉞；就团体而言，充实保护市民安全所需的人员方面、地域方面的联系。㉟ 以实现上述内容为目标的立法都是必要的。此时的前提是“司法与福祉、医疗之间的协作”，亦即在警察阶段、检察阶段、裁判阶段、矫正和保护阶段导入福祉性、医疗性措施，并且强化各个阶段之间的协作，所以对此予以完善的立法同样是必要的。今后刑事立法的课题必须如此。

㉜ 西日本新聞社会部『ルポ 罪と更生』(法律文化社，2014年）参照。

㉝ 关于这一点，刑事政策研究会第8回「犯罪被害者の支援」論究ジュリスト2013年夏号（2013年）128頁以下参照。

㉞ 关于这一点，刑事政策研究会第12回（完)「再犯防止」論究ジュリスト2014年秋号（2014年）194頁以下参照。

㉟ 关于这一点，高橋·前揭注18，93頁以下参照。

刑法中的规范与预防
——论规范具体化的三阶段模式

[日] 井田良* 著

郭蕤奇** 译

一、引言

20 多年前，我曾谈到“规范论的混乱”，并且写道：“鉴于这样的讨论状况，人们不禁会产生此种印象，即从规范论中可以随意得出任何观点，以致推导不出关键的结论。”① 我始终认为以上论断是正确的，即使我如今坚信，不能抛弃刑法体系的规范论基础。在我看来，规范论的混乱源自人们的争议，仿佛正确的规范概念是唯一的。在报告中我将试图表明，情况并非如此，且对规范的不同理解并不具有这种排他性。相反，多样的规范概念对应于刑法在多方面、不同的预防任务，这些任务相互之间并不是互斥的。只有这样来理解规范论，才能保障刑法中法益保护机制的现实性，并进一步推动学术讨论。

二、规范论的基础

长期以来人们普遍认为，行为规范理论对于不法概念的形成至关重要。所谓人的不法理论（der personalen Unrechtslehre），其精髓即在于，立足于针对人的意志性操控行为的规范来解决不法问题。刑法中行为规范概念的必要性，在此可以用两个理由来简要说明：第一个理由涉及刑法功能性的方面。② 刑法旨在通过调控人类行为来保护法益，行为调控主要是通过语言交流，通过“规范与行为人之间的对话”来进行的。③ 只有通过刻画人类行为，并将其意义规定为“不应当”（ungesollt），才能指引有能力通过语言进行交流的人——被禁止的行为对他而言因此是可避免的。刑法找到了一个由无数正式与非正式的行为规则（即“社会规范”）所组成的网络，并（对之）选择性地吸收、修改和重新创造，由此形成了诸刑法规范。刑法的关键任务是维持规范的效力，进而保护（刑法）法益。如果不考虑随着刑法条文的颁布而确立的行为规范，就无法合理解释刑

---

* 井田良（Makoto Ida），日本中央大学大学院法务研究科教授，庆应义塾大学名誉教授。

** 郭蕤奇，中国人民大学法学院博士研究生。

① Ida，in：Hirsch（Hrsg.），Krise des Strafrechts und der Kriminalwissenschaften?，2001，137（148）.

② Vgl. Armin Kaufmann，Lebendiges und Totes in Bindings Normentheorie，1954，76 f.

③ Jakobs，ZStW 101（1989），516（531）.

法中的法益保护机制。

第二个理由是方法论上的。要将人的行为评价为不法，需要以一个应然命题（Sollenssatz）为标准，借此可以判断，相关人员是否合乎法律地行动。仅仅通过改写任一刑法条文的构成要件部分，无法获得这一应然命题。刑法首先针对法律适用者，为了得到一个针对行为人的、具体的应然命题，需要解释法律，并在必要时予以填补。对此，解释者（例如法官）必须连那些不在法律之内，而是超出了法律的观点也考虑到。除了价值论（Axiologie），基于本体论（Ontologisch）结果的规范逻辑（Normlogik）也能提供这些观点。不法概念的规范逻辑基础是不可或缺的，因为只有通过引入规范理论才能阐明，嵌入社会环境中的人类行为是刑事不法判断的对象，所以人们必须始终考虑，法律凭借其行为指令可以对生活在社会中的公民提出怎样的、多大范围内的要求。这首先适用于过失犯：通过对避免可能性（Vermeidbarkeit）的检验，以及在过失犯这里作为前提的事前视角（ex-ante-Betrachtung），可以避免过于宽泛的归责。

三、两种行为规范及其“阶段”

1. 虽然行为规范的不可或缺性已被广泛认可，但对于它的内容应当是什么，人们意见不一。根据一个广为流传的观点[④]，只要故意犯和过失犯涉及的是同一种法益侵害，那么对它们而言就只存在同一种规范；过失犯没有独立的特殊规范。例如，故意及过失杀人的规范据此都是：“任何人不得杀害他人”。这种规范概念的另一个特点是，作为伤害罪基础的行为规范，即禁止伤害，不能被事前评价，而应被事后查明：只有当法益侵害事实上已经发生了，方能谈及规范违反性。

这种对规范的理解具有显而易见的优点。大多数支持者希望通过将违反规范的行为等同于符合构成要件的行为，以此避免将刑事不法与对刑法条文的违反分离，且不将刑事不法确立为刑法特有的行为规范时所产生的那些危险。如果关键的行为规范之存在与内容不是来自实证刑法中具体的构成要件描述，那么宾丁（Binding）的观点——是规范而非刑法条文将公民当作规范接收者（Normadressaten）——便很难与规定于《基本法》第 103 条第 2 款和《德国刑法典》第 1 条中的罪刑法定原则（Gesetzlichkeitsprinzip）相容；这个规范论者（宾丁——译者注）只有在否认罪刑法定原则的正当性时，才能前后一致。对故意犯和过失犯之同一规范的假设还可以确保体系建构的一致性：两类犯罪的相同内容由此得以澄清，且一种同步的犯罪构造（Deliktskonstruktion）成为可能。例如，如果在具有故意但不存在故意犯罪的情况下假定过失的可罚性，则违反了确保一致性的要求。特别重要的是，根据对规范的这种理解，规范的内容与具体的法益相关。所谓一元的主观不法论（die monistisch-subjektive Unrechtslehre）以片面强调规定功能（Bestimmungsfunktion）的规范理论为基础，一贯否认结果的不法关联性，但该

---

④ 尽管在细节上意见不一，但我认为以下文献持此种观点：Gössel，in：Maurach/Gössel/Zipf，Strafrecht，AT，Teilband 2，8. Aufl. 2014，2 ff.，182 ff.，208 ff.；Kindhäuser，Gefährdung als Straftat，1989，insb. 16 ff.，40 Fußn. 25，53 ff.，77 ff.；Rostalski，GA 2016，73；Toepel，Kausalität und Pflichtwidrigkeitszusammenhang beim fahrlässigen Erfolgsdelikt，1992，16 ff.；Vogel，Norm und Pflicht bei den unechten Unterlassungsdelikten，1993，27 ff.，41 ff.，49 ff.，74 ff。

关联性可以根据“只有当结果发生时才存在对禁止伤害（之规范）的违反”，从而在规范逻辑上被证立。

与之相对，文献中对规范还存在另一种理解，其承认过失犯具有独立的规范。⑤ 这种理解首先基于此种观点，即只有说明意志内容，才能赋予行为指令具体的轮廓。带有意志说明的禁令，如“你应当不实施有意导致他人死亡的行为”，在几乎所有可以想见的情形中都能被清楚地掌握。如果有谁想为故意犯和过失犯假定统一的规范，那么他必然需要将规范内容抽象化；考虑到过失引起结果的情形，这个抽象的规范命令，例如，“你不应该引起他人的死亡”或者“任何人都不应杀害他人”，无法提供能够引导行为人的行为指令。其次，由于规范必须能够提供一个标准，据此可以在具体的行为情形中区分被禁止和不被禁止的行为，因此为过失的作为犯量身定做的特殊规范被认为是不可或缺的。如果事后判断（ex-post-Beurteilung）对（评估）行为规范违反性起着关键作用，那么也就可以假设，在完全没有人合乎规范地行动的场合，规范便会失去其行为引导性；只有当人们遵循的是行为时的判断，谈论结果避免可能性才有意义。例如，如果一位按照被允许的车速行驶的司机轧伤了一名突然出现在车前的行人，且该司机无法发觉此种情况，那么这个伤害结果就是不可避免的；但是如果试图只考虑事后查明的情形（例如车道上存在严重醉酒的行人）便做判断，那么在这里也必须肯定避免可能性，从而肯定行为规范违反性。

2. 然而，这两种具体化程度不同的规范概念并非水火不容，而是相互补充。作为实现规范的（不同）阶段，二者均不可或缺。规范具体化的运作过程在逻辑上必然以需要被具体化的东西，即抽象规范为前提。虽然这样的规范本身不足以调控行为，但作为不法判断的一般规范和统一原则，它不能被抛弃。尽管照顾到实际情况的是具体化的规范，但抽象规范能够保护我们不至于失去与法益的联系，并且不会从一个纯粹事前的角度，即只从行为人的视角来判断不法。另外，行为规范必须根据各自的事态具体化为行为指令，如此方能在所有情形下为法伙伴（Rechtsgenossen）提供一个行为标准，刑法规范也才能指导行为，从而实现一般预防。

四、规范具体化的第三阶段

迄今为止，刑法规范在犯罪论体系（Straftatsystematik）内被置于不法当中。但规范具体化并未在此止步，而是延伸到责任领域，在那里，刑法规范必须具体化为针对单个行为人的规范，即所谓的义务规范（Pflichtnormen）。⑥ 诸如“你应当放弃这种故意的杀人行为”这样具体化的行为规范，只有在行为人 X 拥有合乎规范的动机能力，从而能够控制自己内心的冲动，使之不形成杀人的意志时，才能成为 X 的具体法律义务。亦即，刑法规范作为这样一种规范出现在具体情形中，其使单个行为人有义务控制他的

---

⑤ Hirsch, Strafrechtliche Probleme, 1999, 359 ff., 392 ff.; Armin Kaufmann, Lebendiges und Totes in Bindings Normentheorie, 1954, 110 ff.; ders., Strafrechtsdogmatik zwischen Sein und Wert, 1982, 138 ff., 166 ff.; Schöne, GS H. Kaufmann, 1986, 649 (650 ff., 663 ff.); Stratenwerth, FS Jescheck, 1985, 285; Welzel, Das deutsche Strafrecht, 11. Aufl. 1969, 131 ff.

⑥ Goldschmidt, FG Frank, Bd. I, 1930, 428 (433 ff.); vgl. ferner Freund/Rostalski, GA 2018, 264.

内心冲动以符合行为规范。

就具体个案而言，刑法规范因此完成了一项非常重要的预防任务：它是通过赋予单个行为人控制冲动的义务来实现的。在（对规范的）不遵守可主观归责于行为人时，这一针对行为人的规范要求便必须由法院的有罪判决来反事实地确认和强调，以使它能被继续维持。刑法规范的预防功能在于唤起单个行为人的规范意识，从而根据行为规范控制其内在冲动。此功能既不等同于通常意义上的一般预防，也不同于特殊预防，并且迄今为止还没有合适的语言来表述它。

这一在体系上位于责任阶层的预防性的方面，尤其要与（积极的）一般预防相区分，后者是在对有责行为所导致的规范效力损害进行填补。事实上，若规范违反不被处罚，公众对规范效力的信任就会受到动摇。在此将行为规范与制裁规范相对立是否有意义，人们可能会有不同的观点。在这个意义上，引起规范效力损害始终以行为规范被违反义务的具体实施为前提："一个无责的'杀人'，或者更普遍的，一个无责的行为，严格意义上并非刑法上的'回答'（Rede）；因为缺乏反对规范的能力，则在刑法上无事发生：规范没有被破坏，被毁灭的其实是生命"[⑦]。不过，这只是预防性的另一个方面，刑法其他合法的预防任务并未被排除。对规范效力的损害需要被填补，这本身就过于抽象，以致无法成为国家（施加）刑罚的理由；这一点已经表现在，"在个别情况下，若某项罪行根本没有引起任何反应，例如没有辨认出行为人，则规范的效力也不会减弱"[⑧]。

相比之下，刑法规范对单个行为人之规范意识的呼吁功能是极为重要的，对国家刑罚的根据而言尤其如此：法律工作者在日常刑事实务中的主要活动是准确查明有关嫌疑人是否以及如何实施具有（刑事）可罚性的行为。在此，关键的问题是，行为人要对具体的犯行承担何种（或大或小的）责任；鉴于外在和内在的行为情状（例如年龄、行为时的局面、精神状况以及动机），这一可非难性（Vorwerfbarkeit）问题的澄清必须特别考虑到经验科学的知识。那么，刑法的实践者为查明行为人的责任而付出的所有努力对国家刑罚的正当化有何意义与价值呢？对报应论（Vergeltungstheorie）而言，是否以及如何有责完全是刑罚根据的核心问题。根据这一理论构想，责任是刑罚的证立要素（Begründungsmoment）；刑罚要根据责任的大小来计算。但是，预防性的刑罚理论又如何呢？

如果将预防理解为用行为规范来调控人类行为，那么这样的控制便是通过在不法领域系统化的具体行为指令而发生的；在此，人们对单个行为人的责任不感兴趣。对责任的评估涉及对义务规范的损害，它考虑的是单个行为人；但对行为规范之损害的概括性判断并不涉及责任，而是与责任之前的不法问题相关。评估行为人的责任对特殊预防而言最多只有指示性意义：那些对犯罪负有更大责任的人或许需要强度更大的矫正干预，但也并不总是如此。

迄今为止，文献中一直大力提倡的见解，即刑事责任只有限制纯粹的预防性刑罚的意义，是反直觉的。刑法实践者每天都要进行的对责任的查明，据此却只涉及对刑罚的

⑦ Jakobs，System der strafrechtlichen Zurechnung，2012，60.

⑧ Roxin，GA 2015，185（189）.

限制；他们在这方面的努力与刑法的预防任务之间只有松散、间接的联系。相反，刑法正是通过确定责任和表达这种（责任）判断来实现其预防任务的，难道不是如此吗？

因此不难理解，为何近年来“表达的”（expressive）刑罚理论得到了越来越多的支持。事实上，刑事指控和相应的制裁具有重要的功能，它们能填补对规范效力的损害，并且重建对规范效力的信任。然而在此不能忽略，刑法规范也要通过赋予单个行为人控制冲动的义务，从而在具体个案中实现非常重要的预防任务，且这一义务是与施加制裁的警告相联系的。换言之，在行为规范与制裁规范之外，义务规范也具有重要的预防功能。

五、结论

从我目前为止的思考中可以得出，刑法的预防功能不是单一的，而是呈现为多个不同的方面。从任一刑法条文的构成要件部分提取的抽象规范，作为不法判断的一般规范和统一原则不可或缺。然而它必须被具体化为适合（具体）行为情状的指令，如此方能在每种情况下为规范接收者提供一个行为标准，并使刑法规范能够指导行为，从而实现一般预防。但只要具体的行为规范忽略了行为人合乎规范地形成意志和控制动机的个人能力，它就还是抽象的。因此，在第三个阶段，该规范必须被具体化为义务规范。（维护）规范效力尤其需要制裁违反规范的行为；保护公众对规范效力的信任，只能通过将对义务规范的侵害纳入规范违反当中来进行。此外，刑法最重要的功能之一就是试图借助义务规范来阻止单个行为人在具体情形中犯罪。如果不愿片面地理解，而是想整体把握刑法的预防功能，那么规范具体化的三个阶段所各自呈现的角度，都是不可缺失的。

功能责任论的基础和运用

冯　军*

摘要：应该以刑罚目的为基点建立我国刑法学的责任理论。功能责任论认为，不法是行为人违法意思的客观化，责任是行为人已经被客观化的违法意思的维持或者强化。刑法中的责任问题，本质上是行为人是否忠诚于法规范的意志定向问题，同时也是社会维护法规范效力的自治能力问题。我国的刑事立法和刑事司法都体现了功能责任论的基本内容，是值得刑法学者重视和发扬的趋势和方向。

关键词：刑罚目的；功能责任论；中国模式

引　言

责任是刑法学的核心问题，以刑罚目的为基点建立我国刑法学的责任理论，应该成为我国刑法学未来的发展方向。本文从刑罚与犯罪的内在联系出发，阐述违法与责任作为犯罪成立要件所应具有的内容，在此基础上，论述刑法学中责任的具体含义及其构成要素，并指明功能责任论对我国刑事立法和刑事司法的重要意义。

一、犯罪与刑罚的相互关联

刑罚，是仅仅与犯罪的法律后果相关？还是也与犯罪的法律属性相关？对这一刑法学的根本问题，需要结合刑罚的目的重新展开深入研讨。

（一）法律后果论

目前，在我国刑法学界，关于犯罪与刑罚的关系的有力见解认为，刑罚是犯罪的主要法律后果，即认为“通过给予刑罚处罚使行为人承担犯罪的法律后果。刑罚处罚是法律后果的最基本、最主要的表现形式”①。这种采取“犯罪→刑罚”模式的法律后果论，是人们所容易接受的。

从刑事诉讼程序来看，法院是在认定行为人的行为成立犯罪之后才对行为人科处刑罚，在诉讼程序的时间顺序上，是先确定犯罪后确定刑罚，也可以说是采取了“犯罪→刑罚”模式。

---

* 冯军，中国人民大学法学院教授。

① 张明楷：《刑法学》（上）（第6版），法律出版社2021年版，第665页。

从以法益侵害为中心的报应刑理论来看，犯罪是对法益的侵害，刑罚是对犯罪的报应，犯罪在先，刑罚在后，只要认为犯罪仅仅是对法益的侵害，就不可能先考虑刑罚后考虑犯罪，因此，似应采取法律后果论所主张的“犯罪→刑罚”模式。

但是，认为刑罚仅仅是犯罪的法律后果，并不完全妥当，如后所述，法律后果论忽视了一些对正确解决刑罚与犯罪的关系而言极其重要的东西。

（二）法律属性论

在传统上，我国刑法学者认为，刑罚不仅是犯罪的主要法律后果，而且，刑罚首先关系到犯罪的基本法律属性，即认为“犯罪是应当受刑罚处罚的行为，即具有应受惩罚性……某种危害社会的行为，只有当立法者认为应当动用刑罚加以处罚的时候，才会在刑事法律上作禁止性的规定……行为应受刑罚处罚的这一特性，也是犯罪不可缺少的基本属性之一”②。

这种采取“刑罚→犯罪”模式的法律属性论，在今天的我国刑法学界，很少被人们所重视，更遑论被发扬，似乎已经成为我国刑法学历史上的遗物。

但是，把由可罚性（可以予以刑罚处罚的特性）和需罚性（需要予以刑罚处罚的特性）所组成的应罚性（应当予以刑罚处罚的特性）视为犯罪的基本属性，先考虑刑罚，即首先判断是否可以用刑罚加以处罚（可罚性）以及是否需要用刑罚加以处罚（需罚性），也就是先判断是否应该用刑罚加以处罚（应罚性），后考虑犯罪，即在判断行为是否具有应罚性之后再判断犯罪是否成立，无论是就刑事立法而言，还是就刑事司法而言，都具有充分的合理根据。

从当今我国公民的犯罪观念和我国的法律规定来看，应该先考虑刑罚，后考虑犯罪。在当今我国公民的观念中，犯罪是一件严重的事情，它不是一般的过错，而是一种严重的恶行，是应该用刑罚加以惩处的恶劣行径。因此，是否应该用刑罚加以惩处，就成为区分一般违法行为与犯罪的标准。《中华人民共和国治安管理处罚法》（以下简称《治安管理处罚法》）规定了一般违法行为，《中华人民共和国刑法》（以下简称《刑法》）规定了犯罪。但是，《治安管理处罚法》规定的很多一般违法行为，例如，斗殴、非法拘禁、破坏财物等行为，也可能成为《刑法》规定的犯罪。某行为究竟是《治安管理处罚法》规定的一般违法行为，还是《刑法》规定的犯罪，区分的标准就是《治安管理处罚法》第 2 条规定的“尚不够刑事处罚”③。所以，只有在确定是否应该用刑罚加以处罚之后，才能确定是否构成犯罪。

从世界范围内刑事立法的历史和现状来看，都存在先考虑刑罚后考虑犯罪的立法模式。在历史上影响深远的《唐律》，采用的就是“刑罚→犯罪”模式，它在其第一卷《名例律》中先规定了笞、杖、徒、流、死等五刑，然后才规定了“十恶”等各种犯罪。④ 1861 年的《德国巴伐利亚刑法典》先于第 15 条至第 27 条规定了各种刑罚，然后于第 47 条至第 66 条规定了未遂和共犯等，可以说实际上采用了“刑罚→犯罪”模式。现行的《日本刑法典》与《唐律》相似，采用的也是“由刑罚到犯罪”的模式。⑤《日

② 高铭暄主编：《刑法学》，法律出版社 1982 年版，第 68 页。

③ 上注书，第 68 页。

④ 参见钱大群译注：《唐律译注》，江苏古籍出版社 1988 年版，第 1 页脚注 1。

⑤ 参见高铭暄：《中日两国刑法典总则比较研究》，载［日］高桥则夫、冯军主编：《中日刑法比较研究》，中国法制出版社 2017 年版，第 17 页。

本刑法典》分为两编，其第一编“总则”共十三章。其中，除第一章“通则”（关于刑法的适用范围之规定）、第七章“犯罪的不成立及刑的减免”、第八章“未遂罪”和第十一章“共犯”之外，其他各章都是关于刑的种类及其具体运用的规定，而且，关于“刑罚”种类（第二章）和刑罚执行方式（第四章“缓刑”、第五章“假释”）等的规定，处于关于犯罪的成立条件（第七章）和犯罪形态（第八章“未遂罪”、第十一章“共犯”）等的规定之前，属于“刑罚→犯罪”的刑法立法模式。[⑥]

从当今德国刑法学和日本刑法学的发展动向来看，它们也显示出以刑罚目的来塑造犯罪的倾向。在由日本刑法学者宫本英修教授提出、由前田雅英教授深化并得到如今很多日本刑法学者赞同的可罚的违法性论中，已经包含着这种倾向。[⑦] 前田雅英教授指出：“刑法上的违法性（可罚的违法性）必须达到值得处罚的程度。既然犯罪论是用以甄别应科处刑罚的行为的，而违法性也是犯罪论的要件之一，那么必须在将刑事政策的要求包含在内，充分意识到刑罚这一效果的基础上来构建违法性。”[⑧] 德国刑法学者弗里施（Frisch）教授更加明确地指出：“科学的犯罪论有一个不可抛弃的基本要求，即这一犯罪论应当与——能够得到合法化的——刑罚论保持协调。刑罚论与犯罪概念形成了一个整体：我们所界定的犯罪概念及其概念性要件，必须能够说明为何判处刑罚是具有合法性的。原则上来说，只有当两者相互协调一致，也即只有当判处刑罚的指导原则同样也是犯罪成立要件的确定基础时，才能实现这一点。与此相反，如果我们据以推导犯罪成立要件的根据不同于刑罚判处所遵循的原则，那这就是不合理的。”[⑨] 一种以维护法规范效力为目的的刑罚理论，必然要求建立一种精神性（交流性）的犯罪理论，尽管精神性（交流性）的犯罪理论也会得出不少与物质性（法益保护性）的犯罪理论相同的具体结论，但是，两者之间存在不容忽视的差异。[⑩]

从以法规范违反为中心的目的刑理论来看，以刑罚目的是否已经实现来确定犯罪是否成立，也是理论逻辑上的必然结论。犯罪是对法规范的违反，犯罪人用其犯罪行为否定着法规范的效力，刑罚是对法规范效力的维护，刑罚通过惩罚犯罪行为而确证着法规范效力的不容否定。因此，在判定犯罪是否成立之前，应该先判定是否应该运用刑罚来维护法规范的效力。只要不再存在运用刑罚来维护法规范效力的必要性（因为法规范已经得到稳固，或者运用可供采取的非刑罚措施已经足以稳固法规范），即使存在符合构成要件的违法行为，也不应将该行为认定为犯罪。所以，需要在判定犯罪成立与否之前，先判定应罚性的存在与否。

关于犯罪与刑罚的相互关联，虽然也可以说刑罚是犯罪的主要法律后果，但是，应受刑罚惩罚还是犯罪的主要法律属性。应罚性是决定犯罪成立条件的指导观念。“应罚性”这一标准，界定了犯罪的成立条件。犯罪的所有成立条件，都是确定应罚性的要

---

⑥ 参见冯军：《中日刑法典分则不同点的分析》，载上注，高桥则夫、冯军主编书，第 55 页。

⑦ 参见［日］高桥则夫：《刑法总论》（第 2 版），成文堂 2015 年版，第 245 页以下。

⑧ ［日］前田雅英：《刑法总论讲义》（第 6 版），曾文科译，北京大学出版社 2017 年版，第 24 页。

⑨ ［德］沃尔夫冈·弗里施：《变迁中的刑罚、犯罪与犯罪论体系》，陈璇译，载《法学评论》2016 年第 4 期，第 101 页。

⑩ 参见上注，沃尔夫冈·弗里施文，第 102 页以下。

素。采取“刑罚→犯罪”模式的法律属性论，是具有充分根据的合理主张，应该得到坚持。刑法理论，更应该重视应受刑罚惩罚作为犯罪法律属性的意义。如下文第三部分、第四部分和第五部分所述，法律属性论能够更好地解释和引领刑事立法和刑事司法，并能够给个人和社会带来更加有益的结果。

二、作为责任前提的不法

行为人实施了符合构成要件的违法行为，就具有了可罚性；实施了符合构成要件的违法行为，就是实施了不法（Unrecht）。换言之，不法是确定可罚性的要件。所谓可罚性，是指可以予以刑罚处罚的特性。行为人的行为具有可罚性，是对行为人施加刑罚所必不可少的要件。只有存在可罚性要件，才可以动用刑罚。在当今社会，排除了纯粹的结果责任，因此，施加刑罚所必不可少的前提条件，就是在可谴责的主观意思支配下实施了符合刑法规定的构成要件的行为。

什么是刑法上的违法行为？对此，存在客观违法论与主观违法论的激烈论争。[⑪] 客观违法论把犯罪的本质视为法益侵害，只要客观上存在法益侵害，就存在不法；主观违法论把犯罪的本质视为法规范违反，只有行为人基于其主观的意思支配实施了违反法规范的行为，才存在不法。

虽然客观违法论是目前德国、日本和我国的主流刑法学说[⑫]，但是，主观违法论也是有力学说。[⑬] 日本刑法学者竹田直平教授在《法秩序及其违反》中指出：“法规范并非无限制地、盲目地禁止对立法者肯定评价的利益或者秩序的侵害威胁，只禁止由人的意思恣意地进行的侵害威胁或者不实现保全。不指向禁止由自然现象和不可抗力所造成的侵害或者不实现保全。换言之，并非抱有法欲要求、期待去实现、保全人的因而是立法者愿望、肯定的一切价值或者理想状态这种不逊的空想的野心，而是在人有能力的范围内，对能够实现、保全的东西，通过设定‘法的义务者’，来反而承认‘约定进行法保护的利益’，即法益或者权利的观念。”[⑭] 也就是说，法的支配不是物理性支配，而是意思性支配，因此，“由不服从法命令的意思发动来实现构成要件的行为，才是违法”[⑮]。我国刑法学者马克昌教授在《比较刑法原理——外国刑法学总论》中也指出：“客观的违法性论虽然是德、日的通说，但还是值得研究的。因为按照此说，自然现象与动物造成的危害也有违法性，所以新客观的违法性论不得不指出，‘因为毕竟这些不能成为法规范的对象，违法性不过只是人的行为的问题’。如果说过去‘违法是客观的’

---

⑪ 关于客观违法论与主观违法论激烈论争的过程和主要争点，可以参阅的中外文献很多，相关的中文文献可主要参阅余振华：《刑法违法性理论》（第2版），瑞兴图书2010年版，全书。相关的日文文献可主要参阅［日］竹田直平：《法秩序及其违反》，有斐阁1961年版，全书。

⑫ 参见［日］山口厚：《刑法总论》（第2版），付立庆译，中国人民大学出版社2011年版，第99页；［日］前田雅英：《刑法总论讲义》（第6版），曾文科译，北京大学出版社2017年版，第21页以下。

⑬ “客观的违法性论是通说，主观违法性论的支持者很罕见”（张明楷：《外国刑法纲要》，法律出版社2020年版，第108页），这种断言既不符合德日刑法学的历史发展脉络，也可能为时过早，至少，在德国刑法学中，今天已经显示出主观违法论强烈复兴的倾向。

⑭ 前注⑪，竹田直平书，第303页。

⑮ 前注⑪，竹田直平书，第304页。

'责任是主观的'这种观念居于支配地位时，还能认可客观的违法性论的成立，那么，现在在承认构成要件也包括主观的要素的情况下，客观的违法性论就不宜予以肯定。比较起来，似不如主观的违法性论为可取。"⑯ 德国刑法学者辛恩（Sinn）教授明确指出："从教义学发展史上看，很难证明将犯罪划分为客观的（行为）不法和主观的（行为人）罪责是必要的……刑事不法并非只是实践中对实然的社会状况的实际改变，而是彻头彻尾的交流（Kommunikation）。刑事不法是对形式上的理性之人的意义表达。若犯罪、罪行应为违反规范的、以刑罚惩处的人类举动，则其必为刑事不法。"⑰

笔者认为，法系统是完全不同于环境的规范系统，它一开始就排除那些不属于它的自然的东西。环境是依靠自然法则来维系的（一个人不可能不依靠外力而仅仅用自己的双眼来看清自己阴暗的后背），法系统却不可能自己维护自己的效力（总是可以从违法中获益）。但是，法系统可以作用于人的意志来维护自己的效力。法系统只有在人能够主观地活动的领域，才有存在的余地。

在符合刑法规定的构成要件的举动中，只有表现了行为人对法规范的敌视、蔑视或者至少是轻视的态度时，才存在刑法上的违法行为。不法一定要具有主观的要素，故意、过失，责任能力，违法性认识，期待可能性，都是表明存在不法的要素。故意和过失是说明行为人主观上的可避免性的要素，如果行为人没有实施某行为的故意和过失，就表明行为人主观上不可避免该行为的实施，行为人主观上不可避免的行为，不是法所能够要求于行为人不实施的行为；认为无责任能力的精神病患者的行为是"不法的"，对法规范的效力而言，没有任何意义，因为没有一个合格的社会成员会把精神病患者的行为作为可以仿效的行为来选择；行为人不可能认识到某行为的违法性，就表明行为根本没有违反法规范的意思，也就是说，在这种情形中，根本不需要使用刑罚来维护法规范的效力；缺乏期待可能性，无非表明行为人处于不能实施合法行为的特殊状况之中，而"应该"以"能够"为前提，"不可能做到的东西"不是"应该做到的东西"，法不能期待人实施他做不到的行为，换言之，一个人实施了一般人也不得不实施的行为时，就没有实施不法。

法规范是客观的，违法判断也是客观的，但是，违法本身是具有客观性的主观表现。虽然刑法上判断违法性的标准是客观的，行为人实施的行为是否具有刑事违法性，应该根据刑法所确立的客观标准来判定，但是，这种客观性并不能否定刑事违法性在内容上包含主观的要素。一种与行为人的主观毫无关联的法益损害行为，完全不是违法行为。精神病人即使杀害了他人，也不是值得刑法来评价的违法行为，因为从精神病人的杀人举动中，完全看不出他要"违"法的意义。不仅如此，在一个精神正常者的杀人举动中，也完全看不出他要"违"法的意义：如果他不可避免地错误认为他的杀人举动属于我国《刑法》第20条第3款规定的特殊防卫，或者他为了挽救自己或自己亲人的生命而不得不杀害他人。

---

⑯ 马克昌：《比较刑法原理——外国刑法学总论》，武汉大学出版社2002年版，第312页。

⑰ ［德］阿恩特·辛恩：《论区分不法与罪责的意义》，徐凌波、赵冠男译，载陈兴良主编：《刑事法评论》第37卷，北京大学出版社2016年版，第287页以下。

有学者认为，“主观的违法性论没有区分违法性与责任，从而影响了通说的犯罪论体系，所以被多数学者反对。因此，可以肯定，客观的违法性的形式意义，就在于使违法性与责任相区别。”⑱ 在笔者看来，主观违法论虽然将可谴责性意义上的责任纳入违法性的内容之中，但是，仍然承认从刑罚目的出发所确定的责任，因此，即使赞成主观违法论，也可以维持由构成要件符合性、违法性和责任所组成的三阶层犯罪论体系。换言之，并不必然存在“使违法性与责任相区别”这种客观违法论的形式意义。

三、功能责任论的基本思想

在将传统的责任（可谴责性意义上的责任）纳入不法之中以后，就需要一种新的责任理论，这种理论把责任视为说明需罚性的诸要素的总合。我把这种新的责任理论，称为功能责任论。所谓功能责任论，是一种从刑法的目的和刑罚的功能出发，以展望未来的眼光，动态地确定责任和认定犯罪的刑法理论。⑲ 这种功能责任论，与考虑刑罚目的特别是从预防的视角来判断值得科处刑罚的责任的“可罚的责任论”⑳，具有基本相同的旨意。

功能责任论的基本主张是，刑法的目的是维护社会的规范性构造，作为犯罪的成立要件之一，责任不能脱离刑法的目的和刑罚的功能而独立存在。刑法中的责任，首先是行为人对法规范的忠诚问题，其次是社会系统的自治能力问题。㉑ 刑法中的责任，本质上是行为人在其行为中表现出的不忠诚于法规范的意志定向。在实施了刑事违法行为的人已经用他的行为确实地证明他的意志已经坚定地转向忠诚于法规范时，就不再存在刑法上的责任，并因此不存在犯罪；即使实施了刑事违法行为的人没有用他的行为证明他已经确立了对法规范的忠诚时，也缺乏刑法上的责任，并因此不存在犯罪，如果针对他的刑事违法行为追究他刑法上的责任就会损害社会的规范性构造的话，或者如果即使不针对他的刑事违法行为追究他刑法上的责任也足以稳定社会的规范性构造的话。

刑法中的责任不是作为实体的责任，而是一种社会性虚构。㉒ 从维护社会的规范性构造出发，功能责任论在责任的确定上会主要考虑以下两点：

（一）法规范的忠诚

刑法中的责任，核心内容是行为人在其行为中表现出的否定法规范的意志定向，是行为人的意志倾向于对法规范的不忠诚。刑罚服务于确立和维护法规范的忠诚。即使行为人以不忠诚于法规范的态度实施了刑事违法行为，但是，一旦他通过事后的悔改行为有证明力地恢复了他对法规范的忠诚，也因为不需要确定其刑法上的责任而不需要将其已经实施的刑事违法行为认定为犯罪。

［光头老男人案］一个穷困潦倒的光头老男人，在夜晚回家途中看见晕倒在路边的

---

⑱ 张明楷：《外国刑法纲要》，法律出版社 2020 年版，第 109 页。

⑲ 在基本倾向上，笔者完全赞同伊东研祐教授在其《刑法讲义总论》“规范责任论中实质责任论的展开”部分所做的阐述，即“要从犯罪的预防目的这种实质的观点来把握可罚的责任的内容”（［日］伊东研祐：《刑法讲义总论》，日本评论社 2010 年，第 250 页）。

⑳ 前注⑧，前田雅英书，第 337 页。

㉑ 更详细的论述，参见冯军：《刑事责任论》（修订版），社会科学文献出版社 2017 年版，第 352 页以下。

㉒ 参见前注⑧，前田雅英书，第 334 页。

一年轻妇女手里拿着一个昂贵的提包，于是，他偷走了她的手提包。回家之后，他打开手提包，发现了巨额现金和一封信，信是她写给她的父亲的，内容是她对她父亲在她童年时期陪她游玩香山的美好回忆和对如今穷困潦倒的她父亲的未来生活的极度忧虑。他还从信中得知，她是特意带病回国探望住院的老父亲。如泣如诉的文字，深深地打动了他的心灵，他悔恨之余坚定地返回到年轻妇女晕倒的地方，并将她送到医院治愈后，还帮她找到她的父亲，将那笔巨额现金交给了他。在这个例子中，如果还以“他盗窃他人巨额财产的行为已经既遂”为由而追究他盗窃罪的刑事责任，就会是虽符合刑事犯罪的法律形式，但是毫无社会价值的刑事追责活动。

［逃亡年轻人案］一个 23 岁的年轻人受朋友邀约而参与了其朋友因恋爱纠纷所组织的报复伤人活动，他逃亡之后，公安机关立即立案侦查，但是，一直没有抓获这个逃亡的年轻人。23 年后，已经 46 岁的他到公安机关自首，他如实供述了他 23 年前参与实施的伤害致人死亡活动，公安机关还得知，在其逃亡后的 23 年里，他不仅没再实施任何违法犯罪活动，而且，创办了一家大型企业，他自己还每年都匿名向被害人的家属捐款，共计 230 万元，因为内心的悔恨不安，他最终到公安机关自首了。如果仍然以我国《刑法》第 88 条“公安机关……立案侦查……以后，逃避侦查……的，不受追诉期限的限制”之规定为根据，坚决主张追究他的刑事责任，那么，就显示了对（他 23 岁时的）人性脆弱一面的洞察无力和对（他 46 岁时的）人性坚韧一面的无动于衷。

［H 盗窃案］在一篇被北京市人民检察院向全市检察机关推荐并要求全体公诉人员阅读学习的文章中，储槐植教授举的例子是：H 在公共汽车上盗窃 L 的手提包一个，H 回去后发现手提包内有身份证一张、手机一部，还有 53 件翡翠玉石，后经鉴定价值 91.4 万元。大喜之余，H 又害怕因为数额巨大，罪孽太重，所以决定将手提包送还。H 按照 L 身份证上的地址，乘坐火车，换乘汽车，千里奔波，终将手提包送还到 L 家中。L 全家对 H 万分感谢，并欲重谢。H 谢绝。后来，警方将 H 抓获。最终，法院以盗窃罪判处 H 有期徒刑 7 个月，宣告缓刑 1 年，并处罚金 1 000 元。[23] 对于“H 盗窃案”的判决，储槐植教授解释道：“在此案中，法官显然颇感为难：一方面，根据刑法通说（原则）：犯罪既遂之后无中止，当然更无出罪的余地。H 的行为构成盗窃罪的既遂，且数额特别巨大，根据刑法关于盗窃数额特别巨大的规定，H 的行为至少要处 10 年以上有期徒刑。另一方面，H 又是出于自愿不远千里将盗窃所得的财物全部送还给被害人。可以说，被告人后来的善意抵消了其先前的恶意。刑法通说不可违背，但是简单地依法判决显然太过严苛，于是判决书中说 H 的行为是‘对事实的认识错误，从而阻却刑事责任’，但又唯恐违反通说，于是，法院充分考虑‘被告人实施盗窃时的主客观条件以及犯罪既遂后的归还行为’，最终作出以上判决，算是从轻发落。法官的矛盾心情，作出了实质上矛盾的判决！”[24] 因此，储槐植教授认为，“上述案件以及与之相类似案件的逻辑关系应当是：对后行为（赎罪）的法律评价首先是在犯罪论方面——抵消所犯的前罪。前后行为的作用机制是：后行为矫正前行为，修复被损害的法益，从而使前

㉓ 参见储槐植、闫雨：《“赎罪”——既遂后不出罪存在例外》，载《检察日报》2014 年 8 月 14 日，第 3 版。

㉔ 上注，储槐植、闫雨文。

行为出罪化。”[25] 尽管我不完全同意储槐植教授的理由，在［H 盗窃案］中，H 的后行为既没有修复被损害的法益（H 的送还行为改变不了其盗窃行为已经侵害 L 巨额财产权的事实），也不存在既遂后不出罪的例外，但是，我完全同意储槐植教授关于 H 的行为不成立犯罪的结论，因为 H 已经用其奔波千里的“良知上的复萌”[26] 证明了他已经自主地回归到忠诚于法规范的立场之上（因此，由于缺乏责任，根本就不成立犯罪，而不是犯罪既遂后例外地出罪）。

无论如何，在社会价值上，刑罚不可能媲美行为人为忠诚于法规范而真诚展开的自我重塑行动。

（二）社会的自治能力

刑法是法系统的组成部分，法系统又是社会系统的组成部分。就像法是社会的法一样，刑法也是社会的刑法，它应该维护社会，而不是损害社会。是否需要动用刑罚，也取决于社会的自治能力，即取决于社会的承受力和应对力。

1. 社会的承受力

确定责任和认定犯罪，都需要考虑刑法存在于其中的那个特定社会的承受能力。对违法者的刑罚制裁，不能成为该社会所不能承受的重负。例如，在今后一个不短的时期内，我国都会允许贪污行为的入罪门槛低于盗窃行为，如果把每个利用职务之便盗窃、侵吞、骗取 2 000 元公共财物的国家工作人员都按贪污罪处罚的话，就会妨害整个国家机器的正常运转，因为在今后一个不短的时期内我国仍然可能存在大量盗窃、侵吞、骗取 2 000 元公共财物的国家工作人员，如果他们都受到刑事追究，虽然也能够体现“根本不应存在任何犯罪”这种法治洁癖，但是，可能会使我国社会变成人满为患的法治囚笼。当然，完全有理由相信，我国一定会在某个时期进入对贪污、受贿零容忍的法治纯洁状态。

2. 社会的应对力

确定责任和认定犯罪，还需要考虑某一特定社会的应对能力。如果该社会有更加合适的应对措施，就不应该动用刑罚。例如，如果某一社会具有一种该社会允许使用的特效药，打一针这种特效药就能够完全消除某人的性欲，那么，就不需要将该人已经实施的强奸行为认定为犯罪，将其作为病人加以治疗就是适当的，而不需要对其动用刑罚。

（1）特殊的人际关系。

当存在特殊的人际关系时，将已经发生的刑事违法行为认定为犯罪，往往是不必要的，因为这种特殊的人际关系已经比刑罚更合适、更有效地解决了所面临的问题。例如，针对发生在家庭内部的盗窃行为，只要物主不主张追究行为人的刑事责任，就完全不应以“盗窃罪是公诉罪”为由而确定行为人的责任并动用刑罚加以惩处。

（2）事后的修补行为。

当行为人的事后修补行为已经生成了得到法规范承认的稳定社会关系时，将已经发生的刑事违法行为认定为犯罪，也往往是不必要的。例如，如果一名高中男老师与一名

㉕ 前注㉓，储槐植、闫雨文。

㉖ 前注㉓，储槐植、闫雨文。

已满15周岁未满16周岁的高中女学生自愿但是持续地发生了性行为，5年之后，该高中男老师与该女生结婚，并幸福地共同生活在一起，那么，就完全不应以“尚未经过追诉时效”为由而追究该男老师“负有照护职责人员性侵罪”的刑事责任。在大量的过失行为之后，特别是交通肇事行为之后，如果行为人事后实施的积极赔偿行为已经使其过失行为获得了受害方的充分谅解，那么，就没有必要再去确定什么刑法上的责任。

针对雅各布斯（Jakobs）教授主张的功能责任论，有种种批判。例如，有人批判功能责任论使责任丧失了限定刑罚的功能；功能责任论违反了人的尊严，使人成为维护规范信赖的工具；为了维护法规范的效力，需要何种程度的刑罚，缺乏可精确化的标准；等等。[27] 但是，如果正确地理解了功能责任论的话，特别是如果正确地理解了以主观违法论为前提的功能责任论的话，就能够认识到，这些批判并非中的之论。功能责任论并没有否定可谴责性对犯罪成立所具有的意义，只是将可谴责性视为违法性的内容，并对犯罪的成立要件进行了需罚性的限制，从而，进一步限定了犯罪的成立范围。这种意义上的功能责任论，不仅增强了责任对刑罚的限定功能，而且，更加重视了人的自我完善，应该说更好地维护了人的尊严。

针对笔者改装的功能责任论，也有人批判道：“功能责任论还导致责任与不法缺乏关联性，亦即脱离不法事实决定责任轻重”[28]。但是，不法只是责任的前提，也就是说，所有的不法要素本来就是责任要素，不法一开始就限定了责任的范围，就像构成要件一开始就限定了不法和责任的范围一样，然而，责任也是犯罪成立的独立要素，无疑具有不同于不法的内容，某些决定责任有无或者轻重的要素当然可能与不法事实相脱离。

如果应该动用刑罚，就需要在可罚性之外加上需罚性，也就是说，应罚性是由可罚性和需罚性组成的，一个可以用刑罚加以处罚并且需要用刑罚加以处罚的行为，就是一个应该用刑罚加以处罚的行为。不法说明了行为的可罚性，责任说明了行为的需罚性。具有不法和责任的行为，就是一个应该用刑罚加以处罚的犯罪。不过，这只是一种规范逻辑上的结论，如果进一步追问应罚性的实质根据，那就必然涉及刑法的最基础性问题，即刑法是仅仅保护（有时也与公民自由无关的）法益，还是仅仅保护以公民自由为核心的社会规范性构造。关于这个问题，笔者的回答是：刑法仅仅保护以公民自由为核心的社会规范性构造。但是，说明这一答案的理由，并非本文的目的，需要另外撰文论述。

四、刑事立法的相关规定

我国现行刑法的一些规定，很好地体现了功能责任论的主张，应该受到重视。

（一）《刑法》第201条第4款的规定

我国《刑法》第201条第4款规定：“有第一款行为，经税务机关依法下达追缴通知后，补缴应纳税款，缴纳滞纳金，已受行政处罚的，不予追究刑事责任；但是，五年内因逃避缴纳税款受过刑事处罚或者被税务机关给予二次以上行政处罚的除外。”这一

[27] 参见［日］吉田敏雄：《责任概念和责任要素》，成文堂2016年版，第60页以下。

[28] 张明楷：《责任论的基本问题》，载《比较法研究》2018年第3期，第1～19页。

规定表明，只要行为人在初次实施了违法的逃税行为之后，显示出履行纳税义务的意愿，并自愿补缴应纳税款，缴纳滞纳金，保证了国家的税收收入，接受了相关的行政处罚，就不需要对其已经违法地实施的符合逃税罪构成要件的行为予以刑罚处罚。

（二）《刑法》第449条的规定

我国《刑法》第449条规定："在战时，对被判处三年以下有期徒刑没有现实危险宣告缓刑的犯罪军人，允许其戴罪立功，确有立功表现时，可以撤销原判刑罚，不以犯罪论处。"这一规定表明，一个已经实施了轻罪的行为人，只要他用"立功"等行为确实地证明他重新回归到尊重法规范、为社会做贡献的立场上，就无须继续将其已经违法地实施的符合构成要件的行为认定为犯罪，就像一个犯罪军人因为在战场上立功而"不再被认为曾经犯罪"㉙一样。

（三）《刑事诉讼法》第182条第1款的规定

一个更具有普遍意义的立法，是我国《刑事诉讼法》第182条第1款的规定。根据该规定，犯罪嫌疑人自愿如实供述涉嫌犯罪的事实，有重大立功或者案件涉及国家重大利益的，经最高人民检察院核准，公安机关可以撤销案件，人民检察院可以作出不起诉决定，也可以对涉嫌数罪中的一项或者多项不起诉。这一规定表明，如果最高人民检察院认为不将某行为作为犯罪来追究更符合国家利益，那么，就可以不作为犯罪来追究。

今后，我国刑法应该从功能责任论的立场出发，更多地规定以法规范忠诚的恢复和社会规范构造的稳定为根据的缺乏需罚性的情形。

五、刑事司法的相关做法

在我国的刑事司法实践中，过去和现在都存在体现功能责任论的做法，但是，并未得到我国刑法学者的充分重视。

（一）关于强奸罪的司法解答

1984年4月26日，最高人民法院、最高人民检察院、公安部联合发布的《关于当前办理强奸案件中具体应用法律的若干问题的解答》第3条第2款第2项规定："第一次性行为违背妇女的意志，但事后并未告发，后来女方又多次自愿与该男子发生性行为的，一般不宜以强奸罪论处。"㉚这一规定表明，即使行为人先违背某妇女的意志对该妇女实施了强奸行为，如果行为人在其后多次与该妇女的自愿性行为中表明他没有继续不忠诚于法规范，而是已经回归到尊重该妇女的性自主权的法立场之上，也可以不追究其强奸罪的刑事责任。

[吐露真情案] 江任天教授举的例子是：男青工陈某，平日听说同车间女工李某的丈夫上晚班。一天深夜，陈偷偷溜进李家，利用李昏睡之机，冒充她的丈夫，同她发生了性关系。当李察觉正要呼喊时，得知对方是陈，便不但不再声张，反而向陈吐露真情，说她早就有意于他，于是继续与陈奸宿，并把一只镀金戒指赠陈留念。不料李的丈

㉙ 王爱立主编：《中华人民共和国刑法——条文说明、立法理由及相关规定》，北京大学出版社2021年版，第450页。

㉚ 尽管该解答已经失效，但是，其中所包含的司法理念仍然是今天中国刑法学界热烈讨论的对象。

夫因工伤事故提前下班回家，发现了此事，当场将陈扭送保卫部门。在审查过程中，陈如实交代了上述经过，并交出了戒指。对于该案，江任天教授认为，虽然陈某的主观状态和客观行为具有违背妇女意志的性质，但是，实际上并不违背李某的意志，因此，不成立强奸罪。[31] 在我看来，很难在昏睡时的无意识与清醒后的有意识之间建立沟通关系。因此，很难说乘妇女昏睡之机与昏睡妇女发生性关系的行为，在昏睡妇女清醒后表示该性行为的实施符合其本意时，这实际上并不违背该妇女的意志。尽管利用妇女昏睡之机与昏睡妇女发生性关系就已经“实际上违背了妇女意志”，但是，我仍然完全赞同江任天教授的结论，不能认为陈某的行为成立强奸罪，因为该案正是上述司法解答所针对的情形。

（二）关于盗窃罪的司法解释

2013 年 4 月 2 日，最高人民法院、最高人民检察院发布的《关于办理盗窃刑事案件适用法律若干问题的解释》第 8 条规定：“偷拿家庭成员或者近亲属的财物，获得谅解的，一般可不认为是犯罪；追究刑事责任的，应当酌情从宽。”这一规定表明，如果存在更好的处理方式（例如，家庭成员或者近亲属的“谅解”），就完全不需要将其认定为犯罪。

（三）关于受贿罪的司法意见

2007 年 7 月 8 日，最高人民法院、最高人民检察院发布的《关于办理受贿刑事案件适用法律若干问题的意见》第 9 条第 1 款规定：“国家工作人员收受请托人财物后及时退还或者上交的，不是受贿。”这一规定表明，即使某国家工作人员收受了请托人的财物，如果该国家工作人员在收受财物后及时退还或者上交了其收受的财物的话，也不能将其行为认定为受贿罪。一名国家工作人员在收受请托人的财物后，又及时退还或者上交了其收受的财物，就表明该国家工作人员主动回归到符合法规范的状态之中，就完全不需要将其收受请托人财物的行为作为受贿罪处理。但是，如果一名国家工作人员在收受请托人的财物后，虽然及时退还或者上交了其收受的财物，却没有表明其已经主动回归到符合法规范的状态之中，例如，其及时退还或者上交所收受的财物的行为是为了掩饰其犯罪，那么，就仍然要追究其受贿罪的刑事责任。

也有学者认为，国家工作人员在客观上利用职务上的便利收受了他人财物，且符合“为他人谋取利益”要件的行为，只要主观上具有受贿故意，就一定成立受贿罪的既遂。既然是受贿罪的既遂，就不可能以特别理由说该行为“不是受贿”，只有不存在受贿故意的“及时退还或者上交”，才不成立受贿罪。[32] 但是，这种看法并不符合上述规定。从上述规定的前后文脉来理解，即使具有受贿故意，只要收受请托人财物后及时退还或者上交了，而不是为掩饰犯罪才退还或者上交的，就不是受贿。并且，即使形式上已经是受贿罪的既遂，也完全可能实质地以刑事政策上的特别理由（例如，行为人通过自己及时退还或者上交所收受财物的行为，已经自己变得忠诚于“不得受贿”的法规范了）说该行为“不是受贿”。应当将刑事政策融入刑法教义学之中，而不是拒刑事政策于刑

---

[31] 参见江任天：《对强奸罪中“违背妇女意志”问题的再认识》，载《法学研究》1984 年第 5 期，第 39～45 页。

[32] 参见张明楷：《刑法学》（下）（第 6 版），法律出版社 2021 年版，第 1603 页。

法教义学之外。

上述我国刑事司法的做法，完全契合功能责任论的基本构想，值得中外刑法学者充分重视。

结 语

本文的主要结论是：犯罪与刑罚具有内在联系，刑罚目的也制约着犯罪成立要件的确立；应罚性是犯罪的基本属性，体现可罚性的不法和体现需罚性的责任，共同确定着应罚性；对体现可罚性的不法而言，行为人主观的可谴责性是不可缺少的；确定体现需罚性的责任时，既要考虑行为人是否确实地回归到忠诚法规范的立场之上，也要考虑特定社会的自治能力；在我国的刑事立法和刑事司法中，都存在体现功能责任论的情形；法的支配本质上是意志支配；重视法规范的刑法理论，本质上是维护人的自由的刑法理论，应该以人对法规范的态度作为确定责任的基础。

欧盟法中的有罪不罚

——一个概念的评估

[英] 瓦萨米斯·米契里加斯[*] 著
龙天鸣[**] 译

一、介绍

早在20世纪80年代，反对有罪不罚的斗争就已经支撑了欧洲一体化发展。近来，反对有罪不罚的关切在事关欧盟发展成为一个自由、安全和公正区域的问题上起到了关键作用。然而，尽管它对欧盟法的内容和方向产生了影响，但有罪不罚的概念（以及随后对有罪不罚的反对）明显缺乏理论研究。认识到有罪不罚的概念已经在许多不同的背景下发展起来，并且可能仍然晦涩、情绪化与模糊不清①，本文旨在于欧盟法中为有罪不罚提供第一个全面的概念，在国内法律体系和欧盟法律中从逃避刑事责任和惩罚的意义上来理解有罪不罚。本文将通过提供一个反对有罪不罚可感知的必要性的多维分类法，来分析反对有罪不罚立法和司法的话语演变，而这种分类法与一些更广泛的欧盟法目标的实现相关联。在这种情况下，本文将强调欧盟法中有罪不罚概念的四个不同但相互关联的维度，其中两个与欧盟法的内部目标相关，两个与外部目标相关。在实现欧盟法内部目标方面，有罪不罚的概念将从保护欧盟利益需求的角度（保护欧盟财政利益和欧盟预算）与建立一个没有内部边界和国内法秩序相影响的自由、安全和公正区域的角度来看待。反对有罪不罚的外部维度将侧重于在确定国际司法合作范围时阐明这一概念（欧盟及其成员国与第三国的合作），特别是关于这种合作的典范——引渡。然后，对（反对）有罪不罚外部维度的分析将从国际层面转向全球层面：关注数字化世界中数据的使用，本文将在跨大西洋和全球背景下对欧盟反对有罪不罚议程进行批判性评估。本文通篇将强调反对有罪不罚议程作为欧洲一体化的驱动力的作用。通过批判性检视反对有罪不罚的各个维度，该分析将阐明有罪不罚概念的关键要素，并批判性地评价一个有别于成员国利益、反映欧洲价值观和欧洲公正感的欧洲有罪不罚概念在欧盟法中发展的有限程度。本文最后将呼吁将有罪不罚重新概念化，使之成为一个基于权利与法治的共同的欧洲概念。

---

* 瓦萨米斯·米契里加斯（Valsamis Mitsilegas），英国利物浦大学法律与社会公正学院教授、院长。

** 龙天鸣，中国人民大学刑事法律科学研究中心刑法学博士，北京外国语大学法学院博士后研究人员、助理研究员。

① 关于对有罪不罚概念的模糊性的讨论，参见 JE Vinuales，Impunity：Elements for an Empirical Concept (2007) 25 Law and Inequality 115。

二、反对有罪不罚与保护欧盟利益：以欧盟的财政利益为例

反对有罪不罚一直与刑事司法领域保护欧洲利益的需求相关，这些利益被认为是不同于国家利益的。[②] 一个关键的例子是对欧盟预算的保护。保护欧盟预算已经被认为是欧盟的首要利益，而反对有罪不罚则成为这一领域欧洲一体化的主要动力。关于冲击欧洲利益（欧盟预算）的有罪不罚，呼吁欧盟干预加以反对的声音，在 20 世纪 90 年代由欧洲委员会资助的关于《法律大全》（Corpus Juris）的学术研究中已明确出现：《法律大全》的起草者提出了一个与打击欺诈有关的高度集中的欧洲刑法模式，这一模式源于一种信念，即预算是一种独特的欧洲利益。根据其解释性备忘录，“预算被定义为‘联盟公民共有的真正遗产的明显标志……是欧洲政策的最高工具”。这样说强调了任何破坏该遗产的罪行都存在极端的严重性。[③] 在欧盟刑法领域管辖有限的情况下，《法律大全》和诸如欧洲委员会等机构主张进一步欧洲化，以便有效保护预算这一欧洲利益。要求欧盟干预呼声的背后是一种不信任的感知：国家当局被认为不愿意或不能有效地打击有罪不罚，且以同样方式或像用刑法保护本国利益那样有效地去保护欧洲利益。

随着时间的推移，为了保护独特的欧洲利益而与有罪不罚作斗争的可感知的需求，在两个方面对国内法产生了重大影响：确保国内法为欧盟利益提供有效保护；以及在欧盟层面推进立法，该立法旨在建立一个实体性和制度性的框架，以对针对欧盟预算的欺诈行为作出有效的回应。20 多年来，这两个方面的行动一直在以互补的方式发展，同时欧盟机构在这些领域的引领举措中发挥了关键作用，而《里斯本条约》的生效也大大加快了这一进程。

欧盟的第一类行动涉及努力确保成员国为欧盟利益提供与国内刑事司法系统中本国利益同等水平的保护。这方面的一个主要行动者是欧洲法院（Court of Justice），它在 1980 年代末发展了同化原则。在对希腊玉米案的裁决中[④]，基于有效性和等价性原则，欧洲法院提出了同化原则：虽然刑罚的选择是成员国的自由裁量权问题，但违反共同体法律的行为必须在程序性或实体性条件下受到制裁，以使刑罚具有有效性、合比例性和劝阻性。因此，同化原则起着至关重要的作用。在这种情况下，即使欧盟法没有明确要求，在国内层面上也可能进行定罪。欧洲法院随后指出，在这种背景下，有效的国家措施“可以包括刑事处罚，即便共同体法律只规定了民事制裁”[⑤]。此后，同化原则被引入欧盟条约，并在里斯本会议后与有效性和威慑性原则[⑥]一起出现在《欧洲联盟运作条约》（TFEU）第 325 条。[⑦] 此后，欧洲法院利用《欧洲联盟运作条约》第 325 条强调本国当局为欧盟预算提供有效保护存在着义不容辞的义务，从而避免有罪不罚。欧盟法院

---

② V Mitsilegas，The Normative Foundations of European Criminal Law，载 R Schütze 编，Globalisation and Governance：International Problems，European Solutions，Cambridge，Cambridge University Press，2018，pp. 418 - 452。

③ M Delmas-Marty 编，Corpus Juris，Paris，Economica，1997，p. 12。

④ 案例 C-68/88 Commission v. Greece ECR［1989］2965，段落 23 - 25。

⑤ 案例 C-186/98 Nunes de Matos，ECR［1999］4883，段落 14。

⑥ 《欧洲联盟运作条约》第 325（1）条。

⑦ 根据《欧洲联盟运作条约》第 325（2）条，成员国必须采取与其处理影响自身利益的欺诈行为相同的措施，以打击影响欧盟财政利益的欺诈行为。

(CJEU。欧盟法院分为两个法院：欧洲法院——处理国内法院初步裁决请求、裁决的撤销与上诉的某些行动；欧盟普通法院——对个人、公司，在某些情况下的欧盟政府提出的撤销诉讼作出裁决——译者按）突出强调了《欧洲联盟运作条约》第 325 条作为解决有罪不罚条约基础的潜力。在 Taricco 案的两项裁决中，欧盟法院规定了《欧洲联盟运作条约》第 325（1）和（2）条具有直接效力的规则，并规定本国当局，包括法院，有义务在欧盟法的有效性（和反对有罪不罚）受到损害的情况下不适用国内法。在 Taricco I 案中[⑧]，欧洲法院裁定，《欧洲联盟运作条约》第 325 条本身就要求成员国通过有效的威慑措施来打击影响欧盟财政利益的非法活动；特别是，同化原则要求它们采取与打击影响其自身利益的欺诈行为一样的举措，来打击影响欧洲联盟财政利益的欺诈行为。[⑨] 欧洲法院继续说，如果国家规定不具有有效性和劝阻性，本国法院将必须确保欧盟法得到充分实施，如果需要的话，可以不适用这些规定，而不必要求或等待通过立法或任何其他宪法程序事先废除这些条款。[⑩] 欧洲法院强调，成员国在这方面的义务是由欧盟主要法律，即《欧洲联盟运作条约》第 325（1）和（2）条规定的。[⑪] 这些规定对成员国施加了一个关于要实现的结果的确切义务，而这一义务不受任何关于规则适用条件的限制，而这些条件本是它们自己制定的。[⑫] 因此，根据欧盟法优先的原则，《欧洲联盟运作条约》第 325（1）和（2）条的规定具有这样的效果，即通过使这两个条款生效，而使国内法的任何冲突规定自动无法适用。[⑬]

欧盟法院在 Taricco I 案中的判决为欧盟法的范围设定了重要的基准，以确保避免违反欧洲利益的行为有罪不罚。欧盟法院对可被视为本国下级法院的"哭救 "作出了回应，国内法官利用初步参考程序提出，滥用关于时效的国内条款确保了那些对欧盟预算进行严重欺诈的人有罪不罚。欧盟法院在答复中听取了这一呼吁，并试图通过要求国内法官取消任何导致有罪不罚的国内条款，来延长国家刑事诉讼的期限。同时，欧盟法院利用该裁决推动欧盟进一步协调打击欺诈的刑法，并通过宣称增值税欺诈确实构成对欧盟预算欺诈的一部分，进而最终将增值税欺诈的要素纳入 PIF 指令（该指令为一系列违反欧盟预算的行为提供了共同的定义。这些罪行包括欺诈案件和其他有关的罪行，例如，主动和被动贪污、挪用资金、洗钱等——译者按）的范围，而该指令在作出裁决时正在谈判中。鉴于 PIF 指令中欺诈的定义构成了欧洲检察官办公室（EPPO）授权的基础，这一干预具有特别重要的意义，正如下文所述，它构成了打击欧盟预算有罪不罚的另一条线索。[⑭]

---

⑧ 案例 C-105/14 Taricco and Others（Tarrico I）ECLI：EU：C：2015：555。

⑨ 同上，段落 37。

⑩ 同上，段落 49（增加了强调）。

⑪ 同上，段落 50。

⑫ 同上，段落 51。

⑬ 同上，段落 52。

⑭ 关于将增值税欺诈纳入 PIF 指令的争论，见 F Giuffrida，The Protection of the Union's Financial Interests After Lisbon，载 R Sicurella，V Mitsilegas，R Parizot and A Lucifora 编，General Principles for a Common Criminal Law Framework in the EU，Milan，Giuffre，2017，pp. 245 - 274；R Sicurella，A Blunt Weapon for the EPPO? The Long Story of the Directive on the Protection of the Union's Financial Interests，the Taricco Case，and the Many Tricks of the Member States to Progressively Stifle It，载 W Geelhoed，AWH Meij and L Erkelens 编，Shifting Perspectives on the European Public Prosecutor's Office，The Hague，TMC Asser Press / Berlin，Springer，2018。

因此，Taricco I案中提出了一个打击有罪不罚的欧洲概念，以维护欧洲的利益：一方面，它包括本国当局的详细义务，如果国内法有助于促进有罪不罚，则不适用国内法；另一方面，规定了在本国层面打击有罪不罚的立法的重要性，以解决国家的缺陷，并在欧盟层面确保欧盟法律的广泛适用。Taricco I案的裁决在意大利引起了生动地反应。意大利宪法法院似乎不遗余力地确认欧盟法院对维护《欧洲联盟运作条约》第325条有效性的强调。其指出：本法院当然不能赋予《欧洲联盟运作条约》第325条不同于欧洲法院所认定的含义；事实上，它有责任注意到这一意义，并决定依刑法规定实施相关行为的个人是否本能够理解这一意义。⑮

然而，很难接受欧盟法院的做法是与合法性原则相一致的，而将随后对卢森堡提出的质疑集中在Taricco I案与作为宪法秩序最高原则的合法性原则或国家宪法承认的不可剥夺的人权的兼容性上。意大利宪法法院的做法背后可能是对内部宪法秩序的关注，法院不遗余力地保持对下级法院本身提出的此类问题的最终决定权和最终控制权——分散的初步参考制度使下级法院有权直接向卢森堡提出与有罪不罚和宪法事宜有关的问题，这与意大利对宪法合法性的集中审查相冲突。意大利辩论中提到的另一个因素是Taricco I案对分权原则的影响，欧盟法院在Taricco I案中的不适用义务（obligation of disapplication）被认为是将司法机关置于一个准立法角色，被称为是在广泛地解释法律，以便在立法者的有限指导下形成基于个案的不适用。然而，重要的是，意大利宪法法院没有向卢森堡提出与《欧洲联盟运作条约》第325条本身的解释有关的问题，就确认了由《欧洲联盟运作条约》第325条带来直接效力的欧盟法院的重大裁决。

欧盟法院在Taricco Ⅱ案的后续裁决中找到了一个折中方案⑯，一方面维护了《欧洲联盟运作条约》第325条在确保有效打击有罪不罚中发挥作用所形成的开创性结论，另一方面又解决了意大利宪法法院提出的一些关切。欧盟法院重申了《欧洲联盟运作条约》第325（1）和（2）条的直接效力⑰；国内法院存在不适用国家规定的义务⑱；以及延长时效不违反合法性原则的结论。⑲ 然而，欧盟法院随后明显地试图去找到一个空间来安放意大利宪法法院提出的关切。⑳

基于欧盟法原则的适用性和本国当局为确保对侵犯欧盟利益却有罪不罚的打击而承担的义务，欧盟法院试图维护这些主要结论。同时，它解决了国内关切的问题，在协调的前后创造了些许有着人为属性的时间分界线，即在欧盟没有行动的情况下，成员国保留了行动的余地。意大利宪法法院的直接反应并不令人鼓舞，而是根深蒂固地守旧㉑，主张从内部权力平衡的角度而不是从反对有罪不罚的角度来处理这个问题。然而，这并

⑮ Tarrico Ⅰ（n 8）段落5。

⑯ 案例C-42/17 M. A. S. and M. B.（Tarrico Ⅱ）ECLI：EU：C：2017：936。

⑰ 同上，段落38。

⑱ 同上，段落39。

⑲ 同上，段落42。

⑳ V Mitsilegas，Judicial Dialogue in Three Silences. Unpacking Taricco，（2018）9 New Journal of European Criminal Law 38.

㉑ V Manes，Taricco，Endgame，载V Mitsilegas，A di Martino and L Mancano编，The Court of Justice and European Criminal Law. Leading Cases in a Contextual Analysis，Oxford，Hart Publishing，2019，pp. 188－195。

不是一个零和游戏（zero-sum game），因为意大利国内关于时效的规则已经被修正，以适应反对有罪不罚的关切[22]，而意大利宪法法院随后的案例法似乎对充分适用与欧盟法院的合作机制更加开放。[23]

欧盟法院的做法，特别是在 Taricco Ⅱ案中，在解决有罪不罚和法律确定性关切方面更广泛地强调了立法的作用。通过这种方式，打击有罪不罚再次成为欧洲一体化的驱动力，进一步要求欧盟协调立法。然而，事实是，即使在欧盟协调有限的情况下，欧盟法律仍然有义务确保打击欧盟预算欺诈的有效性，并避免在这方面有罪不罚——这在刑事诉讼领域尤其如此，这一领域中欧盟法对国内规则的影响仍然不明确且具有争议。这里的一个关键问题是，在反对有罪不罚的背景下，当本国当局履行义务确保欧盟法有效性时，必须在何种程度上尊重基本权利。欧盟法院最近的一个例子是其在 Kolev 案中的裁决[24]，其中欧盟法院关注于国家程序性措施与程序中旨在维护欧盟财政利益的基本权利之间的一致性。在 Kolev 案中，欧盟法院扩大了源自《欧洲联盟运作条约》第 325 条的义务，以清楚地保证欧盟法在刑事诉讼领域的有效性。[25]

欧盟法院采取了一种微妙的平衡行动：一方面，在可能被归类为危害欧盟财政利益的行为不受惩罚的系统性风险存在时，它呼吁国家立法者修改规则，同时也确保被告的基本权利得到保护[26]；国内法院在必要时不适用国内法律[27]；而且，法院确保在诉讼的各个阶段，在对这些诉讼正常措施与进展的抗辩中，被告人任何故意和滥用的阻挠都可以被推翻。[28] 另一方面，欧盟法院指出，基本权利不能被确保有效收集欧盟资源的义务所否定。[29] 欧盟法院随后关注于保护被告人在合理时间内得到审理的权利的要求[30]，欧洲法院将其视为欧盟法的一般原则，载于《欧洲人权公约》（ECHR）第 6（1）条和《欧盟基本权利宪章》第 47 条。[31] 欧洲法院参考了欧洲人权法院（斯特拉斯堡）的案例法，以确定该权利在刑法领域的时间适用性。法院参考了欧洲人权法院（斯特拉斯堡）的案例法，以确定该权利在刑法领域的时间适用性。[32] 然而，虽然对特定权利范畴的解释再次以斯特拉斯堡判例法为基础，但值得注意的是，欧盟法院恢复了其内部的“宪法”方法，将重点放在欧盟法的一般原则上，以解决在平衡基本权利保护和欧盟利益保护中如何实现有效执行欧盟法这一更广泛的问题。

㉒ 2017 年 6 月 23 日法律，No. 103，被称为“Orlando reform”，载 Gazzetta Ufficiale della Repubblica Italiana，4 Luglio 2017。

㉓ 见宪法法院，2019 年 1 月 23 日裁决，第 20 号；宪法法院，2019 年 2 月 20 日裁决，第 63 号；宪法法院，2019 年 5 月 10 日裁决，第 112 号。此外，根据 2019 年 5 月 10 日的第 117 号命令，宪法法院向欧盟委员会提交了初步审查请求。我感谢米歇尔·凯阿尼罗（Michele Caianiello）、朱莉娅·拉萨尼（Giulia Lasagni）和路易莎·马林（Luisa Marin）提请我注意这些案件。

㉔ 案例 C-612/15 Kolev and Others ECLI：EU：C：2018：392。

㉕ 同上，段落 55。

㉖ 同上，段落 65。

㉗ 同上，段落 66。

㉘ 同上，段落 67。

㉙ 同上，段落 68。

㉚ 同上，段落 70。

㉛ 同上，段落 71。

㉜ 同上，段落 71。

在 Dzivev 案中，这种试图通过尊重基本权利的义务来锻造本国法院打击有罪不罚的义务和确保《欧洲联盟运作条约》第 325 条的有效性的做法也很明显。[33] 在 Dzivev 案中，欧盟法院扩大了对权利的保护，明确指出，确保有效收集欧盟资源的义务并不能免除国内法院对宪章所保障的基本权利和欧盟法律的一般原则的必要遵守。更确切地说，它认为对增值税犯罪提起的刑事诉讼相当于对欧盟法律的执行，这些权利和原则不仅在刑事诉讼期间必须得到尊重，而且在初步调查阶段，从有关人员成为被告的那一刻起就必须得到尊重。[34] 在一个涉及非法截获通信的案件中，欧盟法院提醒保护合法性和法治的重要性[35]，认为欧盟法律不能要求国家法院不采用这种程序规则，即使使用非法手段收集的这种证据可以提高刑事起诉的有效性，使国家当局在某些情况下能够惩罚不遵守欧盟法律的行为。[36]

因此，从 Taricco 案到 Dzivev 案，法院的方式轨迹揭示了在保护欧盟预算方面打击有罪不罚的有趣趋势。欧盟法院在 Taricco I 案中充分利用了“里斯本化 ”的优势，通过赋予《欧洲联盟运作条约》第 325 条以直接效力，并为包括法院在内的国家当局规定了意义深远的不适用义务，从而制定了明确的有效性和反对有罪不罚的基准。欧盟法院以立法协调的形式，暗示了进一步实现欧洲一体化的重要性，但坚持在国家法律秩序中适用这些义务，即使是面对有限的协调——与第 325 条义务的协调，该义务也适用于刑事诉讼和刑事调查领域。然而，对打击有罪不罚有效性目标的追求，受到宪法对国家当局尊重合法性和遵循法治的要求。在一个仍然存在有限的、最低限度的和零散的协调的法律领域，这种平衡打击有罪不罚与保护基本权利和法治的欧洲方法留下了有关确定性和一致性的未解之题，因为根据国家法律制度和政策优先事项两种不同标准，回应可能有很大的不同。[37]

在寻求打击有罪不罚现象的过程中，有关欧盟法律义务和国家法律之间的互动问题并不会因为欧盟层面存在协调或统一的努力而消失。一个关键的例子是，欧盟 2017/1939 号条例的通过，并由此成立了欧洲检察官办公室，且欧洲检察官办公室的运作对国家法律体系产生了影响。[38]《里斯本条约》的生效和其中所包含的建立在欧洲检察官办公室之上的明确法律依据［《欧洲联盟条约》（TEU）第 86 条］，使欧洲检察官办公室的成立成了一个突破。从《法律大全》的时代开始，建立一个有能力维护欧洲利益的欧洲主体一直是一种需求，要求建立该主体是基于这样一种逻辑，即对欧洲机构——特别是欧洲委员会——的不信任，亦即不信任成员国维护欧盟法律有效性和保护欧盟预算的

---

[33] 案例 C-310/16 Petar Dzivev ECLI：EU：C：2019：30。

[34] 同上，段落 33。

[35] 同上，段落 34。

[36] 同上，段落 39。

[37] 见 AG Bobek 在 Dvizev 案的意见中的批评，注意到对可预见性的挑战（任何国家法院都可以而且应该从不符合规定的结论中得出适当的程序性后果，它有权自己作出这种结论，而无须提交欧盟法院）。如果扩大到由成员国的个别法院根据其自我评估而搁置国家刑事诉讼规则，刑事司法似乎有可能成为欧盟赞助的博彩（第 106 段），即使在 Kolev 案的裁决之后，欧洲法院为任何此类有选择地撤销违反本国规定所设定的催化点仍不明确（第 107 段）。

[38] Cf C Di Francesco Maesa，The Fight against Impunity between EU and National Legal Orders：What Role for the EPPO?.

能力与意愿，以及其可以在该领域有效地打击有罪不罚现象。根据欧洲委员会关于建立欧洲检察官办公室的提案的解释性备忘录，“由于成员国的刑事调查和起诉有权方目前无法达到同等的保护和执行水平，欧盟不仅有能力而且有义务采取行动”㊴。

经过漫长的谈判，在绝大多数成员国的参与下，建立欧洲检察官办公室的条例现已获得通过，尽管这被定为是一项加强合作的措施。欧洲检察官办公室的建立可以被看作是一个政治上的突破，即建立一个欧洲机制来打击对欧盟预算欺诈的有罪不罚现象。然而，关于欧洲检察官办公室是否将为起诉欺诈行为提供一个真正的欧洲方法，以及提供在此背景下保护权利和法治运行的相关欧洲方法，目前还没有定论。当欧洲检察官办公室开始运作时，这些问题将在三个主要领域得到检验：欧洲检察官办公室的结构（欧洲委员会自上而下的方法在谈判中被一个混合的、多层次的和非常复杂的欧洲检察官办公室运作计划所取代）；关于适用法律的规定（关于欧洲检察官办公室运作的适用法律有很多——也许太多了——留给成员国而不是欧盟法律）；以及欧洲检察官办公室在审查和问责方面的法治缺陷（关于欧盟法院对欧洲检察官办公室的司法审查的规定极为有限）。欧洲检察官办公室目前的结构和设计是基于这个欧盟主体和国家法律体系之间的互动。对于那些把杯子看成“半满 ”的人来说，建立一个欧洲机构来保护欧盟预算方面的反对有罪不罚现象是一个早该实现的重要突破，这将导致进一步的欧洲化的溢出效应。对于更多持怀疑态度的评论家来说，设立欧洲检察官办公室不仅错失了解决有罪不罚现象的机会，而且对于解决欧盟法律要求在国家层面的分散适用性所带来的法律不确定性和法治漏洞也错失良机。实际情况下的运行是否会不可避免地导致更多的司法审查，并最终导致该领域的进一步立法协调，还有待观察。

三、打击欧洲自由、安全和公正区域的有罪不罚现象：相互承认

打击有罪不罚现象成为欧盟法律目标的另一个重要实例，就是在没有内部边界的情况下将欧盟建设成一个自由、安全和公正区域（AFSJ）。从一开始，这些条约就设想了一个没有边界的地区，在这个地区，人员的自由流动得到了保证，同时尤其在预防和打击犯罪等方面所采取的适当措施亦是如此。㊵ 打击有罪不罚现象在构建一个没有内部边界的地区中起着关键作用：正如申根逻辑中采强有力的执法行动来弥补与废除内部边界控制相关的犯罪风险一样。打击有罪不罚现象的必要性的理由是基于这样一个前提：自由流动决不能导致犯罪者逃避刑事责任和起诉。在敏感的刑法领域缺乏高度协调的情况下，欧盟试图通过在刑事问题上采用相互承认的原则，最大限度地实施自由安全公平区。相互承认对抵制欧洲刑法进一步协调或统一的成员国具有吸引力，因为相互承认被认为可以加强刑事问题上的跨境合作，而成员国不必为遵守欧盟的协调要求而修改其国内法律。㊶

㊴ COM（2013）534 final，2.

㊵ 《欧盟条约》第3（2）条。另见《欧洲联盟运作条约》第五章中对自由安全公正区组成部分的进一步阐述（《欧洲联盟运作条约》第67条）。

㊶ V Mitsilegas，The Constitutional Implications of Mutual Recognition in Criminal Matters in the EU，(2006) 43 CML Rev. 1277.

欧盟立法者已经通过了一系列相互承认的文书，遍及审前到审后各阶段，其中《欧洲逮捕令框架决定》（EAW FD）在这方面具有象征性。[42] 相互承认的目的是通过国家间合作的自动系统实现国家判决的域外影响。跨境合作的自动性意味着，本国决定将在签发成员国的领土之外由自由安全公平区的其他欧盟成员国的当局执行，而无须过多质疑，并且被要求的当局拥有极其有限（如果有的话）的理由来拒绝合作请求。[43] 此外，相互承认制度的一个关键特征是速度——承认和执行都在紧迫的期限内进行。因此，在这里，打击有罪不罚现象的有效性也有一个明显的时间维度。速度被认为是在自由安全公正区实现公正的关键。

在这种相互承认制度近二十年的运作中，其主要特点是，寻求打击有罪不罚现象与基本上不加批判地强调签发成员国执法目标的实现联系在一起，即使面对着在刑事司法领域的国内做法所存在的重大差异。尽管欧盟法提供了相互承认原则下的监管框架，但考虑到合作国和受影响个人的不同利益，在刑事事项相互承认的运作中，试图发展一个打击有罪不罚现象的欧洲概念的努力是有限的。打击有罪不罚现象在为签发成员国的执法目标服务方面已经用尽。因此，欧盟法院认为废除核实双重犯罪的要求符合法律合法性原则[44]，而且对双重犯罪的核实本身进行了狭义的解释[45]；原则上必须执行，除非存在有限的拒绝理由（包括以基本权利为由）[46]，如果签发国的较低标准被认为符合欧盟法律，执行的成员国不允许期望适用自己的、较高的宪法保护标准。[47]

此外，执行国可以在执行欧洲逮捕令的过程中引入一系列的刑事程序保障措施，但前提是这些措施不能破坏《欧洲逮捕令框架决定》规定的执行期限[48]；拘留的概念将不包括宵禁期，如果签发国的法律不允许这样做，而即使执行国的法律允许这样做。[49] 在其他案例法中，欧盟法院指出，如果签发国的法律没有规定，执行国法律规定的减刑期将不适用[50]；执行国不允许通过征收罚款来执行判决，即使这是本国法律对此类案件允许的唯一选择，如果签发国的执行是根据监禁判决进行的。[51] 在签发国和执行国对刑事

---

[42] 2002年6月13日关于欧洲逮捕令的框架决定，2002/584/JHA［2002］OJ L190/1。

[43] V Mitsilegas，The Limits of Mutual Trust in Europe's Area of Freedom，Security and Justice. From Automatic Interstate Cooperation to the Slow Emergence of the Individual，（2012）31 Yearbook of European Law 319.

[44] 案例 C-303/05 Advocaten voor de Wereld［2007］ECR I-3633。

[45] 案例 289/15 Grundza ECLI：EU：C：2017：4。

[46] 案例 C-396/11 Radu ECLI：EU：C：2013：39。

[47] 案例 C-399/11 Melloni ECLI：EU：C：2013：107。对于评论，见 LFM Besselink，The Parameters of Constitutional Conflict after Melloni，（2014）39 EL Rev. 531；A Torres Pérez，Melloni in Three Acts：From Dialogue to Monologue，（2014）10 European Constitutional Law Review 308；V Mitsilegas，Mutual Recognition，Mutual Trust and Fundamental Rights after Lisbon，载 V Mitsilegas，M Bergström & T Konstadinides 编，Research Handbook on EU Criminal Law（Cheltenham，Edward Elgar，2016）148－168.

[48] 案例 C-168/13 PPU Jeremy F ECLI：EU：C：2013：358。

[49] 案例 C-294/16 PPU JZ v. Prokuratura Rejonowa Łódź-Śródmieś cie ECLI：EU：C：2016：610。

[50] 案例 C-554/14 Ognyanov ECLI：EU：C：2016：835。对于讨论，见 S Montaldo，Offenders' Rehabilitation and the Cross-Border Transfer of Prisoners and Persons Subject to Probation Measures and Alternative Sanctions：A Stress Test for EU Judicial Cooperation in Criminal Matters，（2019）5 Revista Brasilera de Direito Processual Penal 925，953－954。

[51] 案例 C-514/17 Sut ECLI：EU：C：2018：1016。段落47要求判决“实际执行”，以确保所判处的监禁刑罚得到执行，从而避免该人不受惩罚的任何风险。

责任年龄的划分存在分歧的情况下，不允许执行国用自己对未成年人的刑事责任的评估来代替。[52]

此外，如果执行国适用《欧洲人权公约》第4（6）条规定的拒绝理由，执行国必须确保在其领土上实际执行监禁判决，即使其国家法律另有规定——这再次将打击有罪不罚现象与实际执行监禁判决的要求联系起来。[53] 所有这些裁决都表明，制定欧洲的执行概念以解决相互承认下的打击有罪不罚现象缺乏想象力，而这种互相承认考虑到了相关成员国的法律制度，而且重要的是，考虑到了受这些执行措施影响的个人的基本权利和利益及其整合与恢复。欧盟法院没有将欧盟的领土视为一个具有共同公正感的自由、安全和公正的单一区域，而是发展了一种相互承认的范式，除了少数例外，它不加批判地对签发国执法目标和签发国国内法中所表达的司法理念赋予特权。

然而，这种以实现签发国的执法目标为优先的相互承认模式并不是无条件的。近年来，这种模式受到了一系列的攻击，主要反映了里斯本会议后对欧盟及其成员国在执行欧盟法律时充分保护基本权利和遵守法治的要求。认真对待基本权利和遵守法治已经成为确保和维护相互承认体系的信誉的关键，而不加批判地强调执法，会危及包括本国法院在内的国内当局对该体系的“认同”（buy-in）。因此，在这种情况下出现了一个打击有罪不罚现象的欧洲概念，与基本权利和法治一道，在三个主要方面支撑着刑事事项的相互承认制度。

首先，我们已经从一个基于感知或盲目信任的相互承认体系转变为一个基于赢得信任的相互承认体系，这是由于执行当局有可能对判决的执行是否符合基本权利的保护和遵守法治进行有意义地检查。[54] 这方面的一个转折点是欧盟法院在Aranyosi和Căldăraru案中的裁决，该裁决启动了国家当局之间的对话合作模式，如果执行当局担心执行逮捕令不符合基本权利的保护那么就可以诉诸这个模式。[55] 此后，欧盟法院将这种审查模式扩展到了解决法治问题。[56] 虽然目前各国法院和欧盟法院正在对Aranyosi之后的合作和互信审查的确切范围进行充实[57]，但这一发展具有重大意义，因为它从基于签发国利益而不加批判地赋予打击有罪不罚特权的基本原理出发，转向了以对基本权利的保护与实地遵守法治审查的欧洲义务为基础的执行模式。

与这一发展相联系的是朝着欧洲保障措施的基准迈出的第二步，以支持相互承认的执行工作：欧盟法院制定了一个司法独立和司法权威的欧洲自主概念，以支持相互承认的运作。[58] 与欧盟法院为保障和进一步界定欧盟法律秩序中的法治范围所做的更广泛的

---

[52] 案例C-367/16 Piotrowski ECLI：EU：C：2018：27。

[53] 案例C-579/15 Poplawski I ECLI：EU：C：2017：503；案例C-573/17 Poplawski II ECLI：EU：C：2019：530，见the remarks on the creation of a risk of impunity in para 86 of Poplawski II。

[54] V Mitsilegas，Resetting the Parameters of Mutual Trust：From Aranyosi to LM，in Mitsilegas et al（n 21）421-436；关于盲目信任的概念，见K Lenaerts，La Vie après l'Avis：Exploring the Principle of Mutual（Yet Not Blind）Trust，（2017）54 CML Rev 805。

[55] 组合案件C-404/15 and C-659/15 PPU Pál Aranyosi and Robert Căldăraru ECLI：EU：C：2016：198。

[56] 案例C-216/18 PPU Minister for Justice and Equality（Défaillances du système judiciaire）ECLI：EU：C：2018：586。

[57] 如案例C-128/18 Dorobantu ECLI：EU：C：2019：857，该案可以被看作是标志着回到了Melloni案的立场。

[58] 见最近的组合案例C-508/18 OG（Public Prosecutor's Office of Lübeck）and C-82/19 PPU PI（Public Prosecutor's Office of Zwickau）ECLI：EU：C：2019：456；案例C-509/18 PF（Prosecutor General of Lithuania）ECLI：EU：C：2019：457。对于分析，见V Mitsilegas，Autonomous Concepts，Diversity Management and Mutual Trust in Europe's Area of Criminal Justice，（2020）57 CML Rev 45。

努力相联系，在这种情况下，发展包含欧洲法治基准的自主概念有助于为行政权力设定限制，并确保相互承认下的执行得到充分的司法保护和补救措施的支持。

补救措施的问题在相互承认模式转变的第三种方式中显得非常突出：通过立法协调而不是司法干预。根据《欧洲联盟运作条约》第 82（2）条，利用《里斯本条约》规定的明确法律基础，联盟立法者通过了一系列关于被告权利的措施，以促进相互承认。尽管存在这一功能性的法律基础，而且里斯本赋予的权限只采用了最低标准，但结果是通过了一系列指令，其中涵盖了刑事诉讼中的一系列权利，包括获得口译和笔译的权利[59]、获得信息的权利[60]、获得律师的权利[61]、获得法律援助的权利[62]、儿童获得程序保障的权利[63]和无罪推定的权利，以及在刑事诉讼中出席审判的权利。[64] 在相互承认的反对有罪不罚框架中插入有意义的欧洲权利方法的指令范围相当大：它们在本国系统中全面适用（不仅适用于跨境案件，还适用于纯粹的国内案件），必须具有充分的效率，使欧洲委员会和欧盟法院的全面执行审查提前进行；（在许多关键条款中）产生直接的效果，并构成欧盟刑事司法其他领域的基准，包括《欧洲警察组织》的运作。因此，通过相互承认对有罪不罚所进行的不加批判的斗争已经被一系列通过二级欧盟法律采纳的基本权利标准缓和，而这些标准在保护基本权利和重塑自由安全公正区中，相互承认模式方面可能会产生变革性影响。[65] 这里值得注意的是，基于执行的相互承认范式所产生的关切，已经成为欧洲刑事事务一体化的驱动力。这并不是在采取进一步的执行措施方面，而是在采取基本权利措施方面，且这些措施将作为欧洲自由安全公正区（原文 SF-SJ 疑为笔误——译者注）中相互承认的欧洲制度的基准。

四、在欧洲自由、安全和公正区域打击有罪不罚现象：跨国的“一事不二审”

另一个例子是，在欧洲的自由安全公正区中，打击有罪不罚现象受到基本权利保护的制约，具体涉及欧洲刑法中一事不二审原则（ne bis in idem）的演变。[66] 在刑事事项中适用相互承认原则的治外法权与跨国的一事不二审的治外法权之间存在一定的对称性，但前者的目的是在自由安全公正区内的治外法权执行，而后者的目的是对个人的治外法权保护及其法律确定性，以确保在无边界地区的有意义的自由流动。值得提醒的

---

[59] 欧盟议会和理事会第 2010/64/EU 号指令，关于刑事诉讼中口译和笔译权利［2010］OJ L280/1。

[60] 欧盟议会和理事会第 2012/13/EU 号指令，关于刑事诉讼中的知情权［2012］OJ L142/1。

[61] 欧盟议会和理事会第 2013/48/EU 号指令，关于在刑事诉讼和欧洲逮捕令诉讼中获得律师帮助的权利，以及关于让第三方介入的权利。欧盟议会和理事会关于在刑事诉讼和欧洲逮捕令诉讼中接触律师的权利，以及在被剥夺自由时通知第三方的权利和与第三方及领事机构沟通的权利［2013］OJ L294/1。

[62] 欧盟议会和理事会第 2016/1919/EU 号指令，关于为刑事诉讼中的嫌疑人和被告人以及欧洲逮捕令诉讼中的被请求人提供法律援助［2016］OJ L297/1。

[63] 欧盟议会和理事会第（EU）2016/800 指令，关于在刑事诉讼中对儿童的程序保障［2016］OJ L132/1。

[64] 欧盟议会和理事会第 2016/343/EU 号指令，关于加强无罪推定的某些方面和刑事诉讼中的出庭［2016］OJ L65/1。

[65] V Mitsilgegas，Legislating for Human Rights after Lisbon：The Transformative Effect of EU Measures on Procedural Rights in Criminal Proceedings，载 M Fletcher，E Herlin-Karnell and C Matera 编，The European Union as an Area of Freedom，Security and Justice，London，Routledge，2017，pp. 201－215。

[66] See Bas van Bockel，Between Impunity and the Protection of Fundamental Rights：The Case Law of the CJEU and the ECtHR on the *ne bis in idem* Principle.

是，跨国的一事不二审原则有一个具体而独特的申根遗产，其出现在《申根执行公约》的一些条款中——在《阿姆斯特丹条约》将申根法律纳入欧盟法律后，欧盟法院被要求解释该公约。最初，法院对跨国"一事不二审"的原则进行了广义解释。这种广义解释的基础是，在各国刑事诉讼法包括一事不二审规则尚未统一的领域存在着相互信任。在打击有罪不罚方面，实现有效享有自由流动的需要优先于国家优先事项。

这种目的论方法在法院对"二审"（bis）和"一事"（idem）两个要素的解释中显而易见。关于"二审"的概念，法院在"最终处理"的概念中包括其结果已经解决而不涉及对其案情进行实质性审查的案件。这些案件包括被告和检方之间的和解（"交易"）终止起诉的案件[67]，以及超过时限的起诉案件。[68] 在具有里程碑意义的 Gözütok 和 Brügge 案中，欧洲法院的推理非常清晰，法院强调了将申根协定的欧盟现行法（acquis）纳入欧盟法律秩序的目的。欧洲法院指出，这种一体化"旨在加强欧洲一体化，特别是使联盟能够更迅速地成为自由、安全和公正区域，这是它维持和发展的目标"[69]。在具体审查《实施申根协定公约》（CISA）第 54 条时，欧洲法院强调其目标是确保任何人不会因为行使了行动自由权而在几个成员国因相同的事实被起诉。[70] 欧洲法院指出，在《欧盟条约》或《实施申根协定公约》中，没有一处规定"公约第 54 条的适用以各成员国关于禁止进一步起诉的程序的刑法的协调或至少接近为条件"[71]，并补充说，在这些情况下，必然意味着各成员国对其刑事司法系统相互信任，即使在适用本国法律的情况下结果会有所不同，各成员国也承认其他成员国现行的刑事法律。[72]

因此，欧洲法院的目的论方法假定在没有刑事司法系统协调的情况下相互信任。[73] 和其在欧洲逮捕令系统中的使用不同的是，这种信任的推定在这里是为了加强而不是挑战欧洲自由安全公正区中对基本权利的保护。

同样的方法也是法院解释"一事"的基础。欧洲法院已着手自主地界定"一事"[74]。在 Van Esbroek 案这一作为先例援引的案件中[75]，欧洲法院拒绝了根据本国法律中行为的法律分类来界定"一事"的想法。鉴于本国法律缺乏统一，国内层面的法律分类或被保护的法律利益"可能会对申根内部的行动自由造成同样多的障碍，因为存在很多法律体系"[76]。

---

[67] 组合案例 C-187/01 and C-385/01 Gözütok and Brügge［2003］ECR I-1345。

[68] 案例 C-467/04 Gasparini ECR［2006］I-9199。

[69] Gözütok and Brügge（n 67）段落 37。

[70] Ibid. paras 35 - 38. See also the Opinion of AG Ruiz-Jarabo Colomer，段落 42 - 43。

[71] Gözütok and Brügge（n 67）段落 32。

[72] 同上，段落 33（增加了强调）。亦见检察长 Ruiz-Jarabo Colomer 于 2002 年 9 月 19 日发表的意见，段落 119 - 124，以及段落 55。在这里，总检察长指出，"建设一个没有边界的欧洲，其必然结果是接近各种国家的法律制度，包括刑事制度，其前提是有关国家将以相同的价值观为指导"。

[73] 另见法院在 Gasparini 案中的类似推理。在该案中，法院将超过时效的起诉纳入《实施申根协定公约》第 54 条的范围，尽管总检察长担心，这种做法会无视这样一种事实，即在目前的案例中实质性正义没有得到实现。

[74] 对于进一步的分析，见 V Mitsilegas，Managing Legal Diversity in Europe's Area of Criminal Justice：The Role of Autonomous Concepts，载 R Colson and S Field（eds.），EU Criminal Justice and the Challenges of Legal Diversity. Towards A Socio-Legal Approach to EU Criminal Policy，Cambridge，Cambridge University Press，2016，pp. 125 - 160.

[75] 案例 C-436/04 Van Esbroek ECR［2006］I-2333。

[76] 同上，段落 35。

基于类似的理由，欧洲法院拒绝使用本国法律中的法律利益（Rechtsgut）的概念作为一事的决定因素。⑦

欧洲法院在更大程度上考虑到了与“二审”相关的本国因素。⑱ 法院要求在适用《实施申根协定公约》第54条时，必须在确定案情后作出决定⑲，而且本国决定肯定会阻止在国内层面的进一步起诉。⑳ 然而，一事不二审原则的适用性的决定性因素仍然是处理该案件的第一个成员国的法律。在M案中，欧洲法院确认，对有争议的刑事裁决的“最终”性质的评估，必须根据作出该裁决的成员国的法律来进行。⑧ 因此，它重申了在欧洲刑事司法领域对受影响个人的法律确定性要求的优先性。

然而，近年来，欧洲法院的做法发生了转变，即从优先考虑法律确定性/自由流动的重要性到优先考虑“第二”成员国希望起诉的实施意见。在Spasic案中㉒，欧洲法院必须评估《实施申根协定公约》第54条规定的一事不二审原则的实施条件是否与《欧盟基本权利宪章》第50条相符。欧洲法院认为，《实施申根协定公约》第54条规定的附加条件构成了对一事不二审原则的限制，而与《欧盟基本权利宪章》第50条相一致。㉓ 欧洲法院接受了德国和法国政府提出的论点，即《实施申根协定公约》第54条规定的条件并没有对一事不二审原则本身提出质疑，而是为了避免出现这样的情况，即在一个缔约国被明确定罪和判刑的人不能再因同样的行为在另一个缔约国被起诉，因此，如果第一个国家没有执行所判的刑罚，其最终仍然不能受到惩罚。㉔ 此外，欧洲法院继续指出，一事不二审的限制是合比例的，因为它的目的是防止在欧盟成员国中被明确定罪和判刑的人不受惩罚。欧洲法院认为，在判决尚未执行的情况下，允许另一缔约国当局对同一人的相同行为进行起诉，相当于避免了有关人员因离开被判刑的国家领土而不受惩罚的风险。㉕ 欧洲法院并不信服欧洲委员会的论点，即欧盟二级法律文书规定国家当局之间的磋商（包括《关于管辖权冲突的框架决定》）涉及这一目标。欧洲法院指出，这些文书并不能完全实现所追求的目标。㉖ 欧洲法院认为，这些法案不能确保在欧盟被明确定罪和判刑的人在作出第一项判决的国家不执行所判刑罚的情况下不会享有有罪不罚。㉗

欧盟法院在Spasic案中的做法非常引人注目。㉘ 它明显偏离了Jääskinen总顾问的观点，他认为《实施申根协定公约》第54条中执行条件的普遍适用不符合合比例性标

---

⑦ 案例C-288/05 Jürgen Kretzinger ECR［2007］I-6641，特别是段落33。

⑱ 关于后一点，见A Weyembergh and I Armada，The Principle of *ne bis in idem* in Europe's Area of Freedom，Security and Justice，载Mitsilegas et al.（n 47）189-209.

⑲ 案例C-469/03 Miraglia EU：C：2005：156，段落30。

⑳ 案例C-491/07 Turansky EU：C：2008：768，段落36。

⑧ 案例C 398/12 M judgment of 5 June 2014，段落36。

㉒ 案例C-129/14 PPU Spasic judgment of 27 May 2014。

㉓ 同上，段落54。

㉔ 同上，段落58且参考Kretzinger（n 77）段落51。

㉕ Spasic（n 82），分别见段落63与64。

㉖ 同上，段落68。

㉗ 同上，段落69。

㉘ V Mitsilegas，The Symbiotic Relationship between Mutual Trust and Fundamental Rights in Europe's Area of Criminal Justice，(2015) 6 New Journal of European Criminal Law 460.

准，不能被视为对在刑事诉讼中不被两次审判或惩罚的权利的合理干涉。[89] 该裁决也与法院关于二审和一事的判例法相抵触，早先强调的相互信任的推定在Spasic案中被转化为相互不信任的制度化。欧洲法院似乎对欧盟法引入的、旨在促进管辖权冲突案件中国家合作的审议和协商机制没有什么兴趣。欧洲法院认为这些机制很弱，但这种弱的原因是成员国不愿意在该领域进一步协调标准。这种缺乏协调的情况在这里被允许发酵为不信任，并允许国内实施机关对同一行为进行多次干预。[90] 这种方法对一事不二审的保护功能有深远的影响。在Spasic案中，欧洲法院在一项基本权利中有效地引入了一个安全理由。然而，这一理由（以及对避免有罪不罚的强调）不仅不属于一事不二审的范围，而且法院的解释还为涉及欧盟法律执行的国内一事不二审案件（按照《欧盟基本权利宪章》第50条解释）和跨国一事不二审案件（根据《实施申根协定公约》第54条）之间的不同解释和保护水平打开了大门。[91] 法院在Spasic案中的做法对实现欧洲刑事司法领域的法律确定性也没有什么帮助，并引起了对享受自由流动权利的严重障碍的担忧。

在Kossowski的案例中可以看到类似的方法转变。[92] 该案中，欧洲法院接受了第二成员国的论点，即在第一成员国对该案的调查不够详细，因此，一事不二审的保护并不存在。[93] 所以，欧盟法院似乎接受了第二国对第一国的不信任，并接受了这两个国家中的一个（可以说是更严厉的）关于进行刑事调查的方法，要求一个不明确的——对某些人来说是任意的——额外的“详细调查”的基准。[94] 在这种情况下，以法律确定性和在欧洲无界的自由安全公正区内自由流动的真正欧洲考量为由而限制打击有罪不罚的欧洲方法，让位于单个成员国对有效实施的单方面看法的优先地位，这有可能使重要的保护性原则失去作用，并使反映欧盟共同公正感的共同含义丧失殆尽。

五、打击有罪不罚现象与刑事事项中的国际合作

打击欧盟法律中的有罪不罚现象的另一个维度涉及其外部维度。在欧盟法院审理的一系列关于第三国向欧盟成员国提出引渡请求的案件中，出现了反对有罪不罚的考虑。[95] 这些请求涵盖了广泛的法律情况：在有关第三国未与欧盟缔结引渡协议的情况下，为起诉目的提出的引渡请求（Petruhhin案中的俄罗斯就是这种情况[96]）；由已缔结

---

[89] 2014年5月2日发表的意见，段落91－103。

[90] 关于这些手段，见A Gianakoula，Impunity and Conflicts of Jurisdiction within the EU：the Role of Eurojust and Challenges for Fundamental Rights.

[91] 进一步见M Wasmeier，Ne bis in idem and the Enforcement Condition：Balancing Freedom，Security and Justice?，(2014) 4 New Journal of European Criminal Law 534。

[92] 案例C-486/14 Kossowski ECLI：EU：C：2016：483。

[93] 同上，段落53－54。

[94] 在这种情况下，见Nowak的意见，注意到“充分审查 ”概念的任意性：C Nowak，Impact of the Case C-486/14-Kossowski at the National Level，载Mitsilegas et al.（n 21）239。注意到这一测试的案例和背景性质，以及这可能带来的对外部控制的明显限制，亦见K Ambos，Judgment（Grand Chamber）C-486/14 Piotr Kossowski，29 June 2016，载Mitsilegas et al.（n 21）235。

[95] 对于这个主题，见S Saluzzo，Impunity and EU or Member States，Extradition Agreements with Third Countries。

[96] 案例C-182/15 Petruhhin ECLI：EU：C：2016：630。

引渡协议的国家为起诉目的提出的引渡请求（美国的Pisciotti案[97]）；以及与欧盟没有引渡协议的国家为执行判决目的而提出的引渡请求（同样是涉及俄罗斯的案件——Raugevicius[98]）。在所有这三个案件中，欧盟法院基本上被要求将打击有罪不罚现象置于宪法问题中，即在维护欧盟法律的同时，在多大程度上可以进行合作。作为回应，这些裁决中尽管存在细微差别，但欧盟法院在国际合作的背景下还是提升了打击有罪不罚现象的力度，且其有效性作为欧盟法律的一个关键目标囿于两个条件：合作符合欧盟的价值观，并在一定程度上尊重欧盟公民的权利。

在尊重欧盟价值观的必要性方面，欧盟法院明确将其在欧洲逮捕令背景下制定的内部Aranyosi测试作为成员国在引渡领域行动的外部基准。这是一个重要的提醒，国际合作不能以保护基本权利为代价，也不能损害欧盟自己的标准和价值观。[99] 欧盟法院增加了第二层审查，并审查了欧盟公民身份在多大程度上可以作为对抗第三国引渡请求的进一步保护。它指出，欧盟应在其与更广泛的世界的关系中促进对其公民的保护[100]，并质疑这种保护在多大程度上延伸到对位于国籍国以外的成员国的欧盟公民的引渡请求。在此，必须在整个欧盟更广泛的义务和价值观范围内看待成员国与第三国之间旨在打击有罪不罚现象的双边国际合作安排的发展，既要考虑到本国法律与欧盟法之间的关系，又要考虑到欧盟在全球舞台上维护其基本原则的要求。

迄今为止，欧盟法院判例法的演变以公民身份为由，为对抗引渡提供了细微的保护。法院在Petruhhin案中确立了一个很有希望的初步基准，它侧重于保护自由流动的需要，并援引了优先考虑欧盟内部合作机制而非国际合作机制的需要。法院承认，防止有罪不罚的风险是欧盟法律的一个合法目标。[101] 然而，限制基本自由的措施，如《欧洲联盟运作条约》第21条规定的措施，只有在其旨在确保的利益无法通过较少的限制性手段实现时，才有客观理由。[102] 如果国籍国根据其国家法律而对该人在其领土之外的犯罪行为进行起诉享有管辖权[103]，它将有机会发出欧洲逮捕令，其地位高于国际引渡请求。[104] 换句话说，正如科斯塔（Costa）所指出的，欧盟公民身份的例外情况引起了对抗引渡的保护，但前提是该罪行可以在欧盟被起诉。[105] 通过这种方式，欧盟法院试图在努力维护公民权利的同时确保不会出现有罪不罚现象，它不是通过规定了一种义务来实现上述保障，而只是规定了国籍国通过唤起真诚合作的原则来签发欧洲逮捕令的机会。[106] 因此，欧洲法院为欧盟公民提供的保护是衍生性的，取决于国籍国的行动。[107] 在这一注

---

[97] C-191/16 Pisciotti ECLI：EU：C：2018：222.

[98] 案例C-247/17 Raugevicius ECLI：EU：C：2018：898。

[99] Petruhhin（n 96）段落44——参考《欧洲联盟运作条约》第3（5）条。

[100] 同上。

[101] 同上，段落37且参考Spasic。

[102] 同上，段落38。

[103] 同上，段落50。

[104] 同上，段落48。

[105] MJ Costa，The Emerging EU Extradition Law. Petruhhin and Beyond，（2017）8 New Journal of European Criminal Law 192.

[106] Petruhhin（n 96）段落42。

[107] Costa（n 105）198.

意事项下，Petruhhin 案是一项重要的裁决，为在刑事事项国际合作背景下不加批判地打击有罪不罚现象设定了潜在的限制——欧盟的基本权利基准和公民权的保护为这种合作设定了限制。

这些限制的程度已经在 Pisciotti 案的后续案件中得到了检验。[108] Pisciotti 案在两个主要方面与 Petruhhin 案不同：Pisciotti 案涉及一个从欧盟成员国过境的欧盟国民（一个在法兰克福机场过境的意大利国民）；Pisciotti 案涉及的情况是，欧盟事实上已经与有关第三国（美国）签署了引渡协议。欧盟法院认为，该协议以及国家法律，包括管理与第三国双边引渡关系的宪法法律（可能禁止将本国国民引渡到第三国），必须按照欧盟法，包括欧盟的主要法律来适用。[109] 欧盟法院随后提到了 Petrunhin 案，该案要求在不过度限制欧盟公民自由流动的情况下接近防止国际领域的有罪不罚现象的需要。[110] 然而，欧盟法院对欧盟公民身份在国际合作方面的保护功能的概念化相当有限。欧盟法院没有规定成员国有义务在第三国提出引渡要求时，以对待本国公民的方式对待欧盟公民（如果是本国公民，这可能意味着禁止引渡，并有义务在国内层面上承担起诉）。这种方法既能赋予欧盟公民权以意义，又能确保避免有罪不罚。相反，法院选择进一步发展其在 Petruhhin 案中的做法，即优先考虑被请求人国籍国的执行意愿，来实质地考量公民权利的保护。

在 Pisciotti 案中，这种衍生保护体现在欧盟法院在美国的引渡请求中优先考虑欧洲逮捕令，尽管欧盟与美国的引渡协议在这方面有存在细微差别的措辞。[111] 在这种情况下，德国的唯一问题是，是否采取一种对自由流动并无损害的行动，将欧盟公民移送给他的欧盟国家（意大利）而不是美国。[112] 因此，在这种情况下，唯一的出路是德国通知意大利，如果后者决定发出逮捕令，则执行逮捕令，条件是该成员国根据其国内法律对该人在其领土之外所犯罪行进行起诉并享有管辖权。[113] 在本案中，意大利当局选择不对 Pisciotti 先生签发欧洲逮捕令。[114] Pisciotti 的裁决被正确地批评为没有坚持基于欧盟公民身份的保护。正如 Coutts 雄辩地指出，在 Pisciotti 案中，关系从一个从欧盟法律秩序中获得保护的欧盟公民转变为一个国内公民，而国家在其他第三国主张之前与之时，就主张对该国内公民享有优先的权力关系。[115] 事实上，这种保护基本上可能是以国籍为由提供的，而不是在欧洲的自由安全公平区内对欧盟公民身份的更广泛的理解——在 Pisciotti 案中，由于欧盟法院没有明确提及欧盟基本权利标准的要求，以形成欧盟及其成员国对外引渡行动的基准，因此这种欧洲方式被进一步削弱了。

欧盟法院在 Pisciotti 案中的限制性做法可以用该案的事实来解释，即该案涉及一名欧盟公民在另一个欧盟成员国过境。在随后的 Raugevicius 案中，欧盟法院的反应略有

[108] Pisciotti (n 97).
[109] 同上，段落 39 - 43。
[110] 同上，段落 44 - 48。
[111] 同上，段落 53。
[112] 同上，段落 50。
[113] 同上，段落 51。
[114] 同上，段落 55。
[115] S Coutts，From Union Citizens to National Subjects：Pisciotti，(2019) 56 CML Rev. 536.

不同，该案涉及一名永久居留的欧盟公民。[116] Raugevicius 先生拥有俄罗斯和立陶宛的双重国籍，居住在芬兰，被俄罗斯要求引渡以执行判决。欧盟法院重申了其关于自由流动对打击有罪不罚现象的限制的声明[117]，并将这一推理适用于执行判决的引渡请求。[118] 然而，与 Pisciotti 案不同的是，法院在此将其关于欧盟内部欧洲逮捕令案件中公民身份保护的内部判例法投射到外部领域。参照 Wolzenburg 的国内案例[119]，欧盟法院认为，考虑到防范有罪不罚风险的目的，芬兰国民和在芬兰长期居住并表现出一定程度的融入芬兰的其他成员国的国民处于可比照的情况。[120] 欧盟法院认为，《欧盟条约》第 18 条和第 21 条规定，长期居住在芬兰的其他成员国国民，如果第三国为执行监禁判决而要求其引渡，则其应受益于防止引渡适用于芬兰国民的规定，可在与芬兰国民相同的条件下，在芬兰境内服刑。[121] 相反，如果一个公民不能被视为永久居住在收到引渡请求的成员国，则应根据适用的国内法或国际法来解决其引渡问题。[122] 欧洲法院在此根据国家法律规定的永久居留权构建了公民身份保护制度。然而，这种保护还得到了遵守欧盟基准的要求的进一步支持：法院重申，在缺乏与俄罗斯引渡的欧盟法的情况下，成员国仍需根据欧盟法行使权力以适用国内规定。[123] 欧洲法院援引 Petruhhin 案，确认意图将国民从另一成员国引渡到第三国的成员国的义务，并不侵犯大宪章权利，特别是大宪章第 19 条。[124]

就其对欧盟法中打击有罪不罚的概念化的影响而言，这一系列案件描绘了一幅复杂而微妙的画面。首先，法院确认，在刑事事项的国际合作方面，特别是在欧盟成员国和第三国之间的引渡安排方面，打击有罪不罚现象是欧盟法的一个合法目标。在这里可以看出，国际合作的有效性被提升为欧盟法律的一个独特目标。[125] 其次，我们可以看到，在国际舞台上打击有罪不罚现象远非无条件的。欧盟法为国际合作设定了重要的范围和限制。第一套限制包括完全遵守欧盟内部的基本权利标准——欧盟法院在该领域的三项裁决中的两项也重申了这一点。欧盟在成为全球行为体时面临的挑战是在全世界范围内维护和促进其价值观，而这些价值观在与基准和标准都同欧盟规范大相径庭的第三国进行刑事事项国际合作时可能受到严重挑战。

Petruhhin 案和 Raugevicius 案等的裁决的意义不仅在于法院明确提醒，欧盟内部的基准适用于外部，而且这些标准统辖了欧盟成员国与第三国在双边关系中的行动，即使欧盟没有与相关第三国制定引渡规则。对于第三国提出的涉及其他欧盟成员国公民的引渡请求的案件，当然可以在这些判决的基础上这样说——但有人认为，这也适用于第三国提出的涉及欧盟成员国本国国民的引渡请求的案件。鉴于欧盟在该领域的行动，这是

---

[116] Raugevicius（n 98）533.

[117] 同上，段落 28 - 32。

[118] 同上，段落 34。

[119] 案例 C-123/08 Wolzenburg ECLI：EU：C：2009：616。

[120] Raugevicius（n 98）para. 46.

[121] 同上，段落 47。

[122] 同上，段落 48。

[123] 同上，段落 45。

[124] 同上，段落 49；Petruhhin（n 96）para. 60。

[125] Coutts（n 115）536 指出，有罪不罚在这里反映了一个更抽象的原则，即公正应得到更普遍的实现。

一个成员国在对外行动中受欧盟法约束的领域。[126] 虽然基本权利在此为打击有罪不罚的概念化和在国际合作中设定其范围提供了真正的欧洲基准，但在基于欧盟公民身份而对抗引渡的保护之发展方面，情况就不一样了。

欧盟法院选择从公民身份的角度来处理这些案件，对于将这些案件纳入欧盟法的范围，以确保欧盟法的保护得以实现，这是具有重要意义的。正如 Nic Shuibhne 所雄辩地指出的。法院的主要关注点是尽可能地将欧盟公民的业务保持在欧盟境内，目的是保护欧盟公民免受在“外部”暴露的不确定后果。[127] 然而，在欧洲法院判例法的演变过程中，对将非欧盟请求国的利益置于优先地位而对有罪不罚不加批判的打击之保护，与其说是基于欧洲公民身份和权利的概念，不如说是基于一种衍生模式，例如，在 Pisciotti 案等案件中，这种模式已经从基于公民身份的保护模式退化为基于国籍的保护模式。这种方法使欧盟公民受制于其国籍国的选择，而国籍国可能或没能认为很有必要根据具体案件中出现的各种联系来保护有关个人。这有可能在自由安全公正区内部造成欧盟公民处遇的巨大差异。主张更坚定地基于平等和非歧视原则而形成的欧洲保护模式为重新思考该问题提供基础，而这种重新思考似乎是适当的。

六、打击有罪不罚现象和执法的全球化：以数字证据为例

欧盟法中打击有罪不罚现象的另一个层面与全球化进程密不可分。在这一背景下，数字世界中个人数据的产生和使用的日益重要性是关键。个人数据的产生、使用和处理的激增作为数字世界日常生活的一部分，以及电信或互联网公司等私营公司在处理和利用这些数据方面所发挥的核心作用[128]，有可能改变寻求打击有罪不罚的执法模式。在这个过程中，国家越来越需要在打击有罪不罚现象的过程中与私营部门合作。犯罪学家不久前就注意到了这种执法的私有化[129]，并在欧盟和国际法的反洗钱斗争中突显出来。[130] 然而，在数字世界中，执法和监控的私有化在保护基本权利和法治进行方面，以及在界定数据世界中适用法律的范围方面都提出了一些进一步的挑战，而在数据世界中，管辖权的断层可能被证明越来越难以划定。因此，在全球范围内，通过对日常生活中产生的个人数据的处理来打击有罪不罚现象，在两个方面模糊了界限：在执法者方面，公共和私人之间的界限被模糊了；在适用法律方面，一方面是欧盟法，另一方面是国家法律和第三国法律，它们之间的界限被模糊了——在这个领域，为最大限度地获取日常个人数据的全球执法的努力，不一定会被伴随着一个保护基本权利和法治进行的全球公平竞争环境。

---

[126] 我在下面一文中发展了这一点，见 V Mitsilegas，Transatlantic Counter-Terrorism Cooperation after Lisbon，(2010) 3 Eucrim 111。

[127] N Nic Shuibhne，“The Territory of the Union” in EU Citizenship Law：Charting a Route from Parallel to Integrated Narratives，(2019) 38 Yearbook of European Law 267.

[128] S Zuboff，The Age of Surveillance Capitalism，London，Profile Books，2019.

[129] 关于责任化战略，见 D Garland，The Limits of the Sovereign State：Strategies of Crime Control in Contemporary Society，(1996) 36 British Journal of Criminology 445。

[130] 我在下面一文中阐述了反洗钱背景下的犯罪控制私有化问题。见 V Mitsilegas，Money Laundering Counter-Measures in the European Union：A New Paradigm of Security Governance versus Fundamental Legal Principles，The Hague，Kluwer Law International，2003。

打击全球数字世界中的有罪不罚现象所带来的挑战的一个关键例子是，最近试图制定法律制度，使执法当局能够最大限度地获取可能被用作证据的数字数据。欧洲委员会提出了一项关于欧洲刑事事项电子证据出示和保存令条例的提案。[131] 该条例草案建立了一个系统，迫使在欧盟提供服务的私人服务提供商在收到欧盟成员国公共当局发出的命令后，出示或保存电子证据，而不论数据在何处。根据该提案，这些命令（欧洲出示令和欧洲保存令）可以送达电子通信服务、社交网络、在线市场、其他托管服务提供商和互联网基础设施提供商，如 IP 地址和域名注册机构，或其法定代表人所在地。因此，该条例草案在签发（公共）机构和私人服务提供者之间建立了一个直接的沟通渠道，将欧洲出示令和欧洲保存令直接发给服务提供者指定的法定代表人（为了方便，欧洲委员会还同时提交了一份条例草案，规定了关于任命法定代表人的统一规则）。[132] 收件人原则上必须遵守命令并迅速作出反应：在收到欧洲出示令后，收件人必须确保最迟在收到后 10 天内将所要求的数据直接传送给命令中所指明的签发机构或执法机构。欧洲委员会对条例草案中提出的制度进行了论证，其依据是互联网和电子服务提供商运行的特殊性，以及在收集和传输电子证据方面对更快速度的可感知的需求。条例草案的解释性备忘录的第二段指出：

> 鉴于互联网的无边界性质，这种服务可以从世界任何地方提供，不一定需要在提供服务的成员国或整个内部市场有实体基础设施、企业存在或工作人员。它们也不需要特定的数据存储地点，这些数据储存地点通常是由服务提供商基于合理的考虑来选择，如数据安全、规模经济和快速访问。因此，在越来越多的涉及各类犯罪的刑事案件中，成员国当局要求获得可能作为证据的数据，而这些数据是在其国家之外和/或由其他成员国或第三国的服务提供商存储的。

基于电子证据是这些方面的“特例”这一前提，条例草案引入了一个范式的变化。[133] 它建立了一个系统，使合作直接发生在签署成员国的公共机构和私营部门之间——这脱离了欧盟法中现有的司法合作和相互承认的模式，而这些模式是建立在成员国的公共机构之间的合作和交流之上的。这一变化并非没有争议，在欧盟和全球层面的基本权利保护方面提出了三个主要关切。首先，电子证据条例草案所引入的系统免除了在执行成员国对证据请求的司法控制和审查责任。在欧盟基于相互承认的刑事事项司法合作架构中，这一层的控制是最重要的。迄今为止所采取的最成熟的相互承认措施，实际上涉及证据的交换——根据《欧洲调查令》的指令[134]——促进了司法合作的速度和效率，同时规定了执行成员国的司法当局应考虑到的一些保障措施，包括基本权利的考量。关于电子证据的提案免除了这一制度，将基本权利的审查权交给了私营部门。

这种做法实际上导致了欧洲刑事司法领域互信的私有化，这引起了关于基本权利保护的第二个关切。欧洲委员会关于电子证据的提案标志着欧盟刑事事项合作计划的根本

---

[131] COM（2018）225 final.

[132] COM（2018）226 final.

[133] 见 V Mitsilegas，The Privatisation of Mutual Trust in Europe's Area of Criminal Justice，（2018）25 Maastricht Journal of European and Comparative Law 263。

[134] 欧洲议会和理事会 2014 年 4 月 3 日关于欧洲刑事事项调查令的第 2014/41/EU 号指令［2014］OJ L130/1。

转变，从公共（主要是司法）当局之间的合作和沟通制度转变为签署成员国公共当局与私营机构之间的合作和沟通协议。提议的制度将不适当的责任交给私人供应商，使其保障基本权利。在合作方面，私人供应商并不享有与公共当局的平等地位——这一点从他们违反条例规定的义务而受到制裁的事实中可以看出。这种不平等无法支撑公共机关和私营部门之间任何有意义的互信关系，私营部门在遵守公共机关的电子证据要求方面基本上处于从属地位。[135] 条例草案确实包括关于基本权利保障的规定。但要求私营公司充分审查这些规定，同时又要面对不遵守规定的制裁，这可能是一个很高的要求。

当从全球范围来看欧洲委员会的提案时，公共和私营部门在刑事事项合作方面的这种不对称引起了第三个基本权利的关切。如上所述，该提案通过免除了执行成员国的司法控制层义务，降低了欧盟内部基本权利保护的门槛。这种作为欧盟基准的私有化互信模式的出现，实际上可能导致全球范围内基本权利保护方面的逐底竞争。欧洲委员会条例草案中的一般方法似乎与美国最近通过的《澄清数据的合法海外使用》（CLOUD）中的规定相一致，该法案迫使服务提供商披露其拥有的所有数据，无论这些数据位于何处。[136]《澄清数据的合法海外使用》的通过部分是为了应对微软的诉讼，在该案中，欧盟成员国当局必须批准美国当局通过法律互助途径提出的证据请求，这一要求受到了考验。[137]《澄清数据的合法海外使用》与欧洲委员会关于电子证据的条例有三个共同点：它试图绕过法律互助保障及其带来的基本权利保护的层层审查；它在公共当局和私营部门之间建立了直接联系；它在个人数据的地址方面绕过了属地的概念。通过这种方式，跨大西洋的趋同导致了全球公平竞争环境的发展，使起诉和执法效率优先于基本权利保护的关切。这些努力并没有伴随着在隐私和数据保护领域建立全球公平竞争环境的平行努力，这种新模式的局限性被法院暴露出来只是时间问题，至少在大西洋的这一边是这样。

欧盟委员会试图改变欧盟内部在数字证据领域的司法合作范式，这与在跨大西洋和全球层面上扩展这一范式的努力密不可分。除了欧盟的做法反映了美国在《澄清数据的合法海外使用》中的做法，欧盟司法与内务委员会已经授权欧盟委员会与美国就数字证据协议进行谈判。[138] 在其委员会决定的拟议中，欧盟委员会证明了开始谈判的理由，即目前欧盟和美国的法律互助安排过于缓慢，适用的法律框架存在碎片化现象，而跨大西洋协议的目的是通过解决法律冲突来补充欧盟内部的电子证据提案。[139] 正在谈判的欧盟—美国数字证据协议将旨在补充欧盟—美国总括协议中规定的保护标准。[140] 欧盟司法与内政委员会授权欧盟就《欧洲委员会网络犯罪公约》的第二份附加议定书进行谈判，该议

---

[135] Lenaerts（n 54），涉及平等和互信之间的联系。

[136] 对于背景，见 J Daskal，Unpacking the CLOUD Act，（2018）11 Eucrim 220。

[137] 对于 Microsoft 传奇故事的背景，见 CEPS，Access to Electronic Data by Third-Country Law Enforcement Authorities. Challenges to EU Rule of Law and Fundamental Rights（Brussels，July 2015）。

[138] 欧盟司法与内务委员会于 2019 年 6 月 6/7 日通过决议。

[139] 委员会决定建议授权欧盟和美国就跨境获取电子证据以进行刑事事项司法合作展开谈判。COM（2019）70 final，1-4.

[140] 同上，10。

定书将制定关于数字证据的规定。此举的目的是解决法律冲突，[141] 这是因为尽管网络犯罪和其他以计算机系统电子证据为必要的犯罪正在蓬勃发展，尽管与这些犯罪有关的证据越来越多地储存在外国、多元、变动或未知管辖范围的服务器上，即云中，但执法权力仍然受到领土边界的限制。[142] 然而，就欧盟而言，其与美国的双边协议应优先于欧洲委员会的议定书。[143]

欧盟在发展有关数字证据的跨大西洋和全球公平竞争环境方面的作用值得注意。与乘客姓名记录（PNR）系统的发展不同（在该系统中，欧盟通过缔结跨大西洋协议来应对美国的单边要求，然后在欧盟法律中内化这一模式）[144]，在这里，欧盟首先制定内部立法（反映美国在该领域的立法），并同时谈判一个跨大西洋的公平竞争环境，同时利用其在欧洲委员会内的权力，在数字证据方面建立一个全球性的公平竞争环境。[145] 这种策略从人权和法治的角度来看都是有问题的。从人权的角度来看，它倡导一种新的私有化模式，该模式导致了日常个人数据转移到国家，而无视司法授权和司法独立的关键欧盟法基准。从法治的角度来看，欧盟是使这一系统全球化的努力的一部分，这将破坏其内部的人权基准和价值，而欧盟在对外行动中必须适用这些基准和价值。尽管对美国隐私和数据保护体系的充分性及其与欧盟法的有限兼容性存在着既定的担忧，但欧盟还是选择了通过缔结部门协议来建立一个跨大西洋的公平竞争环境。

同时，欧盟选择在欧洲委员会文书的框架内谈判数字证据的标准——这将产生深远的基本权利后果——该文书的主要目的不是保护人权，也不完全专注于法律互助。一个被称为“网络犯罪”提案的文书将制定具有全球影响力的区域标准。然而，将数字证据完全定为网络犯罪问题是一种误导，并可能导致对由司法互助保障放宽而造成的基本权利影响的审查受到限制，以及导致通过非法途径引入更低的标准。呼吁在全球数字背景下有效打击有罪不罚现象，可能会破坏欧盟声称所依据的价值观，如上所述，欧盟必须在其对外行动中维护和促进这些价值观。

七、结论：重新设想欧洲司法领域的有罪不罚

本章试图证明，虽然对打击有罪不罚现象的追求成为推动欧洲一体化的动力，但这种动力并不一定导致真正的欧洲有罪不罚概念或打击有罪不罚现象的一致方法。打击有罪不罚现象促进了欧洲一体化，主要是为了确保保护欧盟的内部利益和目标的实现——保护联盟的预算和财政利益，以及建设欧洲的自由、安全和公正的无边界地区。在打击对欧盟预算进行欺诈的犯罪者的有罪不罚方面，欧洲化以双重方式发展：在成员国国内法律制度和义务上加强欧盟执法目标和宪法原则的影响，由欧洲法院直接赋予条约条款以效力（《欧盟条约》第325条），并要求废除不符合欧盟效力目标的国内法律；在建立

[141] COM（2019）71 final，5.

[142] 同上，1。

[143] 同上，7。

[144] 关于PNR标准的制定，见V Mitsilegas，Immigration Control in an Era of Globalisation：Deflecting Foreigners，Weakening Citizens Strengthening the State，（2012）19 Indiana Journal of Global Legal Studies 3。

[145] 欧洲委员会关于网络犯罪的公约向欧洲委员会成员以外的国家开放。

旨在确保反对有罪不罚的欧洲机构方面，以欧洲检察官办公室的形式，在成员国的国内法律体系中第一次将刑法强制力赋予了一个联盟机构。虽然在这两种情况下，确保反对有罪不罚的欧盟执法的影响可能是巨大的，但欧洲化在欧盟法和国内法之间的关系方面留下了一些不明确的问题——在这个方面，法律的确定性问题仍然很尖锐。此外，在打击有罪不罚现象的行动中，保护基本权利和法治的地位问题越来越相关于欧洲一体化的推进，欧洲法院也越来越多地在处理权利和法治的宪法范围与打击有罪不罚现象以及欧盟法执法目标的有效性之间的界限问题。

在构建欧洲的自由安全公正区时，对有罪不罚的概念化也出现了类似的问题。在这种情况下，一个关键的特点是试图推进欧洲一体化以打击有罪不罚现象，而不一定要在敏感的刑法领域实现高水平的立法协调。在这种情况下，可以看出两个平行的趋势。一方面，在刑事事项上相互承认原则的应用，使欧洲的自由安全公正区在有罪不罚的概念下组织国家间合作，而有罪不罚的概念在很多方面都不能反映欧洲的公正感。开展合作的目的主要是将执法目标和签发成员国的司法系统置于优先地位，而执行成员国或受影响的个人的公正考量则大体上被忽略了。最近的三个趋势改变了这种片面的做法，有助于提出一个更加欧洲化的、以权利为基础的有罪不罚的概念：通过在执行相互承认文书时，对基本权利的保护和法治的遵守情况进行实际审查，从盲目转变为赢得信任；自主的欧盟法概念的发展使司法独立变得充实，并且为相互承认制度的运作提供法治基础；以及更雄心勃勃的是，使用支撑刑事事项相互承认运行的标准在辩护权领域进行立法协调。因此，在相互承认的执行领域，我们看到了一种缓慢的趋势，即从基于执行国利益的不加批判的反对有罪不罚，发展到支持国家间合作和相互信任的欧洲基本权利的保护和法治运行的基准，但我们在欧洲的自由安全公正区中看到了权利域外应用的相反趋势。这里所做的分析详细关注了这一趋势在跨国"一事不二审"原则的应用背景下的发展。在这种情况下，欧洲法院判例法令人印象深刻的开端，即将"一事不二审"置于无国界的自由安全公正区的尊重权利和确定性的真正欧洲、申根背景中，已经逐渐被一种权利观所取代，这种权利观受限于对基于公正观和有效执法观的打击有罪不罚现象不加批判的关注，而这种公正观和有效执法观不是泛欧洲的，而是纯粹的国内的，与认为自己没有机会起诉的成员国的法律有关。以这种方式，欧盟法院助长了成员国之间的不信任，并越来越无视法律的确定性和个人在自由安全公正区中的地位。

另一方面，将有罪不罚概念化的进一步挑战来自打击有罪不罚现象的外部维度。分析表明，在欧盟成员国和第三国之间的引渡关系中，欧洲法院原则上接受在刑事事项上进行有效的国际合作，作为使欧盟法打击有罪不罚现象正当化的合法目标。欧洲法院审理的案件都涉及欧盟公民身份维度的问题，即第三国要求引渡居住在其国籍国以外的成员国的欧盟公民。这一判例法对保护欧盟公民免受不加批判地打击有罪不罚现象的意义在于两个事实：一是欧洲法院利用公民身份维度来确定与成员国和第三国之间双边引渡安排的欧盟法的联系，即使欧盟和有关第三国之间没有引渡协议——从而将成员国的行动牢牢地置于欧盟法的范围内；二是将 Aranyosi 案中制定的欧盟内部基本权利保护基准输出或扩展到欧盟和成员国在引渡方面的对外关系中——在第三国的引渡请求中打击有罪不罚现象被置于基本权利保护和法治遵守的欧洲规范中。

在这些案件中，在提供打击有罪不罚欧洲概念方面不那么明显的是，欧洲法院不愿意利用欧盟范围内的欧盟公民身份保护，而是恢复到基于被请求人国籍的保护。因此，欧洲法院未能在平等和不歧视原则的基础上制定有意义的公民保护措施，并回避将自由安全公正区作为一个统一的空间和领土，以保护被第三国要求引渡的欧盟公民。

与欧洲法院不愿在刑事事项国际合作中为保护欧盟公民的目的而制定一个有意义的联盟领土概念不同的是，欧洲委员会一直试图在数字证据领域扩大法律执行可能性的背景下提出一个统一的欧洲领土愿景。这里的设计是将责任转移给私营部门，并在欧盟范围内的法定代表的基础上，在泛欧范围内确定私人供应商的责任。欧洲委员会的做法是以最大限度地反对有罪不罚为理由的，也由于技术已经改变了执法的游戏规则。它模糊了公私合作的界限，并且在转移个人数据作为证据方面取消了一个关键的司法审查层。它破坏了欧盟内部现行法关于司法合作和相互承认的法律所制定的基本权利保护和法治遵守的基本保障，尤其是关于当局业务合作的独立性和相互信任的现行法。欧洲委员会将执法合作的范式转移到欧盟内部现行法和它所带来的加强的基本权利保障的挑战，由于其在全球和跨大西洋的视角下拟定的建议而变得更加复杂——同时欧盟法被视为对美国在《澄清数据的合法海外使用》下的类似发展的回应，并试图通过欧洲委员会的倡议在数字证据方面建立一个区域性若非全球性的公平竞争环境。在这方面，不加批判地打击有罪不罚现象的全球化将挑战欧盟内部的现行法，并破坏欧盟在对外行动中维护和促进其价值观的宪法义务。

鉴于这种混杂和不断变化的情况，本文主张，在充分尊重欧盟价值观的基础上，特别是在保护基本权利和法治的基础上，通过努力制定欧洲的有罪不罚概念，以在欧盟法中对打击有罪不罚现象进行重新构想。在这个过程中，需要重新思考有罪不罚概念的三个关键因素：时间、空间和反对有罪不罚的行为者。有罪不罚重新概念化的这个过程将从法院开始，但在某些情况下可能涉及欧盟层面的进一步立法干预和协调问题。

延长和缩短时间都是为了实现反对有罪不罚的目标。在保护欧盟金融利益的背景下，本国法院有责任不执行国家关于时效期限的规定，并延长这些期限，以便对严重的欺诈案件进行有效起诉，从而寻求延长时间。正如 Taricco 案所显示的，欧盟的不适用规定可能会在国家层面上导致相当大的（至少是认为的）法律不确定性。并且关于欧盟范围内时效期限的协调性的讨论（正如在通过里斯本会议后的 PIF 指令时已经在一定程度上发生的那样），可能是在这种情况下实现欧洲对时间的理解的一个途径。在这种情况下，以被起诉的个人的法律确定性保障为基础的统一，也可以解决第二国在一事不二审案件中的执法关切，同时为欧洲的自由安全公正区中受影响的个人实现真正的法律确定性——不允许以第二国不愿意在冗长的国内时效内迅速采取行动为由进行进一步起诉。在相互承认的合作背景下，确保欧洲有罪不罚概念建立在欧洲司法概念的基础上，需要对时间要素问题进行类似的重新思考——欧盟法院目前不加批判地优先考虑系统中两个国家其中一个的司法途径。另外，打击有罪不罚现象涉及缩短时间，由执法当局要求在国家间、国际间和公共—私人合作中加速。在刑事事项上相互承认原则的运作中，在紧迫的期限内，以及在欧洲委员会关于数字证据的建议中，都是如此。而在这些建议中，保存和提供证据的速度是一个关键的优先事项。在相互承认领域，欧洲法院（和执行欧洲逮捕令的国家当局）已经指明了方向，即事实上调和快速合作的需求与花费时间以确保对执行决定的基本权利和法治影响进行有意义的审查的需求。作为数字证据建议正当性的不加批判的对速度的需求，以及它们所带来的模式转变，迫切需要重新考虑：虽然在数字世界中对快速行动的感知需求可以通过需要保存数据的措施来解决，但私营部门快速展示的问题是一个单独的问题，不应该以牺牲司法审查有意义的保障为代价，正如欧盟法中一般司法合作和相互承认制度。

对空间要素问题的重新思考是欧盟法中重新对有罪不罚概念化的关键。在设计欧盟对打击有罪不罚现象的回应时，一直存在着一种张力，其正面对着构建自由安全公正区的宪法目标，而该自由安全公正区并无内部边界，也没有这样一个区域，其伴有单一地区或单一联盟管辖范围的法律概念——因此自由安全公正区仍然由国家法律领土和管辖范围组成。这种物理和法律空间的构建使国内法律和欧盟法律之间的关系问题变得持续重要，同时提出了适用法律、法律确定性以及最终的法治问题。在无国界的自由安全公正区内发展欧洲反对有罪不罚概念与国家优先事项及考量之间的张力，几乎贯穿了整个分析过程。在打击欧盟预算欺诈的斗争中，支撑着欧洲委员会提出欧洲检察官办公室建立的作为“单一法律区域”的欧盟概念，在谈判中被放弃了。其结果是一个实质上依靠不同国内适用法的系统——它们与欧盟法的关系将是一个“正在建设中”的问题，并受制于潜在的法律不确定性。

鉴于欧盟在 Taricco 系列案之后的诉讼中，在执行和时效方面缺乏协调，类似的法律不确定性问题已经出现了。在相互承认领域，既定的本国体系之间的互动与有限的协调导致了欧盟体系的发展，而该体系的基础是有限的欧洲公正感，并优先考虑本国执法和反对有罪不罚的目标以及国内法的选择，而不是欧洲的方法。在外部领域，在引渡程序中对欧盟公民的保护最终又回到了他们的国籍国，作为保护空间的共同联盟区并没有完全投射在外部。而另一方面，欧洲委员会试图将全球数据收集的关切内部化，并将欧盟作为一个单一的空间，以破坏在国家间相互承认的合作背景下发展起来的司法审查保障。在所有这些情况下，制定欧洲（反对）有罪不罚概念的一个关键因素是反省欧洲的权利、法治和公正概念的发展，以支持打击有罪不罚现象。在相互承认领域取得的重大进展——以法院制定的基本权利审查和自主概念的形式，以及通过国防权利领域的立法协调——是该背景下的象征性范例。

对欧洲共同空间中的权利和公正的进一步反省，与进一步反省反对有罪不罚的行为者的需求密不可分。最近的发展表明，在打击有罪不罚现象方面，传统的国家对国家的合作机制已经发生了转变。一方面，合作和执行机制已经扩展到包括欧盟具有强制力的机构（body）和机关（agency）（如欧洲检察官办公室），并在另一个方向上包括数字证据领域的私营公司。另一方面，在欧洲逮捕令系统的运作中，法院通过将主管当局的概念限制为独立的司法当局，缩小了国家间合作的范围。在欧盟法中，这一步骤是保障打击有罪不罚现象中有效保护基本权利和法治遵守的关键，在划定欧盟法中打击有罪不罚现象的主管当局的范围和权力方面，这一方法背后的原则应全面适用。这些是可能导致真正的欧洲有罪不罚概念发展的一些步骤，其基础是一种共同公正感，而这种共同公正感则是基于在整个欧盟甚至欧盟之外，对欧盟法中基本权利和法治有效与真实的保护。

敌人刑法在日本

——新近引入针对“共谋”的、“敌人刑法性的”构成要件*

［日］川口浩一** 著

金炜凯*** 译

一、引言

按照雅各布斯（Jakobs）的说法，在市民刑法（Bürgerstrafrecht）中，“刑罚开放的功能是（表达）反对（*Widerspruch*）”，而在敌人刑法（Feindstrafrecht）中，“这种功能就是对危险的消除（*Beseitigung einer Gefahr*）”①。依照这一定义，究其本质，敌人刑法是“消除危险的刑法”（Gefahrbeseitigungsstrafrecht）或者“防范危险的刑法”（Gefahrenabwehrstrafrecht）。虽然危险防范本质上是警察以及秩序机构的任务②，即危险防范法属于行政法（警察以及秩序法）的部分领域，但是存在这样的（敌人）刑法性构成要件，它们被专门用来消除或者防范危险，比方说《德国刑法典》（StGB）第89条a、第89条b、第89条c、第129条以及第129条a。③ 日本则自2003年以来，为了纪念《巴勒莫公约》（Parlemo-Konvention）的订立，就类似构成要件是否应该引入的问题产生了激烈的辩论。在这一篇报告中我想分析一下新近在日本引入的针对“共谋”的构成要件。

二、遏制有组织犯罪活动的构成要件的两种模式

2017年6月15日，日本议会在“强烈的批评声和反对派的抵制”④ 中，通过了一部针对谋划“恐怖主义”或者其他严重犯罪行为的内容涉猎广泛的法案，也就是所谓的

---

* 原文中的日文在译本中以楷体字标出，德文、英文文本均为新罗马体（Times New Roman）。德文“Verschwörung”以及对应的英文“conspiracy”依照语境译为“共谋（罪）”或者“密谋”。

** 川口浩一，日本明治大学法学院教授。

*** 金炜凯，中国人民大学法学院刑法学博士研究生。

① Günther Jakobs，Bürgerstrafrecht und Feindstrafrecht，HRRS 2004，88 ff.，95.

② Torsten Kingreen/Ralf Poscher，Polizei-und Ordnungsrecht，10. Aufl. 2018，§ 3 Rn. 1. 关于防范危险之刑法与传统刑法之间的区分，见前引书，§ 2 Rn. 4 ff。

③ 近来有 Wolfgang Frisch 的著作：Terrorismus und präventives Strafrecht. 针对一部反恐怖主义犯罪的所谓预防刑法的可能性和问题，in：Festschrift für Ulrich Sieber zum 70. Geburtstag Teilband Ⅱ，2020，S. 905 ff。

④ 这是“贝克时讯新闻”（beck-aktuell）2017年5月24日的说法（https：//rsw. beck. de/aktuell/meldung/japan-unterhaus-segnet-umstrittenes-gesetz-gegen-verschwoerung-ab）。

反“共谋”法。[⑤] 通过这部法案，在“处罚有组织犯罪活动法”（組織的な犯罪の処罰及び犯罪収益の規制等に関する法律）中增加了新的一段（第 6 条之二），依照这一段的内容对特定犯罪行为加以谋划这一行为已然可罚。在下文中我想先简短地总结一下这个构成要件的起源历史。

（一）联合国反跨国有组织犯罪活动公约

为了追诉跨国有组织犯罪活动，2000 年 11 月 15 日的联合国《反跨国有组织犯罪活动公约》（United Nations Convention of Transnational Organized Crime，简称“UN-TOC”）应运而生[⑥]，依照条约签署的地点其也被称为《巴勒莫公约》。该公约于 2000 年 12 月 12 日至 15 日在意大利巴勒莫举行的会议上签署，于 2003 年 9 月 29 日生效，成为国际法渊源。[⑦] “这一部公约的目的在于促进共同协作，以有效地遏制和对抗跨国有组织犯罪行为。”（第 1 条）为此，缔约方有义务宣告参与犯罪组织之行为[⑧]的可罚性（第 5 条）[⑨]：

> 第五条　参与有组织犯罪团伙的犯罪化
>
> （1）每个缔约国采取必要的立法及其他措施，以将下列行为（若其故意被实施）规定为犯罪行为：
>
> a）除了那些描述犯罪活动未遂或者既遂的以外，将下述行为中的一个或者两者都作为犯罪行为：
>
> i）为了直接或者间接地获取经济性或者其他物质性的好处，与一人或者多人商定实施严重的犯罪行为，以及若内国法有要求，则可包括在该犯罪行为中一个参与者实施了促进这一商定的行为，或者共同推动了有组织犯罪团伙之形成的情形；
>
> ii）在知晓有组织犯罪团伙的目标以及一般犯罪活动，抑或其实施相应犯罪的意图后，仍积极参与到下列行为中：
>
> a. 有组织犯罪团伙的犯罪活动；
>
> b. 有组织犯罪团伙的其他活动，且知晓参与行为将有助于达成声称的犯罪目标；……

---

⑤ 在德语媒体上的报道如 Patrick Welter，Umstrittenes Gesetz gegen Verschwörungen（《饱受争议的反共谋罪法》），载《新苏黎世报》2017 年 6 月 15 日（https：//www. nzz. ch/international/proteste-in-japan-umstrittenes-gesetz-gegen-verschwoerungen-ld. 1301008）；Japan verabschiedet umstrittenes Gesetz gegen “Verschwörung”（《日本通过了饱受争议的反“共谋罪”法》），载《南德意志报》2017 年 6 月 15 日（https：//www. sueddeutsche. de/news/panorama/terrorismus-japan-verabschiedet-umstrittenes-gesetz-gegen-verschwoerung-dpa. urn-newsml-dpa-com-20090101 - 170615 - 99 - 856035）。

⑥ 载《奥地利联邦法律公报》2005 年第 3 部分，第 84 号文件的译本：德语条约文本（译文），可在 https：//www. ris. bka. gv. at. 域名下检索。

⑦ Patrick M. Pintaske，Das Palermo-Übereinkommen und sein Einfluss auf das deutsche Strafrecht：Eine Untersuchung der UN-Konvention gegen grenzüberschreitende organisierte Kriminalität und ihrer Zusatzprotokolle，2014，S. 35 f.

⑧ 该公约的第 2 条（概念规定）将“有组织的犯罪团伙”这一表述定义为“三人及以上组成的团伙，该团伙在特定时间内存续且共同执行相应的目标，即实施单个或多个严重犯罪行为或者与本公约规定相符合的犯罪行为，以直接地或者间接地获取经济上的或者其他物质性的好处”。

⑨ Vgl. Pintaske M. Pintaske（Fn. 7），S. 127 ff.

也就是说，缔约国的选择是，要么将犯罪性的商定/共谋（Conspiracy）犯罪化，要么将犯罪组织犯罪化。下文中我想将第一种选择称为共谋方案（Conspiracy-Lösung），而将第二种称为组织性方案（Vereinigungslösung）。[⑩]

在美国，不同于《德国刑法典》第 30 条[⑪]第 2 款第 3 选择肢中有关犯罪商定的规定（“与他人商定实施犯罪或者教唆另外一人实施犯罪者”），共谋构成要件（Conspiracy-Tatbestände）长期以来都扮演着更为重要的角色。[⑫] 人们甚至将它称为“当代公诉人群体的宠儿”（darling of the modern prosecutor's nursery）[⑬]。近来共谋在经济刑法领域也得到了适用。一个著名的例子是大众汽车的尾气丑闻（VW-Abgasskandal）。[⑭] 行为人因“美国法上的共谋诈骗”（Conspiracy to defraud）[⑮]（18 U. S. C. § 371）而受到刑事处罚：

> 18 U. S. C. § 371
>
> 如果二人或以上共谋实施任何危害合众国的犯罪，或者对合众国及其专门机构

---

⑩ Vgl. Almir Maljević，‘Participation in a Criminal Organisation’ and ‘Conspiracy’，Berlin 2011.

⑪ 《德国刑法典》第 30 条：参与的未遂

（1）力图使他人决定实施重罪（Verbrechen），或者力图使他人决定教唆第三人实施重罪者，依照该罪的未遂规定处罚。但其刑罚依照第 49 条第 1 款之规定应予减轻。第 23 条第 3 款同样适用。

（2）就实施重罪或者教唆第三人实施重罪，自己宣称已准备好、接受他人的请求或者与他人商定者，亦要受到处罚。

参见 https：//www. bundestag. de/blob/546682/6bb58760404aee6463cbf11f432735fa/wd-7 - 009 - 18-pdf-data. pdf。

⑫ Vgl. “Verschwörung” im US-amerikanischen Strafrecht und § 30 Abs. 2，3. Alt. StGB im Vergleich-Ausarbeitung-，2007，Deutscher Bundestag WD 7 - 187/07，S. 32：“‘共谋’就其本质而言和德国《刑法典》第 30 条第 2 款第 3 个选择肢有非常多的相似之处。不同之处一方面（按照构成要件）在于不同的犯行客体，一定程度上‘共谋’的内容不只包括犯罪。另一方面在于德国的犯罪商定（Verbrechensabrede）并不识别‘公然行为（overt act）’之原则，而是在多数情况下将‘共谋’作为构成要件的前提条件。因而在这一点上，‘共谋’很明显比犯罪商定的内涵更窄。另外‘共谋’和犯罪商定在其起源和要求上都一样”。但是我确信，共谋相较于德国的犯罪商定更具不确定性。对此还可参见 Momsen/Washington，Unternehmensstrafrecht vs. Conspiracy?：Alternative Strafverfolgungsmodelle im Wirtschaftsstrafrecht，in：FS Kindhäuser，2019，S. 923 ff。两位作者抛出的问题是，在经济刑法中是否应将“采纳共谋思想”作为一种替代性的刑事追诉模式加以推荐（前引书，第 923 页）。他们正确地给出了否定回答，因为这会使整体结果归属独立于参与强度（前引书，第 931 及以下几页）和参与的时间节点（前引书，第 939 及下页）。

⑬ Harrison v. United States，F. 2d 259，263（2d Cir. 1925）.

⑭ 在美国，大众汽车生产商的许多柴油汽车都获得了“TDI 清洁柴油”的认证。针对大众汽车的一部分发动机尾气的调查却披露了这些发动机完全不像认证的那样清洁（“clean”）的事实，或者它们存在排放有害物质的情况。最终尾气丑闻得到了揭露。这些发动机的一氧化氮排放量部分地超过了美国规定标准（Tier 2 Bin 5）的 40 倍。为了更好地应对尾气测试，大众安置了所谓的“检测挫败装置”（defeat devices），该装置可借助不同的参数识别出汽车是否处于尾气检测状态。若这种检测正在进行，尾气清洁功能就会被启动因而尾气会得到过滤，否则该功能就保持标准状态下的未激活状态。另外，针对尾气的毒性还会对活体猴进行动物实验。

⑮ 在 Hammerschmidt v. United States，265 U. S. 182（1924）这个案件中，首席法官塔夫特（Taft）这样定义“欺诈”：

> 密谋对合众国欺诈主要意味着从政府手中骗取财产或者金钱，但是它也意味着以欺诈（deceit）、骗术（craft）、欺骗（trickery）或者至少不诚实的手段干涉或者妨碍美国政府在法律上的某一项功能。政府并非一定因欺诈要遭受财产或者资金上的损失，而是只需其合法的官方行动及目的因歪曲事实、诡计（chicane）或者过分追求对被赋予执行政府意图的职责而失败。

以任何方式或为任何目的实施诈骗，且其中的一人或以上实施了任何影响到共谋客体（也就是共谋实施的特定犯罪——译者注）的行为，则对每个人都要在本条之规定下予以罚款或者处以不超过五年的监禁，或者二者兼具。

但如果作为共谋客体的犯行只是轻罪（misdemeanor），对该共谋的处罚则不应超过对应这类轻罪之处罚的最大限度。

在欧陆法域内，只有挪威和保加利亚接受了共谋方案。该方案在挪威法中通过《刑法》第 162 条 c（现在是第 198 条）得到落实，规定如下：

挪威《刑法》第 198 条

每一个与其他人商定实施自由刑不低于三年之犯罪行为，且将该犯罪行为作为一个有组织犯罪团伙活动之步骤来实施的人，若针对该犯罪行为并无更严格的法律规定，则处以最高限度为三年的自由刑。对于再犯（Wiederholungsfall）或者其他犯罪同时发生而提高刑罚最高限度的做法不予考虑（即共谋行为没有因再犯或者与其他犯罪竞合而提高刑罚的可能性——译者注）。

此处的有组织犯罪团伙须由三人以上组成，其主要目标是实施最低处以三年自由刑的犯罪行为或者其活动主要在于实施这些行为。⑯

组织性方案的典型例子是德国《刑法典》第 129 条，最近该条第 2 款为犯罪组织赋予了法律定义。⑰

第 129 条　建立犯罪性组织

(1) 建立或者以成员身份加入以实施犯罪为其目的或者活动的组织，且该犯罪对应的最高限度的自由刑不低于两年，对加入者处五年以下自由刑或者罚金。对该类组织提供资助或者为其招募成员或资助者的人，处三年以下自由刑或者罚金。

(2) 犯罪组织是指意在长期存续，独立确定成员角色、成员人数的持续性以及结构表征的组织性结伙，该结伙由人数超过二人者达成，且追求更为重要的共同利益。

---

⑯ 载《奥地利联邦法律公报》2005 年第 3 部分，第 84 号文件的译本（https：//www. ris. bka. gv. at/）。

Lov om straff（straffeloven）：§ 198. Forbund om alvorlig organisert kriminalitet

„Den som inngår forbund med noen om å begå en handling som kan straffes med fengsel i minst 3 år，og som skal begås som ledd i aktivitetene til en organisert kriminell gruppe，straffes med fengsel inntil 3 år，med mindre forholdet går inn under en strengere straffebestemmelse. Forhøyelse av maksimumsstraffen ved gjentakelse eller sammenstøt av lovbrudd kommer ikke i betraktning.

Med organisert kriminell gruppe menes et samarbeid mellom tre eller flere personer som har som et hovedformål å begå en handling som kan straffes med fengsel i minst 3 år，eller som går ut på at en ikke ubetydelig del av aktivitetene består i å begå slike handlinger. "

Tilføyd ved lov 7 mars 2008 nr. 4，endret ved lov 21 juni 2013 nr. 85（ikr. 21 juni 2013 iflg. res. 21 juni 2013 nr. 687）.

⑰ Vgl. Nicole Selzer，Organisierte Kriminalität als kriminelle Vereinigung-Eine kritische Auseinandersetzung mit der Reform des § 129 StGB，KriPoZ 4/2018，224 - 230.

(3) 第（1）款不适用于下列情况：

1. 若该组织为政治性党派，且联邦宪法法院宣告其不违宪；

2. 若实施犯罪只是具有附属意义的目标或者活动，抑或

3. 只要该组织的目的或者活动涉及第84至87条规定的犯罪行为……

我想在本文的结尾处深入讨论这个方案。

（二）日本政府的回应

时任首相小泉纯一郎领导的日本政府以下述草案回应2003年的《巴勒莫公约》：

法律草案：针对共谋罪（共謀罪）的构成要件

第6条之二　有组织犯罪的共谋（組織的な犯罪の共謀）

第1款

(1) 商定实施下述被认为是团伙行为的犯罪者，且该犯罪通过为此建立之组织来实施时，以下述刑罚规定处罚。在犯罪实行以前自首的人，得以减轻或者免除处罚。

1. 处以死刑、无期惩役刑或者十年以上惩役刑或监禁刑的犯罪行为，对商定者处以五年以下惩役刑或者监禁刑。

2. 处以最高十年惩役刑或者监禁刑的犯罪行为，对商定者处以两年以下惩役刑或监禁刑。[18]

2003年、2004年和2005年[19]，日本议会三次以提交审议的草案[20]过于不确定为由而加以否决。在学术界针对共谋罪的构成要件也遭到了强烈的批评，比如浅田和茂就提出了如下批评：

英国和美国的"共谋罪"历史表明，这一法形象（Rechtsfigur）对我们来说不仅陌生，而且是如此的危险，以至于它很容易对工会的或者政治性的运动造成压迫，或者为强制推行特定的道德举止而被滥用。因此它是典型的敌人刑法。[21]

（三）新的构成要件

12年后右翼保守派首相安倍晋三领导的政府尝试再次引入针对共谋罪的构成要件。考虑到2020年将在东京举办奥运会，安倍称防止恐怖袭击为第一要务（erster Grund）；为阻止恐怖袭击，日本必须无条件地批准反跨国有组织犯罪活动公约（《巴勒

---

⑱ 原文是：次の各号に掲げる罪に当たる行為で、団体の活動として、当該行為を実行するための組織により行われるものの遂行を共謀した者は、当該各号に定める刑に処する。ただし、実行に着手する前に自首した者は、その刑を減軽し、又は免除する。

一　死刑又は無期若しくは長期十年を超える懲役若しくは禁錮の刑が定められている罪　五年以下の懲役又は禁錮

二　長期四年以上十年以下の懲役又は禁錮の刑が定められている罪　二年以下の懲役又は禁錮

⑲ 否决了三次，就像靡菲斯特（Mephistopheles）的宣言那样："你必须说三次"。Johann Wolfgang Goethe, Faust. Erster Teil：Der Tragödie erster Teil，1808，V. 1531.

⑳ 所有这三部草案都包含文字上相同的反共谋的构成要件。

㉑ Kazushige Asada，Die Gesetzgebung zur„Conspiracy"in Japan，FS Tiedemann，2008，S. 313 ff.，S. 322.

莫公约》)。[22] 然而人们推测，安倍的真实意图是要扩大警察的权限。日本终归得以确定要引入这一新的构成要件，并且于 2017 年 7 月 11 日批准该公约[23]，尽管相比土耳其（2003 年 3 月 25 日）晚了 14 年，相比德国（2006 年 6 月 14 日）晚了 11 年。[24] 构成要件规定如下：

第 6 条之二 伴随预备行为的对恐怖主义和其他严重的有组织犯罪行为之谋划（第 6 条の2 テロリズム集団その他の組織的犯罪集団による実行準備行為を伴う重大犯罪遂行の計画）第一款

与一人或者多人商定实施下述第 1 项及第 2 项规定的由组织来实行的，作为恐怖主义或者其他有组织犯罪团伙（该团伙作为组织的基础，以实施附件三中规定的犯罪行为为共同目的；这一特征同样适用于下一款）之活动的犯罪行为者，若参与商定的某人，在商定的基础上获取了经济性资源及客体，事前探查了相应地点或者已经为所商定实施的犯罪实施了预备行为，则处以下述（在第 1 项及第 2 项中规定的）刑罚。在犯罪施行前自首的人，可减轻或者免于处罚。

1. （若被商定的行为属于）* 附件四中所规定的处以死刑、终身惩役刑或者最高刑期超过十年的犯罪行为，对上述主体处五年以下的惩役刑或者监禁刑。

2. （若被商定的行为属于）** 附件四中所规定的最高刑期高于四年低于十年的犯罪行为，对上述主体处两年以下的惩役刑或者监禁刑。[25]

若至少两人商定实施目录中总计 277 种犯罪中的一种，以及若至少一人，比方说将经济性资源用于准备房间或者探明地点［所谓的“公然行为（overt act）”］，这一针对“共谋罪”的构成要件则会产生效果。

这一点我想借用有组织谋杀（Organisierten Mordes）的例子来说明（见表 1）：犯

---

* 括号内的内容为译者添加，以便于理解。

** 同上。

[22] 这是安倍在 2017 年 1 月 23 日针对众议院议员大串博志（Hiroshi Ogushi）提问的回答（http：//kokkai. ndl. go. jp/SENTAKU/syugiin/193/0001/19301230001002a. html）。

[23] 日本外务省：《对接受包括〈联合国反跨国有组织犯罪活动公约〉在内的四项条约之文书予以交存》，https：//www. mofa. go. jp/press/release/press3e _ 000108. html.

[24] 参见《巴勒莫公约》，https：//treaties. un. org/doc/Publication/MTDSG/Volume% 20II/Chapter% 20XVIII/XVIII - 12. en. pdf.

[25] 原始文本：次の各号に掲げる罪に当たる行為で、テロリズム集団その他の組織的犯罪集団（団体のうち、その結合関係の基礎としての共同の目的が別表第三に掲げる罪を実行することにあるものをいう。次項において同じ。）の団体の活動として、当該行為を実行するための組織により行われるものの遂行を二人以上で計画した者は、その計画をした者のいずれかによりその計画に基づき資金又は物品の手配、関係場所の下見その他の計画をした犯罪を実行するための準備行為が行われたときは、当該各号に定める刑に処する。ただし、実行に着手する前に自首した者は、その刑を減軽し、又は免除する。

一 別表第四に掲げる罪のうち、死刑又は無期若しくは長期十年を超える懲役若しくは禁錮の刑が定められているもの 五年以下の懲役又は禁錮

二 別表第四に掲げる罪のうち、長期四年以上十年以下の懲役又は禁錮の刑が定められているもの 二年以下の懲役又は禁錮

罪组织商定对 O 进行谋杀（谋划：在这一时点还不可罚）。然后 X 探查了计划实施犯罪的地点，并且为了购买刀具而获取了相应的经济性资源（“公然行为”：只有在此刻才能以“共谋罪”处罚）。X 购买了刀具（依照日本《刑法典》第 201 条构成预备行为）。X 用刀具刺伤 O，但是 O 并没有因此死亡（依照日本《刑法典》第 199、203 条构成未遂）。若 O 因此死亡，那么 X 就要依照日本《刑法典》第 199 条规定，以杀人罪的既遂论处。

表 1　　有组织谋杀的例子

谋划	計画　「組織的犯罪集団」が殺人を具体的に話し合う　この段階の処罰なし
“公然行为”：比如探查地点	実行準備行為　現場の下見やナイフ購入資金を用意　この時点でテロ等準備罪が成立
预备	予備　ナイフを購入
力图（未遂）	未遂　ナイフで襲いかかるが、殺害に至らず
既遂	既遂　ナイフで刺して殺害

图表来源：https：//www.jiji.com/jc/graphics? p=ve _ pol _ seisaku-houmushihou20170615j-05-w330。

因而力图使这样一种“密谋”（conspiracy）扩大化（Vergrößerung），这本身就是犯罪构成要件。那些主动向有关机构自首的行为人，得以减轻刑罚。

共谋构成要件的适用范围是广泛的。目录上包含了共计 277 种犯罪（见表 2）：

表 2　　277 种犯罪类型的目录

与恐怖主义实行有关的犯罪=110：有组织的杀人/纵火/绑架等	テロの実行　110　組織的殺人　現住建造物等放火　ハイジャックなど
毒品犯罪=29	薬物　29　覚せい剤、大麻の密輸・譲渡など
剥削人身的犯罪=28：人口交易/强迫劳动/器官买卖等	人身に関する搾取　28　人身売買　強制労働　臓器売買など
其他通过犯罪获利的行为=101：有组织地进行诈骗/有组织的敲诈勒索/伪造货币/洗钱等	その他資金源　101　組織的詐欺・恐喝　通貨偽造　マネーロンダリングなど
妨害司法罪=9：伪证罪/毁灭证据罪等	司法妨害　9　偽証　組織的犯罪の証拠隠滅　逃走援助など

图表来源：https：//www.jiji.com/jc/graphics? p=ve _ pol _ seisaku-houmushihou20170615j-04-w470。

三、刑法上的辩论

2017年4月25日在日本众议院的法律委员会（Rechtsausschuss）上，两位知名的刑法学教授、洪堡奖学金获得者——高山佳奈子女士和井田良先生发表了他们的看法。问题争议点在于：（1）法律的命名（法律的目的）；（2）对《巴勒莫公约》第5条的解释；（3）是否以及如何使可罚性前置化（Vorverlagerung）；（4）和德国法律状况的比较等。

高山反对这一新的构成要件。其反对新法律的论证㉖如下：

1. 盎格鲁-美利坚式的“共谋罪”对于日本刑法来讲是外来物（Fremdkörper）（第4页及以下几页）。

2. 日本刑法已经足够前置化了，比方说《刑法典》大量地处罚预备行为㉗（第6页及以下几页）。

3. 所以日本完全可以在不额外立法的情况下批准《巴勒莫公约》（第20页及以下几页）。

4. 所涉及的犯罪类型的选取存在任意性（第23页及以下几页）。

5. 尽管目录内容从676个罪名缩减到了277个，其涵盖范围还是相对地过于宽泛了，而且法律文本的文义并不明确（第45页及以下几页）。

6. 考虑到2020年要在东京举办奥运会才去防范恐怖袭击？这明显是标签化的欺诈（第29页及以下几页）。

7. 被掩盖的立法意图：扩张警察权限（第54页及以下几页）。

与之相反的是井田在法律委员会上对该法表示支持，他的论证㉘如下：

㉖ 高山佳奈子『共謀罪の何が問題か？（为什么反共谋罪的构成要件存在问题?）』（岩波ブックレット，2017年）。

㉗ 日本《刑法典》中可罚的预备行为如下。

第78条（叛国行为的预备和密谋）：处一年以上十年以下监禁刑。

第88条（引诱或帮助他人武力攻占日本的预备和密谋）：处一年以上十年以下惩役刑。

第93条（未经官方批准私自向他国发动战争的预备和密谋）：处三个月以上五年以下监禁刑，但自首者免除其刑。

第113条（纵火的预备）：处二年以下惩役刑但可依情状免除其刑。

第153条（伪造货币的预备）：处三个月以上五年以下惩役刑。

第201条（故意杀人的预备）：处二年以下惩役刑但可依情状免除其刑。

第228条之三（为获取赎金而绑架的预备）：处二年以下惩役刑但于着手实行前自首者，减轻或者免除其刑。

第237条（抢劫预备）：处二年以下惩役刑。

㉘ 井田良「比較法的観点から見たテロ等準備罪」刑事法ジャーナル55号（2018）23-32頁。井田在此强调，该法与修正前的德国《刑法典》第129条不一样，明确了处罚有组织犯罪行为的法律定义：

第2条　本法中的“团体”（Vereinigung）是多人为达到共同目的而组成的长期结伙，该结伙的行为，至少部分地通过组织（Organisation）（“组织”意味着多人组成的结伙，其成员依照制定的任务安排在命令的基础上作为整体来行动。这一定义也适用于后述用语）反复得到实施，以实现目的或者意志。

原文是：第二条　この法律において「団体」とは、共同の目的を有する多数人の継続的結合体であって、その目的又は意思を実現する行為の全部又は一部が組織（指揮命令に基づき、あらかじめ定められた任務の分担に従って構成員が一体として行動する人の結合体をいう。以下同じ。）により反復して行われるものをいう。

1. 对于遏制恐怖犯罪及有组织犯罪而言，可罚性的前置化是必要的。

2. 日本法律的构成要件是足够明确的，甚至相较于德国要明确得多，比如德国《刑法典》第 30 条[29]、第 129 条（建立犯罪组织罪）。[30] 但无论是在德国还是在法国，并没有认为这些规定违宪的想法存在。[31]

3. 尽管该部法律的主要目的是遏制有组织犯罪，但是它也可用于遏制恐怖犯罪，因为恐怖主义团伙也属于犯罪组织。

但井田并未给出支持共谋方案的积极理由。

四、结论：作为"石蕊测验"（Lackmustest）的敌人刑法

按照库比策尔（Kubiciel）的观点，敌人刑法［以及国家保护刑法（Staatsschutzstrafrecht）］"既无目的关涉性（sachbezogen）又无适用关涉性，而是优先服务于刑法学的自我确保（Selbstvergewisserung）以及敌人刑法自己的（政治性的）主人翁定位"[32]。所以敌人刑法扮演了一个（政治性的）"石蕊测验"（试金石）的角色。日本关于共谋罪构成要件的讨论也导向了类似的政治定位，并且有关反共谋罪法的立场被视作是这种"石蕊测验"。比方说作为"政府学者"（Regierungsgelehrter）的井田就被激烈地抨击为在日本"迎合权力的学者（御用学者）"[33]。刑法学者的这种政治性的定位（"石蕊测验"），从学术的角度看，弊大于利。我们真正需要的是一个用以应对犯罪性集体和恐怖主义者的、既有目的关涉性又有适用关涉性的刑法理论。[34] 我在一定程度上支

---

[29] 德国《刑法典》第 30 条是所谓的杜歇纳条款（Duchesne-Paragraf），见脚注 11。

[30] 井田将德国《刑法典》第 30 条［井田良「比較法的観点から見たテロ等準備罪（比较法视角下反恐怖主义及其他严重犯罪行为之谋划的法律）」刑事法ジャーナル55 号（2018），第 29 页，脚注 25］、第 129 条［井田良「比較法的観点から見たテロ等準備罪（比较法视角下反恐怖主义及其他严重犯罪行为之谋划的法律）」刑事法ジャーナル55 号（2018），第 29 页及下页］称为在德国存在的广泛可罚性前置的例子。

[31] "也有批评指出，该立法侵害了人民的思想自由（freedom of thought），因而是不符合宪法的。但是在德国或者法国这样的国家我却没有听到任何类似的理由，在这些国家更为广泛的刑事处罚已获得批准，得以介入犯罪相当早期的阶段。"［Ida，Anti-Conspiracy Legislation Fights Terrorism and Organized Crime（井田：《反共谋罪的立法与恐怖主义及有组织犯罪进行斗争》），in：https：//www. japantimes. co. jp/opinion/2017/07/11/commentary/japan-commentary/anti-conspiracy-legislation-fights-terrorism-organized-crime/.］但是这个说法有些夸张，因为尽管通说观点赞同第 30 条和第 129 条，但是强烈的反对观点同样存在。例如，扎齐克（Zaczyk）就认为，将德国《刑法典》第 30 条所包括的行为宣告为刑事不法，这一做法不具备合法性。因为这只能在非紧要关头（in zweiter Linie）阻止不法。不法是刑法得以干预的前提。只有在已得证立的行为不法中，刑罚才能获得正当性。德国《刑法典》第 30 条被 Zaczyk 认为不属于这里的行为不法，因为在第 30 条中描述的行为只是"作为一个或者多个参与者的计划项目（Projekt）"存在（Rainer Zaczyk，in：Nomos Kommentar StGB，5. Aufl. 2017，§ 30 Rn. 4）。Zaczyk 将第 30 条的规则视作是"总则中的警察法上的外来物，该条的起源要典型地归功于政治原因"（前引书，脚注 1）。雅各布斯也对第 30 条的规则表达过批判。预备行为只能在例外情况下使实质性的刑罚威吓合法化。对于第 30 条中的预备行为，他看不出这种解释空间（Günther Jakobs，Kriminalisierung im Vorfeld einer Rechtsgutverletzung，ZStW 97，1985，751，765）。

[32] Michael Kubiciel，Mit dem Rücke zur Wirklichkeit：Die Strafrechts-wissenschaft in der Berliner Republik，in：Duve/Ruppert（Hrsg.），Die Rechtswissenschaft in der Berliner Republik，2018，S. 358 ff，S. 367 ff：Der 11. September 2001 und Streit um das Feindstrafrecht，S. 370.

[33] ［日］足立昌勝：《对赞成共谋罪构成要件的迎合权力的学者之批判：忽略刑法基本原则的井田良先生所制造的逻辑矛盾》，载《星期五周刊》，第 25 卷 22 册，2017 年 6 月 9 日，第 15 页及下页。

[34] Vgl. Michael Kubiciel（Fn. 34），S. 371.

持井田的看法，他主张我们为了遏制有组织犯罪活动有必要将可罚性前置。但遗憾的是，像上面提到的那样，井田并没有给出积极的理由：为什么对日本刑法而言更合适的不是组织性方案而是共谋方案？正如浅田与高山正确指出的那样，共谋方案对于日本刑法体系来说是个外来物。事实也证明了，在新引入的共谋构成要件生效5年后，该要件并未在实务中得以适用。[35] 尽管在德国，针对该国《刑法典》第129条a[36]存在强烈的反对意见，但作为对待恐怖分子的最低条件（die Mindesten）[37]，我倾向于提倡类似上述条款的组织性方案。[38]

自此，我们是否不仅要处罚《德国刑法典》第129条a中的建立恐怖主义组织的行为，而且还要像《德国刑法典》第89条a[39]那样，将严重危害国家安全的犯罪预备行为

㉟ 参见2019年7月11日的朝日新闻（https：//www. asahi. com/articles/DA3S14089943. html）。

㊱ 帕夫利克（Pawlik）对此有基础论述：Der Terrorist und sein Recht，München，2008.

㊲ 《德国刑法典》第129条a关于“建立恐怖组织”的规定如下。

（1）成立第129条第2款定义之“组织”者，若该组织的目的或者活动是为了：

1. 实施谋杀（第211条）、杀人（第212条）、种族屠杀（《国际刑法典》第6条）、反人类罪行（《国际刑法典》第7条）或者战争罪（《国际刑法典》第8、9、10、11或者12条），抑或

2. 实施第239条a或者第239条b中反人格自由的犯罪

3. （已废除）

又或者以成员身份参与到这类组织之中者，处一年以上十年以下自由刑。

（2）成立第129条第2款定义之“组织”者，若该组织的目的或者活动是为了：

1. 对他人实施严重的身体或者精神伤害，尤其是招致第226条中规定的情形，

2. 实施第303条b、第305条、第305条a中的犯罪，抑或第306条至第306条c、第307条第1至3款，第308条第1至4款，第309条第1至5款，第313、314条或者第315条第1、3、4款，第316条b第1、3款、第316条c第1至3款或者第317条第1款中的危害共同体之犯罪，

3. 实施第330条a第1至3款中危害环境的犯罪，

4. 实施《战争武器管制法》第19条第1至3款，第20条第1或2款，第20条a第1至3款，第19条第2款第2项或者第3款第2项，第20条第1或2款或者第20条a第1至3款，并各自与第21条或者第22条a第1至3款联合规定的犯罪，或者

5. 实施《武器法》第51条第1至3款的犯罪，

又或者以成员身份参与这类组织，且当决定实施上述第1至5项规定的犯罪，对公众以严重的方式加以威吓，违法地借助暴力或者通过暴力威胁之方式强制公务机关、国际组织，又或者消灭或严重损害政治性、宪法性、经济性或者社会性的国家基础结构、国际组织，并且通过犯罪实施方式、影响，得以对国家、国际组织造成严重损害时，亦罚之……

㊳ 尤其是 Katrin Hawickhorst，§129 a StGB-Ein feindstrafrechtlicher Irrweg zur Terrorismusbekämpfung，2011，S. 290 f.；Katrin Gierhake，Der Zusammenhang von Freiheit，Sicherheit und Strafe im Recht，Eine Untersuchung zu den Grundlagen und Kriterien legitimer Terrorismusprävention，2013，S. 180 ff。

㊴ 《德国刑法典》第89条a关于“严重危害国家的暴力犯罪之预备”的规定如下。

（1）为严重危害国家的暴力犯罪予以准备者，处六个月以上十年以下自由刑。所谓严重危害国家的暴力犯罪是指第211、212条中针对生命的犯罪，或者第239条a、第239条b中针对人格自由的犯罪，同时这些犯罪按照事实情状确定且适合于损害国家、国际组织的存在或安全，或者消灭德意志联邦共和国的宪法基本原则，使其失效或者遭到颠覆。

（2）第1款只在行为人为严重危害国家的暴力犯罪做准备时适用，亦即他（她）

1. 指导他人或者受他人指导生产或者处理射击武器、爆炸物、爆炸或者燃烧装置、核燃料或者其他放射性物质、可能含有毒性或者致毒物质、其他损害健康的物质、为实施犯行而必要的特殊装置，或者用以实施第1款所称犯罪的其他技能，

2. 生产、为自己或者他人获取、保管，给他人存留第1项规定的武器、物质或者装置，又或者

以单独正犯的形式加以处罚?[40] 这个问题我想在另一篇报告中详细地讨论。非常感谢您的聆听！

（接上注）3. 为自己获取或者保管为生产第 1 项规定的武器、物质或者装置而必需的客体或者物质。

（2a）若行为人以如下方式为严重危害国家的暴力犯罪予以准备，即为了实施严重危害国家的暴力犯罪或者第 2 款第 1 项中的行为而离开德意志联邦共和国，以抵达其他国家，顺利地接受第 2 款第 1 项意义上的他人之指示，则第 1 款同样予以适用。

（3）若预备行为在国外进行，第 1 款仍应予以适用。若预备行为在欧盟成员国范围外实施，只有当该行为通过德国籍人或者在国内有生活基础（Lebensgrundlage）的外国人实施，或者被预备的严重危害国家的暴力犯罪要在国内或者要通过、针对德国籍人实施时，前一句规定才有效。

（4）针对第 3 款第二句的情形进行追诉，需要联邦司法与消费者保护部（das Bundesministerium der Justiz und für Verbraucherschutz）授权。若预备行为在欧盟其他成员国内实施，当该预备行为既非德国籍人完成，被预备的严重危害国家的暴力犯罪也不在国内，该犯罪也未由德国籍人或者针对德国籍人实施时，追诉亦需联邦司法与消费者保护部授权。

（5）情节较轻者，刑罚减为三个月以上五年以下自由刑。

（6）法院可颁布行状监督（Führungsaufsicht）令（第 68 条第 1 款）。

（7）若行为人自愿地停止对严重危害国家的暴力犯罪继续预备，并且避免了或者根本性地减轻了由他引起且被他认识到的、其他人继续为该犯罪做准备或者实施该犯罪的危险，又或者当行为人自愿地阻止了该犯罪既遂时，法院可依裁量权减轻刑罚（第 49 条第 2 款）或者按照规定免除刑罚。若无行为人的涉入，前述危险仍可避免或者根本性地减轻，或者严重危害国家的暴力犯罪之既遂亦被阻止，行为人为达上述目的，自愿且诚挚的努力即为足够。

[40] 对于《德国刑法典》第 89 条 a 的合法性和解释，见 Michael Kubiciel，Die Wissenschaft vom Besonderen Teil des Strafrechts：Ihre Aufgaben，ihre Methoden，2013，S. 259 ff.；Michael Kubiciel，Kein rechtsstaatlicher "Tiefpunkt"：BGH zu Antiterror-Vorschrift § 89a StGB，LTO vom 08. 05. 2014，https：//www. lto. de/recht/hintergruende/h/bgh-urteil-3str-243 - 13 - 89a-stgb-terrorismus-vorverlagerung-strafbarkeit/。

建筑物设计及施工中的刑事责任

——从 Costco 事件入手*

[日] 船山泰范** 著
余 航*** 译

一、本文的目标

寺田寅彦一针见血地指出："人是过失的动物。"① 另一方面，寺田论道："此种过失借由适当的制御方法，得以减轻。"② 而制御方法之一，不用多说，正是法律。法律乃以人是不完美的动物为前提，诉诸种种弥补或者预防之策而形成的一套运筹。

本文的目标并不是对 Costco 事件的判例评释，而是希望明确那些以过失成立与否为中心，展开了论述的事件的本来的法律责任。倘若如此，由于实际的刑事裁判确实以建筑设计及施工的注意义务为焦点作出了检讨，并得出了全员无罪的结论，所以，本文也有必要立足于这些检讨之上。更进一步说，过失犯下的检讨致使刑事司法无疾而终的现象合理与否？本文正以此为问题意识的发端。同样引用寺田的论见，"现实社会往往以错误的责任观念抹灭各色灾难事故的真正原因，鉴于此，责任人若不浮出表面的话，基于同样原因引发的事故的牺牲者纷至沓来。"③ 恰如预见了本案处理结果所作的形容。

Costco 事件之中，由于 2011 年 3 月 11 日发生的东日本大地震，已然造成两名购物客身亡。本文试图以不偏不倚的目光加以法律评价，力证（质量不合格的）大型商业设施褫夺人命这一事实。

二、对判决的检讨

（一）本案相关建筑术语

在对 Costco 事件的具体事实作出说明以前，先将本案所涉及的用语的意思总结如下。各自编号如表 1 所示。本案一审及上诉审中，时不时会夹杂着建筑相关用语的解

---

* 原文发表于日本《法学纪要》第 59 卷（2018 年）第 55～88 页，标题为"建築設計・施行における刑事責任ーコストコ事件をてがかりに"。

** 船山泰范，日本大学法学部教授。

*** 余航，教育部青少年法治教育中心（西南）特约研究员。

① 寺田寅彦『寺田寅彦全集第七卷』，岩波书店 1997 年版，第 302 页。

② 寺田寅彦『寺田寅彦全集第七卷』，岩波书店 1997 年版，第 302 页。

③ 寺田寅彦『寺田寅彦全集第七卷』，岩波书店 1997 年版，第 350 页，这篇文章题为"灾难杂考"，写就于昭和十年（1935 年）。

说，且不成体系，造成阅读困难，不得不说未顾及一般国民。当历来被揶揄成“拙劣的文章”[④] 榜首的判决书中包含专业用语时，应当采用什么样的体裁，我想指出这是判决书改善所要检讨的事项之一。2000 年 12 月，出于建筑纠纷发生时能与裁判所相互协作，且贡献公共社会的目的，司法支援建筑会议[⑤]开始展开活动。裁判所在行使刑事裁判时，也应当接受这样的机构的支援。下列专业用语的解释是在参考判决书的同时，基于一级建筑师[⑥]的指教而作成。

表 1　Costco 事件涉及的用语及释义

序号	名称	释义
①	构造设计	以确保建筑物的构造安全性为第一要义，进行构造测算，作成构造图。构造测算中，对建筑物自重，加之其遭受地震、狂风的冲击，以及会带来的结构变形进行测算，使构造物在构造耐力上的安全性能得到注意
②	外观设计人	根据发包人的意向及建筑物的用途和样式，作成设计图。从事的是建筑的经理人那样的业务，统合构造设计及设备设计
③	剪力撑	英语为 brace。斜梁，支撑对角的固件。如果没有剪力撑的话，机器人可以完成熔接，无须配备熟练的操作员，可以节省人力费（据 Costco 负责人所言）
④	刚性框架	由梁和柱所构成的框架式构造。英语为 rigid frame，德语为 rahmen
⑤	混凝土石板	英语为 slab。钢筋混凝浇筑的面板。对一体化建造的梁和柱起到支撑作用
⑥	节点板	英语为 gusset plate。在利用钢筋的工事中，用来连接部件和部件的钢板，因为是薄板，所以连接水平方向的力量的强度较弱
⑦	承包人	综合管理施工现场的人，包括对现场施工的工人的管理
⑧	剖面详图	能够清楚明白建筑物的骨架及基本剖面的剖面图。呈现出地基位置、地板面高度、天顶距等信息

（二）Costco 事件的概要

1. 2011 年 3 月 11 日东日本大地震发生，造成 Costco 多摩境店（分店名）的机动车坡道崩塌，致使 2 人死亡，6 人重伤。

就此事故，中途参与到构造变更业务的一级建筑师高木直喜因业务过失致人死伤罪（刑法 211 条第一款前段）遭到起诉。

Costco 多摩境店原先是由美国的 Costco 总部委托其本国的公司承担设计及监理的任务，其后，美国的公司将图案设计业务委托给了日本的 K－partners Architect 公司（以下简称“K 公司”）。K 公司又将构造设计的部分委托给了“都市构造计划公司”（以下简称“都市构造”）。可是，Costco Wholesale Japan 仓库店的开发部长道前在 2001 年 12 月 13 日向东京都町田市提交建筑确认申请时，出于削减经费及缩短工期的考量，企

---

④ 岩渊悦太郎编著『悪文（第三版）』日本评论社 1979 年版，第 75 页。这一部分的叙述从 1960 年的第一版开始即存在。

⑤ 司法支援建筑会议是日本建筑学会为了在建筑有关的诉讼中，以严正中立的立场出发，对裁判所实施支援而设立的机构。

⑥ 名为益子扩的构造设计一级建筑师。

图变更构造[7]，并将构造变更任务在 2001 年 12 月 15 日委托给了高木直喜。[8] 高木在其后的一个月里进行了构造设计的变更。K 公司于 2002 年 1 月 25 日向町田市提交构造变更的申请，并在同年 2 月 7 日领收到完成确认的证书。在此之间，2 月 5 日举行了开工仪式，工事开始，到 2002 年 8 月 9 日，Costco 多摩境店正式竣工。

2. 高木于 2013 年 12 月受到起诉。根据上诉审判决之中的“犯罪事实要旨”，一审程序中途变更了起诉理由后的公诉事实可以归纳如下：属于一级建筑师的被告人于 2001 年 12 月接受了 Costco Wholesale Japan 位于东京都町田市的新建筑多摩境店的构造设计业务，其内容为对于主体建筑与西侧相连的机动车坡道，将它们原本各自附带剪力撑的刚性框架变更为单纯的刚性框架的构造。

被告人此后至 2002 年 1 月从事构造变更业务，其中建筑物以刚性框架构造，机动车坡道以附带剪力撑的刚性框架构造，建筑物与机动车坡道的接合部以混凝土石板相结合的方式设计而成。然而，被告人与接手以前的设计人员之间就仅用节点板接合的设计构想达成共识，被告人的设计方案未得到采纳。承包人在建筑物与机动车坡道之间没有以混凝土石板接合，形成了仅以节点板相接合的设计。

由此带来的结果是，2011 年 3 月 11 日，东北地区太平洋地震致使建筑物与机动车坡道之间遭受 5 级前后的震动之际，由于构造差异，二者之间发生不同动摇，节点板负荷了超过其耐力的地震强度后随即断裂，机动车坡道亦发生崩塌，正好砸中侧后方驶来的位于下方坡道的一台小汽车，致使 2 人死亡，6 人受伤。

被告人当初的公诉事实是以其设计内容本身作为过失的内容，但是经过一审首次开庭之后的期整理程序，以证据内容为基础进行各方主张整理，起诉理由变更之后，重新划定了过失的内容：被告人作为本项目剖面详图的制作者，负有对本项目设计总负责人传达接合部分以混凝土石板连接为前提而完成构造设计的义务，以使对方能够正确把握该内容。而被告人怠于履行该义务，欠缺适当的顾虑，因此成立过失犯。

（三）一审判决与上诉审判决的区别

1. 在此，作为达成本文目标的前提任务，先对一审及上诉审判决作简略的叙述。一审判决[9]将焦点定位于中途参与进来的构造设计担任人的顾虑义务是什么。具体到本案，指的是对外观设计担任人能够正确把握主体建筑与机动车坡道的接合部应当由混凝土石板连接的这一情况，予以适当顾虑的注意义务。基于此，裁判所对于被告人是否有违反顾虑义务，作出了如下判示：被告人认识到了起初的构造设计者仅以节点板连接主建筑和机动车坡道的危险的设计构想。如此，对于设计的总负责人即外观设计担任人，被告人未能将自身的由混凝土石板相连接的设想切实传达到位，怠于履行使其能正确把握而予以适切留心的义务。即，被告人存在顾虑义务违反的事实，构成业务上过失致人死伤罪，判处禁锢 8 个月，缓期 2 年执行。被告人不服此判决，提起上诉。

---

⑦ 日経アーキテクチュア1105 号（2006 年日経 BP 社）第 49 页。

⑧ 据高木所述，他对于素不相识的建筑师“把设计好了的图纸推翻比较反感”，3 次拒绝了道前的要求，但是相关人员来到事务所粗蛮地把图纸摆在了桌上。日経アーキテクチュア1105 号（2006 年日経 BP 社），第 50 页。

⑨ 东京高裁 2016 年 10 月 13 日判决 LEX/DBインターネットTKC 法律情報データベース・文献序号 2554742。

2. 上诉审之中[⑩]，针对中途参与进来的构造设计担当人的顾虑义务，认为已经表明在变更后构造测算书及变更后设计图中，删除了一审侧重于信息接收方的部分。在此基础上，上诉审作出了如下判示：被告人通过将设计内容明示在变更后构造测算书及变更后构造图书的形式，传递给了外观设计者等，这一事实在证据上是明确的。本来，设计担任人之间的传达到此已经充足。[⑪] 所以，认为被告人无罪。（东京高判 2016 年 10 月 13 日）

3. 上诉审推翻了一审判决，顺其法理，追溯判决予以分析的话，如下所示：（1）虽然原审认为被告人未能履行将混凝土石板结合的设计明确告知外观设计者们，并使其能够正确把握得适当的留心义务。（2）但是在证据上明确的事实是，被告人自身的设计内容已经以变更后的构造设计书的形式传达到了，到此为止，已经足够尽到了传达义务。（3）除此以外，超越一般处置的特别的义务存在与否。（4）若被告人未明确传达变更的话，原封不动地以最初的设计担任人所设计的仅以节点板接合的设计施工的话，是否存在危险。（5）在 2002 年 1 月 22 日的时点，对于被告人，其不存在必须进一步说明的义务。（6）纵观全案证据，认定被告人存在过失的话仍然留有合理怀疑。综上，认为存在过失的原判决误认了事实。

对于被告以外之人的责任，原审及上诉审均有提到，这在通常情形下并不多见。下面予以介绍。同时，可以参考附在文后的 Costco 事件关系人图示。

首先，一审法院指出，在外观设计担任人、初始参与的构造设计担任人、施工担任人当中，尤其是初始参与的构造设计担任人，其责任更甚于被告人。其次，上诉审认为初始参与的构造设计担任人及外观设计公司对接人具有责任。这些观点对把握 Costco 事件的全貌颇具参考价值。在东京高等检察厅放弃上诉，被告人确定无罪以后，之所以对都市构造计划的法定代表人、K 公司的法定代表人、K 公司的设计部长展开搜查，正是因为有必要对被告以外的人是否存在过失再次检讨。然而，2017 年 7 月，再次搜查的结果以对 3 人的不起诉而告终。

（四）危险内藏型的过失犯

以建筑设计及施工中的过失犯来把握 Costco 事件的时候，如果与占据过失犯主要地位的交通事故[⑫]相比较的话，其特征会浮现出来。通常，在交通事故中，违反注意义务的行为与结果之间直接相连。例如，只要汽车驾驶人对方向盘的操作稍有过度，将会与对面车辆发生冲撞，酿成人身事故，即所谓直接相连型的过失犯。与之相对，Costco 事件中，建筑物完工的时刻，是以包含着设计和施工危险的形态呈现于世，其后受地震这样的外部原因影响而原形毕露，可将其命名为危险内藏型的过失犯。

在此，对于危险内藏型的过失犯，整理其特征来看：

1. 建筑设计及施工中违反注意义务，使得内藏危险与结果的发生存在时间间隔，

---

⑩ 东京高裁 2016 年 10 月 13 日判决 LEX/DBインターネットTKC 法律情報データベース・文献序号 25544699。

⑪ 对这一点有关的反对意见，可参见福田晴政「コストコ事故で逆転無罪　構造計算書など示せば十分か」日経アーキテクチュア1084 号（2016 年日経 BP 社），第 88 页。

⑫ 如果查阅犯罪白皮书之中的案发数量，可知刑事犯与违反机动车驾驶致人死伤罪的案件总数为 1 478 570 件，其中，后者即交通事故所占比例为 32.6%。并且，单论被调查的人数，交通事故占据了 68.6%。［参见平成二十九年（2017 年）『犯罪白書』］

这样的情形是存在的。于 Costco 事件，危险建筑物完工是在 2002 年，因东日本大地震发生坡面崩塌，造成 2 人死亡、6 人重伤的事件，已经是 9 年后的 2011 年 3 月 11 日了。当然，纵使注意义务违反的行为与结果的发生之间存在长时间的间隔，只要能够认定相当因果关系成立的话，以过失犯论处应无疑义。另外，引发危险内藏型过失犯的结果发生的事端除了地震、台风、龙卷风外，恐怖活动、战争等人为事件亦在其中。说到此，受自然灾害之一的火山喷发的影响的事件中，认定了伊方（地名）核电站停止运转的广岛高等裁判所的预处分决定值得关注。

裁判所认为距离伊方核电站约 130 千米处的有活动可能性的熊本县阿苏火山口，那里约在 9 万年前发生过史上最大的毁灭性的喷发。据此，“无法断定火山岩浆到达伊方核电站范围内的可能性足够小”[13]，所以核电站的选址是不适当的。广岛高等裁判所的结论为取消原决定，限期终止运转。对于这一决定，将核电站具体的审查基准的合理性及适合于这一基准的判断的合理性的举证责任由厂方负担的一般思路……也照样适用到了火山事件中，这是值得评价的。[14]

2. 建筑设计施工与结果的发生之间存在时间间隔，正好说明在中间时点拥有防止结果发生的机会。结果回避措施可以与建筑设计及施工的阶段完全独立开来。[15] 在建筑物使用的任何时点中，对主体建筑与机动车坡道之间是否处于由混凝土石板相接合的状况进行点检，在仅仅由节点板相接合这一事实明了以后，用混凝土石板补强以回避危险发生，即为可能。

但是，问题在于一旦建筑完工，究竟由谁负担结果回避义务。关于此，结果回避义务的承担人是谁。福岛核电站事故可以反映出东京电力名下的福岛核电站在建成时，其台基仅仅高于海平面 10 米，核电开始运转的时点已经属于对大规模海啸缺乏抵御力的缺陷建筑物。如人们所知，东北地区在历史上就时不时遭遇海啸的侵袭，不少人因此殒命。在这样的地方修筑原本就危险的建筑物的话，准备好相当的防范对策是当然的义务。说得严重一些，这是在什么时候发生堆芯熔化都不奇怪的状态下等待着海啸袭来。但是，福岛核电站在某一时刻，一定出现过预防事故发生的良机。毋庸赘言，倘用法律上的义务能加以说明的话，未能防止事故发生至少应成立不作为的过失犯。那就是，东京电力的内部研究机构基于政府专门机构“地震调查研究推进本部”公布的题为“三陆至房总一带海岸地震活动的长期评价”的报告书，演算出伴随大地震产生的海啸高度为 15.7 米的时点（2008 年 3 月）。让核电站运转的东京电力内部重新获得依现状无法应对海啸的认识机会时，从那一时点开始当然应该采取适当的结果回避措施，保护核电站免遭巨大海啸侵袭的方案不限于大规模的堤防。2011 年 3 月，我们极不情愿地知晓福岛核电站已丧失全部电源，冷却机能恢复困难之大。早在此前，预见了海啸的高度为 15.7 米之际，诸如电源漏洞的水密化，交流电源盘与燃油发动机的高处设置，为了冷

---

⑬ 刊载在每日新闻 2017 年 12 月 14 日晨报的文章「伊方原発運転差し止め広島高裁決定（要旨）」。

⑭ 井户谦一「岐路に立つ裁判官（11）独立した司法が原発訴訟と向き合う② 裁判官は課題を抱えているがなお期待に値する存在である」载『判例時報』2352 号（2018 年），第 119 页。

⑮ 论述结果回避措施本来而言与预见可能性相独立，倒不如将重心转移到回避措施来把握的研究，可见船山泰范「過失犯における回避措置重心説」，载『川端博先生古稀記念論文集〔上巻〕』，成文堂 2014 年版，第 411 页。

却水确保的坝体的设置，区域内居民、老人设施的避难方法的贯彻，等等，通过这些多样的方法，预备十足的对策是可能的。然而，东京电力的干部们托请土木学会的某人降低海啸预测的高度，算出了5.7米的高度，全然贯穿着利益优先的经营方针，怠于实施结果回避措施。放松到最后，错失了好不容易握住的结果预防的机会。

危险内藏型的过失犯不止于建筑物所有人，亦存在于建筑物的管理人承担注意义务的情形。虽是不属于楼建的土木工事，但以下例子可资参考。在笹子天花板脱落事件中，管理公司的保留点检遭到疑问。事件发生于2012年12月2日，位于中央机动车公路笹子隧道的340枚混凝结构的天花板脱落，砸中3台汽车，致9人死亡。中央机动车公路原先由日本道路公团建造，其中笹子隧道于1977年开通，其后因旧有的公团民营化，形成了现在的中日本高速道路公司。其后，出于换气考虑，笹子隧道安装了天花板，释放出了空间。天花板为最上部由栓子固定，以铁链拉扯住的构造。根据山梨县警局的搜查，事故的原因是老化了的栓子脱落，造成挂环松开，从而使混凝材质的天花板发生连锁反应，最终崩塌。对于笹子隧道，2000年6月检查出了栓子部分脱落及松动、腐蚀的现象，其后也应当进行定期的检查。据此，中日本高速公路管理公司在内部手册中说明了按照5年或10年一次的频率，使用特殊工具锤对栓子之类的部件故障通过听音、敲打、使用工具进行详细点检。然而，在2012年对笹子隧道的定期点检中，未进行听音测试，仅止于肉眼确认，所以忽视了最上部栓子松动的现象。事故即发生于当年的12月。

山梨县警局在2017年11月30日将管理公司“中日本高速道路”的社长及专务、子公司的中日本高速公路工程（东京）的时任社长及副社长、两家公司担当点检任务的4名责任人共计8人，以业务过失致人死亡罪的嫌疑向甲府地检提起被书面材料移送检方起诉。

那么，对于建筑设计·施工过程中的过失犯，本文通过参照相关实例进行的探讨，对危险内藏型过失犯予以了明确。下文在全面考察Costco事件的基础上，对刑事责任进行探究。

三、探究刑事责任的所在

（一）不拘泥于被追诉者——将全部关联人员纳入视野

对于Costco事件，被追诉的一级建筑师高木的无罪已确定，其余被书面材料移送检方起诉的3人经由再次搜查，再次得到了不起诉的处分。基于此，对后者3人，如果不发生向检察审查会的审查申诉[16]的话，即便Costco事件产生了2名死者[17]，也将以无人承担刑事责任收场。然而，这样的结局是否妥当呢？

下文的探讨包含了未经审判对证据能力进行判断的事实，存在确凿性不一的风险，

---

⑯ 《检察审查会法》第2条第2款。

⑰ 死亡了的夫妇中间，丈夫在等待了25小时的救援作业之后，在具备意识的情况下被救出，虽然受到了两条大腿的截肢手术，但还是由于治疗未发挥作用，在被救出后的24小时内死亡。另外可以从判决中读到的是，受伤了的6名人员除肉体上的痛苦之外，精神上的痛苦也非常之大。

然而，对于明确建造危险建筑物的责任所在又是必要的，所以本文在意识到这种风险的同时，将全部关联人员纳入考察。

1. 中途构造设计者

审理 Costco 事件的裁判所，无论一审还是二审，好像均认为在新设计图交付了的阶段（最晚 2002 年 1 月 25 日），中途参与到构造设计的人（高木）的注意义务即告终了。但是，如前文所述，笔者无法赞同。

我认为对于中途参与进来的构造设计者，在建筑物与坡道属于不同构造的物体设计时，直至最后都具有监督二者使用混凝土石板结合的义务。虽然高木陈述施工方是大林组，所以以为他们会使用混凝土石板进行结合，但是作为长年从业的一级建筑师，应当充分知晓实际的建造由二级承包人进行，那么，作为不同以往的中途参与进来的构造设计者，正是在建造操作的过程中，对于自身的设计是否得到了实现，负有进行确认的当然义务。⑱

再者，高木接到发包人（道前）的不合理请求，中途参与到构造设计时，本来应当拒绝的，却予以了接受，可推测系出于经济上的理由（私见），但是，其与德国癖马案中车夫所处的立场是不同的，不应当免于刑事责任。

2. 当初的构造设计者、外观设计者

对于当初的构造设计者及外观设计者，握有变更后的构造设计书，当然应该设计成使用混凝土石板进行结合。但其怠于为此行为，变更后的构造设计未能反映在施工上，结果引发事故，在这点上，无法免于过失责任。

3. 承包方的负责人

对于作为承包方的大林组，他们作为经验丰富的专业组织被人熟知［超级承包人（super general contractor）的成员公司］，承担本次工事的施工人在明白建筑物与坡道属于不同物体的基础上，对于结合措施负有注意义务。承包方作为直接参与建筑的人，在构造设计存在安全性的问题时，当然要对当初的构造设计者和处于总括全体地位上的外观设计担当者进行督促——不应该让工事照着危险的设计进行，或者，不应该在危险的设计下进行工事。在这一层意义上，对于承包方的负责人，负有独立于构造设计者的注意义务，应当单独成立过失犯。⑲

另外，承包人在选择二级承包人时，作为一级承包人具有选择适当的二级承包人的责任，此即请托责任的明确化。所以，承包人对二级承包人的过失负有管理过失的责任。⑳

4. 市政府建筑部门负责人

就市区町村的建筑确认而言，不过是基于建筑基准法对提交的建筑设计书进行形式

---

⑱ 虽然高木在注⑦中陈述“对于变更设计的部分，在施工现场也作了检查”，但是有所遗漏吧。

⑲ 与本案有关的民事诉讼之中，保险公司基于保险金之类的求偿权行使代位求偿，其中，对于大林组，就主体建筑与机动车坡道的连结部分，主张“存在不适当的施工过失”（同注⑦，第 42 页）。

⑳ 2015 年曝光的横滨市都筑区公寓倾斜事件中，担任打桩工事的二次受委托人旭化成建材的施工里面，有 8 根桩系没有扎进强固地基中的不完全品。（见《朝日新闻》2015 年 10 月 16 日）对于这种情形下的民事责任，不用说旭化成建材的员工，原受委托人三井住友建设的也应该负有监督责任。

上的确认，本身无法期待其发挥对安全性的验证机能。另外，虽然在姐齿事件[21]之后，为了更加严密地对构造设计的内容进行验证，增加了“建筑计算适合性判定”[22]的提交义务，但是本案不涉及此。

5. 发包人

本案中建筑物的发包人是名为Costco股份有限公司（日本）的企业，具体的承担人是仓库店的开发部长道前。

对于道前，预测到了危险的建筑物的同时，企图缩短工期、削减成本，中途肆意变更构造设计，可以说道前的命令无视了建筑物的安全性。

道前的行为属于在知晓建筑物的高度危险性的前提下，强行建造，无视安全，所以已经不能仅止于过失犯。但是，回到刑事司法的实务时，道前竟然连被书面材料移送检方起诉的对象都不是。道前自身既然属于一级建筑师，当然能认识到本案建筑的危险性，甚至可以说容许了结果的发生。

然而，这一课题作为故意犯问责的话需要理论上的检讨。对此，下面另起段落分析。

（二）招致过失犯的故意犯

1. 事件的关键是不合理的设计变更·施工

关于Costco事件，最要紧的不只是以无人承担刑事责任的结局落幕，而是对于刑事责任在何处的问题，来不及回看一眼案件的特殊性的时候就展开了搜查。

本案中事件的特殊性（异常性）在于，建筑的发包方（具体到人是仓库店开发部长道前）基于当初的建筑设计向市政府提交建筑确认的过程中，向此前毫无关联的一级建筑师高木提出构造设计变更的请求。设计的混乱波及了施工，进而影响到本次事故的发生。

对于事故的第一要因，如判决中显示的那样，是建筑物与机动车坡道的构造在剪力撑形态不同的情况下，在两者之间使用对地震的水平震动抵抗较弱的节点板接合。即便出于像笔者这样的外行的经验法则，在震动方式不同的两个大型建筑物体之间，如果使用对水平震动抵抗较弱的板状物接合的话，遇到地震时将会不堪一击。然而，作为专家的建筑师和施工人为何要将危险的建筑物创造出来?

裁判中仅将中途开始作出构造变更设计的一级建筑师高木的刑事责任视作问题，但是，我认为，纵观本案，本案发生的根本责任在于请求设计变更的预订人一方。应当循此探求事件的本质，即便证据事实方面存在局限，也不影响超出判例评释的范畴，加以检讨。

2. 课题的前提

对于过失犯，无论是否处罚现场的行为者，预见了现场行为者的过失行为，利用这一过失行为的人员应当负有刑事责任。实际上，利用现场行为的人员未受到刑事责任追

---

[21] 2005年11月，一级建筑师的姐齿秀次未把守必要的防震强度，作出了构造计算书。其后确认了基于此建造而成的公寓酒店，面临5级地震时存在倒塌的可能性。（《东京新闻》2005年11月18日）姐齿陈述动机是，从施工方的木村建设那里受到了把钢筋量减少4成的压力。国土交通省报告存在98件的伪装。（《产经新闻》2006年3月31日）另外，从伪装事件动摇的是建筑生产体系的存在形式这一观点出发，指出了姐齿事件只不过是冰山一角的研究，可参考细野投『耐震偽装　なぜ誰も見抜けなかったのか』，日本经济新闻社2006年版。

[22] 对于构造计算适合性的判定，除市级的确认检查机关以外，也会在构造计算适合性判定机构对建筑物构造计算的适正与否进行判定，通过这样，形成双重检查。

究的例子不在少数。[23]

尽管不予处罚现场行为者的理由各式各样，在此，对以期待可能性理论作为理由，对现场行为者不处罚，要说到为何有必要对这一点进行确认的话，对现场行为者的违法行为难成期待的一大要因就是存在来自利用者一方的压力与强制。

以旧有的癖马案中雇用车夫的雇主的例子[24]来说：癖马案中现场驾驭马匹的车夫发觉马的尾巴使唤不灵，于是提出更换马匹，雇主回答了一声"这样吗"后未听从建议。车夫自身更换不了马匹，不得不继续从事业务的时候，果不其然，马的尾巴缠绕到了牵绳上，车夫驾驭不住之下，马车胡冲乱撞，致使路人身负重伤。

这个案例当中，车夫告知了雇主自己对事故发生的担忧，雇主却置若罔闻，而车夫辞去这一门工作的话，会连累家小沦落街头，车夫只好勉为其难地做了下去。本来，让处于如此立场的车夫成为被告人，只会暴露检察官的不识，而法官又无法宣布起诉无效[25]，所以法官通过认可辩护人的见解，宣告了车夫无罪。亦即，对车夫而言，在其实际作出的行为以外，无法再对其期待违法的行为的情形下，不再追究其刑事责任。随后，这一裁判彰显的法理成为契机，确认了要处罚行为人的话，除故意和过失这样的心理的因素以外，期待可能性这样的规范的要素也是不可或缺的。如人们所知的那样，刑法学说上的规范责任论正是以发生在德国的本案裁判为契机。而将期待可能性理论系统介绍到我国的佐伯千仞如此强调其意义："生动的人情味十足的刑法理论"[26]。

那么，观察癖马案的事件整体，最终应该由谁来承担责任呢？正是预见到了自己经营的店铺的业务存在发生事故的可能，却没有适切留意而放任不管的雇主应当受到责难。然而，实际上，癖马案却以雇主未受到任何追责收尾。

另外，在我国，与癖马案相似的有"第五柏岛丸事件"。这是一起发生在濑户内海的、一艘载有很多赶赴工作地的乘客的船舶沉没了的事件。船长屡屡告知船主希望避免超载运输，船主却一心想着营收，未予理睬。实际运行当中，现场督查的警官专注于出航时刻的精准，对承载人数限度采取了宽大态度，所以满载人数限度 5 倍之余的船舶得以出发，途中为躲避后方驶来的发动机船掀起的波浪，乘客涌向船体的一方，造成海水侵入船体，进而沉没，计 28 人溺亡。

这一事件仅船长以业务上过失往来危险罪（刑法第 129 条 2 项）和业务上过失致人死伤罪遭到起诉，裁判所认为："仅归系于船长的责任，对此加以严厉处罚是存在考虑余地的"，因此只处以了罚金 300 日元（大判昭八・十一・二一刑集一二・二〇七二）。

㉓ 其中一例可见明石烟花大会人行天桥事故在刑事司法上的处理：该次事故是在 2001 年 7 月 26 日兵库县明石市的朝雾天桥上，烟花大会的参加者们在踩踏之中跌倒，造成 11 人死亡，183 人受伤。神户地检以业务上过失致死伤罪对警察署的现场指挥官以及举办地所在市的干部予以起诉，对辖区警察本部的处于指挥、监督地位的检察署署长、副署长予以不起诉。其后副署长（那时署长已不在人世）虽然经过神户检察审查会作出两次"起诉相当"的决议，由指定律师进行强制起诉，但是一审并未认可过失。

㉔ 这是一起发生在德国的事件，1897 年莱茵裁判所作出了判决。

㉕ 放在我国的现状来说的话，不同于对不当的不起诉设置了准起诉程序及检察审查会制度，对不当的起诉，则缺乏制度上的保障，不过认为是在适用幅度受到限定的公诉权滥用论（最决昭 55 年 12 月 17 日刑集 34 卷 7 号 612 页）之中加以应对。

㉖ ［日］佐伯千仞：《刑法之中的期待可能性思想》，有斐阁 1947 年版，序言第 1 页。

这一判例虽然没有认定“不存在期待可能性”，却充分沿袭了这样的思路，这是值得肯定的。然而，这起事件当中，察知了船舶运行的莫大危险，而出于金钱目的，不加以自制的船主才应当被追究被告人以外的刑事责任。并且，船主在预见了事件的发生但置之不理这点上，应该认定本案属于间接故意的事例。如此一来，只剩下伤害致死罪（刑法第 205 条）的构成要件能够全面评价了。

如此，虽然期待可能性论使受到不当起诉的弱者车夫从权力的控制之下解放出来了，但是无济于事件整体的解决。

通过一番回顾来看，大多刑法理论都具有为了救助即将遭受不当处罚的人而煞费苦心的历史。这是有自身意义的。以往，无论在哪个国家，检察官都具有未审视事件整体就起诉现场人物的倾向，他们不听被告人的辩解，不顾及个案的特殊性就予以断罪。在这样的场合，辩护人一方在仔细观察个案的同时，为了让受到不当起诉的被告人脱离刑事司法的束缚，也在累积至今的刑法理论中摸索是否存在派得上用场的。基于此，辩护人立场下的主张不得不集中在解救被告人为目的的理论构筑上。

至此，对不处罚现场的行为者的根据之一，以存在利用者的压力及强制的一面进行了说明，再往前一步，要处罚利用者的话，还有必要另加考察。本来，刑事责任论就是高处着眼展开构建的——以人类社会的犯罪为契机，如果规制犯罪的一套体系能够适当运转㉗的话，必会连结上人类的幸福。经济学者宇泽弘文称许医院与学校是为了人们丰富生存构筑起来的社会共同资本㉘，以此类推，当然也无妨说法律制度以及对其运用的法理论也属于社会的共同资本。

回过头来，在 Costco 事件当中，我们必须究明的是如下的事情。本案之中，在建造 Costco 多摩境店之际，如果按照当初的构造设计推进建造的话，由于在建筑物主体与机动车道路坡面之间采用剪力撑框架的构造，这需要花费费用与时间。为了回避这样的花费，Costco 股份有限公司（日本）的仓库店开发部长道前请求高木建筑师作出了以“取走全部剪力撑”为内容的设计变更。在身为一级建筑师并作为中坚建设公司的员工参与了 Costco 幕张店的建设的道前，企图的是取走剪力撑，改为纯粹框架构造，这样“机器人可以进行焊接，工期会提早结束”，从而完全出于工期缩短和经费压缩的目的，在中途变更构造设计。

从高木与道前的关系出发来看，高木属于被道前利用而作出设计变更。可以推测出高木在金钱方面受到道前的束缚。我的基本看法是，像道前这样作为建筑师的专家当然应该觉察到了建筑物的危险性，所以道前接受设计变更带来的危险是合乎逻辑的。

然而，虽说如此，我认为高木的刑事责任也得不到免除。对高木来说，期待可能性或者与之相似的主张应该是无法得到认可的。为什么这样说呢，因为可以推测到的事情是，高木并非处于不从事设计变更的业务就无法生存的窘迫的金钱状况或者人际环境。其与癖马案中的车夫完全没有可比性。如果说高木是为了自己的利益而舍弃了作为建筑

㉗ 田宫裕认为刑事司法中的正当程序是为了维持文明的基准的最低标准。（田宫裕『刑事诉讼法』，有斐阁 1997 年版，第 4 页）

㉘ 宇泽弘文对于“社会共同资本”的看法是，以医疗为例，“不是使用市场机制，而是从更加人性化的立场出发，为了守护这种营生而予以协助”。（宇泽弘文『人間の経済』，新潮新书 2017 年版，第 75 页）

师应该肩负的专业人员责任的话，他也是无法抗辩的吧。就算退一步来说，如果觉得无法照着“奇怪的图形”进行建造的时候，那么到建筑现场查看就可以了。有关这点，令人不解的是，裁判所判定设计师的注意义务的期限到 2002 年 1 月 22 日为止就可以了。

3. 招致过失犯的故意犯的意义与要件

在预想到由他人引起的过失犯的发生的时候，对于积极地为此制造导火索的行为人，使用间接故意的法理可以认定其故意犯的刑事责任。如要认定“招致过失犯的故意犯”，需要满足如下要件：(1) 对他人采取命令、强制、强求的行为与结果之间存在相当因果关系；(2) 行为人积极地制造导火索——a. 命令（包括无视现场行为者的注意与请求），b. 硬推，c. 强求（包括抓住弱点要求），d. 本来应该采取的动作不采取；(3) 对现场行为者无法适用期待可能性理论也无妨。

有关于 (3)，补充说明如下：最高裁对于《失业保险法》(《雇佣保险法》的前身) 的罚则规定的构成要件之解释，限制解释为具备支付能力而不予缴纳[29]，判处被告人无罪。

像这样，由于最高裁在构成要件的层次就解决了案件，因而可以说还没有发展到期待可能性这一有责性阶段。然而，川岸工场的负责人是由于东芝总部的财务部门没有把需要缴纳的款项拨付过来，并且工场主自身也没有被授予从银行取得借款的权限，陷入金钱窘迫的境地才未纳缴失业保险费。所以，以期待可能性作为逻辑构成也仿佛可行。

最高裁对于第 53 条第 2 款第 2 项的构成要件作出限定解释，进而使被告人无罪的手法是可罚的违法性的一环的运用[30]，这一点是值得肯定的。然而，由于不愿意使用期待可能性的法理而止步于构成要件层次的问题，是令人遗憾的。此外，从更基本的思路来看，可以说是罪刑法定主义的实践。[31] 更进一步，对于条文的解释不是墨守成规，而是追求具体的妥当性的姿态，这是值得赞同的。

4. 效果

在满足以上全部条件，发生了结果的情形下，对于招致过失犯的故意犯，其法律效果是基于间接故意理论，得以认可故意犯的成立。在此，间接故意指的是行为时预见到了自己的行为会导致法益侵害结果的发生，抱有即便发生那样的结果也无妨的心态，而实施了相应行为。

另外，对于这点，就本案来说，需要注意的是故意行为与结果发生之间存在 9 年 2 个月的间隔，这源于本案建筑设计施工上的过失与地震引发的灾害之间存在时间上的空缺。

5. 理论的价值、效能

对于招致过失犯的故意犯的法理，具有以下价值或者效能。

第一，从理论上来说，如果使招致过失犯的故意犯受到应有的处罚的话，对于现场的行为者更容易通过期待可能性论作出有责性欠缺的处理。期待可能性论在实务上没有

㉙ 引用判决书的话，规定在《失业保险法》第 53 条第 2 款第 2 项之中的“未将应当从被保险人的工资当中扣除的保险金在缴纳期间内进行缴纳的场合”，指的是“单位在代理人等已经将保险金置于可以在缴纳期间现实缴纳的状态而不予缴纳的场合”。

㉚ 关于可罚的违法性的判断基准，对于被害人作出的引发危害的行为，“即便存在若干的出界，在出界的程度较低，并且考虑法益侵害的轻微性，可以推导出可罚的违法性的否定结论”。([日] 藤木英雄：《刑法讲义总论》，弘文堂 1975 年版，第 121 页)

㉛ 团藤重光『法学の基础』，有斐阁 2007 年版，第 168 页。

得到应用的背景在于对以下不近情理事态的犹豫：只有现场的行为者以过失犯被诉的时候，如果通过期待可能性论得出无罪，那么发生了重大的结果却以任何人都没有受到处罚而告终。

在此，通过招致过失犯的故意犯的理论，认可其大致的违法性，可以拂拭这样的担忧，进而对现场行为者更容易适用期待可能性论。

要言之，被迫实施行为的现场行为人无罪；迫使他人实施行为，带来法益侵害结果的人则通过整体的考察以故意犯受到处罚。如此，可以得出保持了公平性的顺当结论。㉜

第二，运用招致过失犯的故意犯的法理，可以期待克服“现场责任主义”这一弊害的契机发生。通过改变“现场的行为者及中层管理人员受到处罚，上层人员免于处罚”这一结构，可以说是对日本未实现近代化的部分㉝的挑战。

这一课题与国民的法治意识有关，以“世间”为对手，不是容易推进的事情。但是，在认识到这一事实的基础上，站在较高的视角去构筑法理是有必要的。

第三，有关福岛核电站事故，运用招致过失犯的故意犯的法理，对于东京电力的董事长以及核能开发部长以故意犯追究刑事责任成为可能。

即便是在东京电力的公司内部，也确认过福岛核电站存在受到15.7米高度的海啸侵袭的可能，董事长在通过核能开发部长认识到这一情况的时点，即产生了防止法益侵害发生的注意义务。所以，在没有采取结果回避措施，进而发生结果的情形下，成立过失犯。不止如此，为了准备不采取结果回避措施的借口，利用土木学会，将预想的海啸高度调低为5.7米，制造出一种不知道现场将会发生的事情的假象，最终，前述董事长及核能开发部长没有采取任何行动，这可以评价为“发生什么都无所谓”的间接故意。当然，依构成要件判断该行为应为杀人罪（《刑法》第199条）。

6. 预想的批判

对于招致过失犯的故意犯的法理，可以想见如下批判：a. 在预见了会招致过失犯的前提下，招致这一事态的人不也止于过失犯吗？然而，不得不说，这种批判忘记了间接正犯的法理。如人们熟知的那样，医生利用不够注意的护士，借护士之手将致死程度的毒物注射进患者体内，造成患者死亡的，经由间接正犯的法理成立故意杀人罪。b. 假使承认故意行为，在故意行为与结果发生之间存在较长时间间隔的情形中，是否存在问题？对于这点，只要相当因果关系得到认定，就可以成立时间上的隔离犯，对此应无疑义。

7. 与其他法理的类似性

共谋共同正犯之中，就相互利用他人的行为成就自己的犯罪这一点而言，存在视其为与间接正犯为相似事物的看法。其构成为共谋者之间某一人实行正犯行为，另外一部分人什么都不做也属于通过他人的行为在实现犯罪。例如，在实行行为者于银行内拿手枪威胁分行长的时候，在此之前周到地计划了抢劫银行的人即便此时在高尔夫球场挥杆打球，同样成立抢劫罪和侵入住宅罪的共谋共同正犯。这种看法也可以与招致过失犯的

㉜ 像笔者这样的看法要得到认可的话，一场范式转换是必要的。“范式”是科学家所提倡的把握方法（托马斯·库恩著，中山茂译『科学革命の構造』，みすず書房1971年版）。我认为这种转换对于停滞不前的法学也是有必要的。

㉝ 阿部谨也在『日本人の歴史意識』（岩波新书2004年版）之中所揭示的“世间”的行动原理之一，即“长幼有序”。（同书第7页）

故意犯的法理相匹配，亦即，招致过失犯的故意犯的法理可以看作是利用他人的过失行为，凭借结果的发生而实现自己的故意犯行。但是，这里的法理与共谋共同正犯不同的是，并非具有实现犯罪的共谋，而是处于强势立场的利用者在预见了弱势立场的人引发过失犯的同时，抱着发生了也无妨的心态，强求为之，或者命令为之。

四、潜藏的课题

据说在惨剧发生后的2011年4月中下旬，被害人的家属造访了高木设计师，哭诉道："我想要你告诉我机动车坡道崩塌的真正原因"㉞。需要留心的是，被害人家属的究问也指向着刑事司法的现今状况。

本文从Costco事件之中实际刑事司法的做法莫不是脱离了刑事责任的原本这一疑问出发，其结果是：首先，在过失犯的层次，对高木以外的关联人员也可以认定过失犯的成立；其次，考虑到过失犯这一试剂不足以检验的成分，抱着结果的引发究竟是谁的所为的疑问，纵观了事件整体，由此发觉了过失犯的背后还存在故意犯，将其置于"招致过失犯的故意犯"这一框架中进行了思考。本文的后半部分不过是这一过程的绪论部分。同样发觉到的是，获得了新的视角以后，其他的事件之中也隐藏着同种的课题。笔者作为为了不再重复同样错误，对福岛核电站事故发声的人㉟，肩负着把"招致过失犯的故意犯"的问题作为刑法理论打磨塑造的责任。

另外，虽然本文没有涉及，但如同建筑设计、施工这样的业务内容所明确的那样，刑法当中的专业身份人员所肩负的责任㊱这一视角也是不能被忘记的。

在此，观察刑事司法整体的时候，存在另外一个需要检讨的事项。这就是本文当中也提出来了的问题：检察官在作出起诉的时候是否准确地把握住了事件的本质。如本案，不是不可以理解着眼于构造设计中途变更相关的地方，从而聚焦在变更设计的高木设计师身上，但是为什么没有把目光朝向强求高木作出短时间的设计的发包人道前呢?

这个问题的背景在于我国的检察官在怎样的力量压迫之下进行着歪曲的起诉。㊲ 只要检察官的起诉与为了让被告人获得公平的裁判，作为刑法理论应该预备什么样的学说相关联（期待可能性论即为其中一种），我今后就会继续探索。我想，只要"人类无法做到不依靠他人而活"㊳，如何搭建规制起相互关系的规则是对法理论施加的不小课题，对这一问题有必要再次琢磨。

㉞ 日経アーキテクチュア1105号（2006年日経BP社）第49页。

㉟ 古川元晴＝船山泰范『福島原発・裁かれないでいいのか』，朝日新书2015年版。让人意识到面对核电，有各式各样的方法的作品可以参考（黄大权著，清水由启子译『野草の手紙』新版，自然食通信社2016年版）。

㊱ 对这点展开讨论的作品有船山泰范著『柔道指導における過失責任』，载《日本法学》84卷4号，第375页。前面注释提到的益子扩建筑师认为建筑师对于建筑物设计、施工中的不备"有时会威胁到生命"的情况有必要自觉认识到。这是其在作为本文发表前提而举行的讨论会上所陈述的意见。另外，在这一次的研究会上，得到了西仓努先生关于建筑设计的总论式的指导。

㊲ 大卫・琼斯著，平山真理子译「日本の『蜘蛛の巣』司法と検察の活動」，载后藤昭编『刑事司法を担う人々』，岩波书店2017年版。作者指出，在日本，往上层的追诉是较弱的。

㊳ Frans de Waal，The Age of Empathy：Nature's Lessons for a Kinder Society，Harmony，New York；柴田裕之译『共感の時代へ　動物行動学が教えてくれること』，纪伊国书屋2010年版，第37页。在该书中指出上述说法的根据在于人类处于进行集团生活的相互依存度很高的灵长类物种的绵长的系统的尽头。进而指出，正是相互帮助这一现实，应该成为人类社会所有议论的出发点。

附：Costco 事件关系人图示*

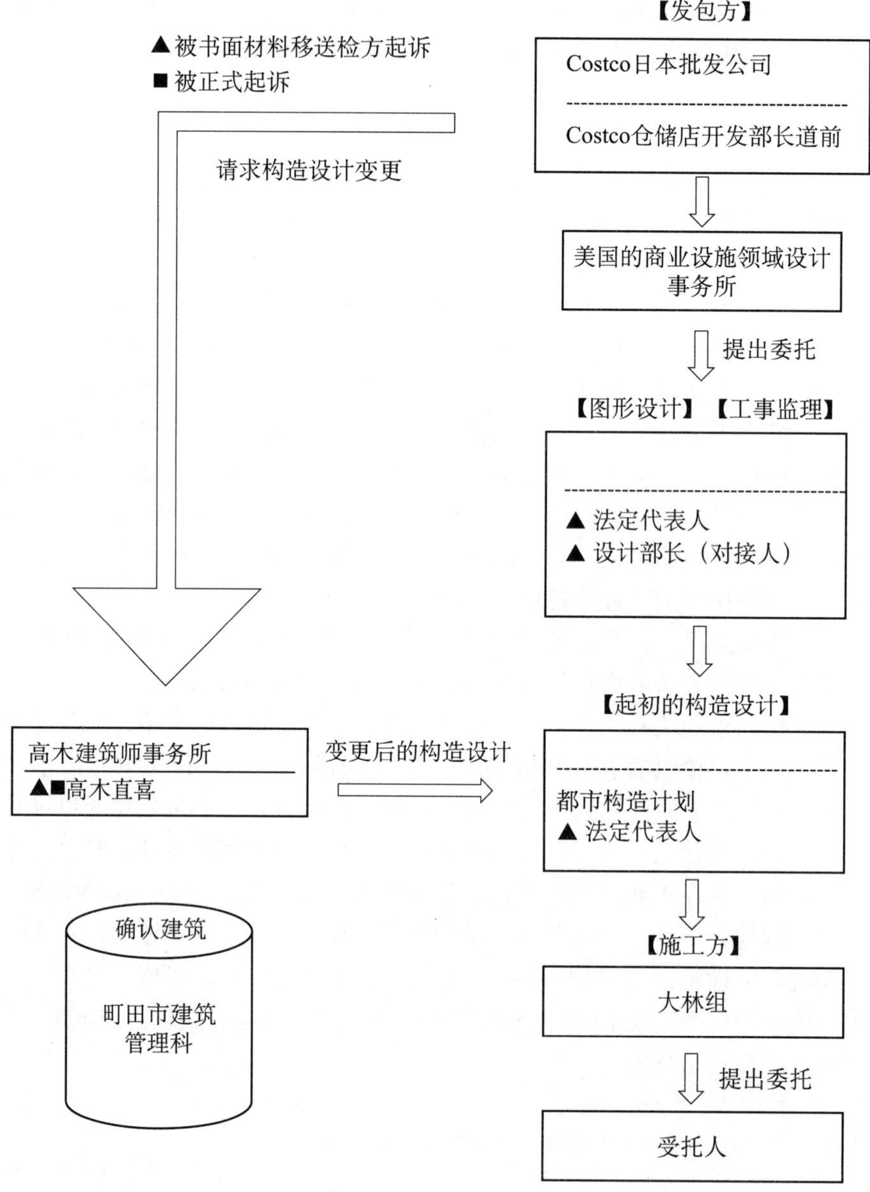

* 该图示参考日经アーキテクチュア1084号（2016年日经 BP 社）第 89 页的绘图而作成。

受贿罪非数额情节之反思与重构

——以责任刑为立场

陈小彪*

摘要：我国刑事立法意图建构受贿罪定罪量刑之数额、情节二元标准，但《关于办理贪污贿赂刑事案件适用法律若干问题的解释》确定了受贿罪定罪量刑的“数额”和“数额+情节”标准，并赋予八种情节在一定数额基础上“降格升档”的功能，情节并不具有独立定罪量刑之功能，事实上矮化了情节之立法定位。非数额情节对数额的“依附性”规定无法全面、准确地反映国家工作人员收受贿赂后实施违背职务行为的程度以及产生的后果。受贿罪的八种情节的设置存在缺陷，预防刑的设置突破了责任刑限制的风险。因此，应区分责任刑情节和预防刑情节，按照并合主义的逻辑，应将责任刑情节作为法定刑升格的依据来重构情节体系，建立数额与情节二元标准的定罪量刑体系。

关键词：受贿罪；情节；责任刑；预防刑；二元标准

《中华人民共和国刑法修正案（九）》[以下简称《刑法修正案（九）》] 关于受贿罪规定了“数额较大或者有其他较重情节”“数额巨大或其他严重情节”“数额特别巨大或者有其他特别严重情节”三种情况，正式确立了受贿罪概括数额或情节的二元的定罪标准和量刑模式。但遗憾的是，2016 年 4 月 18 日最高人民法院、最高人民检察院公布了《关于办理贪污贿赂刑事案件适用法律若干问题的解释》（以下简称《解释》）确立的是“数额+情节”一元模式。根据《解释》第 1 条第 2 款、第 3 款的规定，影响受贿罪定罪或量刑的非数额情节有八种：（1）曾因贪污、受贿、挪用公款受过党纪、行政处分的；（2）曾因故意犯罪受过刑事追究的；（3）赃款赃物用于非法活动的；（4）拒不交代赃款赃物去向或者拒不配合追缴工作，致使无法追缴的；（5）造成恶劣影响或者其他严重后果的；（6）多次索贿的；（7）为他人谋取不正当利益，致使公共财产、国家和人民利益遭受损失的；（8）为他人谋取职务提拔、调整的。《解释》在对影响受贿罪定罪量刑的非数额情节进行明确规定的基础上，赋予了它们在一定数额基础上“降格升档”的功能。

一、受贿罪非数额情节地位司法与立法之背离

除数额标准之外，《刑法修正案（九）》还规定了受贿罪定罪处罚的情节标准，这

* 陈小彪，西南政法大学法学院副教授，法学博士，硕士研究生导师，西南政法大学特殊群体权利保护与犯罪预防研究中心副主任，主要从事刑法学、国家安全学、新闻法研究。

也是《刑法修正案（九）》在受贿罪立法修正上的重大突破。根据《刑法修正案（九）》的规定，受贿罪中的非数额情节不再依附于受贿数额对受贿罪的定罪量刑产生影响。在《刑法修正案（九）》修正后的《刑法》第 383 条中，受贿数额与其他情节之间是“或”的关系，二者都能够独立地决定受贿罪的定罪与量刑，在不满足受贿数额较大的情况下，有其他较重情节的，也可以对受贿行为进行定罪处罚，这实质上是赋予了非数额情节独立的定罪功能。“从立法目的上看，受贿罪的刑罚配置应受数额与情节的双重统领，将数额与情节置于同等重要地位。”[①]“有其他较重情节”“有其他严重情节”“有其他特别严重情节”，据此，法条表述不同，其所体现的行为违法程度不同，与之相匹配的刑罚轻重也不同。值得注意的是，在第 383 条中《刑法》首次使用了“较重情节”这样的立法表述。我们认为立法这样规定，就是为了体现作为受贿罪定罪量刑标准的情节与数额之间一一对应，与配置的相应刑罚之间相适应，形成一种梯度关系。

根据《刑法修正案（九）》的规定，在受贿罪的定罪量刑中，数额与其他情节都是定罪量刑应考虑的要素，其他情节不依附于数额，而独立的非数额情节存在可以决定对受贿行为是否入罪以及判处何种刑罚。但在《解释》中，非数额情节依然依附于数额情节决定受贿罪的定罪量刑。

《解释》第 1 条第 3 款规定：“受贿数额在一万元以上不满三万元，具有前款第二项至第六项规定的情形之一，或者具有下列情形之一的，应当认定为刑法第三百八十三条第一款规定的‘其他较重情节’，依法判处三年以下有期徒刑或者拘役，并处罚金”。第 2 条第 3 款规定：“受贿数额在十万元以上不满二十万元，具有本解释第一条第三款规定的情形之一的，应当认定为刑法第三百八十三条第一款规定的‘其他严重情节’，依法判处三年以上十年以下有期徒刑，并处罚金或者没收财产。”第 3 条第 3 款规定：“受贿数额在一百五十万元以上不满三百万元，具有本解释第一条第三款规定的情形之一的，应当认定为刑法第三百八十三条第一款规定的‘其他特别严重情节’，依法判处十年以上有期徒刑、无期徒刑或者死刑，并处罚金或者没收财产。”上述规定表明在司法机关看来，其他情节的认定必须以数额标准的存在为前提，只有在受贿数额达到要求的前提下，具备了《解释》中列举的某些情形，才会被认定为“情节较重”、“情节严重”或“情节特别严重”。这明显与《刑法修正案（九）》的立法规定是背道而驰的。在《刑法修正案（九）》的规定中，“数额”与“情节”之间是一种“或”的关系，两个标准只需满足其中之一，就可以对受贿行为进行定罪量刑，“情节”完全是一种独立的定罪量刑标准。但在《解释》中，“情节”标准的成立需要以“数额”标准的存在为前提，这实质上是将立法确定的受贿罪“数额+情节”的二元定罪量刑标准变为“数额为主，情节为辅”的一元标准，明显是司法对立法的背离！司法机关这样做法的后果是显而易见的，“情节”在受贿罪定罪量刑的地位被矮化，“情节”独立的定罪功能被虚化，“情节”在受贿罪定罪量刑中的作用被边缘化，受贿罪的司法最终仍会走向“数额中心主义”“数字司法”的泥潭！

---

① 徐永伟、王磊：《受贿罪之刑罚配置——现实症结、理念省思与体系重塑》，载《湖南社会科学》2019 年第 6 期，第 44 页。

二、受贿罪中非数额情节的应然地位

我们必须“善待”受贿罪的犯罪情节，犯罪情节在受贿罪的定罪量刑中必须得到应有的地位！传统刑法理论认为，刑事责任的根据是行为的社会危害性与人身危险性的统一，而衡量社会危害性与人身危险性大小的唯一根据就是犯罪构成。判断某一行为是否属于犯罪，必须判断该行为是否符合犯罪构成。行为是否符合犯罪构成则必须通过犯罪的各种事实情况——犯罪情节来判断。

（一）受贿罪非数额情节之作用

在尊重现行立法的前提下，受贿罪的司法必须尊重犯罪情节的定罪量刑作用。

首先，无论是单纯的数额情节还是单纯的非数额情节，均可决定受贿罪的定罪量刑。当受贿金额达到刑法要求的数额较大时，受贿行为入罪；当受贿人的犯罪符合刑法要求的有其他较重情节但受贿金额未达到刑法规定的数额要求时，受贿行为仍应当入罪。其次，当行为人的受贿犯罪既有非数额情节又有数额情节，且数额情节和非数额情节均在同一量刑幅度时，其处罚应重于仅有非数额情节或数额情节的情形。例如，赵甲受贿 15 万元人民币，且存在多次索贿行为。钱乙受贿 18 万元人民币，但不存在索贿行为。从数额上看，赵甲和钱乙两人受贿数额均属于数额较大，但因为赵甲存在着多次索贿这一情节，所以即使仅从数额上看赵甲受贿数额比钱乙低，对赵甲的刑事处罚也应重于钱乙。最后，如果数额情节与非数额情节不在同一个量刑幅度，应当依据属于高量刑幅度的情节选择量刑的档次，但对低于该量刑幅度的数额或非数额情节可以在选定的法定刑幅度内依法对受贿人从轻或者从重进行处罚。

（二）受贿罪非数额情节之类型

相对于数额情节的确定性而言，非数额情节具有不确定性的特点，一个案件所包含的非数额情节可能有数十甚至上百个，这就意味着在依据非数额情节对受贿罪定罪量刑时，我们必须对众多的非数额情节进行筛选和考察。并非所有的犯罪情节在受贿罪的定罪量刑中都有地位。只有那些体现受贿罪犯罪构成要素的犯罪情节才应当作为受贿罪定罪量刑的依据。根据传统刑法理论对犯罪构成的分类，我们认为在受贿罪的定罪量刑中，应依据犯罪情节所体现的犯罪构成要件要素来赋予其地位。

第一，体现受贿罪犯罪客体要件要素的情节。如前文所述，国家工作人员职务行为的廉洁性是受贿罪的犯罪客体。这种廉洁性应当包含两个层面：一是国家工作人员所得报酬的合法性。作为国家工作人员，亦是公共权力的行使者，其基于职务地位所获得的报酬必须具有合法性，除了国家发放的薪酬与福利，不得再因为其职务地位获取任何组织或者个人给予的报酬。二是国家工作人员履行职务的正当性。作为国家工作人员，代表国家行使公共权力，管理社会公共事务，其应当严格按照国家制定的法律、法规和制度履行其职务，恪尽职守。拒绝贿赂，依法依规办事，是其职责所在；受贿之后违规枉法行事，则是对其职务廉洁性的进一步侵害。我们认为，在具体的受贿犯罪中，行为人违反第一个层面，收受或者索取非法报酬的事实是认定犯罪成立的基本事实，是定罪情节；行为人违反第二个层面，受贿且枉法履行职务的事实是影响其刑事责任的基本事实，是量刑情节。质言之，行为人受贿后有无实施枉法的行为，直接影响其刑罚程度。

毫无疑问，受贿且枉法的行为是对职务行为的廉洁性这一刑法保护客体的进一步侵害，其社会危害性更大，应当对之从重处罚。

第二，体现受贿罪犯罪客观方面要件要素的情节。犯罪客观方面要件的内容主要包括犯罪对象和犯罪行为、犯罪时间和犯罪地点，具体案件中存在的用以说明犯罪对象、犯罪行为以及犯罪时间和犯罪地点的客观事实就是体现受贿罪犯罪客观方面的情节。在"职务说"的立场下，我们坚持国家工作人员的职务是受贿罪的犯罪对象。因此，能够体现犯罪对象的情节就是具体案件中行为人所具有的职务。国家工作人员职务性质的不同，也影响到行为人刑事责任的大小，在量刑时应当予以考虑。具体言之，对其职务关乎国计民生，对社会公共利益影响重大的受贿罪行为人，在量刑时应当考虑从重处罚。因为由于其职务对国家、社会的意义重大，其职务的履行状况也就相比一般职务对国家与社会的稳定产生更大的影响，行为人受贿的行为所造成的社会危害性也就更大。如郑某萸案，郑某萸作为原国家食品药品监督管理局局长，其职务的履行与国民的食药安全息息相关，其受贿行为间接危害到人民群众的生命、健康，社会影响极其恶劣，这也是其最终被判处死刑最主要的原因。作为犯罪行为内容的表现，行为人有无索贿也是影响其量刑的重要情节，因为索贿的行为显然比被动的收受行为更能加剧国民对职务行为公正性的不信任。行为人实施受贿犯罪行为的时间同样影响其量刑。在不同的时间段行为人实施的受贿行为社会危害性不同，如在某地发生严重的地震，造成重大人员财产损失的时期，该地某国家工作人员收受贿赂，为某食品在该地的销售大开方便之门。在此情节下，对该国家工作人员的受贿行为应当从重处罚。因为作为国家工作人员，其在自然灾害造成严重损失的特殊时期，在社会稳定受到严重冲击的情况下，仍然进行犯罪，无论是行为的社会危害性还是其人身危险性都要比一般的受贿罪严重。受贿犯罪发生的地点不同，也影响其量刑的轻重。在特定的地点，受贿行为造成的社会影响不同，其行为的社会危害性也有明显差别。如赵甲与钱乙作为某省卫生厅拥有相同职务的公职人员，赵甲在公共卫生、健康环境良好的丙市收取某企业给予的贿赂，钱乙在禽流感肆虐的丁市收受同一企业给予的相同价值的贿赂。虽然赵甲与钱乙二人职务相同，收受贿赂的价值相同，但是由于二人实施犯罪的地点不同，其行为造成的社会影响也就不同，其行为的社会危害性也就不同，很明显在禽流感肆虐的丁市实施受贿犯罪的钱乙，其行为性质的恶劣程度远甚于赵甲。

第三，体现受贿罪犯罪主体要件要素的情节。前文我们已经提到，国家工作人员职务的廉洁性这一客体包含两个层面，其中之一就是国家工作人员所得报酬的合法性，即国家工作人员只能通过其职务获取国家发放的薪酬。因此，我们认为，作为受贿犯罪的行为人，其职位的高低也应属于量刑情节之一。原因在于，一般来说，在同一国家机关、同一部门中，职位越高的人其享受的薪酬待遇就越好，那么他就应该更加廉洁，更不应当收受或者索取贿赂。

第四，体现犯罪主观方面要件要素的情节。犯罪主观方面的内容主要包括故意和过失两种心理态度以及犯罪目的和犯罪动机两种心理要素。受贿罪是故意犯罪，行为人实施犯罪行为的目的都是以公权换取私利。应当说，在对个案进行对比时，受贿人的犯罪目的对其所受处罚的轻重差异不会有太大的影响。但犯罪动机是因人而异的，因而在受贿罪中，对受贿人的定罪量刑应当考察其犯罪动机。“邪恶的犯罪动机可能加重被告的刑罚，而善良的犯罪动机可能减轻被告的刑罚。”②

三、受贿罪非数额情节设定之隐忧及反思

《解释》中的受贿罪情节混杂了预防刑情节和责任刑情节③，把预防刑情节作为受贿罪法定刑升格依据有突破责任刑的风险。《解释》中作为受贿罪法定刑升格条件的八种情节，存在预防刑情节：曾因贪污、受贿、挪用公款受过党纪、行政处分的；曾因故意犯罪受过刑事追究的；赃款赃物用于非法活动；拒不交代赃款赃物去向或者拒不配合追缴工作，致使无法追缴等。这些典型的预防刑情节没有增加受贿行为的违法性和有责性，仅仅是说明了特殊预防必要性增加④，它们影响量刑只是基于预防犯罪的需要。有学者指出：《解释》在设置数额与情节时出现了逻辑悖论：一方面，在数额与情节关系上承认违法层面的衔接；另一方面，在具体设置情节时却忽略了情节对行为违法性的表征，将基于预防目的需要的情节赋予了调节行为违法性的功能。“这显然超越了预防刑情节的功能定位，背离了现代刑法关于量刑责任主义的基本要求。”⑤《解释》把预防刑情节和责任刑情节共同作为法定刑升格的依据，甚至预防刑情节的比重更大，不可避免地会带来这样的困境：当责任轻时本应适用最低档法定刑时，但因为预防犯罪的需要适用了较高档的法定刑；当责任重时本应适用较高档法定刑，但基于预防犯罪需要适用了更低档法定刑。因此，出于预防犯罪的需要，从重情节实质上变成了加重情节，从轻情节变为减轻情节，这违反了罪责刑相一致原则。出现这种困境主要是因为没有区分责任刑情节和预防刑情节，将预防刑情节作为法定刑升格的依据。有学者实证研究表明，有关（贪污罪）量刑标准、步骤、情节、说理和结果等缺陷，是量刑规范化程度不高的标志，根源在于责任和预防的关系不协调。⑥

（一）预防刑情节和责任刑情节的区分

从历史维度看，围绕着刑罚的本质和刑罚目的形成了报应刑论和预防刑论。刑罚的正当化根据是报应的正当性和预防犯罪目的的合理性。其中的报应是指责任报应，即犯罪人基于自己的意志选择了犯罪行为，刑罚作为对其责任的清算具有正当性。责任报应以行为人具有责任为前提，由责任划定刑罚的上限，所以报应刑就是责任刑。基于预防犯罪目的所裁量的刑罚，属于预防刑。责任刑论和预防刑论都将自己的主张绝对化，都存在着缺陷。两派在批判对方时同时吸收了其合理性，形成了并合主义。并合主义的特

---

② ［美］道格拉斯·胡萨克：《刑法哲学》，姜敏译，中国法制出版社 2015 年版，第 61 页。

③ “刑罚的正当化根据是报应的正当性与预防犯罪目的的合理性。与报应相当的刑罚称为报应刑（责任刑），适合预防犯罪需要的刑罚称为预防刑。”参见张明楷：《刑法学》（上）（第 5 版），法律出版社 2016 年版，第 544～545 页。

④ “‘并合主义’之‘预防刑’对应的是犯罪人的人身危险性（再犯可能性）。从预防的角度来讲，一般预防依托于‘责任刑’本身，因此‘责任’之量刑方案之中的‘预防刑’对应的是特殊预防需要。”陈山：《典型一罪与数罪之间：想象竞合犯的量刑规范化》，载《中国刑事法杂志》2019 年第 6 期，第 79 页。

⑤ 熊明明、朱建华：《受贿罪加重情节设置的反思及修正——以〈贪贿解释〉为视角》，载《学习论坛》2017 年第 10 期，第 70 页。

⑥ 参见李冠煜：《贪污罪量刑规范化的中国实践——基于〈刑法修正案（九）〉生效后的案例分析》，载《法学》2020 年第 1 期，第 164 页。

点之一就是刑罚论上，基本上承认刑罚的本质是报应，在此范围内，考虑使刑罚发挥合目的性的作用。在并合主义看来，虽然预防犯罪是刑罚目的之一，但刑罚量的上限由犯罪的违法性和有责性确定，预防目的在此范围内实现，这是其特点之二。因此，并合主义将报应与预防共同作为刑罚目的，只是预防目的须受报应目的的限制。所谓“并合主义”即指“责任主义”与“特殊预防”，即“行为人的责任是量定刑罚的基础。必须考虑刑罚对行为人在社会中的未来生活所预期发生的作用”。德国学者耶赛克指出：前句表明刑罚应当有助于由行为人造成的有责的不法进行抵偿（报应刑—责任刑），后句正是特殊预防的观点（预防刑）。[⑦]

将量刑情节划分为责任刑与预防刑两大体系，能提高情节适用的准确性。从报应抑或预防的不同理念出发调整刑罚种类与数量，避免估堆式地运用量刑情节，更有利于量刑说理的准确性和规范性。体现违法性大小的情节和有责性大小的情节影响责任刑的确定，体现预防必要性大小的情节决定预防刑的大小。在适用上，先责任刑后预防刑，避免将应当作为预防刑考虑的因素当作责任刑因素来考虑而导致责任刑畸重或者畸轻。例如，犯罪后行为人的表现是影响预防刑情节的体现。因为犯罪行为已经结束，不管犯罪行为人罪后态度如何，并不能改变过去已经发生的犯罪行为，违法性大小与主观责任的程度都不能改变。因此，罪后的表现只能被排除在责任刑因素之外而在预防必要性之内考虑。对预防的考虑不能超过责任确定的刑罚的限度。责任是量刑的基础，刑事政策的目的只能限定在责任刑的限度内，这样才能保证罪刑均衡，实现刑罚的目的，不至于让犯罪人成为威慑他人的工具。将量刑情节功能作为依据划分责任刑与预防刑，有利于不同功能的量刑情节正确适用，确保量刑的精确性。首先穷尽“责任”确定责任刑大小，其次考虑影响预防刑的情节，这样有利于限制预防刑，保证量刑的稳定性与准确性。坚持把责任作为定罪与量刑的基准，才能限制刑罚权干预公民的自由，有效地处罚国家确实需要用刑罚干涉的不法且有责的危害行为，刑罚干涉亦才能真正发挥其应有的辅助性法益保护机能。

根据并合主义的理论，要求区分责任刑和预防刑，在正确选择了法定刑和确定了量刑起点后，必须根据影响责任刑的情节裁量责任刑，然后在责任刑之下，根据影响预防刑的情节，确定宣告刑。[⑧] 因此，我们就必须明确决定责任刑的情节有哪些，预防刑的情节又有哪些？影响责任刑的情节包括违法性大小和有责性大小两个方面具体包括：犯罪所侵害的法益、行为对象、行为结果、不真正身份犯、其他犯罪因素（犯罪的时间、地点、手段、方法等）、被害人的过错、犯罪人的因素、犯罪目的和动机。影响预防刑的情节包括以下几方面：累犯、前科、犯罪人的一贯表现及罪前情节、犯罪后的态度。

（二）预防刑作为加重处罚根据的缺陷

1. 预防论——特殊预防的弊端

特殊预防论者认为刑罚针对的是犯罪人的人身危险性，通过实施刑罚预防犯罪人重

---

⑦ 参见［德］汉斯·海因里希·耶赛克、托马斯·魏根特：《德国刑法教科书》，徐久生译，中国法制出版社2001年版，第1047～1049页。

⑧ 参见张明楷：《论影响责任刑的情节》，载《清华法学》2015年第2期，第6页。

新犯罪，刑罚是社会防卫的目的，刑罚与社会防卫是手段与目的的关系，因此刑罚的依据乃是犯罪人的人身危险性的大小，根据人身危险性来实现犯罪人自身的改造。

刑罚的任务仅仅在于阻止行为人将来的犯罪行为。这种论断弊端明显，首先，特殊预防并不能为刑罚提供一种限制原则，刑罚的轻重依赖于对犯罪人人身危险性的判断。直至犯罪人重新社会化而回归社会的目的容易导致不定期刑，这与保护人权及公民自由等宪法理念背道而驰。其次，由人身危险性决定刑罚，违背罪刑法定原则，易导致同罪异罚的恶果。再次，要犯罪人对尚未发生的犯罪来负责，其公正何在？如果将特殊预防作为刑罚的正当化根据，则可处罚将要犯罪但事实上还没有犯罪的人。最后，这一理论要求多数人强制少数人适应其认为合适的生活方式，这个要求的合理性尚未得到确切证明。当然，特别预防理论最受批评的地方，在于未能满足社会大众对于正义感的需求，以防卫社会的特殊需要为名，无限地扩张国家的刑罚权，这是特殊预防论最大的缺陷。如果在量刑中仅仅关注犯罪人的人身危险性，不承认刑罚的惩罚性这是不现实的。

2. 预防论——一般预防的弊端

一般预防理论以人作为理性动物为前提，基于趋利避害的本能来选择自己的行为，因此刑罚的目的不在于对已然犯罪的报应，也并非对犯罪人的教育，而是影响社会一般人，通过对某种行为施加刑罚来强化规范意识，维持法的秩序。

对于一般预防的批评，简言之，既无法律依据也无可确证的实际效果。首先，与特殊预防类似，如果刑罚只考虑预防犯罪的需要，刑罚将失去上限，导致重罚主义倾向。其次，一般预防理论在刑法实务上最受批评之处，在于其缺乏确定刑罚程度的标准，更由于迷信严刑重罚的特别刑罚功能，默许国家刑罚权的无限扩张，容易形成暴虐的形势政策，以防止公众实施某种犯罪的需要为借口而以严酷的刑罚进行规制。这种“治乱世用重典”的做法是将犯罪人作为防卫社会、防止其他人犯罪这一目的的工具，是对人的尊严公然的侵犯。再次，它不仅忽略了量刑的客观标准（犯罪人的罪责）而导致量刑上的主观随意性，为司法擅断打开了方便之口，还仅仅注重刑罚的社会效益，无视社会公正报应观念的存在。不能以杀一儆百的刑罚来警告或恐吓其他的人，这样只会刑及无辜，难以使刑罚的存在合理化。最后，犯罪手段日益呈现多样化复杂化、犯罪率仍高居不下，这些都说明一般预防的实际效果并没有得到体现。正如耶赛克在评价预防论时，质疑改造措施对犯罪人的积极作用，甚至提出国家提供社会帮助代替刑事处罚能收到更好的社会效果。可见，预防刑必须受到报应刑的制约，而预防论的缺陷也恰恰通过报应刑来弥补。

（三）对《解释》中预防刑加重处罚之反思

“曾因贪污、受贿、挪用公款受过党纪、行政处分”和“曾因故意犯罪受过刑事追究”的情节规定，体现了行为人特殊预防必要性大，属于预防刑的情节。⑨ 预防刑情节作为量刑情节具有从轻、减轻、从重、免除处罚的功能。但《解释》基于一般预防和特殊预防的需要赋予了预防刑量刑情节加重处罚的功能，这违背了罪刑法定原则。刑罚与

---

⑨ 参见张明楷：《责任主义与量刑原理——以点的理论为中心》，载《法学研究》2010年第5期，第135页。

责任相适应是指刑罚不能超过责任刑，在确定与责任相适应的具体责任刑之后，只能在责任刑以下考虑犯罪的需要。

1. 预防刑情节能否突破责任刑

井田良教授指出："一旦某种类型的犯罪增加，当然引起社会对它的严厉目光。其结果是，对该犯罪的责任评价也更为严厉，因此刑罚理当更重。""诸如具有流行性、传播性、营利性的犯罪类型在某种程度上容易增加一般预防的实体，在责任幅度的范围内很有必要进行具体的一般预防的考虑。"[⑩] 但是，某种类型犯罪的增加，并不意味着行为人的责任加重，因为犯罪的增加这种现象本身，并不能归责于行为人。以一般预防的必要性大小为根据，得出行为人的责任加重的结论，必然导致责任不是由对违法行为的非难可能性决定的，而是完全由一般预防的必要性大小决定的，从而使责任刑不能对预防刑起限制作用，不可避免地违反责任主义。同时基于行为人罪前的行为超出责任刑的上限来考虑特殊预防需要的观点与做法，也明显违反责任主义；超出责任刑的上限来考虑一般预防需要的观点与做法，不仅违反责任主义，而且将被告人作为预防他人犯罪的工具对待，侵犯了被告人的尊严。从宣告刑上来讲，轻罪能否重判，取决于如何理解"重判"。倘若认为重判是指为了一般预防或者特殊预防的需要，突破轻罪的责任刑重判，则是不允许的。倘若认为重判是指为了实现特殊预防的需要，而在责任刑之下从重处罚，则是允许的。

2. 预防刑情节功能的正确定位

量刑关系到被告人的人权保障乃至国家的人权状况。量刑必须以刑罚的正当化根据为指导，并合主义要求妥善处理好责任刑与预防刑的关系。贯彻责任主义是尊重人权的基本要求，必须区分影响责任刑的情节与影响预防刑的情节，并且只能在责任刑之下考虑预防犯罪的目的，不能为了一般预防和特殊预防的需要对被告人加重处罚，任何场合都不得在责任刑之上量刑。[⑪]

责任刑情节是确定责任刑的根据，在确定责任刑时，不得考虑预防的必要性大小。一旦确定责任刑，预防刑情节就只能在责任刑之下起作用。而且，表明特殊预防必要性增加的情节只能作为从重处罚情节，而不能作为加重处罚的根据适用升格法定刑。理由如下：

第一，从法理的角度，表明预防必要性较大的情节，只能从重处罚，而不能加重处罚。我国《刑法》规定了罪责刑相适应原则，要求在对行为人量刑时做到所犯罪行、应当承担的责任与最终判处的刑罚相一致，重罪重罚，轻罪轻罚。刑法只能在责任刑的范围内发挥预防犯罪的机能，否则将侵犯犯罪人的人权，乃至将无辜者作为预防犯罪的工具。那么，也就是说，首先应当根据行为人的社会危害性确定责任刑，然后在责任刑的范围内考虑特殊预防的目的。例如，甲 10 年前受贿 1 000 元，受到的是警告的处分，现在又受贿 10 万元，根据《解释》的规定，对其应当适用"其他严重情节"的量刑标

⑩ 转引自李冠煜、顾家龙：《量刑原理中的罪刑均衡与犯罪预防关系再论》，载《中南大学学报（社会科学版）》2018 年第 3 期，第 52 页。

⑪ 参见前注 9，张明楷文，第 128 页。

准，处 3 年以上 10 年以下有期徒刑。但是，行为人对法益的侵害行为，是受贿 10 万元的行为，那么，与其行为对应的责任刑应当是“数额较大”的量刑档次，即 3 年以下有期徒刑，并处罚金的量刑幅度，考虑到对行为人的特殊预防的必要性较大，可以在这一量刑档次内与其行为相适应的量刑点上从重处罚，而不是直接升格法定刑。

第二，我国《刑法》对表明预防必要性增加的情节，如累犯和再犯等都是从重处罚，而非加重处罚。更何况成立一般累犯还要受到前后罪犯罪主观心态、刑种以及后罪犯罪时间等条件的限制；成立特别累犯也对前后罪罪名等有限制；即使是关于毒品犯罪的刑事再犯制度，对前后罪的罪名也有限制。而在受贿罪的规定中，只要行为人曾经犯过罪，不论是故意犯罪还是过失犯罪，也不论前罪发生的时间是在何时，甚至前行为只是受到党纪、行政处分，此时若有受贿行为都要加重处罚。由此可见，《解释》对受贿罪的惩处过于严厉。笔者认为，纵然腐败犯罪的社会危害极大，但是严厉打击腐败犯罪也应当在刑法的框架内，不能突破刑法理论的限制，违背罪刑均衡原则与人权保护。

《解释》规定的八种情节具有升格法定刑的功能，其中预防刑情节占了较大比重。笔者认为具有升格法定刑功能的是责任刑情节。预防刑情节加重处罚会突破责任刑的上限，超出国民预测可能性，违背罪责刑相适应原则。因此需要区分责任刑情节和预防刑情节，以预防刑限制责任刑的并合主义为指导，重构《解释》受贿罪的情节，更好地实现升格法定刑的功能。

四、受贿罪非数额情节之理论重构

（一）受贿罪非数额情节重构理念

责任加重是法定刑升格的依据，只有责任加重情节才能加重刑罚。在定罪量刑中，能够影响“降格升档”的只能是影响报应或责任的情节，而不能是影响预防必要性的情节。影响预防必要性的情节只能在依据报应或责任情节选择量刑幅度之后，发挥从轻、减轻或从重处罚的功能。而影响报应或责任的情节，无非同行为的违法程度或行为人的可谴责程度有关。故笔者认为，需要以责任刑情节为主轴补充修正《解释》中加重情节的设置。第一，去除《解释》对受贿罪加重情节设置中所有的预防刑情节，将其升格法定刑的功能修正为从重处罚。第二，围绕职务行为与不当好处之间的对价关系，体系性地构建加重情节，在确定具体情节时，应将表征侵害受贿罪法益行为的不法性增加作为加重处罚的唯一理由，以说明情节设置的合理性。

（二）受贿罪非数额情节加重之重构

在对职务行为进行评价时，职务身份、违背职务的程度、行为手段、涉及的利益大小以及造成的社会后果和社会影响等都能反映行为的不法程度，这些情节可以作为责任刑的加重情节。“事前”情节和“事后”情节都不是反映行为违法性的情节，不具有加重处罚的功能。《解释》中作为“事前”情节的“曾因贪污、受贿、挪用公款受过党纪、行政处分的”“曾因故意犯罪受过刑事追究的”以及表明“事后”情节的“赃款赃物用于非法活动的”“拒不交待赃款赃物去向或者拒不配合追缴工作，致使无法追缴的”属于预防刑情节，应当在加重情节中删去。笔者对《解释》受贿罪情节重构思路如下：

1. 职务身份

受贿罪的主体是国家工作人员，但是“不同的身份，意味着受贿主体在职责、地位上的不同，意味着法律所期待该主体依法履职、廉洁用权的程度也有所不同”⑫。正如上述例子中，不同身份的国家工作人员收受相同数额的财物，但由于主观恶性不同，其体现出来的违法性程度也不同。因此有必要对不同职责、身份的国家工作人员区别对待。

2. 索贿的行为

相较于被动地接受行贿人的财物，向他人索取财物，体现了行为人强烈的贪欲动机，反映了行为人的主观恶性大，同时也侵犯了行贿人的财产利益。索贿人具有更强烈的法规范违反意识和更高的可谴责程度。

3. 职务违背程度

受贿人实践中可能收钱不办事，也可能收钱谋取了正当利益或不正当利益，收钱后实施谋取不正当利益的行为可能会造成其他严重的后果。违背职务程度越重，造成的严重后果就往往越重，行为人可谴责程度越高，法律对其否定性评价越高。

4. 涉及的利益和危害结果大小

行为人收受财物后，进一步实施了为他人谋取利益的行为，不仅可能会损害职务行为的公正性，而且会使国家社会和公共利益遭受损失、造成间接的危害结果。受贿罪所实施的职务行为大多涉及工程项目等经济利益，也会涉及政治、社会利益，一旦造成社会利益损失，其不法程度就会明显增加。

（三）数额与情节二元标准之回归

《刑法修正案（九）》“数额与情节”实质并立的二元标准的确立在受贿罪的罪行评价体系中，强调非数额情节的重要性及其独立性。有的学者主张，对于受贿罪的定罪量刑，应采用“一元的情节标准”⑬。但我国的刑事立法采取定性和定量相结合的形式，数额也是受贿罪评价体系的重要因素。《刑法修正案（九）》规定的数额与情节实质并列的二元模式更适合我国司法实践，也更契合受贿罪的保护法益。

第一，就受贿罪的定罪来说，仍应确定入罪的受贿数额标准。情节与数额具有“涵摄关系”，二者本质相同，都反映了行为的社会危害性程度，即数额就是一种特殊的情节。⑭ 相较于单纯收受他人财物，为他人谋取正当利益，如果行为人具有索贿、特殊的国家工作人员身份、违背职务行为，或造成其他严重后果的情节，入罪数额应降低。行为人收受他人财物，但并未达到入罪数额标准的，可给予党纪、行政处分；如果行为人进一步实施违背职务的行为，造成严重后果，可按《刑法》渎职罪中的相关罪名来论处，收受贿赂的行为可作为从重处罚的情节。

第二，就受贿罪的量刑而言，受贿数额的大小仍占重要地位，但应该强调其他非数

⑫ 卢建平、赵康：《论受贿罪犯罪门槛的科学设置》，载《北京师范大学学报（社会科学版）》2015 年第 5 期，第 138 页。

⑬ 李本灿：《以情节为中心重构贿赂罪罪刑体系——兼评〈刑法修正案九〉（草案）贿赂罪定罪量刑标准的修订》，载《南京大学学报（哲学·人文科学·社会科学）》2015 年第 4 期，第 67 页。

⑭ 参见钱小平：《贿赂犯罪情节与数额配置关系矫正之辨析》，载《法学》2016 年第 11 期，第 46 页。

额情节相对于数额的独立意义。行为人单纯收受他人财物，并无索贿的行为，也没有进一步实施违背职务的行为，一般不会引发其他“次生危害”，其所接受的受贿数额大小在很大程度上能够反映受贿行为的社会危害性大小和受贿人的主观恶性大小。此时，受贿数额可以作为定罪量刑的首要情节。行为人收受他人财物之后为他人谋取利益的，对于受贿行为违法性程度的评价，不仅在于受贿数额的多少，更在于国家工作人员对职务行为的违背程度以及造成的损失等非数额情节。司法解释应根据受贿人的职责、地位，受贿、索贿的次数，受贿人违背职责的程度，受贿行为造成的危害结果的大小，分别对“较重情节”、“严重情节”和“特别严重情节”作出规定。在符合最低入罪数额标准的基础上，行为人只要达到数额或情节标准之一，即可升格法定刑；若情节标准和数额标准不一致，则按照“就高不就低”原则，适用较高的量刑档次。为了保障将非数额情节予以“量化”，使其能够得到切实实施，最高人民法院和最高人民检察院需要对近年来全国各级司法机关查处的受贿案件进行总结提炼，对大量的样本进行分析；在此基础上，可通过发布指导性案例的形式对相关类型案例加以引导。

第三，将违背职务行为造成的危害结果作为受贿罪的量刑情节，随之产生的一个问题就是，如果违背职务行为造成严重后果同样构成《刑法》分则第九章规定的《渎职罪》的罪名，应当如何处理。例如，行为人收受他人财物后私放在押人员的，“私放在押人员”既可属于受贿罪中的其他特别严重情节，也可属于私放在押人员罪的构成要件情节。对此，学者分析了不同情形下的处理情况。这些处理方式虽然可以避免重复评价，但未免过于烦琐，且没有统一的标准，不易适用。笔者认为，在此情形下，受贿罪和渎职罪构成原因行为和结果行为之间的牵连关系，择一重处罚即可。[15] 虽然违背职责的行为既在受贿罪的量刑情节中得到了体现，也在相应的渎职罪中得到了体现，但由于只能择一重处罚，因此，并不会发生重复评价的结果。如此处理，也不会导致对各种有意义的情节评价不全面。针对受贿罪，具有特别严重情节的，可判处无期徒刑；具有数额巨大和特别严重情节两个条件的，还可判处死刑。而反观渎职罪的罪名，即使情节特别严重或者造成特别重大损失，最高也只可判处 10 年以上有期徒刑。因此，择一重处罚也不会导致罪责刑不相适应。

---

⑮ 虽然渎职罪司法解释更倾向于数罪并罚，但该解释难以摆脱重复评价之嫌。

刑法立法论与再法典化

积极主义刑法观之辨证及其限制*

王志祥　李昊天**

摘要：积极主义刑法观立足于社会防卫论的立场，主张动用刑法作为防范社会风险的手段。为了应对当前社会中不断增加的安全威胁，我国刑事立法在一段时间内还是会以犯罪化为主。刑法以相对积极活跃的形象出现在对社会事务的管理活动中，可以更好地保护法益和保障公民自由。但积极主义刑法观可能存在与前置法衔接不畅、违背刑法谦抑主义、犯罪标签泛化等问题。为追求良好的刑法实施效果，应对积极主义刑法观进行限制。具体而言，在积极主义刑法观指导下的立法活动中，应当以比例原则作为检视刑事立法是否必要的工具。在保护超个人法益和集体法益的选择上，应当倾向于为维持社会秩序有效运转所必需的利益。在犯罪设立模式上，应当坚持立法定性加定量的模式，在新罪增设中体现定量的因素，将不需要由刑法规制的行为交由前置法进行规制。在司法活动中，应当强调"但书"条款的作用，通过对个罪构成要件进行实质解释，使刑法的处罚范围更为合理。

关键词：积极主义刑法观；消极主义刑法观；犯罪化；部门法关系

近些年来，我国刑事立法处在一个"活性期"。自 2011 年 2 月 25 日第十一届全国人大常委会第十九次会议通过的《中华人民共和国刑法修正案（八）》[以下简称《刑法修正案（八）》] 颁行之后，许多新罪得以增设，其中不乏轻罪与微罪。在我国刑法学界，在对当下我国犯罪圈的扩张态势是否合理和未来我国犯罪圈发展趋势问题的争论中，立足于不同的刑法理念，积极主义刑法观和消极主义刑法观两种不同的关于刑事立法观念的主张得以形成。其中，积极主义刑法观受到了不少质疑。本文拟在对积极主义刑法观和消极主义刑法观加以界定的基础上，对积极主义刑法观的合理性加以阐释，对积极主义刑法观下的刑事立法可能存在的问题加以剖析，并说明积极主义刑法观应当受到的限制。

---

* 本文系国家社会科学基金项目"形式理性与实质理性的关系在刑法学中的展开研究"（项目编号：21BFX009）的阶段性成果。

** 王志祥，北京师范大学刑事法律科学研究院教授、博士研究生导师。李昊天，北京师范大学刑事法律科学研究院博士研究生。

一、积极主义刑法观和消极主义刑法观概述

积极主义刑法观与消极主义刑法观相对应。二者立足于不同的刑法理念，代表着不同的刑罚目的。积极主义刑法观立足于社会防卫论的立场之上，主张以刑法作为防范社会风险的手段，强调刑罚的预防目的。在积极主义刑法观看来，刑法应当以积极参与者和控制者的形象出现在对社会事务的处理中，刑法对解决社会问题的作用应当得到强调。[①] 消极主义刑法观立足于刑事古典主义的立场上，主张保障公民自由和限制公权力，以限制国家发动刑罚权的范围，防止公权力过度入侵公民自由领域，强调刑罚的报应目的。在刑事立法上，其主张尽量缩小犯罪圈和刑罚处罚范围。[②] 折中主义刑法观作为调和积极主义和消极主义刑法观的观点，认为刑法发展需要兼顾社会保护和人权保障的机能，刑事立法不能单纯地积极扩大犯罪化或者消极不作为地停止犯罪化，而应当始终保持适度和审慎的态度。[③]

笔者认为，折中主义刑法观实际上不存在讨论的价值。一方面，作为治国重器的刑法必须时刻谨守适度和审慎的态度。即便是就主张积极主义刑法观，也并不是要胡乱立法，由此不会出现法律条文无序扩张的局面。因而，以犯罪化的适度和审慎态度作为对抗积极或消极主义刑法观的主张并没有什么实际意义。另一方面，折中主义刑法观的主张过于模糊，可操作性较差。不同于主张处罚危险犯、前置化保护法益的积极主义刑法观的观点，或者主张法益保护要回归核心法益以此限制公权力的消极主义刑法观的观点，折中主义刑法观并没有提出相对清晰的观点。就何为适度、如何审慎而言，亦缺乏明确的实践标准。故本文讨论的重点是积极主义刑法观和消极主义刑法观的选择。

在阐述完不同刑法观的概念和主张后，较为重要的一个问题是：我国刑事立法现在是否正体现积极主义刑法观？不可否认的是，当下我国刑法立法确实处在一个“活性期”，《刑法修正案（八）》颁行之后越来越多的新罪增设。但是否可以以此作为判断根据，认为积极主义刑法观已经在我国得以确立？对此，有学者提供了明确的评价标准，其认为衡量一部立法是否为积极主义刑法观的体现，需要考量两个指标：一个是在刑事实体领域的犯罪化，另一个是在刑事制裁领域的重刑化。如果犯罪化与重刑化所占比例超越整部立法条文的半数以上，则该立法就无疑体现出积极主义刑法观。[④] 按照这两个指标，积极主义刑法观将刑法视作社会治理的工具，强调刑法在社会治理之中的作用，犯罪化的程度越高，表明刑法参与社会事务的程度越高，重刑化的程度越高，表明刑法发挥一般预防作用的程度越高。但基于学界的通常理解，积极主义刑法观仅涉及犯罪化

---

① 参见刘艳红：《积极预防性刑法观的中国实践发展——以〈刑法修正案（十一）〉为视角的分析》，载《比较法研究》2021年第1期，第63页。

② 参见肖鹏：《我国刑事法网的基本现状及发展趋势——兼评积极主义刑法观》，载《河北法学》2021年第10期，第150页。

③ 参见孙国祥：《新时代刑法发展的基本立场》，载《法学家》2019年第6期，第9页。

④ 参见前注①，刘艳红文，第63页。

问题，而并不涉及重刑化问题。[⑤] 以犯罪化为标准，虽然 2011 年之后颁行的刑法修正案确实增设了多种新型犯罪，但这并不符合犯罪化所占比例超越整部立法条文的半数以上的要求。例如，2020 年 12 月 26 日第十三届全国人大常委会第二十四次会议通过的《中华人民共和国刑法修正案（十一）》［以下简称《刑法修正案（十一）》］中（纯粹）新增 17 种犯罪，而条文总数为 48，涉及犯罪化条文的数量尚不及总条文数量的一半。由此可见，我国当下的刑事立法并非完全属于对积极主义刑法观的贯彻。因此，有学者称，近年来，刑法修正案运用多种修正策略，对刑法进行重大修正，展现出刑法干预早期化、能动化、犯罪圈不断扩大的立法趋向。这一趋向既不意味着法治国自由刑法的诉求已成过眼烟云，也不意味着积极的刑法立法观在我国就此确立。[⑥] 但不可否认的是，《刑法修正案（八）》颁行之后我国刑法的立法趋势，在一定程度上反映了积极主义刑法观所蕴含的刑法提前介入的预防精神。

二、推行积极主义刑法观的合理性

如前所述，积极主义刑法观重点强调刑法在社会治理中的能动作用，表现为刑法干预的早期化和犯罪圈的扩张。众所周知，刑法兼具法益保护和人权保障两方面的机能，而此二者是彼此对立、难以兼得的，刑法需要在二者之间进行调和。[⑦] 从逻辑上看，积极主义刑法观所要求的犯罪化确实有助于更好地保护法益，但势必会对刑法所肩负的人权保障机能产生影响。因此，更应阐明积极主义刑法观的合理性之所在。

（一）推行积极主义刑法观，是三元制裁体系转变为二元制裁体系的要求

从我国的社会治安制裁方式来看，积极主义刑法观的合理性主要体现在以下两方面：

一方面，随着劳动教养制度的废除，原属于劳动教养的事由被分流进入刑法中。2013 年 11 月 12 日党的十八届三中全会通过的《中共中央关于全面深化改革若干重大问题的决定》中提出废止劳动教养制度，完善法律对违法行为规定的惩罚和矫治措施。其后，2013 年 12 月 28 日第十二届全国人大常委会第六次会议通过了《关于废止有关劳动教养法律规定的决定》。至此，劳动教养制度被依法废止。在劳动教养制度废止前，我国在维护社会治安方面采用的是“治安处罚—劳动教养—刑罚”三元制裁体系。[⑧] 虽然劳动教养制度存在违背程序正义、容易侵犯公民正当权利的问题，但不可否认的是，劳动教养制度确实承担着部分社会治理的功能，能够实现对部分违法行为的评价作用。

---

⑤ 如我国学者张明楷教授指出：“社会的发展变化，导致需要刑法保护的法益日益增加，也使得法益受侵害的程度日益严重，原本缺乏类型性的现行刑法，存在许多处罚漏洞。我国当下需要采取积极刑法观，通过增设新罪来满足保护法益的合理要求。”张明楷：《增设新罪的观念——对积极刑法观的支持》，载《现代法学》2020 年第 5 期，第 150 页。事实上，有的主张积极主义刑法观的学者恰恰反对重刑化。该学者指出，积极主义刑法观由严密法网和去重刑化两部分组成。前者主张刑事法网在规制上从“不严”到“严”，后者主张具体刑罚在适用上由“厉”到“不厉”。两者之中，前者是主体内容，后者是必要补充。由此可见，储槐植教授倡导的“严而不厉”思想是积极主义刑法观的重要理论资源。付立庆：《论积极主义刑法观》，载《政法论坛》2019 年第 1 期，第 102 页。

⑥ 参见梁根林：《刑法修正：维度、策略、评价与反思》，载《法学研究》2017 年第 1 期，第 42 页。

⑦ 参见张明楷：《刑法学》（上）（第 6 版），法律出版社 2021 年版，第 25 页。

⑧ 参见储槐植：《刑事一体化论要》，北京大学出版社 2007 年版，第 118 页。

总体而言，从与劳动教养制度有关的立法和规范性文件来看，劳动教养制度的适用对象包括轻微犯罪的行为人，不够、不予追究刑事责任的行为人以及具有常习性违法行为的行为人。而在劳动教养制度被废止之后，原来的“治安处罚—劳动教养—刑罚”三元制裁体系变为“治安处罚—刑罚”二元制裁体系，原属于劳动教养制度的事由势必会被分流到刑法之中⑨，这进而引起刑法犯罪类型及入罪门槛的变化。

另一方面，治安处罚措施严厉程度有限，难以合理评价法益侵害性较大的行为。根据2012年10月26日修正后的《中华人民共和国治安管理处罚法》第10条的规定，治安管理处罚的种类仅包括警告、罚款、行政拘留和吊销公安机关发放的许可证。对违反治安管理的外国人，可以附加适用限期出境或者驱逐出境。其中，剥夺人身自由的行政拘留的严厉程度最高，但行政处罚中行政拘留的期限一般为1～15天，最长不得超过20天。由此可见，治安处罚的惩罚力度较小，仅能够评价法益侵害较小的行为。而刑罚种类较多，严厉性程度的跨度较大，这可以更好地满足不同程度法益侵害行为的评价需求。加之刑法的一般预防机能和公民行为指引机能均优于行政法律，因此，在面对新型法益侵害行为时，更容易交由刑法加以规制。

（二）推行积极主义刑法观，是对社会整体风险增加的反馈

不少学者在论及积极主义刑法观时，均以风险社会作为其理由。⑩ 风险社会理论是由德国学者乌尔里希·贝克在其成名作《风险社会》中提出的。该理论认为，后传统社会的风险具有三个特点：一是风险造成的灾难是全球的、无法挽救的、不受限制的损害，在风险计算中的经济补偿无法实现；二是风险的严重程度超出了预警检测和事后处理的能力；三是风险的时空界限无法确定，对风险难以使用常规的计算程序、标准等进行计算。⑪ 其后，英国学者吉登斯对贝克的理论进行了发展，认为现代性风险是科技进步与全球化趋势所致，而且风险并不只有负面性，风险同样可以带来更多的机会。⑫ 虽然有学者提出，风险社会中的“风险”与刑法中的“风险”存在明显的差别，贝克和吉登斯的论述多倾向于科学技术上的风险，但在我国学者的论述中，“风险”概念出现了泛化现象。⑬ 正如劳东燕教授所主张的一样，风险社会理论本质上是关于社会转型的理论，而不是关于风险的理论，它是从风险的角度观察与描述新的社会发展阶段的特质。其作为一种社会理论，是为了揭示现代社会所经历的结构性变迁。⑭ 刑法本身追求的是安全与稳定，而风险社会中所存在的泛化风险，不论是现实产生的风险，还是仅容易被察觉或者被意识到的风险，均会给社会带来安全问题，给公众带来不安感，这势必会对

---

⑨ 参见赵秉志、商浩文：《论劳动教养制度的废止与刑法调整》，载《法律科学》2015年第3期，第133～134页。

⑩ 参见前注⑤，张明楷文，第152页；付立庆文，第100页；黎宏：《预防刑法观的问题及其克服》，载《南大法学》2020年第4期，第2页。

⑪ 参见［德］乌尔里希·贝克：《风险社会》，何博闻译，译林出版社2004年版，第15～57页。

⑫ 参见［英］安东尼·吉登斯：《第三条道路——社会民主主义的复兴》，郑戈译，北京大学出版社2000年版，第61～67页。

⑬ 参见张旭、周为：《从“风险社会”到“风险刑法”：理论与进路的多重清理》，载《东北师大学报（哲学社会科学版）》2020年第1期，第110页。

⑭ 参见劳东燕：《风险刑法理论的反思》，载《政治与法律》2019年第11期，第33页。

刑法体系产生影响。因此，为了应对风险社会中不断增加的安全威胁，刑法只能通过提早介入、扩大犯罪圈的方式加以控制。

（三）推行积极主义刑法观，是道德的制裁和约束作用弱化的结果

正如储槐植教授所言："我国刑法是建立在以'道德·行政'为堤坝的基础之上的。"[15] 道德对刑法的影响体现在以下两个方面：一方面，道德、行政和刑罚分成三个层级对应着不同社会危害性的行为。道德可以通过社会舆论和思想教育来实现对较轻微的社会危害行为的制裁，将较轻微的社会危害行为过滤在刑罚之外，令国家刑事司法机器不被小事所纠缠，有足够的力量主动对付犯罪。另一方面，道德被公民普遍接受，深深扎根在公民心中，影响着公民的行为。犯罪毕竟是一种恶害，而道德作为一种导人向善的社会意识形态，要求个人将善意转化为符合道德的高尚行为，这可以在个人内心中形成遏制实施恶害行为的欲望，有利于约束群体间的越轨行为、减少掠夺性行为和违背良心的行为。[16] 道德所带来的个人内心的自制力对行为人所实施的所有恶害行为存在遏制效果，而不仅限于轻微的社会危害行为。

随着城市化进程的加速，越来越多的公民进入陌生且发达的城市，人与人之间不再是"阡陌交通，鸡犬相闻"的熟人社会，而变为羁绊与联系甚少的陌生人社会。不论是依靠社会舆论和思想教育实现的道德的制裁作用，还是存在于个人内心的道德的自律效果，都需要紧密的社会关系作为依靠。虽说"君子慎独"，但绝大多数公民都是普通人。因此，在熟人社会中，"人言可畏"的社会舆论才能发挥良好的制裁作用，个人也才会碍于颜面更好地控制内心实施恶害行为的欲望。由此可见，城市化进程的加速已经弱化了道德的制裁和约束作用。加之当前利己主义和其他伪装成自由的错误观念的盛行，令减少过分自私的影响范围、减少对他人的有害行为、消除两败俱伤的斗争以及社会生活中其他潜在的分裂力量而加强社会和谐的道德目的难以实现。[17] 在道德的制裁和约束作用逐渐式微的情况下，规训公民行为和社会治理的需求只能更多地诉诸外在强制的法律。刑法作为外在强制的法律的重要组成部分，自然同样被要求更多地介入规训公民行为和社会治理之中。

综上所述，积极主义刑法观具有合理性，我国的刑事立法在一段时间内还是会以犯罪化为主。面对自由、民生和安全，刑法不能再固守某一价值，而应当对多价值的保护需求进行平衡。为了周延地对法益进行保护，未来的刑事立法还是会以犯罪化为主要方向，但为了在犯罪化的过程中保证刑事立法的合理性，未来的刑事立法一定是犯罪化与非罪化、轻刑化与重刑化并存的。其实，积极主义刑法观本身并不存在不可接受的弊端，反对积极主义刑法观的学者实际上还是担忧刑罚的副作用，但在警惕刑罚副作用的同时更应当看到刑罚强大的能力，不能因噎废食地放弃刑罚这种强力且有效的社会治理方法。刑法以相对积极活跃的形象出现在社会事务的管理活动之中，无疑可以更好地保护法益和保障公民自由。但是，万事万物均有两面性，积极主义刑法观指导下的刑事立

---

⑮ 前注⑧，储槐植书，第 30 页。

⑯ 参见［美］E. 博登海默：《法理学：法律哲学与法律方法》，邓正来译，中国政法大学出版社 2004 年版，第 391 页。

⑰ 参见前注⑯，［美］E. 博登海默书，第 388 页。

法也可能存在问题。

三、积极主义刑法观指导下的刑事立法可能存在的问题

积极主义刑法观主张通过刑法介入的方式解决社会风险不断增加的问题，并以此实现完善法益保护的目的，进而要求刑法不能再坚持刑事古典主义强调的消极防御姿态，仅在法益受损之后进行事后处罚，而应当以一个积极参与者的姿态出现在社会事务的管理之中。通过增设抽象危险犯、保护集体法益等方式，提前规制对法益具有危险的行为，预防更大的法益实害。但需要明确的是，法益是指根据宪法的基本原则，由法所保护的、客观上可能受到侵害或者威胁的人的生活利益。[18] 此即法益是由整体法秩序所保护的人的生活利益，保护法益并不是刑法的专属任务。换句话说，并不是所有法益都属于刑事立法所保护的法益，刑事立法仅禁止极为重大的法益侵害行为。[19] 其他部门法同样以其独特的方式对法益进行保护。对法益的保护需要整体法秩序的有效运作，而刑法与其他部门法之间又存在前、后置的衔接关系。所以，在刑法扩大处罚范围的情况下，极易侵犯其他部门法的规制领域，导致其与其他部门法的衔接出现问题。作为一个法秩序整体，其他部门法是前置法，它们在前拦截违法行为，刑法是保障法，它在后惩治未被成功拦截的犯罪行为。[20] 但作为保障法的刑法，如果想要扩大其规制领域，那么势必会将刑罚处罚的边界提前。这样一来，便有可能导致以下几个问题。

（一）刑法处罚范围与其他部门法之间不协调的问题

当前理论上关于刑法与其他部门法之间关系的看法大致分为两类，一类是主张刑法与其他部门法之间是前后置关系[21]，另一类是主张刑法与其他部门法之间是平面关系。[22] 按照平面说所主张的观点，所有需受法律规制的行为如同商品般陈列，各部门法仅需要按照其目的和功能从中挑选各自规制的行为即可。平面说的观点没有看到刑法作为其他法律制度的补充性和保障性的特点，不具有合理性。需受法律规制行为的社会危害性存在程度的差异。根据需受规制行为社会危害性的不同，社会控制和制裁手段也应当具有层次性。刑法的存在是为了惩罚具有严重社会危害性的行为。如果将其与其他部门法等而视之，就会令其他部门法缺乏正常运行的保障。从刑罚比其他部门法制裁手段更为严厉也不难看出，刑罚的启动是为了制裁其他法律无法制裁之事，这一点在行政法与刑法的关系上体现得尤为明显。

刑法作为其他部门法的制裁力量具有保障法的属性。刑法可以分解成各个不同部门法的制裁规范，这样也并不会影响刑法在整体法律体系之中的作用。[23] 基于这样的理解，刑法并不是独立的，而是从属于其他部门法的。这样一来，作为其他部门法的制裁

---

[18] 参见张明楷：《法益初论》（增订版），商务印书馆 2021 年版，第 190 页。

[19] 参见前注⑤，张明楷文，第 154 页。

[20] 参见刘艳红：《民法编纂背景下侵犯公民个人信息罪的保护法益：信息自决权》，载《浙江工商大学学报》2019 年第 6 期，第 22 页。

[21] 参见陈兴良：《民法对刑法的影响与刑法对民法的回应》，载《法商研究》2021 年第 2 期，第 27 页；周光权：《法秩序统一性原理的实践展开》，载《法治社会》2021 年第 4 期，第 1 页。

[22] 参见周维明：《系统论刑法学的基本命题》，载《政法论坛》2021 年第 3 期，第 127 页。

[23] 参见前注㉑，陈兴良文，第 27 页。

力量，刑法与其他部门法之间的关系就一定是前后置的关系。只有在其他部门法利用其特有的调整手段和制裁措施无法有效制裁危害行为时，才由刑法出面解决。由此可见，刑法是保障其他法律制度能有效运转的最后屏障。[24] 而且，刑法的最后手段性和补充性是符合比例原则要求的。刑法上的法益与民法上的法益、行政法上的法益并没有根本的区别，它们统一来源于宪法法益。三者的区分只是根据比例原则对保护手段之强度进行区分所导致的。[25] 刑法需要在其他部门法之后谨慎地、有节制地被运用。按照比例原则的要求，刑法的规制范围应当承接其他部门法，强调刑法的“辅助性法益保护”的角色。根据制裁手段严厉程度的不同，刑法与其他部门法应当在法益保护上有梯度划分。刑罚作为最严厉的制裁手段，应当与社会危害性程度最高的行为具有对称关系。认为刑法与其他部门法之间是平面关系的观点，人为地破坏了法秩序对法益保护的体系性，无法对刑法与其他部门法的规制领域进行有效划分，容易造成刑事立法入侵其他部门法规制范围的混乱局面。

刑法与其他部门法应当成梯度地实现对法益的保护。由于刑罚是最严厉的制裁手段，所以，刑法所规制的行为应当是最为严厉的法益侵害行为。这里的最为严厉不仅体现在受侵害法益的重要性，还体现在侵害法益的严重程度。但随着近年来刑法修正案的颁布，不少轻微犯罪得以增设。在许多新增犯罪中，对法益保护的倾向也由原本刑法古典主义坚持的核心法益，逐渐转变到社会防卫论中的集体法益或超个人法益。惩罚法益侵害行为也由原本以惩罚实害犯为主，逐渐转变到惩罚具有侵害法益危险的行为。尤其是在抽象危险犯之中，惩罚的是对法益存在抽象危险的行为。这一修法现状体现着我国刑法存在降低犯罪门槛、扩大处罚范围的趋势。如前所述，刑法具有后置法和保障法的特点。作为后置法的刑法扩大处罚范围，势必会对前置法的处罚范围产生影响。如果不能正确地划定刑法介入的标准，盲目地纵容刑法的扩张，就可能造成前置法萎缩而后置法膨胀的不良局面。

（二）违背刑法谦抑主义的问题

在讨论刑法与各部门法之间的关系时，总是要站在刑法谦抑性的原则之上，要秉持刑法属于治国之重器，未到用时不可用、能少用时不多用的原则。刑法在应对复杂多变的社会风险时，不可避免地需要通过犯罪化和刑罚手段予以调整和控制，但是，在这个过程中可能会违背刑法谦抑主义的要求。刑法谦抑主义要求刑法应依据一定的规则控制处罚范围与处罚程度：凡是适用其他法律足以抑止某种违法行为、足以保护合法权益时，就不要将其规定为犯罪；凡是适用较轻的制裁方法足以抑止某种犯罪行为、足以保护合法权益时，就不要规定较重的制裁方法。[26] 在扩张犯罪圈、增设新罪的过程中，尤其是在增加轻微犯罪的过程中，由于轻微犯罪行为本身的社会危害性较小，难以如同杀人、放火等行为一般，可以从行为本身所具备的社会危害性程度上直接认可需受刑法规制的必要性，许多轻微犯罪所涉及的行为似乎完全可以交由行政法甚至民法进行评价。

㉔ 参见肖洪：《刑法的调整对象》，载《现代法学》2004 年第 6 期，第 64 页。

㉕ 参见冀洋：《法益保护原则：立法批判功能的证伪》，载《政治与法律》2019 年第 10 期，第 115 页。

㉖ 参见敦宁：《刑法谦抑主义的西方立场与中国定位》，载赵秉志主编：《刑法论丛》2017 年第 4 卷，法律出版社 2018 年版，第 431 页。

因此，增设轻微犯罪可能违背刑法谦抑主义，将原本可以交由其他部门法有效规制的行为纳入刑法评价的范围。另外，还可能存在着违背刑罚经济性原则的问题。刑罚经济性原则实际上也是刑罚谦抑主义的体现。刑事制裁手段较之于其他部门法的制裁手段而言效果是最强的，但同时也是适用成本最高的。这里的刑法适用成本不仅包含动用刑法所需的客观费用，例如，执行刑罚所需的经济支出等费用，还包括适用刑法可能带来的社会成本，例如，犯罪人的再犯可能性、因刑罚的执行导致的离婚或者后代抚养教育等问题带来的社会成本。因而，出于贯彻刑罚经济性原则的要求，面对需受法律规制的行为，应当更加谨慎地选择与需受规制行为相适应的规制手段。倘若对法益侵害性极端轻微的行为适用刑罚，无疑是“用大炮打蚊子”。就对于需受规制行为是否需要动用刑罚手段加以规制而言，需要进行严格的论证。在实践中，我国当前采用修正案的刑法修正方式。虽然刑法修正案的颁行过程中存在着对修正案草案的一审和二审程序，但缺乏对新增犯罪类型必要性的论证和调查过程。实际上，很多新增犯罪类型仅经历了二审程序。这样，在缺乏充分调查论证的情况下，增设新罪，就存在违背刑法谦抑主义的风险。

（三）犯罪标签泛化问题

如前所述，当下我国刑法的修正过程体现了明显的轻微犯罪的扩张趋势，而新增犯罪可能会带来过高的发案率。例如，《刑法修正案（八）》将醉酒驾驶行为入刑，而如今“醉酒型”危险驾驶罪一跃成为“罪王”，高居各种具体犯罪数量的榜首。根据相关数据统计，2021 年第一季度，犯危险驾驶罪的人数为 74 713 人，该罪的犯案人数远高于第二名盗窃罪的犯罪人数（45 662 人）。㉗ 在我国当前的社会环境下，虽然轻微犯罪的刑罚成本不高，但行为人所付出的社会成本很高。就犯罪人本人而言，其不仅可能会失去赖以生存的职业，例如，公职人员会被开除公职，行为人犯罪前持有的部分证照会被强制作废，而且，其还会因为被贴有犯罪标签而被区别对待。我国当前的社会环境对存在犯罪记录的人员的容忍程度较低，该类人员经常会在生活和社会交往中受到不同程度的歧视。行为人在被贴上犯罪标签后，会造成自我认同感的降低，降低自我评价，逐渐将标签的内容内化为自身特质。在不利于自身生活的社会环境下，极易滋生与主流观念相左的思想，继而产生更多的越轨行为。而且，犯罪标签的存在不仅对行为人自身有很多负面影响，还会将该种负面影响扩散至其亲属。就犯罪人的近亲属而言，不仅会因犯罪人而被连带着对其社会评价造成贬损，还可能直接影响之后的个人发展及生活。例如，犯罪人的子女在公务员考试或者参军中的政审就会因近亲属存在犯罪记录而无法通过。因此，在我国尚未建立健全犯罪人前科消灭制度的情况下，盲目扩大犯罪圈，会因犯罪标签泛化的问题导致犯罪的社会成本过高，不利于保障社会的稳定。

四、积极主义刑法观之限制

世界上并不存在完美无缺的事物，再完美的制度也存在着弊端。在进行制度选择时

㉗ 参见中原盾：《速看！2021 年“醉驾”成“罪王”，成本惊人》，载 https://baijiahao.baidu.com/s?id=1698399918075474613&wfr=spider&for=pc，2021 年 4 月 30 日访问。

不应该仅着眼于优缺点，更应当综合地进行判断。作为刑法的两大机能，法益保护和自由保障如同置于平衡木的两侧，难以兼得。但刑法的目的是法益保护。“人生来是自由的，但却无处不身戴枷锁。”[28] 不受约束的自由并不是真正的自由。相较于自由保障机能，更应当重视刑法的法益保护机能。

因而，至少在短时间内，刑事立法还应当是在积极主义刑法观的指导下，以犯罪化为主。但为了避免上述积极主义刑法观可能存在的问题，应当对积极主义刑法观进行限制，即在犯罪化的过程中要注意犯罪圈扩张和犯罪门槛降低的合理性。就强调整体法秩序对法益的保护作用而言，虽然国家不能要求公民以自身权利的损害为风险进行测试，但是国家可以对前置法的保护效果进行试验；在前置法能够充分发挥其规制作用的时候，不应当一味地主张动用刑法。

（一）对积极主义刑法观在立法活动中的限制

此处所指立法过程中的限制，是指通过运用立法手段和立法技术的方式保障刑法规制范围的合理性。具体而言，以比例原则作为检视刑事立法是否必要的工具；对于不符合比例原则要求的刑事立法，即便受规制行为存在法益侵害或危险，也不应当以刑罚手段加以规制。在保护法益的种类上，积极主义刑法观下的刑事立法仅保护能够还原为个人法益的超个人法益或集体法益。对于纯粹侵害道德感情或管理秩序的行为，不应当以刑法手段加以规制。就犯罪设定模式而言，应当坚持立法定性加定量的模式，在新罪增设中体现定量的因素，将不需要由刑法规制的行为交由前置法进行规制。

1. 比例原则的限制

比例原则包含着三个子原则，其分别是：(1) 妥当性，即所采取的措施可以实现所追求的目标；(2) 必要性，即除所采取的措施之外，没有其他给关系人或公众造成更少损害的适当措施；(3) 相称性，即采取的必要措施与其追求的结果之间并非不成比例(狭义的比例性)。[29] 妥当性描述的是目的与手段之间的关系，要求所选择的手段必须能够实现目的。必要性描述的是手段与手段之间的关系，要求在能选择的所有可以实现目的的手段之中所选的手段必须是具有最小侵害性的。相称性描述的是手段结果与目的结果之间的关系，要求所选手段造成的结果必须要与目的结果成比例，即不能因小失大。[30]

且不论比例原则与法益保护原则之间的关系，单从比例原则的描述来看，其本身就是一个极为明确且极为好用的立法检视工具。刑法的目的是法益保护，而保护手段是刑罚。将其还原到比例原则之中，在发现有需要保护的法益之后，首先要考量刑罚手段能否对该法益产生保护效果，其后再考量刑罚手段是否为最小侵害的有效手段，最后再衡量刑罚结果与保护法益结果之间是否成比例，以此审查刑事立法处罚范围的合理性。

比例原则可以作为审查方法对法益保护原则进行补充。在刑事立法过程中，不能简单地因为某种行为具有严重的法益侵害性而直接使它进入刑法，而应当按照比例原则的

㉘ ［法］卢梭：《社会契约论》，李平沤译，商务印书馆 2017 年版，第 3 页。

㉙ 参见［德］哈特穆特・毛雷尔：《行政法学总论》，高家伟译，法律出版社 2000 年版，第 238 页。

㉚ 参见张明楷：《法益保护与比例原则》，载《中国社会科学》2017 年第 7 期，第 94 页。

三个子原则的要求，进行递进式的审查和判断。[31] 比例原则之于积极刑法观就像是缰绳，以一个可操作的方式控制着刑事立法在犯罪化的道路上不至于信马由缰。为了应对多变的社会风险，更为周全地保护法益，刑事立法不可否认地会在一段时间内处于“活跃期”，入罪的情形要远多于出罪的情形。从整体法秩序对法益保护的立场而言，刑法并不负担所有的法益保护任务。在这样的环境和背景之下，就更应当讲究比例原则对刑事立法的合理限制作用，以此平衡刑法法益保护和自由保障两个机能。在刑法和其他部门法规制范围的划分中，可以通过比例原则中的必要性这一子原则进行检视；对于刑罚手段并不是最小侵害的有效手段的情形，考虑是否交由其他部门法予以规制。

2. 从保护法益的范围和程度上进行限制

从法益性质上来说，积极预防性刑法观的贯彻“主要集中在超个人法益或集体法益的犯罪”，“立法策略主要表现为犯罪化、危险犯配置、早期化介入等方面”[32]。在贯彻积极预防性刑法观的背景下，发挥法益保护原则限制立法的作用，需要明确受刑法保护的法益的范围和行为侵害法益的程度。

一方面，如果要求刑法保护所有的法益，那么刑法就会应接不暇。按照社会契约论的主张，人民在建立国家的时候，为了维护自己的自由状态不被侵犯，需要向国家让渡自己的部分权利，但每个人出于对自己权利的珍视，让渡的应当是能够维持和平发展的最小限度的权利。[33] 因而，在选择以刑法手段保护法益的时候，应当以保护公民自身的自由和人格为核心，这也就是古典自由主义所主张的核心刑法的要求。不过，这样的法益保护并不周延，也不足以为公民提供和平发展的稳定平台。因而，刑法除保护公民自由和人格法益之外，还应当保护某些超个人法益和集体法益。但是，在超个人法益和集体法益的选择保护上需要更为慎重，不当的选择不仅容易致使法益保护原则无法发挥立法限制功能，还容易破坏刑法的谦抑性。在保护超个人法益和集体法益的选择上，应当倾向于维持社会秩序有效运转的必需的利益。

另一方面，从法益侵害程度上来说，无论从哪个角度，需受刑法规制的行为对法益的侵害性都是非常严重的。[34] 而且，这种严重程度是影响公民自由和人格的，且是为大多数公民所不能容忍、要求诉诸刑罚的。如果对侵犯法益的行为不考虑其严重程度，不加选择地一并纳入刑法的处罚范围予以规制的话，就会造成刑罚的泛化。这不仅有损于刑罚威严的形象，还违背了刑罚经济性原则。因而，立法者必须对需受刑法规制的行为进行选择，仅规制严重损害法益的行为，即严重损害公民自由、人格或保障公民最低生存、生活、发展需求的破坏社会秩序的行为。对于即便是法益性质十分重大，但行为的法益侵害程度较低的行为，不应当交由刑法予以规制。

3. 坚持立法定性加定量的模式

我国刑法坚持立法定性加定量的犯罪设立模式，这既是我国刑法的特色，也符合刑罚的特性和刑法与其他部门法的关系。刑法是制裁程度最严厉的法，处于保障法的地

㉛ 参见前注㉚，张明楷文，第100页。

㉜ 前注①，刘艳红文，第67页。

㉝ 参见前注㉘，［法］卢梭书，第37页。

㉞ 参见前注⑦，张明楷书，第87页。

位，是保障其他法律实施的最后力量。而刑法中的犯罪行为与一般违法行为的类型往往是相同的。[35] 刑法的严厉性决定了犯罪必须是达到一定危害程度的行为，法益侵害轻微的行为不能被作为犯罪处理。

对此，一方面，可以通过“数额较大”“情节严重”“情节恶劣”“损失严重”“造成严重后果”等表示罪量因素的构成要件的设置来控制刑法处罚的边界。减少条文表述中仅规定行为的行为犯的立法模式，避免陷入“行为一经实施即构成犯罪”的无边界刑法的困境。[36] 设置表示罪量因素的要件，有利于在相关行为内部进行梯度划分，厘清“法法关系”，使刑法规范与其他部门法规范相协调。刑法仅规制具有一定社会危害性的法益侵害行为，其他社会危害性程度较轻的行为可以交由其他部门法予以规制，否则，就容易导致条文适用的僵化，无法实现良好的社会效果。另外，罪量要件的设置为司法解释和法官自由裁量留有空间，可以灵活地应对社会发展不断变化的需求。根据社会发展的需求，对表示社会危害性要件的认定标准进行灵活的解释，有利于划定合适的刑法处罚范围。

另一方面，强化刑法与前置法之间的衔接关系。为此，在刑法需要增设新罪的时候，应当注意前置性法律的配套修改，尤其是行政法上对同类违法行为的相关规定的修改。缺乏前置法规范的情形会割裂刑法与前置法的衔接关系，导致从刑法中出罪的行为得不到评价，从而降低司法实践中法官作出无罪判决的可能性。例如，在《刑法修正案（八）》将“醉驾”入刑后，《道路交通安全法》就将醉驾的拘留和罚款的行政处罚措施予以废除，并规定“依法追究刑事责任”。这意味着后者将“醉驾”行为全部交由刑罚进行处罚，否定了对“醉驾”行为予以出罪的可能性，亦放弃了对其进行行政处罚的可能。这样的一律入刑的方式不当地扩大了刑法处罚的范围，致使对原本社会危害性未达刑事可罚程度的行为却被当作犯罪行为进行评价。

如前所述，即便主张积极主义刑法观，也不能将所有的法益保护问题全部交由刑法予以承担，否则刑法规制的合理性就会丧失，出现类似于“醉驾”一律入刑的司法困境，导致明明很好的立法愿景得不到充分的实现。因此，在强调扩大犯罪圈、降低犯罪门槛，强调刑法应当主动介入社会生活、解决社会问题、应对社会风险的前提下，同样应当重视前置法对法益的保护。如同储槐植教授所主张的，我国刑法是建立在“道德·行政”的堤坝之上的，不能将所有具有危害性的行为全部都交由刑法管理，不然刑法的效能会下降，也无法发挥刑法的真正作用。[37] 因此，在增设新罪时，应当注意相应前置法的规定中留有对不以刑罚处罚的不法行为的评价空间，从整体上对某种具有法益侵害性的行为形成有梯度的规制。这样的做法更符合我国一贯坚持的“刑罚＋行政处罚”双层次制裁体系，由此不仅可以更好地贯彻罪刑相适应原则，还可以更为全面地对应受规制行为进行评价，不会放纵越轨行为，更有利于培养公民对法秩序的尊重。

（二）对积极主义刑法观在司法活动中的限制

我国《刑法》第 13 条规定：“一切危害国家主权、领土完整和安全，分裂国家、颠

---

[35] 参见张勇：《犯罪定量刑法模式的比较与选择》，载《河北法学》2006 年第 5 期，第 45 页。

[36] 参见刘艳红：《化解积极刑法观正当性危机的有效立法》，载《政治与法律》2021 年第 7 期，第 32～33 页。

[37] 参见前注⑧，储槐植书，第 30 页。

覆人民民主专政的政权和推翻社会主义制度，破坏社会秩序和经济秩序，侵犯国有财产或者劳动群众集体所有的财产，侵犯公民私人所有的财产，侵犯公民的人身权利、民主权利和其他权利，以及其他危害社会的行为，依照法律应当受刑罚处罚的，都是犯罪，但是情节显著轻微危害不大的，不认为是犯罪。”这是我国《刑法》关于犯罪概念的规定。其中，后半段“但是情节显著轻微危害不大的，不认为是犯罪”的规定，被称为《刑法》第 13 条规定的但书规定（以下简称“但书”规定）。仅作为条文规定的刑法是“死”的，只有刑法在个案中的具体运用才能让刑法“活”起来。对于基于积极主义刑法观而新增的犯罪，尤其是轻罪与微罪，可以通过在司法过程中对我国《刑法》第 13 条规定的“但书”规定的适用，保证处罚范围的合理性。“但书”规定作为《刑法》第 13 条犯罪概念的一部分，正是体现成立犯罪的定量要求，即成立犯罪的行为不仅需要满足社会危害性这一质的要求，还需要满足社会危害性程度这一量的要求。众所周知，我国采用“立法定性＋定量”的定罪模式，而根据定量因素是否在罪状中予以明确规定，可以将其分为积极的量的构成要件和消极的量的构成要件。前者如我国刑法分则大量罪名所规定的“数额较大”“情节严重”“情节恶劣”“损失严重”“造成严重后果”等表示罪量因素的构成要件。这样规定的优势在于将定量因素在具体犯罪中加以明确，可以更好地发挥刑法作为裁判规范的作用，令裁判者有明确的裁判依据。因此，前文主张在新增犯罪类型的罪状中加入明确的定量因素，进而能够在具体个罪之中体现“立法定性＋定量”的犯罪成立模式的要求。而对于后者，并不是具体犯罪罪状中不包括明确的定量因素的规定，就可以径直认为就该犯罪的成立而言不需要对定量因素进行判断。“但书”作为总则性的规定，理所应当地对分则的具体罪名具有指导作用，“但书”规定所蕴含的定量的实质判断价值适用于所有分则罪名。由于“但书”条款的存在，可以认为所有刑法分则的犯罪均采用“立法定性＋定量”的犯罪成立模式。

而对于“但书”规定的适用方式，理论上存在不同的观点。传统派主张，“但书”规定作为总则性规定，将罪量因素明确引入了犯罪的一般概念之中。“但书”规定的适用分为两步：第一步是应当形式化地判断行为是否符合犯罪构成，此处的犯罪构成仅为分则对具体犯罪所规定的犯罪构成。第二步是在行为符合犯罪构成的情况下，再根据“但书”规定对该行为进行实质的危害性判断。对于符合“但书”规定的行为，不认为是犯罪。[38] 还有学者认为，“但书”规定的存在是立法对司法者的赋权，允许司法者在具体案件的裁判过程中对于符合犯罪构成条件且满足“但书”规定条件的行为径直作出出罪的决定。[39] 激进派主张，“但书”规定不具有司法出罪上的积极意义。具体又分为两种观点：一种观点认为我国《刑法》第 13 条前半段关于犯罪概念的正面规定已经包含了“但书”规定的精神，“情节显著轻微危害不大”的行为自始就未被囊括在《刑法》

---

[38] 参见储槐植、张永红：《善待社会危害性观念——从我国刑法第 13 条但书说起》，载《法学研究》2002 年第 3 期，第 97 页。

[39] 参见孙本雄：《入罪与出罪：我国〈刑法〉第 13 条的功能解构》，载《政治与法律》2020 年第 4 期，第 117～121 页。

之中。由此，《刑法》第 13 条的“但书”部分属于画蛇添足，应当予以废除。[40] 另一种观点认为尽管“但书”规定对于理解犯罪概念具有重大意义，但只是立法者的自我要求，仅具有“立法宣言”式的意义，并未在司法中被赋予直接具体的出罪功能。[41] 该学者认为，将“但书”作为司法出罪化事由在裁判中加以运用，是对立法者的不尊重。第一，虽然我国采用的“立法定性＋立法定量”的定罪模式与域外大多数国家“立法定性、司法定量”的定罪模式不同，但在定罪过程中对“量”的因素的考量应当在刑法分则具体罪名中的罪量因素的规定中加以体现，例如，数额犯中的数额、情节犯中的情节、结果犯中的具体危害结果，而不应当是“但书”这种抽象的统括性的要求。这也是罪刑法定原则的要求。第二，将“但书”作为司法出罪事由会导致在四要件的犯罪构成体系之外增加其他判断标准，违背犯罪构成是犯罪成立的唯一标准的原则。第三，将“但书”作为司法出罪事由，会导致司法缺乏集中、统一的标准，架空刑事违法性，最终仍以社会危害性作为判断犯罪成立的标准，加大了司法权僭越立法权的风险。[42] 保守改良派主张，“但书”规定虽具有司法上限制犯罪成立的意义，但并非直接作为出罪事由加以适用。直接适用“但书”规定作为出罪事由的做法完全是在形式上或表面上判断行为是否符合犯罪构成，这样的做法不仅变相放弃了罪刑法定原则的适用，还会造成逻辑混乱。而我国的犯罪构成是形式要件与实质要件的统一。行为符合犯罪构成，不仅意味着行为在形式上符合刑法分则对具体犯罪所规定的构成要件，还意味着在实质上具有成立犯罪所必要的相当程度的社会危害性。[43]

笔者认为，激进派的观点并不合理。就主张废除“但书”规定的看法而言，如果认为《刑法》第 13 条前半段中的“依照法律应当受刑罚处罚的”这一规定可以将“但书”规定的内容包含在内，那就是对实定法的不尊重。由于只有刑法规范才能规定刑罚，因此，“依照法律应当受刑罚处罚的”中的“法律”即为刑法。而如前所述，“但书”规定蕴含着对犯罪成立的“量”的要求的实质价值，因此，主张“依照法律应当受刑罚处罚的”这一规定可以将“但书”规定的内容包含在内的学者，自然是认为除“但书”规定之外的刑法规范依然能够承担规定犯罪定量因素的功能。然而，一方面，虽然我国《刑法》第 13 条前半段确实是从正面规定了犯罪的概念，揭示了犯罪应当具有的三个基本特征，但是，从第 13 条前半段的具体表述来看，其无法体现出刑法总则中关于犯罪成立的量的要求的规定。另一方面，就刑法分则关于具体犯罪的规定而言，确实有大量犯罪的罪状中明确规定了定量因素，不过也不可否认的是部分犯罪的罪状中缺乏明确规定的定量因素。我国刑事立法采取“立法定性＋立法定量”的定罪模式。那么，在缺乏明确规定定量因素的犯罪的认定过程中，例如，醉酒型危险驾驶罪，如何体现犯罪成立的量的要求？《刑法》第 133 条之一第 2 款规定了醉酒型危险驾驶罪，该条款采用行为犯的立法模式，仅规定了醉酒驾驶的行为类型，并未对定量因素进行明确规定。在司法实

---

[40] 参见樊文：《罪刑法定与社会危害性的冲突——兼析刑法第 13 条关于犯罪的概念》，载《法律科学》1998 年第 1 期，第 28 页。

[41] 参见李翔：《论我国〈刑法〉第 13 条“但书”司法化之非》，载《东方法学》2016 年第 2 期，第 2 页。

[42] 参见李翔：《从“但书”条款适用看司法如何遵循立法》，载《法学》2011 年第 7 期，第 22～23 页。

[43] 参见黎宏：《刑法学》，法律出版社 2012 年版，第 50、65 页。

践中，大多数法官相较于裁判的灵活说理，更追求统一的裁判标准，因此，多机械地对具体个案的构成要件要素进行认定，这最终导致醉酒型危险驾驶罪的裁判活动变为“流水作业”。一旦行为符合醉驾标准就认定醉驾型危险驾驶罪的成立，而并未从社会危害性程度（法益侵害程度）层面进行实质判断，这也是醉酒型危险驾驶罪存在出罪难问题的根源所在。根据“但书”规定，犯罪圈不应包含满足“情节显著轻微危害不大”条件的行为，醉驾型危险驾驶罪的成立也是同样如此。对于符合“但书”规定的醉驾行为，理应认为其不具有成立醉驾型危险驾驶罪所要求的量的要素，进而否定该行为成立犯罪。

由此可见，除“但书”规定外的其他刑法规范不能全面承担规定犯罪定量因素的功能。因此，“但书”规定所蕴含的价值不能被其他刑法规范所包含，“但书”规定也不应被废除。就主张“但书”规定只是立法者的自我要求，仅具有“立法宣言”式意义的看法而言，虽然其看到了在司法中直接以“但书”规定作为出罪事由的做法具有冲击犯罪构成是认定犯罪唯一根据的弊端，但其与上述前一看法具有同样的缺陷，即无法解释在具体犯罪的认定中，尤其是缺乏明确规定定量因素的犯罪中，司法者以什么为根据把握出入罪的标准，划定合理的犯罪圈。即便是诉诸实质解释，实际上也是对“但书”规定功能的运用，即从危害性的量上对犯罪成立的范围加以限制。

除激进派之外，传统派和保守改良派均肯定“但书”规定在司法中具有限缩犯罪圈范围的出罪功能，但基于二者对“但书”规定出罪方式的理解不同，传统派的观点又可以被称为出罪标准说，保守改良派的观点又可以被称为入罪条件限制说。前者认为，应当将但书的作用定位于“出罪”，而且应当采用“两步走”的方式认定犯罪，即对于形式上符合犯罪构成，但又符合“但书”规定的行为应当直接予以出罪。而后者则认为，应当将“但书”规定的作用定位于“入罪”。笔者认为，犯罪概念与犯罪构成之间为抽象和具体的关系。在四要件论犯罪构成体系中，在肯定行为符合犯罪构成的情况下，就应当肯定犯罪的成立。“但书”规定中蕴含的量的因素应当借由犯罪构成予以体现，因此，应当对犯罪构成进行实质解释。对于符合“但书”规定的“情节显著轻微危害不大”的行为，应以不符合实质的犯罪成立条件为由宣告无罪，而不是直接以“但书”本身为根据宣告无罪。㊹

相比之下，保守改良派的观点更具合理性。传统派所主张的“两步走”的犯罪认定方式实际上是在行为是否符合犯罪构成的判断之外增加了一个是否符合“但书”规定的判断环节，这有悖于犯罪构成是认定犯罪唯一根据的原则。而且，在行为是否符合犯罪构成的判断之外增加一个是否符合“但书”规定的判断环节，虽然能够在犯罪认定的过程中体现定量因素，不会导致犯罪认定流于形式，但这种“两步走”的犯罪认定方式意味着在行为是否符合犯罪构成的判断之后再以“但书”这种实质的定量因素作为判断出入罪的标准。而且，将“情节显著轻微”中的“情节”理解为能够体现行为社会危害性程度和行为人人身危险性的大小，从而影响定罪量刑的各种事实情况，既包括罪中情

㊹ 参见王志祥、黄云波：《论立法定量模式下抽象危险犯处罚之司法正当性》，载《法律科学（西北政法大学学报）》2016 年第 3 期，第 75 页。

节，也包括罪前和罪后情节[45]，容易被人诟病为还是以社会危害性这一模糊且抽象的概念作为判断犯罪成立的标准，具有导致司法定罪恣意性的危险。依据保守改良派的观点，“但书”规定是以对犯罪构成要件的定量的实质解释的方式实现在司法中限制犯罪成立的目的的。而且，实质解释依旧是以构成要件为基础，解释的结论不会超出法定构成要件的范畴，不至于违背罪刑法定原则。对于符合“但书”规定的行为，认为其不符合量的构成要件，进而不认为其构成犯罪。通过对“但书”条款的运用，可以对增设新罪的构成要件进行实质解释，这在一定程度上可以通过案件最终的裁判结果为积极主义刑法观指导下犯罪圈的扩张“降温”，在司法裁判过程中对积极主义刑法观起到限制作用，通过司法实践对条文规定的具体解释和适用，使刑法的处罚范围更为合理。“但书”条款是我国“立法定性＋定量”的定罪模式的体现，符合大国法治的要求。尤其是在一些轻微罪名的适用之中，更应该强调“但书”条款的出罪作用。我国司法机关早就受制于“案多人少”的问题，犯罪圈的扩张、犯罪门槛的降低一定会加剧此类问题的发生。良好地适用“但书”条款不仅可以使刑罚范围更为合理化，使作出的裁判更符合公民的法感情，还有利于节约司法资源，使司法机关可以集中力量办大事。

五、结语

虽然积极主义刑法观认为刑法在社会治理中扮演着重要的角色，强调刑法在社会治理中发挥着重要作用，但如果刑法事无巨细地介入对社会事务的治理之中，那么，就不仅会不恰当地侵害公民的自由领域，还会导致刑法自身威慑力的崩溃。《左传》有云：“刑不可知，则威不可测。”其意为法律如果不公布的话，它的威力是无穷尽的。虽然不公布法律的做法因违背罪刑法定原则而不再被采用，但其中蕴含的道理有独特的价值意义。如果刑法在琐细之事的处理上不断发挥功用，公民便会对刑罚的动用习以为常，这势必会削弱刑法自身的威慑力。

在当前的社会环境下，虽然为了应对多元化和复杂化的社会风险，刑法在一段时间内一定会继续坚持走犯罪化的道路，但为了平衡刑法法益保护机能和自由保障机能，需要对积极主义刑法观进行“降温”，应当放弃刑法万能观和刑法便宜观，不能将刑法视作解决全部社会问题的手段或者因贪图刑法解决社会问题的方便而放弃对社会效果的考虑。在应对社会风险和解决社会问题方面，应当统一各部门法之间的步伐，从整体上成梯度地对法益进行保护。

㊺ 参见储槐植、张永红：《刑法第 13 条但书与刑法结构——以系统论为视角》，载《法学家》2002 年第 6 期，第 42～43 页。

犯罪化时代刑法学的作用

——日本刑事立法学的展开*

［日］仲道祐树** 著

毛乃纯 译

一、引言

自20世纪向21世纪过渡以来，将位于作为传统犯罪结果的法益侵害、危殆化的先前阶段的行为予以犯罪化的倾向逐渐明显。在日本，较早出现的是诸如《禁止非法登录法》和不正当制作支付用卡电磁记录罪那样对财产犯罪的预备行为进行的犯罪化，以及诸如《尾随规制法》那样在人身犯罪的预备阶段的介入和犯罪化；最近出现的是着眼于诸如准备恐怖活动等罪那样的组织犯罪的早期化立法。另外，德国新增设了“使国家危殆化的重大暴力行为的预备”（德国《刑法》第89a条以下）和数据相关犯罪的处罚规定（德国《刑法》第202a条以下），并且导入了针对电脑诈骗罪的预备的处罚规定（德国《刑法》第263a条第3款）。同样，中国也增设了准备实施恐怖活动罪（中国《刑法》第120条之二）和非法利用信息网络罪（中国《刑法》第287条之一）等。[①] 由此可见，处罚的早期化现象（Vorverlagerung der Strafbarkeit）或者过剩的犯罪化（overcriminalization）的潮流[②]是在全世界范围内普遍存在的。

德国很早就出现了对这种趋势提出批判的理论框架（或者标语）。沃尔夫冈·瑙克（Wolfgang Naucke）在将法治国家的刑法（rechtsstaatliches Strafrecht）和预防刑法（Strafrecht der Prävention）相对置的基础上[③]，针对承认无须对犯罪预防目的作任何限定即可实施的预防刑法给予了消极的评价，并根据法治国家性优先于刑事政策上的目的这一框架不断地对刑事立法提出批判。[④] 温弗里德·哈塞默尔（Winfried Hassemer）对核心刑法（Kernstrafrecht）和介入法（Interventionsrecht）加以区别，并提出了将保

---

* 本文系JSPS（日本学术振兴会）科研费JP20K01357支持的研究成果的一部分。

** 仲道祐树，早稻田大学社会科学综合学术院教授。

① 关于中国刑法，北京林业大学人文社会科学学院讲师（清华大学法学院博士、早稻田大学联合培养博士）蔡桑提供了诸多宝贵的教示，在此特别表示由衷的感谢。

② 尽管本文未作介绍，但是英美法学界存在同样的讨论，具有代表性的是，Douglas Husak，Overcriminalization：The Limits of the Criminal Law，Oxford University Press，2008。

③ Vgl. Naucke，KritV 1993，135，143 ff.

④ Vgl. Naucke，KritV 1993，135，159 ff.

护古典个人法益和避免重大且明确的危险（schwere und sichtbare Gefährdung）等限定在刑法范围之内的框架。[5] 关于京特・雅各布斯（Günther Jakobs）提倡的市民刑法（Bürgerstrafrecht）和敌人刑法（Feindstrafrecht）的框架，虽然在能否将其视为批判现状的立场的问题上，还存在讨论的余地[6]，但这仍然是一种为学界所熟悉的观点。[7]

在日本，有学者依据雅各布斯的理论框架，将预防性刑事立法定性为敌人刑法，并对此提出了批判。[8] 也有学者在瑙克和哈塞默尔的影响下，主张恢复启蒙时期的人类形象或者始于法国大革命时期的近代法原理，并在此基础上展开了对现状的批判。[9]

然而，针对上述基于宏观框架展开的现状批判，也出现了诸多批判。例如，对于以某个时期的刑法（例如，为了预防犯罪而采取预防性刑事立法之前的刑法）为理想批判现在的刑事立法的研究路径，乌尔斯・金德霍伊泽尔（Urs Kindhäuser）提出批判，“能够成为与今天的状态进行有意义的比较的对象的是什么状态的刑法”，这是极其不明确的。[10] 可以认为，这种批判所指摘的是，为什么能够以某个时期的刑法作为蓝本？即使某个时期的刑法相对于其他时期的刑法具有优越性，为什么当今的立法者必须采用那个时期的刑法？

对于核心刑法，克劳斯・费迪南・盖尔迪茨（Klaus Ferdinand Gärditz）提出如下批判。现代的立法者必须应对现代社会中的各种问题。随着社会发展的复杂化，在探索国民的自由与自由的并存状态的过程中就出现了使用刑法的场合。此时，仅对个人法益予以特权化，其理由是不明确的。当社会上要求对至今未受到充分保护的法益给予新的法律保护的诉求呼声高涨时，将此纳入考虑，从而探索新的自由与自由的并存状态，这才是立法者的任务所在（例如，最近日本对于性犯罪的修改，就是立法者对至今未认识到的被害的实际状态以及存在具有使人感受到被害的保护必要性的利益作出的回应）。尽管如此，仅对保护个人法益予以特权化的核心刑法论“只是提供了躲避技术性大众社会的要求和政治上无休止的聒噪的避难所而已”[11]。

本文与上述针对“基于框架提出的现状批判”进行批判的观点与两位学者（金德霍伊泽尔和盖尔迪茨）持有相同的问题意识。因为，将某个特定时期的刑法予以理想化体现的是研究者的理想，但是从现实地影响立法者的判断的观点来看，这并不是有效的。在这个意义上，尽管有些脱离本次论坛设定课题的意图，但是，本文并不打算以责任刑法抑或预防刑法为框架对现代的犯罪预防理论展开讨论。

本文的目的在于，关于在当今的日本逐渐成为一个学问分野的刑事立法学（Criminal Legisprudence/Strafgesetzgebungslehre），对相关讨论的展开进行描述，在此基础上说明从理论上分析刑事立法和犯罪化时所必须讨论的内容。之所以着眼于刑事立法学，

---

⑤ Vgl. Hassemer，ZRP 1992，378，383.

⑥ Vgl. Greco，Feindstrafrecht，2010，S. 15.

⑦ Vgl. Jakobs，ZStW 1985，751，756.

⑧ 有关共谋罪（现在的准备恐怖活动等罪）的讨论，松宮孝明「実体刑法とその『国際化』」法律時報 75 巻 2 号（2003 年）28 頁以下参照。

⑨ 生田勝義『人間の安全と刑法』（法律文化社，2010 年）152 頁以下参照。

⑩ Kindhäuser，Analytische Strafrechtswissenschaft，Bd. 1，2021，S. 42.

⑪ Gärditz，JZ 2016，641，647 f.

是因为其发展趋势为“在刑事立法的时代、犯罪化的时代，刑法学在立法上应当向何处去”的问题之解决提供了一个方向。通过介绍，笔者希望能够在讨论作为本次论坛主题的“现代的犯罪预防”时明确刑法学应当发挥的作用。

二、刑事立法学勃兴的原因

1. 日本刑法的特征

日本刑法典制定于1907年。时至今日，尽管分则部分增加了新的犯罪类型，同时还删除了承认由第二次世界大战后的《大日本帝国宪法》向《日本国宪法》转变的规定，但是其仍然维持了1907年刑法的结构。

然而，这并不意味着日本没有进行过刑法修改活动。1940年公布了《改正刑法假案》[12]；1974年制定的《改正刑法草案》通过了法制审议会的讨论，并且接受了法务大臣的咨询。[13] 但是，这些最终都没有实现对刑法进行修改。[14]

或许正是因为这种“刑法大幅修改的受挫”，所以直至1990年代中后期，日本的刑法都没有经历过较大幅度的修改。松尾浩也教授将此种情况比喻为“像金字塔一样的沉默”[15]。

2. 刑事立法的“沉默”对刑法学的影响

“刑事立法的沉默”对日本刑法学带来了一定的影响。松尾教授提出的“金字塔”的比喻原本是这样的表述：“当立法像金字塔一样沉默时，判例就会像狮身人面像那样振作起来。”[16]

既然立法没有改变，就只能依靠对现行法进行解释。于是，刑法学的关注焦点就集中在构建精致的刑法解释论方面。[17] 其结果是，堪称日本版哈特·德福林之争的违法本质论（行为无价值论和结果无价值论的对立）成为讨论的中心，基于违法性的本质构建的具有一惯性的犯罪论体系和以此为基础解决个别问题等方面的学术资源被分割。

作为滥觞之一的是1972年平野龙一教授出版的刑法总论教科书。[18] 该书特别强调法益保护原则，并在此基础上对解释论进行了展开。在平野教授的讨论中，有关法益保护原则的部分被广泛地接受。[19] 通过争论，刑法的目的在于法益保护、不得将保护社会伦

---

⑫ 国立国会图书馆数字收藏，https：//dl. ndl. go. jp/info：ndljp/pid/1273010，2022年8月22日访问。（“假案”的日文原文是“仮案”，意为临时提案，大体相当于我国的征求意见稿。——译者注）

⑬ 法务省刑事局编『改正刑法草案の解説』（大蔵省印刷局，1980年）序2頁参照。

⑭ 虽然没有对刑法典进行全面修改，但是也增设了新的犯罪类型。例如，增设了斡旋受贿罪（1958年《刑法》第197条之4）、使用电子计算机诈骗罪以及其他电脑犯罪（1987年《刑法》第246条之2等）。

⑮ 松尾浩也「刑事法の課題と展望」ジュリスト852号（1986年）11頁参照。

⑯ 松尾浩也「第四版の刊行にあたって」『刑事訴訟法判例百選（第4版）』（有斐閣，1981年）11頁。

⑰ 这项工作本来应当采取的方法是，对判例中的解释进行分析，判断其是非，提出更为妥当的解释。但是，正如平野龍一『刑法の基礎』（東京大学出版会，1966年）247頁指出的那样，至少在2000年之前，日本刑法学界认为“开创‘自己’的体系是学者的任务所在”。

⑱ 平野龍一『刑法総論Ⅰ』（有斐閣，1972年）参照。

⑲ 平野·前揭注18，51頁参照。

理本身作为目的的认识得以一般化。[20]

3. 刑事立法的活性化

这个"刑法学＝刑法解释学"的时代从 2000 年开始逐渐发生变化，使这一公式得以成立的刑事立法的沉默被打破。

1999 年，以下三部法律由日本国会表决通过并生效，即《组织犯罪处罚法》、《儿童卖春、儿童色情处罚法》和《禁止非法登录法》。这三部法律的目的分别在于应对组织犯罪（包括对洗钱行为的规制）、应对对儿童的性压榨、应对网络犯罪。特别是《儿童卖春、儿童色情处罚法》和《禁止非法登录法》，使用新的刑事法律对社会上认为应当受到保护的价值进行保护，因而可以被认为是立法者根据社会变化使用刑事立法的开端。

自此，有时采取特别法的形式，有时采取刑法修订的方式，新的刑罚法规被陆陆续续地制定出来。例如，刑法典中新增了不正当制作支付用卡电磁记录等罪和制作不正当指令电磁记录等罪（制作病毒罪），为了应对性质恶劣的驾驶行为，新增了危险驾驶致死伤罪，为了将处罚范围扩大至保护不充分的领域而基于对性自律予以保护的观点修改了性犯罪。在特别法中，为应对恐怖活动，制定了《向恐怖活动提供资金处罚法》，并且新增了准备恐怖活动等罪（修改《组织犯罪处罚法》）；除此之外，还数次对《儿童卖春、儿童色情处罚法》和《尾随规制法》进行修改。

上述情况被称为刑事立法的活性化。[21] 学界围绕着对这种现象的评价从方方面面展开了研究。[22]

三、刑事立法学之诸相

1. 从解释论出发的研究路径

(1) 代表例。

如上所述，在 1970 年代以后，日本刑法学将其资源集中投放于刑法解释论之中。在以解释论为中心的学术领域，作为应对突如其来的刑事立法活性化状况的分析手段，首选当然是解释论的方法。

例如，关于针对处罚早期化现象的刑法学态度，高桥则夫教授在对肯定性立场、否定性立场和折中性立场进行梳理的基础上，阐述了"以上三种立场的基础是对于刑法的任务是什么、作为刑法保护对象的法益是什么等问题存在不同的理解"的观点。[23] 另外，井田良教授指出，"法律的拼接化"是刑事立法活性化状况的特征，形成该特征的要因之一是，"开始对一直以来具有巨大影响力的正统理论持怀疑的态度，与此同时逐渐重视体系性思考"的变化；刑事立法活性化状况中的刑法学，应当致力于"探究正统

---

⑳ 关于这一点，仲道祐樹「論争の終わらせ方」高橋則夫＝杉本一敏＝仲道祐樹『理論刑法学入門』（日本評論社，2014 年）334 頁以下参照。

㉑ 井田良「刑事立法の活性化とそのゆくえ」法律時報 75 巻 2 号（2003 年）4 頁参照。

㉒ 作为共同研究，最初的是法律時報 75 巻 2 号（2003 年）的特集「最近の刑事立法の動きとその評価」，后来的是井田良＝松原芳博編『立法学のフロンティア3』（ナカニシヤ出版，2014 年）。关于包括后者在内的立法学研究的整体情况，可以亀井源太郎「刑事立法学の構想」法学会雑誌 62 巻 1 号（2021 年）158 頁以下参照。

㉓ 高橋則夫「刑法的保護の早期化と刑法の限界」法律時報 75 巻 2 号（2003 年）16 頁。

理论，不得懈怠原理性·体系性思考”，具体而言，即“对刑罚的存在理由和正当化根据以及量刑中的报应性科刑与犯罪预防的关系等根本性问题作出理论解释”，并“说明作为刑法基础的各种原理·原则，明确原理·原则的相互矛盾及其程度”㉔。可以看出，两位学者采取的态度都是通过回归刑法的基本原则和刑罚的正当化根据论等刑法的基础理论，从而对刑事立法展开理论分析。

更为直接地提出应当根据解释论的方法对刑事立法进行分析的是松原芳博教授。松原教授指出，“该当构成要件的违法且有责的行为这一‘犯罪’的定义……也是以解释论为核心的。在该定义中，违法性和责任都具有前实定法的性质。而且，构成要件就是立法者对达到当罚程度的违法且有责的行为在实定法中作出的类型化。所以，在立法论中，‘当罚程度的违法且有责的行为’同样是能够作为前提的犯罪概念”㉕，于是从正面主张将以解释论为核心的犯罪概念转用于立法论。以此为出发点，松原教授根据“法益因对于人类的生存或者人们的生活具有必要性而归属于人，它是可能被侵害的在经验上实际存在的利益或者资源”这一有关法益的理解，针对以“国民生活的安全”作为立法理由的《组织犯罪处罚法》《尾随规制法》等提出了“在作为法益的适格性方面存在疑义”的批判。㉖

（2）渊源。

这种倾向从平野龙一教授那里就已经出现了萌芽。基于批判上述《改正刑法草案》的立场，平野教授和京都大学的平场安治教授共同组织成立了刑法研究会，主导着有关刑法修改的研究团体。㉗ 刑法研究会的研究成果包括总则和分则两个方面，以广泛的比较法调查、传统的解释论以及刑法应当如何应对新社会、新宪法的政策论为基础展开了细致的分析。其中，平野教授指出，“现在的宪法是……以个人主义思想为基础的”，“正在向着承认个人价值观的多样性、对于不同价值观采取宽容态度……的包容性（permissive）社会转变”㉘。这种观点与其同时期执笔的刑法总论教科书呈现出来的法益保护原则的解释指针具有一惯性。㉙

对于平野教授而言，“学说原本就是立法论”㉚。如果对该命题作字面的解读，意思就是平野教授采用的解释论方法和立法论方法是相同的。在这个意义上，后来的刑法学在刑法解释学的框架内应对刑事立法活性化状态就是必然的。对这种关联性可以用“刑法学＝解释论＝立法论”的公式来表达。

㉔ 井田良「近年における刑事立法の活性化とその評価」井田良＝松原芳博編『立法学のフロンティア3』（ナカニシヤ出版，2014年）114頁以下。

㉕ 松原芳博「立法化の時代における刑法学」井田良＝松原芳博編『立法学のフロンティア3』（ナカニシヤ出版，2014年）137頁以下。

㉖ 松原·前揭注25，139頁。

㉗ 作为研究成果，平場安治＝平野龍一編『刑法改正の研究1』（東京大学出版会，1972年）；平場安治＝平野龍一編『刑法改正の研究2』（東京大学出版会，1973年）。

㉘ 平野龍一「社会の変化と刑法各則の改正」平場安治＝平野龍一編『刑法改正の研究2』（東京大学出版会，1973年）13頁以下。

㉙ 平野·前揭注18，51頁参照。

㉚ 平野·前揭注17，247頁。

2. 要求刑事立法学具备固有性的动向

（1）对"刑法学＝解释论＝立法论"的批判。

但是，最近学界针对上述"刑法学＝解释论＝立法论"的研究路径提出了种种批判。

第一，法益保护主义、责任主义、行为主义等刑法的各项基本原则以及刑法解释论框架无法约束立法者的判断，其正统性的根据不明确。[31] 例如，假设某个法益概念在理论上是妥当的，据此，承认该法益概念具有妥当性的刑法学者就会将无法根据此概念进行说明的刑事立法评价为"不妥当"。这种"不具有妥当性的评价"会对立法者的判断造成什么影响呢？的确，根据某法益概念的说服力的不同，在立法讨论时可能会被纳入考虑。但是，这并不代表立法者必须服从该法益概念。即使立法讨论的结果是立法者采用了不同的法益概念，也不意味着在立法程序上存在瑕疵；而且，即使立法者未将该法益概念作为议题，也不存在问题。对此，卡尔·弗里德里希·斯图肯伯格（Carl Friedrich Stuckenberg）指出，"在多元社会，定义〔规制的〕目的、选择手段是政治过程的课题。只要处于符合宪法的框架范围之内，法律就是拥有主权的国民的意思的正当体现，从而与是否是具有理性且自由主义的解决办法、是否违背理论、是否有益于目的的实现以及是否存在认定其有误的充分理由等无关"[32]。

第二，刑法解释论上的方法本来就要受到时代的制约。刑法解释论的方法存在因受到应对刑事实务中的理论问题这一外部刺激而发展的倾向。例如，作为日本法中具有特征性的法律形象，共谋共同正犯的讨论经常会变得活跃，这就是因为时常出现要求作出理论应对的新事件、新判例。[33] 最近，日本对于诈骗罪和盗窃罪的研究以及有关其中的共犯和未遂的研究数量有所增加，这也是因为实务中要求对特殊诈骗（Enkeltrick）作出理论应对。[34] 由此可见，刑法解释论的方法存在以应对特定时代的实务要求的形式进行构建的方面，在这个意义上要受到时代的制约。然而，解释论一旦在"刑法学＝解释论＝立法论"的框架下被纳入立法，就会变成具有"前实定法性格"的普遍的"应然刑法"。这种情况目前正在发生。其问题在于以下两点：其一，刑法解释论的方法原本就不是普遍的"应然刑法"；其二，如上所述，允许将某个时代的刑法、刑法解释论予以理想化的根据是不明确的。[35]

以上批判为从超出刑法解释论方法的部分中探寻立法固有的讨论作出了准备。

（2）对专业知识应有状态的质疑。

除上述有关刑法学性质的问题以外，还出现了为刑事立法学的登场作准备的重要

---

[31] 仲道祐樹「法益論・危害原理・憲法判断」比較法学 53 巻 1 号（2019 年）57 頁以下参照。

[32] Stuckenberg，GA 2011，653，658. Gärditz，JZ 2016，641，645. "能够为社会所允许的事物的界限是可变且依赖于价值的。对此作出定义、消除利益冲突、通过使存在伦理正义的领域规范化实现方针的稳定，这些正是民主立法的持续性课题。"

[33] 具有代表性的是，最高裁判所判决昭和 33 年 5 月 28 日刑集 12 卷 8 号 1718 页（练马事件）；最高裁判所决定平成 15 年 5 月 1 日刑集 57 卷 5 号 507 页（保镖事件）。

[34] 最高裁判例有：最高裁判所决定平成 29 年 12 月 11 日刑集 71 卷 10 号 535 页；最高裁判所判决平成 30 年 3 月 22 日刑集 72 卷 1 号 82 页。

[35] 上田正基「性犯罪処罰規定の見直しに関する議論について」神奈川法学 53 巻 2 号（2020 年）85 頁以下参照。Vgl. Kindhäuser，Fn. 10，S. 42.

观点。

在立法方面，日本的刑法学者没有被赋予国家法律上的权限。当然，刑法学者有时会作为国会参考人陈述意见（《众议院规则》第85条之2第1项，《参议院规则》第186条）。但是，这也不过是刑法学者个人的意见陈述而已。[36] 即使大多数刑法学者对于某项内容达成一致意见，也仅仅是刑法学者这一职能团体的意见。如果认为法学学者的意见在立法中具有一定的权威性，也是因为那是专家的观点，只有对专业知识抱有敬意，才能被正常地纳入立法讨论。

但是，关于这一点，龟井源太郎教授指出，“以专业讨论的形式提出的立法批判，实际上不过是批判者对其政治偏好的表达……如果政治偏好通过专家发言的形式来表达，就可能导致对于专家的社会信赖的降低，从而使得专业知识被排除在国家的意思形成过程之外”[37]。

这种观点准确指明了必须构建怎样的评价分析刑事立法的框架属于理论问题，为刑事立法学的自觉性展开提供了契机。

3. 刑事立法学的展开

如上所述，日本刑事立法学的展开表现为以下三个方面：第一，刑事立法活性化状况的出现；第二，以“刑法学＝解释论＝立法论”的方案为基础的立法评价分析路径的登场；第三，对此的批判。下面，本文将对现在的讨论状况进行梳理，并简要地阐述个人观点。

（1）局部战与框架论。

就研究现状而言，刑事立法学中出现两大支柱，即有关个别立法是否妥当的讨论（简称“局部战”）和有关如何构建判断刑事立法是否妥当的理论框架的讨论（简称“框架论”）。即使是在局部战中，研究路径也是多种多样的。这里主要介绍的是性犯罪的修改和《组织犯罪处罚法》的修改（2017年增设准备恐怖活动等罪）。

在2017年修改性犯罪之际，以比较法调查为基础，建议完善性犯罪的研究逐渐增多。具有代表性的是，对美国、英国、加拿大、法国、德国、瑞士等国进行的横向调查。[38] 2017年修改以后，仍然有研究根据比较法调查提出修改意见[39]，其中较为突出的是通过与外国法律规定进行比较来论证更完善的立法的研究路径。[40]

另外，在修改《组织犯罪处罚法》时，除采用解释论方法进行分析以外[41]，基于宪法论的分析也值得关注。作为有组织的犯罪集团的团体活动，准备恐怖活动等罪将计划

㊱ 而且，在法务省修改或者新设由其管辖的法律（具有代表性的是刑法典）时，作为法务大臣的咨询机关的法制审议会会进行审议（《法务省组织令》第54条）。通常，刑事法学者会参加其中的部会审议（《法制审议会令》第6条）。

㊲ 亀井・前掲注22，157頁。

㊳ 特集「性犯罪規定の比較法的研究」刑事法ジャーナル45号（2015年）4頁以下。后来，调查范围进一步扩大，该研究成果收录于樋口亮介＝深町晋也編『性犯罪規定の比較法研究』（成文堂，2020年）。

㊴ 島岡まな「ジェンダー視点を取り入れた立法論」刑事法ジャーナル69号（2021年）114頁以下。

㊵ 高山佳奈子「［インタビュー］共謀罪の何が問題か」法学セミナー編集部編『共謀罪批判』（日本評論社，2017年）22頁以下参照。

㊶ 同上注。

实施一定犯罪行为并且为了实行计划的犯罪行为而进行准备的行为规定为构成要件。这里的特征是，由于计划的内容是实施犯罪的合意，因而就会受到特别是宪法学者提出的“存在违背〔日本国〕《宪法》第 19 条所保障的思想和良心的自由之嫌”[42]。

本文不涉及局部战中的个别讨论是否妥当的问题。这里论及的局部战，除提供讨论现状的相关信息以外，还希望能够揭示基于多样化的研究路径展开立法评价分析（＝优劣之判断）的实际状况。如果继续维持这种优劣标准多样化的状态，就无法构建具有理论性并且对立法有说服力的刑事立法学。在这一点上，框架论是有意义的。

关于日本的框架论，需要注意的是，其内部的各种观点并不是相互对立的。刑事立法学是一个尚处于草创期的学术分野，持有关注的研究者比较少。目前状况是，一方面，学者们提出了不同的模型，其中能够共享的部分正在作为共有财产逐渐扩大；另一方面，现在正处于通过模型间的对话发现各种观点在细微之处存在的区别的阶段，还没有达到自觉地排斥某种模型的讨论水平。

（2）犯罪化的正当化条件及其体系化。

第一种是将刑事立法的评价分析所必需的视角作为“犯罪化论”予以体系化的框架。这种框架的出发点是，“犯罪化是国家使用刑罚这种严峻的制裁对某些行为进行规制，因此，要使其得以正当化，就要求规制该行为属于国家应当发挥的作用，而且必须存在予以强制性规制的特别理由”[43]。在此基础上，该框架提出了由以下四个阶段构成的犯罪化论体系。在第一阶段将“国家介入的正当性”（国家是否有权规制该行为）与政治哲学的价值判断相关联展开讨论；在第二阶段对“犯罪化的必要性”（犯罪化以外的方法是否无法充分实现规制目的）展开讨论；在第三阶段对将该行为作为犯罪会产生怎样的弊端、是否会产生应当限制犯罪化的消极作用展开讨论（“整体性的利益衡量”）；在最后的第四阶段进行“刑罚法规施行后的验证”[44]。

这种框架旨在以“犯罪论体系”为蓝本构建“犯罪化论体系”，从而使以具有法律安定性的形式对刑事立法评价分析框架进行展开成为可能。而且，其判断构造与后述的宪法论存在相通之处，不仅通过论者重视的政治哲学上的价值判断实现了正当化，还开辟了经由宪法实现实定性正当化的道路。

（3）作为诱因设定的刑事立法。

第二种是在评价分析刑事立法时着眼于诱因设定的框架。这种框架甚至将刑法的基本原则和宪法上的准则（例如，《日本国宪法》第 31 条保障的罪刑法定主义）也作为“在政治性以及制度性的环境中历史性地发展而来的、在这个意义上具有偶然性的产物”，并且设定了一个理想的刑法，反对与此产生差别的立法分析框架。在此背景下，现在的状况是使某种诱因构造被制度化；立法分析所体现的是根据以下观点进行判断的框架，即新立法带来的诱因构造的变化使人们的行动发生了怎样的改变，以及由此给整个社会带来了哪些便利和费用等。[45]

---

[42] 塚田哲之「人権論から見た共謀罪」法学セミナー編集部編『共謀罪批判』（日本評論社，2017 年）71 頁。

[43] 高橋直哉『刑法基礎理論の可能性』（成文堂，2018 年）60 頁。

[44] 高橋・前掲注 43，60 頁以下。

[45] 上田・前掲注 35，86 頁以下参照。

对于将宪法原则也作为政治性、历史性、制度性的偶然予以排斥的激进观点，确实存在讨论的余地。但是，暂且抛开这一点来看，意图在政策上实现的状况具有正当性，能够为了达成该政治目的而设定适当诱因的立法才是好的立法。

（4）与宪法学的协动——本文采用的框架。

最后一种是旨在与宪法学协动的框架。本文赞成该方向。但是，这既不意味着放弃刑法学者的工作，也不意味着主张刑事立法应当从属于宪法学。以下是本文的观点。㊻

如上所述，刑法解释论的方法（例如，法益论），其本身即使成为立法者的参考，也无法约束立法者的判断。存在可能性的，仅限于刑法学的理论工具拥有直接约束立法者的最上位规范即《日本国宪法》上的根据的场合。㊼

尤为突出的是法益论。能够由法益论体现的，只有“法律、法案意图保护的利益才是值得保护的法益”这一点。法益论本身并不包含是否允许“使用刑罚”来保护某法益的视角。㊽ 应当认为，有必要将能否使用与国家追求的目的正当性的判断相区别的刑罚（手段审查）纳入立法评价分析之中。在这个方面，日本采取的是由最高裁判所进行的宪法审查（违宪审查制），导入这种制度性观点是有益的。

最后，在对某法律、法案给予消极评价、提出批判时，有必要将批判的效果纳入立法评价分析的考虑之中。例如，假设对于某法律、法案的批判是基于纯粹刑法学上的原理原则提出的，根据刑法学判断该立法不妥当的评价即使成为立法者的参考资料，也无法对其判断进行约束；相反，如果该评价的根据拥有宪法基础，该法律、法案不妥当的评价就具有“因违宪而无效”的法律上的强力效果，从而会影响立法者的判断。

要使将上述对立法者的直接约束可能性和手段审查纳入刑事立法分析框架成为可能，笔者主张“刑事立法分析的二阶层构造”。也就是说，刑事立法分析框架可以设计为以下两个阶段：1）以宪法判断为基础的阶段，即直接约束立法者，在违反宪法时能够认定该法律无效（以下简称“外部界限”）；2）在肯定合宪性的基础上，以制定内部更加完善的立法为目标，从刑法学方面进行方案和批判的阶段（以下简称“内部讨论”）。

在外部界限阶段讨论的是，该法律制约了哪些宪法上的权利以及能否使这种制约正当化的问题。在现行法秩序下，那些无法通过外部界限的法律是无效的。

当然，宪法上不存在问题并不意味着该立法就是唯一可能的，而仅仅是（若以考试答案为例）“并非不可能”㊾。其中也可能存在“A 评价”“B 评价”“C 评价”的立法。在宪

㊻ 关于以下论述，仲道・前揭注 31，64 頁以下参照；仲道祐树「刑事立法分析の2 段階構造とテロ等準備罪」小山剛ほか编『日常のなかの〈自由と安全〉』（弘文堂，2020 年）15 頁以下。Vgl. auch Nakamichi，ZIS 6（2017），S. 324，324 f.

㊼ Stuckenberg，GA 2011，653，658 f. “从学术的立场向立法者说明应当选择何种目的、不应当选择何种目的，作为理想的由其具有说服力的论据导出的（刑事）政策上的讨论中形成的提案，是可能且必要的。但是，如果立法者所受到的诸如只能处罚法益侵害行为的法律制约这种印象不能转换为在宪法上具有说服力的论据……就无法与民主性的立法者的行为自由相协调。”

㊽ “即使刑法的目的在于保护法益，也不应当直接发动”，“如果适合采取其他社会统制手段，就应当委由这种手段处理”，“即使某立法中确认了法益的存在……也必须进一步考虑其他的正当化要素”［嘉門優「法益論の現代的意義」刑法雑誌 47 巻 1 号（2007 年）37 頁以下］。

㊾ 西原博史「憲法構造における立法の位置と立法学の役割」西原博史编『立法学のフロンティア2』（ナカニシヤ出版，2014 年），第 21 頁参照。

法中，亦即在内部讨论阶段，刑法学者应当向立法者说明刑法学知识，以“更好的立法”为目标提出方案、批评。

在这个框架中，需要从宪法论的角度讨论的问题是：作为刑法基本原则的责任主义是受到宪法保障的原则，与此相违背的立法是否违反宪法？责任主义是否只是为了制定“更好的立法”而根据刑法学的观点提出方案和批判的工具？

四、结语

为了预防犯罪活用刑事处罚并非具有无限可能，而是存在界限的。在如何设定这一界限方面，日本刑事立法学作出的尝试是对其进行语言化、体系化。其特点体现为，重视立法者的存在，在此基础上将对于立法者产生的影响作为考虑要素。

所以，通过“责任刑法抑或预防刑法”的宏大标语解决问题的方法并未受到期待。如果要基于诱因论对刑事立法进行评价分析，就需要考虑能够消除实施一定犯罪行为的诱因、诱导人们实施与犯罪无关的行为的最适当的制度设计是什么的问题。[50] 如果以本文提倡的宪法论为基础，那么，某个立法是不是以一种未获得正当化的形式对宪法所保障的权利作出了制约就成为问题所在。

可以想见，根据笔者提倡的框架或者内部讨论中每个学者所采取的研究路径都能够提出更好的立法提案。此时，可以通过比较法上调查的方法向成功地对某种现象作出刑事规制的国家学习或以失败的国家为镜鉴，也可以通过与诱因论（其背后的经济学）之间的协动来判断政策上的适当性。另外，这里还包含着一项课题，即对本国整体法制度的体系性进行考虑，将不得出现宪法上允许但与本国的法制度不协调的制度设计作为国内法的问题展开讨论。

正如这种动向所体现的那样，犯罪化时代的刑法学不应当像以前那样仅限于阐述宏大的（或者过于宏大的）理念，也不能只进行解释论的研究。刑法学必须采用各种方法不断地探讨更好的立法是怎样的，对其进行判断的理论框架是怎样的，特别是从与立法者判断的关系方面来看适当的框架是怎样的等问题。

---

[50] 当然，将其称为“刑罚”是否妥当是存在争议的，而且，如果有利于诱因的有效改善，就可以不加犹豫地导入严格责任。关于这一点，稻谷龍彦「企業犯罪対応の現代的対応（1）」法学論叢 180 卷 4 号（2017 年）42 頁；稻谷龍彦「企業犯罪対応の現代的課題（6）」法学論叢 186 卷 2 号（2019 年）3 頁参照。

制约和形塑之间
——犯罪论体系与刑法典关系再考察

蒋浩天*

摘要：在犯罪论体系的研究中，不论采取何种立场，都必须处理好犯罪论体系与刑法典的关系。犯罪论体系本质上属于理论，它既是对犯罪成立条件的体系化，同时也是法律适用方法。在构建和检验犯罪论体系时，应当尽可能地结合刑法典的内在体系，并参考相应的比较法知识，对法律条文的真实含义进行间接阐述，而非拘泥于条文的原话。刑法典对犯罪论的制约作用，主要在犯罪论体系的下位领域展开，犯罪论体系的核心概念并不依赖于现行法。若想充分发挥犯罪论体系对刑法典的形塑作用，则应尽可能地考虑理论的可接受性，并经过充分的论证。在刑法再法典化的过程中，原则上不宜将过多的立法资源倾注在犯罪论的核心部分，而只需对部分不够精确的立法定义进行修正，此时学者的使命是尽可能地摒弃前理解，积极地参与法教义学商讨，并推动其发展，以期给未来的立法提供参考。

关键词：犯罪论体系；体系性思考；刑法典；再法典化

一、引言

在犯罪论体系的研究中，不论采取何种立场，都必须处理好犯罪论体系与刑法典的关系问题。对此，我国主要存在两种见解：前者认为，犯罪论体系的构造必须服从并服务于刑法典的体系（制约说）[①]；后者主张，刑法典对犯罪论体系没有制约作用，反而是犯罪论体系形塑着刑法典（形塑说）。[②] 一般认为，制约说倾向于通过强调刑法典对犯罪论体系的制约作用，来论证我国应当继续维持四要件体系；形塑说则试图通过说明犯罪论体系独立于刑法典，来给我国犯罪论体系的阶层化改造寻找理论支持。不过，制约说通常主张犯罪论体系本质上并非法定的犯罪成立条件，而是属于刑法理论；形塑说往往也承认我国刑法典并未明确区分不法和罪责，只是强调刑法典的规定不能成为采取

---

* 蒋浩天，清华大学法学院博士研究生。

① 参见冯亚东：《刑法典对犯罪论的制约关系：基于中、德刑法典的比较分析》，载《中外法学》2012 年第 3 期，第 607～625 页。

② 参见江溯：《犯罪论对刑法典的形塑作用——以德国犯罪论与刑法典的关系史为线索的考察》，载《南京师大学报（社会科学版）》2013 年第 1 期，第 78～83 页。

何种犯罪论体系的理由。因此，尽管这种理论对立时常出现在我国的学术讨论中，但它们的对立基础未必明确，反而更像是犯罪论体系之争的一种延伸。在刑法知识转型走向深入、刑法的再法典化问题逐渐引起关注的大背景下，有必要从法学方法和法典理论的视角，更加深入和具体地考察犯罪论体系和刑法典的关系，进一步凝聚共识，从而给未来的立法活动提供基础理论上的参考。

对此，本文的出发点是，抽象地说明犯罪论体系和刑法典之间是制约关系或者形塑关系，并没有太大意义，关键要在理论上讲清楚刑法典在何种程度上制约着犯罪论体系，以及犯罪论体系在哪些方面能够形塑刑法典，而这又以确定犯罪论体系的属性为前提。基于此种问题意识，本文试图探讨以下问题：犯罪论体系的本质是什么？刑法典在犯罪论体系的形成中扮演着怎样的角色？犯罪论体系能够对刑法典产生何种影响？犯罪论体系与刑法典的关系，对我国刑法中犯罪论部分的再法典化有哪些启示？

二、犯罪论体系的本质

（一）犯罪论体系作为理论

早在20世纪80年代，我国学者就讨论了犯罪构成③究竟属于法律概念还是理论概念的问题。法定说认为，犯罪构成是由法律明文规定的犯罪规格。理论说主张，犯罪构成不是刑法条文所规定的概念，而是研究刑法条文中规定的构成犯罪的各种条件的理论概念。折中说则认为，犯罪构成既是由法律规定的一系列事实要件的总和，同时又是一种理论。④

上述争议首先涉及对犯罪构成概念的理解。如果采取我国传统教科书中的说法，认为犯罪构成是“依照我国刑法的规定，决定某一具体行为的社会危害性及其程度而为该行为构成犯罪所必需的一切客观和主观要件的有机统一”⑤，便会倾向于法定说。因为在罪刑法定原则之下，犯罪构成的诸要件需要由法律明文规定，这样一来，行为是否具备犯罪构成，就和是否违反刑法完全一致。⑥ 也正是因为犯罪构成具有法定性，它才能够成为区分罪与非罪、此罪与彼罪的标准。不过，如果认为犯罪构成属于法律规定，那么它在表现形式上就应该是显性、明确和唯一的，但实际情况是不同的学者对于犯罪构成往往都有属于自己的见解。⑦ 对此，倾向于折中说的学者提出，有必要区分犯罪构成和犯罪构成理论。作为法律概念的前者是构成犯罪的规格和标准，是使行为人负刑事责任的根据；而作为理论概念的后者是关于制定、说明和运用犯罪规格的理论，是对刑法规定的构成犯罪的要件所进行的概括和说明。⑧

无论是法定说、理论说还是折中说，都没有否定犯罪论体系和现行法的紧密联系。

---

③ 本文在同等意义上使用“犯罪论体系”和“犯罪构成”。具体的概念辨析，可参见付立庆：《犯罪构成理论：比较研究与路径选择》，法律出版社2010年版，第11页以下；蔡桂生：《构成要件论》，中国人民大学出版社2015年版，第38页以下。

④ 参见高铭暄主编：《新中国刑法科学简史》，中国人民公安大学出版社1993年版，第84页。

⑤ 高铭暄、马克昌主编：《刑法学》（第10版），高等教育出版社2022年版，第47页。

⑥ 参见高铭暄：《犯罪构成的概念和意义》，载《法学》1982年第1期，第12页。

⑦ 参见冯亚东：《犯罪构成本体论》，载《中国法学》2007年第4期，第86页。

⑧ 参见樊凤林主编：《犯罪构成论》，法律出版社1987年版，第5～7页。

法定说和理论说的差异，主要在于是将犯罪论体系理解成法定的犯罪成立条件之总和，还是将其理解成对这些法定条件的理论概括。折中说虽然主张犯罪构成既是法律规定又是理论体系，但持此见解的学者往往仍是在犯罪构成理论的意义上讨论四要件体系和阶层体系。[⑨] 在本文看来，根据罪刑法定原则的要求，能够作为刑罚前提（犯罪）的那些要素或情节，当然需要由刑法规范来设定。但仅以此为由，就将犯罪论体系等同于现行法，同样是不妥的。一方面，在某些场合，刑法并没有将所有的构成要件要素——如不作为犯中的作为义务来源、盗窃罪中的非法占有目的等——完整地规定于条文中，不能简单地认为既然刑法没有规定，就不需要再考察这些要素。[⑩] 而要发现这些不成文的构成要素，必须依赖刑法理论。另一方面，要想准确认定犯罪，往往需要同时适用刑法分则和刑法总则中的条文，此时如何考虑这些条文间的适用顺序，则涉及判断单个规范在定罪中所扮演的角色，以及规范间的逻辑联系。这样的工作并非立法者的使命，因为实定的法律材料无法预先提供使之形成体系的方法，而提出相应准则的工作，必须由刑法科学的理论来完成。[⑪]

那么，是否有必要同时肯定犯罪论体系的法律侧面和理论侧面呢？本文认为，这种区分的实益并不明显。实际上，法律概念就像是一把把收起的伞，要想打开它们，使之在个案中得到适用，就必须对其进行解释。然而，经过解释，尤其是被立法机关之外的主体解释后的法律概念，和理论概念的区别究竟还有多少，是存在疑问的。实际上，部分已经由《刑法》作出明确定义的法律概念，如正当防卫、共同犯罪等，却成了理论争议的“多发地带”，这也反映出大多数法律概念实际上并不精确，往往需要通过教义学上的加工，才能焕发出活力。冯亚东教授甚至提出，不论是学者还是司法人员，只要是在对刑法条文进行一种自我式的理解，就应当被划归法学理论的范畴。[⑫] 这样一来，犯罪论体系就应当被视为“主体对刑法体系的（一种）理解”，而非“刑法体系本身”。

（二）犯罪论体系作为体系化的犯罪成立条件

接下来需要探讨的是，犯罪论体系是一种怎样的理论。应当说，想要准确地理解“犯罪论体系”，就必须牢牢把握“体系”这把“金钥匙”。体系概念在欧陆历史悠久，早在莱布尼茨和康德的著作中，便已被详细讨论。[⑬] 到了 19 世纪，体系的地位被德国的概念法学推向顶峰。当时人们认为，所有的法律决定，都可以从一个由实证的法律规则和法律原则所组成的无漏洞的、封闭的体系中，通过逻辑的手段推导出来。[⑭] 体系的建构，则分为三步：首先，从调整对象的事实构成中，分离出某些要素并将其普遍化；其次，基于这些要素形成类概念，然后通过增添或剔减若干种差特征，形成若干抽象程度不一的概念；最后，通过将抽象程度较低的下位概念涵摄到抽象程度较高的上位概念之

---

⑨ 参见李洁：《法律的犯罪构成与犯罪构成理论》，载《法学研究》1999 年第 5 期，第 83～91 页。

⑩ 参见张明楷：《刑法学》（上）（第 6 版），法律出版社 2021 年版，第 159 页。

⑪ 参见［德］米夏埃尔·帕夫利克：《刑法科学的理论》，陈璇译，载《交大法学》2021 年第 2 期，第 40 页。

⑫ 参见前注①，冯亚东文，第 612 页。

⑬ 参见［美］罗杰·伯科威茨：《科学的馈赠——现代法律是如何演变为实在法的?》，田夫、徐丽丽译，法律出版社 2011 年版，第 87 页以下；［德］康德：《纯粹理性批判》，邓晓芒译，人民出版社 2017 年版，第 480～481 页。

⑭ 参见［德］莱因荷德·齐佩利乌斯：《法哲学》，金振豹译，北京大学出版社 2013 年版，第 287～289 页。

下，最终实现将大量的法律素材归结到少量的最高概念上。[15]

刑法领域的体系建构，大体也遵循着这种先分析后综合的步骤。这种工作的第一步，是分解刑法条文，以得出成立某一具体犯罪所需要具备的条件。随后，则需要按照这些犯罪成立条件间的共同特征，将它们归纳到一起，进而形成更加抽象、位阶也更高的犯罪成立条件。最终在明确不同犯罪成立条件之间关系的基础上，将它们进一步抽象化，最终得出一般性的犯罪概念。以阶层犯罪论为例，从刑法分则关于故意杀人罪的规定中，可以分解出“杀害”“故意”“人”等概念；而将故意杀人罪中的“人”和盗窃罪中的“公私财物”对比，可以发现它们所指代的都是“行为客体”；而“行为客体”，可以进一步被涵摄到“构成要件”之下；“构成要件”则是“不法”的一部分；最终“不法”和“罪责”共同组成“（犯罪）行为”这一犯罪论体系中最上位的概念。显然，犯罪论体系并不是犯罪成立条件的简单汇编，而是在认识各种犯罪行为背后所具有的共通性要素的基础上，将这些要素重新提炼和整合后所形成的知识系统。正是基于犯罪论体系自身的高度抽象性，以及建构的人为性和条件性，俄罗斯学者将其比作“中世纪德国炼金术士所发明的宝石”[16]。也正是在此意义上，可以认为犯罪论体系是刑法理论发展高峰的标志。它与犯罪成立条件的单纯集合之间，有着本质上的区别。[17]

犯罪论体系还是刑法科学性的集中体现。围绕着法学究竟是单纯的实践技术，还是具有科学特征的问题，古往今来的法律人倾注了“洪流般的墨水”。不过，只要在一定程度上认同法学是一门科学，就必须努力将法律素材置于某种理性的框架之下，以此确保在任何情况下，对法规范的诠释可以通过可验证的逻辑程序进行。[18] 而这正是体系建构的使命。不论是收集法素材，还是对法素材予以解释和体系化，归根结底都不是为了产生新的法律，而是揭示不同法素材背后所蕴含的同一性和基本规律，以此将人们对现行法的理解提升到科学的层次，同时也使得超国界的教义学讨论成为可能。

（三）犯罪论体系作为刑法适用方法

随之而来的疑问是，将犯罪成立条件体系化之后，是否会导致其和实践的疏离，甚至成为象牙塔里的概念游戏。在本文看来，犯罪论体系的具体架构，对于初学者而言或许显得复杂，但在掌握体系性思考的基本路径后，就会明显感到“磨刀不误砍柴工”。对此，德国学者普珀形象地写道：“体系方法，乃是将一个思考的任务（无论是要解答一个抽象的问题，还是要判断一个具体的个案）分解成一个个单一个别的思维步骤或决定步骤，并且将这些步骤合乎逻辑地整理排列好。这特别像德国谚语所指出的：第二步永远不会先于第一步。第二步，是指所有逻辑上以第一步为前提的步骤。体系方法，本质上也就是一种逻辑的运用。”[19]

以上论述揭示了体系性思考的基本路径。众所周知，刑法典的适用，就是要以案件

---

⑮ 参见［德］卡尔·拉伦茨：《法学方法论》，黄家镇译，商务印书馆2020年版，第549页。

⑯ ［俄］科罗别耶夫·阿·伊：《俄罗斯刑法理论中犯罪构成的概念与意义》，龙长海译，载《黑龙江省政法管理干部学院学报》2019年第1期，第124页。

⑰ 参见车浩：《体系化与功能主义：当代阶层理论的两个实践优势》，载《清华法学》2017年第5期，第44～45页。

⑱ 参见［意］洛伦佐·伽利雅迪：《法律科学的诞生》，赵毅译，载《求是学刊》2016年第3期，第1页。

⑲ ［德］英格伯格·普珀：《法学思维小学堂》（第2版），蔡圣伟译，北京大学出版社2024年版，第363页。

事实为根据，以刑法规范为准绳，判断行为人是否应负、应负何种刑事责任（量刑），而这又以确认其行为是否构成犯罪、构成何种犯罪（定罪）为前提。犯罪论体系的存在，使得待认定的犯罪能够被预先分解成若干要素，并将它们以体系所要求的顺序排列到一起。这样一来，判断罪与非罪、此罪与彼罪的问题，就成了依次考察犯罪概念中所包含的诸要素在案件事实中是否齐备的问题。如果说体系的建构是从分析到综合的过程，那么体系的运用主要就是演绎的过程。

不难看出，尽管犯罪论体系不能如刑法典般在定罪量刑中充当大前提⑳，但它能够作为适用大前提的方法，来影响定罪的步骤。在刑法领域，进行体系性思考至少能带来以下好处：其一，避免前理解所带来的干扰，消除思维盲区；其二，减少定罪过程中的恣意，维护刑法的安定性；其三，得出结论的过程具备可验证性，从而给对结论的评判、分析和质疑创造基础；其四，降低思考成本，使审查者在个案中能够更好地将论证重心摆在真正的争议点上；其五，能够针对新出现的疑难问题，得出符合体系的解决方案。在本文看来，犯罪论体系就像是语言中的语法，抛开语法，固然不影响日常对话，但唯有掌握语法知识，才能更有效率地分析句子结构和不同句子之间的关系，进而将语言运用到不同的领域。正如李斯特所言，“只有将体系中的知识系统化，才能保证有一个站得住脚的统一的学说，否则，法律的运用只能停留在半瓶醋的水平上。”㉑ 犯罪论体系既是刑法教义学发展的较高形式，它同时也具有操作规程、检验工具、思维方法的属性。㉒

在我国的犯罪论体系之争中，体系化的问题时常被讨论。陈兴良教授指出，四要件体系和阶层体系的核心差异，在于犯罪成立条件之间是否具备位阶关系，四要件体系下，犯罪构成的四个要件是相互依存的耦合关系，而在阶层体系中，不法和罪责的区分反映出的是一种“若无前者，即无后者”的位阶关系。㉓ 车浩教授则进一步将两种犯罪论体系概括为“要素集合”与“位阶体系”㉔。应当说，对于阶层体系在体系化程度上较四要件体系更高这一论断，总体上是没有疑问的。即使是支持四要件体系的学者，往往也承认这一点，他们反对的理由，更多在于阶层体系过于强调体系，难以被司法人员理解和接纳等。㉕

尽管如此，若说四要件体系是纯粹的要素集合，也未必合适。一方面，完全不具有体系性的法律几乎是不存在的，“如果不想仅限于对个案纯粹的死记硬背，在知识传授时无论如何都需要一定的体系论”㉖。尽管犯罪构成的四个要件之间不存在位阶顺序，

---

⑳ 参见李永升、冯文杰：《比较法视域下的犯罪论体系争鸣及其启示》，载《河北法学》2017 年第 3 期，第 26～27 页；王充：《犯罪构成理论与犯罪事实认定关系考察》，载《法律科学》2020 年第 1 期，第 163～166 页。

㉑ ［德］弗兰茨·冯·李斯特：《李斯特德国刑法教科书》，徐久生译，北京大学出版社 2021 年版，第 3～4 页。

㉒ 参见陈兴良：《转型中的中国犯罪论体系》，载《现代法学》2014 年第 1 期，第 69～71 页。

㉓ 参见陈兴良：《刑法阶层理论：三阶层与四要件的对比性考察》，载《清华法学》2017 年第 5 期，第 6～19 页。

㉔ 前注⑰，车浩文，第 45～48 页。

㉕ 参见《刑法学》编写组：《刑法学》（上册）（第 2 版），高等教育出版社 2023 年版，第 105 页。反对性的见解，参见前注③，付立庆书，第 88 页以下；周光权：《阶层犯罪论及其实践展开》，载《清华法学》2017 年第 5 期，第 84～104 页。

㉖ ［德］埃里克·希尔根多夫：《德国刑法学：从传统到现代》，江溯、黄笑岩等译，北京大学出版社 2015 年版，第 192 页。

相互之间的关系也不明确，但它们都源自对具体的犯罪成立条件之归纳，并且能够涵摄于作为上位概念的“危害社会的行为”之下，这样的建构方式固然显得粗放，但在社会危害性和犯罪构成之间，还是建立起了位阶关系。这种从无到有的历史贡献，是不可磨灭的。正如强世功教授所言，四要件体系在我国的确立，标志着社会危害性这一政治概念变得可以从法律上度量，罪与非罪也因此获得了具体的法律标准和衡量的尺度。㉗

另一方面，四要件体系也具有法律适用方法的属性。在苏联和今天的俄罗斯刑法学中，定罪问题往往在犯罪构成之后被单独讨论，这里的定罪，具体包含三个过程：其一，选择定罪的法律条文；其二，按照犯罪客体、犯罪客观方面、犯罪主体、犯罪主观方面的逻辑顺序，依次确定行为人实施的具有社会危害性的行为是否符合犯罪构成；其三，援引相关的刑法条文，对行为人的具体行为中是否具备犯罪构成得出结论。㉘

应当说，若能严格遵循上述思维模式，那么四要件下的定罪活动，在很大程度上也具有体系性思考的特征。然而，四要件体系的耦合结构，反而使从犯罪客体开始，到犯罪主观方面的审查顺序，更像是一种实用角度的妥协，而非逻辑的必然。如果将犯罪构成的四个要件理解为犯罪概念的四个不同侧面，并且它们之间是相互联系的，就应当认为，只要犯罪构成的任何一个要件不存在，都会使其他三个要件丧失意义。㉙ 例如，如果行为人不属于犯罪主体，那么他所实施的行为就不是具有社会危害性的行为，同时他也不会对犯罪行为具有罪过，更不会侵害犯罪客体。而如果行为人造成了客观危害，但对此不具有罪过，那么他同样不属于犯罪主体，此时他实施的行为既不是具有社会危害性的行为，也不会对犯罪客体造成侵害。可是，这种思考路径所反映出的是整体思维和实质观察，在定罪过程的安定性上，要明显弱于阶层体系下的拆分思维。㉚ 这样一来，四要件体系在坚持原有的逻辑和贯彻体系性思考之间，就存在一定的张力。若想更好地贯彻体系性思考，就必须进一步拆分犯罪概念，并尽可能地赋予不同的犯罪成立条件以逻辑上的位阶性，否则既无法克服整体考察的弊端，也无法在共犯、过失犯等犯罪论的下位领域发展出足够精细、足以应对各种疑难问题的犯罪认定步骤。㉛ 然而，四要件体系一旦接受这样的改造，其实质就已经转为了区分不法和罪责、构成要件符合性和违法性的三阶层体系。故而，车浩教授将阶层体系视作四要件体系的进阶版㉜，是十分精当的。

当然，体系性思考并不是万能的，它侧重于规制定罪的思维过程，而非具体的结论。后者在相当多的场合并不涉及体系的构造，而是对刑法分则中具体的构成要件要素

㉗ 参见强世功：《惩罚与法治：当代法治的兴起（1976—1978）》，法律出版社2009年版，第142～145页。

㉘ 参见何秉松等主编：《中国与俄罗斯犯罪构成理论比较研究》，法律出版社2008年版，第176～177页。关于定罪理论的详细介绍，参见［苏］库德里亚夫采夫：《定罪通论》，李益前译，中国展望出版社1989年版；赵路：《俄罗斯犯罪认定基础要论》，中国检察出版社2014年版。

㉙ 参见曾宪信、江任天、朱继良：《犯罪构成论》，武汉大学出版社1988年版，第17页。

㉚ 参见喻海松：《德国犯罪构造体系的百年演变与启示》，载《中外法学》2012年第3期，第636～637页。

㉛ 参见陈兴良：《阶层理论在过失犯认定中的司法适用》，载《华东政法大学学报》2018年第6期，第19～29页；何庆仁：《共犯论领域阶层思考的现实意义》，载《华东政法大学学报》2018年第6期，第30～40页。

㉜ 参见前注⑰，车浩文，第48页。

的解释问题[33]，这也是犯罪论体系之争在理论界热火朝天，在实务界却应者寥寥的一个重要原因。[34] 较弱的体系约束，意味着人们可以直面问题本身，而不是将它置入一个体系中，这种实用主义的论证方式固然更加灵活，但在解决复杂问题时难免更为低效，甚至具有一定的风险。正如罗克辛教授所言，如果放弃犯罪论体系，就意味着刑法学将倒退几百年，最终回到充满“偶然”和“专断”的状态。[35] 对体系性思考的贯彻，意味着定罪活动需要受到法学方法论的约束，这背后蕴含的是罪刑法定、人权保障的理念。[36] 可以说，只要认为定罪是一项严肃的、需要被合乎理性地考虑并正当化的工作，那么犯罪论体系的实践价值就不会消失，对犯罪论体系之逻辑性和实用性的追求，亦不会停止。

三、犯罪论体系与刑法典的应然关系

（一）对制约说的探讨

制约说认为，刑法典对犯罪论体系存在制约性。按照冯亚东教授的见解，犯罪论体系在本质上属于通过解释法律所形成的理论，故而需要受到刑法规定的限制。我国《刑法》对犯罪采取的是“既定性又定量”的模式，采取了“犯罪概念—犯罪构成—犯罪特殊形态”的独特构造，这种构造决定我国只能在主客观相统一的意义上理解犯罪，不能承认“无责任的不法”。而《德国刑法典》并未规定犯罪概念，基本不存在对犯罪的定量评价，同时对不法和责任有着明确的区分，故而可以推导出阶层体系。[37] 在本文看来，上述见解就其出发点来说，包含着正当的内容。对于我国刑法典与四要件体系之间所具有的亲缘性，冯亚东教授也进行了具有说服力的论证。然而，将刑法典对犯罪论体系的制约作用提升到十分严格的程度，乃至于认为从我国《刑法》中只能推导出一种犯罪论体系，至少在以下几方面存在疑问：

其一，对刑法典的解释和体系化是不同层面的工作。刑法条文的最大文义，给刑法解释划定了“红线”，刑法条文的立法背景、和其他条文的关系等因素，也对解释起到较强的规制作用。不过，犯罪论体系的建构，是在解释刑法条文并将其包含的法律概念分解后，才正式开始。此时更重要的是探究不同概念之间的逻辑联系，并且用一个更上位的概念将它们囊括起来，而这些上位概念的发现，往往和现行法本身没有太多关联，而是源自对刑法理念的演绎。例如，罗克辛教授在建构目的理性的犯罪论体系时，采取了刑事政策的视角。在他看来，构成要件符合性源自罪刑法定原则对明确性的要求；违法性涉及的是不同利益间冲突的调控；而罪责的根据，则是建立在一般预防必要性基础之上的需罚性。[38] 帕夫利克教授则是从报应刑论出发，将犯罪定义为公民义务的违反，

---

[33] 参见高治：《祛魅与还原：反思热议的犯罪论体系之争》，载《中国刑事法杂志》2010年第3期，第6页。

[34] 这种情况近年来有一定改善。参见付立庆：《阶层体系下间接正犯与教唆犯的区分标准：理论展开与实践检验》，载《华东政法大学学报》2018年第6期，第41～50页；周光权：《刑法公开课》（第1卷），北京大学出版社2019年版，第36～38页。

[35] 参见［德］克劳斯·罗克辛：《刑事政策与刑法体系》，蔡桂生译，中国人民大学出版社2011年版，第9页。

[36] 参见［德］托马斯·M. J. 默勒斯：《法学方法论》，杜志浩译，北京大学出版社2022年版，第17页以下。

[37] 参见前注①，冯亚东文，第612～621页。

[38] 参见前注㉟，［德］克劳斯·罗克辛书，第20～21页。

刑罚是对公民的不法的回应，进而在“管辖”（Zuständigkeit）和“归责”（Zurechnung）的基础上，建立了一个不区分不法和罪责的犯罪论体系。[39] 在这些迥异的犯罪论体系中，决定它们间核心区别的，并不是现行法，而是对犯罪与刑罚之深层结构的理解和阐释，这也是前文认为犯罪论体系属于刑法理论的一个重要原因。类似的情形，不仅出现在历史上形形色色的体系方案中，在思考相对微观的问题时也有所体现。

其二，我国刑法典规定的犯罪概念不是必须采取四要件体系的理由。根据《刑法》第 13 条的规定，犯罪的特征包括严重的社会危害性、刑事违法性和应受处罚性。我国通说认为，上述三个特征是紧密结合的，严重的社会危害性是犯罪的本质特征，同时也是刑事违法性和应受处罚性的基础；刑事违法性和应受刑罚处罚性则分别描述了犯罪的法律特征和独特后果。[40] 如果一个行为具备犯罪构成的各个要件，那么这一行为的社会危害性就达到了犯罪的程度，同时也表明它是违反刑法的和应受刑罚处罚的。反之，如果不具备犯罪构成的任一要件，那么这一行为就不具有社会危害性，或者社会危害性未达到违反刑法、应受刑罚处罚的程度。[41] 然而，对于我国刑法规定的犯罪概念，未必不能采取阶层式的理解。首先，犯罪概念需要和刑法的任务相一致，根据社会危害性和法益之间的紧密联系[42]，可以将《刑法》第 2 条所规定的刑法之任务，解释为预防性的法益保护，以此在法益侵害的意义上将社会危害性具体化。其次，刑事违法性和应受惩罚性，应当分别根据罪刑法定原则、刑法谦抑性原理和责任主义来阐述，即那些具有一定社会危害性的行为，只有在被类型化为构成要件、不是情节显著轻微危害不大，且行为人对此具有非难可能性时，才属于“依照法律应当受刑罚处罚”，以此将犯罪的基本特征同不法和罪责建立起联系。[43] 显然，这样的解释结论并未超出《刑法》第 13 条的文义范围。另外，尽管我国刑法典中“既定性又定量”的犯罪概念和德日的犯罪概念存在不同，但在阶层体系下给“但书”寻找定位，也并非难以实现。近年来我国学者已从不同角度提出了相应的方案，例如，将“但书”视作对不法和罪责进行程度性判断的规范指引[44]；乃至将“但书”提升至建构出罪事由体系的规范根据[45]等。

其三，即使刑法典中存在某些在字面含义或体系位置上和阶层体系不相协调的条文，也不能断言阶层体系在我国不具有合法性基础，而应具体审查这些条文是否存在采取其他理解的必要性和可能性。法学方法论的发展已经表明，建构出封闭、无矛盾的体系是不可能实现的使命，法律发现更多的是一个论证的过程，不同的解释标准只能作为论据使用，并服务于法秩序价值的实现。[46] 这意味着，即使刑法条文有着相对明确的文

㊴ 参见［德］米夏埃尔·帕夫利克：《人格体、主体、公民：刑罚的合法性研究》，谭淦译，中国人民大学出版社 2011 年版，第 61 页以下；［德］米夏埃尔·帕夫利克：《目的与体系：古典哲学基础上的德国刑法学新思考》，赵书鸿等译，中国人民大学出版社 2011 年版，第 173 页以下。

㊵ 参见马克昌主编：《犯罪通论》（第 2 版），武汉大学出版社 1999 年版，第 19 页以下。

㊶ 参见前注㉙，曾宪信等书，第 17 页。

㊷ 参见王钢：《法益与社会危害性之关系辩证》，载《浙江社会科学》2020 年第 4 期，第 37～45 页。

㊸ 参见前注⑩，张明楷书，第 114～115 页。

㊹ 参见王华伟：《刑法知识转型与“但书”的理论重构》，载《法学评论》2016 年第 1 期，第 69～78 页。

㊺ 参见杜治晗：《但书规定的司法功能考察及重述》，载《法学家》2021 年第 3 期，第 142～154 页。

㊻ 参见前注⑭，［德］莱因荷德·齐佩利乌斯书，第 290 页以下。

义或体系安排，也不能排除根据其他标准来对其进行修正之可能——只要这种修正具有足够的说服力，同时没有逾越文义的最大范围。例如，李瑞杰博士站在制约说的立场上提出，我国刑法典对未达到刑事责任年龄、不具备刑事责任能力、正当防卫、紧急避险等不构成犯罪的情形，都采取了“不负刑事责任”的表述；《刑法》第 13 条至第 16 条中的“犯罪”，也都指的是符合犯罪构成全部要素的犯罪，不能为了区分不法和罪责，就无视这些规定。[47] 在本文看来，上述见解的不足之处在于忽略了法律概念具有相对性。在法秩序统一性原理之下，同一法律概念在不同条文乃至不同部门法中出现时，原则上具有相同的含义。但是，法秩序统一性是目的论层面的统一，当各条文在规范目的上存在差异时，将其相对地、独立地进行把握，与法秩序统一性之间并无冲突。[48] 区分不法意义上的犯罪和不法且有责意义上的犯罪，能够在正当防卫、共同犯罪等场合避免得出难以接受的结论；区分违法阻却事由和责任阻却事由，则能够促进超法规的犯罪排除事由之发展。这意味着，在前述场合，对法律条文进行限制解释能够产生适用上的实益，同时也没有超出条文的最大文义范围，故完全可以对“犯罪”和“刑事责任”采取相对性的理解。

其四，即使对于四要件体系，使之具备体系性的核心因素也并非刑法典，而是法哲学。我国学者已经注意到，今天的四要件体系，主要是沙俄继受 19 世纪中叶德国刑事黑格尔学派的产物。[49] 在这一学派的代表人物贝尔纳（Berner）看来，犯罪构成（Tatbestand）是引起刑罚之要件（犯罪）的总和，具体分为犯罪主体、犯罪客体、犯罪手段和作为三者媒介的犯罪行为，它们之间虽然既不存在构成要件符合性和违法性的区分，也不存在不法和罪责的区分，但各自代表“犯罪”这一整体的不同侧面；同时强调犯罪主体是犯罪论体系中需要首先考察的因素。[50] 这种将具有自由意志的主体作为犯罪前提的结构[51]，实际上是黑格尔法哲学在刑法领域的反映，而不是现行法的必然逻辑。

综上所述，制约说混淆了法律解释和体系建构之间的关系，对法律解释正当性的审查标准也有误解。无论是法律解释还是体系建构，都是一项论证性的工作，不同的解释方法间，并不存在位阶性，在难以实现规范目的时，即便法律条文原本的文字含义、体系安排十分明确，也必须对文义范围进行扩张。[52] 犯罪论体系受刑法典的制约，并不是指犯罪论体系受刑法典的表面文义和外在顺序制约。我国刑法典和四要件体系之间的亲缘性，也只代表从刑法典中推导出四要件体系要更加容易，并不排除在具有足够的理由

---

[47] 参见李瑞杰：《规则思维下的犯罪论体系议论》，载《中财法律评论》第 11 卷，中国法制出版社 2019 年版，第 289 页。

[48] 参见周光权：《法秩序统一性的含义与刑法体系解释——以侵害英雄烈士名誉、荣誉罪为例》，载《华东政法大学学报》2022 年第 2 期，第 14 页。

[49] 相应的考证，参见米铁男：《特拉伊宁的犯罪论体系》，北京大学出版社 2014 年版，第 97 页以下；黄礼登：《十月革命前德国与沙俄犯罪构成理论发展之比较》，载魏东主编：《刑法解释》（第 4 卷），法律出版社 2019 年版，第 138～149 页。

[50] Vgl. Albert Friedrich Berner, Lehrbuch des Deutschen Strafrechts, 1857, S. 108ff. 日本学者对贝尔纳体系的介绍，参见［日］松宫孝明：《构成要件和犯罪体系》，孙文译，载《交大法学》2021 年第 2 期，第 59～60 页。

[51] 参见徐立：《黑格尔“犯罪”概念的法哲学思考》，载《中国刑事法杂志》2010 年第 12 期，第 36～37 页。

[52] 参见周光权：《刑法解释方法位阶性的质疑》，载魏东主编：《刑法解释》（第 2 卷），法律出版社 2016 年版，第 25 页以下。

时，能够从中得出另一种犯罪论体系。当然，这也并不是说，犯罪论体系的建构工作可以无视刑法典，本文将在形塑说之后进一步探讨这一问题。

（二）对形塑说的探讨

形塑说的主要理由是，无论是构成要件、违法性还是责任，都不是刑法典的产物，作为阶层体系基石的不法和罪责也不取决于现行法本身，今天被认为是体现了阶层体系的那些规定，往往是在理论界已经取得广泛共识后，才被写入刑法典的，故而，是阶层犯罪论形塑了《德国刑法典》，而非相反。[53]

纵观犯罪论体系在德国的演进史[54]，确实也能发现，那些引领着体系变迁的关键因素，大多不是现行法，而是时代精神与方法论上的变革。康德、费尔巴哈和黑格尔的刑法思想在 19 世纪的大多数时间支配着德国的刑法理论与实践。而在 19 世纪的后 30 年里，自然主义、实证主义的兴起使刑事黑格尔学派所主张的，以具有刑事责任能力的人为前提的犯罪论体系，逐渐被强调区分不法和罪责的古典犯罪论体系所取代，以使刑法体系彰显出犯罪行为的自然结构，同时适应刑罚和保安处分的二分。进入 20 世纪后，受新康德主义的影响，价值判断被更多地引入犯罪论体系中，使主观不法要素和规范的构成要件要素被发现，也促成了实质的违法性理论和规范责任论的诞生。与之相对，自 1939 年发表《刑法体系研究》一文起[55]，韦尔策尔将人的行为作为刑法物本逻辑的基本结构，进而从行为的目的性出发，对刑法中的自然主义展开了猛烈批判，令主观不法要素深入人心，同时近乎重构了未遂犯与过失犯的教义学。然而，不论是自然主义的犯罪论体系，还是目的主义的犯罪论体系，都建立在犯罪行为的存在论基础之上。20 世纪 70 年代以来，虽然德国的教学和实务倾向于对新古典犯罪论体系和目的行为论的犯罪论体系进行折中，但主张以刑法的任务和目标作为导向来建构体系的功能主义方法论支配着学界，对于刑法功能的不同理解，也构成了罗克辛和雅科布斯在犯罪论体系上的分野。进入 21 世纪后，德国学者对于犯罪论体系的讨论兴致存在下降趋势，但伴随着报应论的复兴，以帕夫利克为代表的学者试图重新建立起观念论哲学和刑法的联系，帕夫利克在《公民的不法》[56] 一书中所建立起的新观念论的犯罪论体系，也代表着德国学者对于犯罪论体系的前沿思考。[57] 另外，犯罪论体系的变迁，也受到某些教义学上的争议问题所影响，不同的犯罪论体系对于结果归属、共犯从属性、假想防卫、结果回避可能性、违法性认识等问题的处理结论，可能会影响其说服力，进而产生调整体系构造的需要。这样一来，与其认为刑法典的变化引领着犯罪论体系的更迭，倒不如说，犯罪论体

---

[53] 参见前注②，江溯文，第 83 页。

[54] 对德国犯罪论体系演进史的简要介绍，参见［德］克劳斯·罗克辛：《构建刑法体系的思考》，蔡桂生译，载《中外法学》2010 年第 1 期，第 5～22 页；前注㉖，［德］埃里克·希尔根多夫书，第 185 页以下。较为详细的探讨，参见［德］许迺曼：《刑法体系思想导论》，许玉秀译，载许玉秀、陈志辉合编：《不移不惑献身法与正义：许迺曼教授刑事法论文选辑》，新学林出版股份有限公司 2006 年版，第 264 页以下。

[55] 参见［德］汉斯·韦尔策尔：《目的行为论导论：刑法体系的新图景》（增补第 4 版·中文增订版），陈璇译，中国人民大学出版社 2024 年版，第 101 页以下。

[56] 对该书基本内容的介绍，可参见《刑法重回科学的尝试——〈公民的不法〉研讨会》，载中国社会科学院大学法学院网站，https：//law. ucass. edu. cn/info/1024/3165. htm，2022 年 8 月 31 日访问。

[57] 参见［德］米夏埃尔·库比彻尔：《背离现实——柏林共和时代的刑法学》，蒋毅译，载［德］托马斯·杜斐等主编：《柏林共和时代的德国法学》，商务印书馆 2021 年版，第 326 页以下。

系的更迭最终是以刑法典的完善作为标志。

不过，当人们论及犯罪论体系对刑法典的形塑作用时，往往会赋予这一过程更多的批判的色彩。换言之，犯罪论体系对刑法典的形塑，通常意味着否定对刑法典的某些通行性理解，即使这些理解原本可能是由立法者，或者立法时具有支配地位的犯罪论所设定的。这样的说法，通常会让人们联想到解释论和立法论的区分。一般认为，刑法的解释论关注的是如何理解与适用刑法典，是实然层面的思考；而刑法的立法论考虑的是如何批判和完善刑法典，是应然层面的思考。可是，犯罪论体系对刑法典的形塑，恰恰是站在应然的立场上批判实然。这是因为，当学者试图按照自己的见解，对刑法典中规定的各种犯罪成立条件进行拆分和重组，以形成犯罪论体系时，他必然需要对不同的方案——诸如是否区分不法和罪责、是否区分构成要件和违法性、违法性的本质是什么、故意是主观不法要素还是责任要素等——作出具有个人色彩的抉择。这种取舍的过程属于一种价值判断，它既是在描述“刑法典的体系是什么”，同时也是在回答“刑法典的体系应当是怎样的”。这样一来，刑法规范的有效性和正当性之间，就未必存在绝对的藩篱。此时，需要讨论的问题就转为，犯罪论体系中的某些结构是否具有超国界的特性，以致能够对另一国的刑法典产生影响，以及这种情形是否会导致立法论和解释论的混淆。

一般来说，相较于民法、商法与经济法，刑法领域的地方色彩会更加明显。这是因为，刑法在历史上一直与国家的主权紧密关联，在启蒙运动之前，君主在惩戒臣民时或许会借鉴其他国家的经验，但其他地方的实践并不构成对本国做法的批判；即使在启蒙运动后，刑法也是国家权力中受到最少约束的部分，因为刑罚权最接近主权的本质，当国家不能惩罚它认为应当惩罚的人时，主权也就丧失殆尽了。[58] 然而，在过去一个世纪里，德国刑法学在世界范围内的流行已经表明，一定程度上的超国界刑法学是完全可能的。[59] 并且，这种局面的形成，并非基于各国立法对《德国刑法典》的借鉴[60]，而是源自各国学者对阶层体系及其下位理论的继受。究其原因，主要在于以下三方面：

其一，尽管法秩序具有国别性，但各国刑法典所要解决的问题，很大程度上是共通的。例如，根据美国学者弗莱彻的研究，任何一部刑法典都需要处理好实体与程序、刑罚和非刑罚性制裁、主体和客体、人为原因和自然事件、犯罪和犯罪人、犯罪和辩护、故意和过失、正当防卫和紧急避险、有关的错误和无关的错误、未遂和既遂、实行和参与、正义和合法性这十二对关系，它们是刑法的“通用性语法”[61]。这样一来，只要某个国家的刑法学者试图思考诸如正当防卫的限度等教义学问题，德国刑法学经过百年积淀所形成的大量论证方案就能够给他提供经济且稳妥的参考。并且，继受德国刑法学的国家和地区越多，其他国家的刑法学者就越容易接触阶层体系，这又促进了德国刑法学

---

[58] 参见［德］马蒂亚斯·赖曼、［德］莱因哈德·齐默尔曼主编：《牛津比较法手册》，高鸿钧等译，北京大学出版社 2019 年版，第 1270～1271 页。

[59] 参见［德］埃里克·希尔根多夫：《超国界刑法学》，刘畅译，载《南大法学》2022 年第 4 期，第 62 页。

[60] 实际上，相当多的刑法典是混合继受多部外国刑法典的产物。

[61] ［美］乔治·P. 弗莱彻：《刑法的基本概念》，王世洲等译，中国政法大学出版社 2004 年版，第 2～3 页。

在世界范围内的进一步传播。[62]

其二，犯罪论体系的建构虽然是从刑法典开始的，但它本质上是一种法律科学意义上的工作，旨在揭示具有刑事可罚性的行为，也即犯罪行为的一般结构。正如前文反复提及的，构成犯罪论体系核心内容的那些法律概念，往往在逻辑上要先于现行法。在拉德布鲁赫看来，它们属于“固有的、真正的法律概念”（die eigentlichen，echten Rechtsbegriffe），是对现行法进行科学认知时所必须使用的工具，它们在内容上具有形式性和不确定性，不属于任何实定的法秩序，而是适用于任何可以想象得到的法。[63] 换言之，法益和规范、不法和罪责、作为和不作为、因果关系和客观归责、既遂和未遂、犯罪的竞合等刑法科学中核心概念的继受，并不受刑法典的限制，刑法典能够影响的，是对这些问题具体采取怎样的理解。

其三，相较于概念、条文或制度上的融贯，法律体系在价值判断上的融贯更为重要。也正是基于这种考虑，黑克、拉伦茨、卡纳里斯等学者主张区分法典的“外在体系”和“内在体系”。前者是法律形式上的构造，是对法素材的划分；后者则是法的内在构造，是一致的价值判断体系，二者相互依赖，外在体系需要受到内在体系的制约。[64] 犯罪论体系正是刑法典外在体系的表现，但随着罪刑法定、行为刑法、责任主义等现代刑法的基本理念被世界各国广泛接受，不同的刑法典在内在体系上的差异已越来越小，这也推动了不同法秩序在犯罪论体系基本构造上的趋同。

不难看出，犯罪论体系的科学性使其成为一种理性的、跨国界的知识结构，能够对其他国家的刑法典产生一定的形塑作用。当然，这种形塑并不具有规范效力，在刑法条文与犯罪论体系的基本原理相背离的场合，并不会影响它在当下的有效性，但如果不违背刑法条文的最大文义，此时人们可以对条文进行补正解释。同时，这种背离也会构成未来对刑法条文进行修改的动因。[65] 故而，对刑法典正确的理解，往往并不出自立法者，而是出自犯罪论体系。

另外，承认犯罪论体系对刑法典的形塑作用，并不意味着刑法学的国别性就此消失，更不代表学术上的殖民主义。一方面，具有超国界性质的刑法知识主要分布在犯罪论的核心领域，对于分则构成要件的解释结论，则带有更多地方性知识的特征。[66] 另一方面，理论在一个国家实现的程度，总是取决于理论满足这个国家需要的程度。[67] 即使承认刑法总论教义学具有超国界的特征，但究竟哪种理论方案能在具体的法秩序中获得青睐，并不完全取决于其本身的周延性，而是要同时受到立法规定、司法制度、社会文化，甚至是代表性学者的理论立场等因素的影响，故而呈现出偶然性与必然性的混杂。典型的例子是，日本虽然广泛继受了德国刑法学，但人的不法论并未在日本取得支配地

---

[62] 例如，改革开放以来我国对德国刑法学的借鉴，最早是通过接触日本的刑法理论开始的，直到 2010 年前后，随着留德刑法学人数量的增多，才开始大规模地引入德国刑法学者的讨论。

[63] 参见［德］古斯塔夫·拉德布鲁赫：《法哲学入门》，雷磊译，商务印书馆 2019 年版，第 10 页。

[64] 参见［奥］恩斯特·A. 克莱默：《法律方法论》，周万里译，法律出版社 2019 年版，第 59 页以下。

[65] 参见樊文：《没有国别的刑法学》，载《法学研究》2010 年第 1 期，第 142 页。

[66] 参见徐凌波：《存款占有的解构与重建：以传统侵犯财产犯罪的解释为中心》，中国法制出版社 2018 年版，第 374～375 页。

[67] 参见《马克思恩格斯选集》（第 1 卷）（第 3 版），人民出版社 2012 年版，第 11 页。

位，同时在犯罪论的具体问题上，日本也呈现出比德国更强的结果导向性特征。[68]

（三）本文的见解

从上述讨论可以看出，制约说和形塑说之间未必完全对立。虽然制约说存在过度强调刑法典的原本文义和结构安排的问题，但它的出发点——刑法教义学必须以刑法典为基础和界限——无疑是正确的。而形塑说尽管强调犯罪论体系的核心内容并不依赖于现行法，从而允许通过刑法科学的视角来检验乃至修正对刑法典的理解，但它仍然坚持解释论和立法论的区分。这样一来，刑法典对犯罪论体系建构的制约，原则上就仅限于是否超出刑法条文的最大文义，以及是否与刑法典的内在体系（价值结构）相矛盾。并且，即使认为某种犯罪论体系无法直接指导本国的司法实践，但只要它具有足够的科学性，就不排除它能够作为一种应然层面的体系，以检验、批判刑法典以及建立在刑法典之上的刑法教义学，最终给未来的立法提供参考。从这样的立场出发，本文认为：

其一，不宜随意以违背刑法典为由，排斥犯罪论体系的多元化。对于犯罪论体系在我国的传播和本土化，应秉持学术开放和学术多元的态度。不同的犯罪论体系，代表的是从学者个人的立场出发，对刑法典所采取的解读方式，它们之间是一种既彼此竞争，又相互借鉴的关系，从某种犯罪论体系中得出的结论，完全也可能从另一种犯罪论体系中得出。同时，应当认识到，四要件体系通说地位的取得，主要源自中华人民共和国成立初期摒弃国民党旧法统、全面转向苏联的政治需要，今天已经缺乏当时那种从整体上一揽子推翻某些学术命题的能量，从而只能通过理论界内部，以及理论界和实务界之间的商谈，以争取共识的方式来实现通说的更迭。[69] 在这样的背景下，不宜断言某种犯罪论体系是唯一正确的，或者随意宣称某种犯罪论体系在整体上和我国刑法典相悖，而是要详细论证其构造是否具有逻辑上的一贯性，积极地展现它对各种实践问题的解释力，同时正面回应可能的批评。“若只注重臆想中的所谓明确的文义，将会剥夺法学中所必要的讨论过程，从而使自己的观点摇身一变成为唯一正确的真理。”[70]

其二，在构建犯罪论体系时，应当重视自下而上的进路。“犯罪论的体系，最终还是控制法官的手段，其不希望人们对各种场合进行近视眼式的判断之后来做决定，而是让人能够事先对整体进行观察、使自己的思维变得清晰。”[71] 然而，犯罪论体系归根结底只是一种理论，若想更好地实现体系性思考对实务的规制作用，就必须在体系的建构过程中尽可能地考虑怎样才能使其被更多司法人员所接受。这样一来，在解释法律素材的基础上，通过归纳的方式来形成体系，就十分重要。因为只有通过这样的方式，才能给抽象的体系构造寻找现行法的“肉身”，进而使之充分发挥法律适用方法的功能。这也意味着，尽管体系中的上位概念往往不依赖现行法，但在犯罪论的下位领域——如违法阻却事由、共同犯罪、竞合论等——展开体系建构时，需要更加仔细地考虑相关条文

---

[68] 参见［日］井田良：《走向自主与本土化：日本刑法与刑法学的现状》，陈璇译，载陈兴良主编：《刑事法评论》（第40卷），北京大学出版社2018年版，第376～377页。

[69] 参见蔡道通：《犯罪构成理论是如何形成的：一种“政策”的分析视角——兼论犯罪论体系改造的基本路径》，载《江苏社会科学》2008年第1期，第106～107页。

[70] 前注[36]，［德］托马斯·M.J. 默勒斯书，第325页。

[71] ［日］平野龙一：《刑法解释中的判例与学说》，黎宏译，载《国家检察官学院学报》2015年第1期，第171页。

的解释空间，这些领域的比较法思考，也需要经过现行法的“过滤”，方能在司法实践中被适用。[72]

其三，犯罪论体系对刑法典的形塑，需要通过法律职业共同体的商谈来推动。犯罪论体系的多元化，使得刑法典不仅要面临适用中的各种问题，同时也可能遭遇来自宏观层面的审视乃至批评。不过，从犯罪论体系视角展开的批评未必就代表真理，而是需要在提出足够论证的基础上，经过理论界和实务界的进一步讨论和检验，才可能成为通说，最终影响立法。这也意味着，真正能对刑法典产生形塑作用的刑法理论，并非最能自圆其说的理论，而是对现实（包括现行法）的解释力最强，能在理论界和实务界取得最大限度共识的理论。至于这一理论究竟是源自判例还是比较法，则不是要紧的问题。

其四，无论支持何种犯罪论体系，都需要致力于在教义学上提升体系化的高度。正如帕夫利克教授所言，“犯罪论的争议不是为争取永久真理而进行的奋斗，而是作为争夺当前话语权所必须的短暂斗争”[73]。自 1997 年《刑法》正式确立罪刑法定原则以来，如何将罪刑法定原则本土化，提升刑法的人权保障水平，就成了刑法学者的使命。如前所述，理论和实务贯彻体系性思考的程度，直接影响到定罪活动在多大程度上是一项合乎理性的、可以预见的工作。简单的要素集合，以及犯罪的整体考察方式，都或多或少与罪刑法定原则的价值要求存在矛盾，不应成为值得提倡的建构方向。在我国学者已对我国犯罪论体系的阶层化改造作出充分论证的背景下[74]，直接通过阶层体系及其下位理论来对刑法进行解释、体系化和适用，是相对高效且稳妥的。至于究竟采取哪一种阶层体系，则更多取决于个人的选择。在本文看来，当一名宣称自己采取的是四要件体系的法官，也能够自觉且娴熟地在个案中运用客观归责理论来解决问题时，四要件体系还是阶层体系更加合理，其实就不再值得争论了。

四、犯罪论再法典化的先行问题

近年来，刑法的立法论成为热议的话题。特别是在《民法典》生效后，对 1997 年《刑法》进行再法典化的见解，也越来越受到关注。[75] 对刑法的再法典化，旨在进一步提升刑法规范的体系性，给司法人员提供更加明确、稳定、合理的裁判规则，从而更好地协调惩罚犯罪与保障人权的关系。本部分结合前文立场，对我国刑法中犯罪论部分的

---

[72] 在近年的研究中，陈璇教授对于平衡刑法教义学的科学性与实践性，做了颇值得关注的探索。参见陈璇：《刑法教义学科学性与实践性的功能分化》，载《法制与社会发展》2022 年第 3 期，第 144～166 页。

[73] 前注㊴，［德］米夏埃尔·帕夫利克书，第 46 页。

[74] 参见李立众：《犯罪成立理论研究》，法律出版社 2006 年版；周光权：《犯罪论体系的改造》，中国法制出版社 2009 年版；张明楷：《犯罪构成体系与构成要件要素》，北京大学出版社 2010 年版；前注 3，付立庆书；车浩：《阶层犯罪论的构造》，北京大学出版社 2017 年版；梁云宝：《我国犯罪论体系的阶层式改造》，法律出版社 2020 年版。

[75] 代表性文献参见张明楷：《刑法修正案与刑法法典化》，载《政法论坛》2021 年第 4 期，第 3～17 页；张明楷：《刑法的解法典化与再法典化》，载《东方法学》2021 年第 6 期，第 55～69 页；徐国栋：《〈民法典〉之后刑法分则如何再法典化》，载《苏州大学学报（法学版）》2021 年第 8 期，第 1～10 页；周光权：《法典化时代的刑法典修订》，载《中国法学》2021 年第 5 期，第 39～66 页；周光权：《我国应当坚持统一刑法典立法模式》，载《比较法研究》2022 年第 4 期，第 57～71 页；周光权：《法定刑配置的优化：理念与进路》，载《国家检察官学院学报》2022 年第 4 期，第 38～53 页；吴亚可：《在理论与实践之间：刑法再法典化的正当性根据检视》，载《中外法学》2023 年第 1 期，第 162～179 页。

再法典化问题进行探讨，重点论述过去二十多年里我国在犯罪论体系问题上的研究进展，能够在哪些方面给再法典化的工作提供启示的问题。故而，以下内容属于先行性的思考，即思考具体的立法建议前，所必须进行的思考。

（一）犯罪论不是刑法再法典化的关键领域

再法典化，意味着对已经法典化的法律的弊端有所认识，或对法典化程度不够存在不满，因而要对已有的法典或法律文本予以重新编纂。[76] 刑法的再法典化，则意味着按照法典编纂的理念和要求，全面修订现行刑法典，以提升刑法的现实性、整合性、体系性。[77]

对现行刑法典的再法典化是一项系统工程，需要在梳理1997年《刑法》实施以来的理论成果和实践经验的基础上，进一步落实罪刑法定原则，减少刑法自身的不协调之处，同时促进刑法与其他部门法的协调。不难看出，刑法的法典化和犯罪论体系的建构之间，存在一定的重合之处。二者均试图将零散的规则纳入一个全新的秩序中，以此使它们更加清晰、更加容易被适用和传播。同时，它们也呈现出一定的共生关系，刑法典通过刑法教义学来描述、分析、批判和发展，教义学上的工作最终形成体系，犯罪论体系最终作为刑法典的外在体系存在，并在适当的时机给刑法典的改革提供方案。

然而，刑法典只是建构犯罪论体系的基础素材，真正影响体系化程度的，仍是那些前实证的法律概念。对这些概念的发现和评价，主要在理论层面展开。并且，一旦某一概念被广泛认可，则往往会持续存在，难以被轻易否定。这样一来，刑法典中的犯罪论部分，通常就比其他部分更加稳定。如果立法者试图在刑法典中大量定义犯罪论体系的基础性内容，诸如因果关系和客观归责，故意和过失等，不但不会给这些概念的适用带来便利，反而会给在教义学上的讨论带来困扰——因为这种文义上的自我封闭，往往意味着更重的论证负担。

本文主张犯罪论不是刑法再法典化的关键领域，还基于以下两点理由：首先，正如德国民法学者霍尔斯特·雅科布斯所指出的，产生法典的方式，会影响法典的特点，如果法典是由单独的主体所制定的，那么它的特点就是这部法典的特点，此时法典会显得更加容易理解；倘若法典是由许多人或某个委员会编纂的，对相反意见的必要平衡则往往会模糊法典的个性，使之变得一般化和抽象化。[78] 在我国的政治制度下，立法在一定程度上表现为不同群体间追求“最大公约数”的过程。可是，犯罪论原本就是刑法学中见解最多也最抽象的领域，进一步求同存异后，值得用立法来固化的理论进展就显得相对有限。其次，刑法总则中犯罪论部分的条文，大多具有较大的解释空间。即使不对其文字含义进行修正，原则上也不会影响其适用。与之相对，不论是刑罚论的进一步科学化，还是民（行）刑关系的协调，乃至分则中轻罪的增设、罪状的明确、法定刑配置的优化等问题，不但积弊更久，并且解释论方面的调整空间都相对较小，亟须加强顶层设计，以全面修订刑法典的方式集中解决。

---

[76] 参见陈金钊：《法典化语用及其意义》，载《政治与法律》2021年第11期，第13页。

[77] 参见前注[75]，周光权文，第43页。

[78] 参见［德］霍尔斯特·海因里希·雅科布斯：《十九世纪德国民法科学与立法》，王娜译，法律出版社2003年版，第1页。

据此，在刑法再法典化的过程中，原则上不需要将过多的立法资源倾注在犯罪论的核心部分，更无须刻意在刑法典中表现出采取某种犯罪论体系的倾向，而应优先考虑将犯罪论的核心内容交由判例和学说来优化。

（二）犯罪论中的部分立法定义存在调整空间

那么，我国刑法在犯罪论部分的规定，是否就不存在完善空间了呢？本文认为，在取得初步共识的前提下，可以考虑对犯罪论中的部分立法定义进行调整，以提高其精确度，同时增设和删除部分定义性条款。

刑法教义学中的诸多争议，很大程度上是概念定义之争，例如，存款债权、虚拟财产是否属于财产犯罪的对象，取决于如何定义“财物”；国家机关是否也能成为单位犯罪的主体，有赖于怎样定义“单位”；如何区分正犯和共犯，源自采取何种正犯概念；等等。显然，给法律概念下定义是具有任意性的工作，这会影响到法律适用的结论。一个好的法学定义，必须满足以下要求：（1）无矛盾性；（2）无循环性；（3）不赘言；（4）内涵上的完整性；（5）外延上的完整性；（6）文法上的正确性。[79]

遗憾的是，现行刑法典中，有大量的定义恰好停留在日常用法的层面，乃至于要提升其精确度和现实适应力，需要进行大量的论证。例如根据《刑法》第 264 条的规定，盗窃罪是指盗窃公私财物，数额较大的行为；或者多次盗窃、入户盗窃、携带凶器盗窃、扒窃的行为。这个定义看似简单，但对什么是“盗窃”，却至少存在三种理解：（1）在日常用法上，将“盗窃”理解为以秘密手段窃取他人财物；（2）采取具有规范意义的理解，认为“盗窃”是以平和手段转移他人对财物的占有，并建立新的占有；（3）从所有权说出发，认为“盗窃”是以平和手段转移他人对财物的占有，进而以所有权人自居（领得）。显然，上述理解都没有超过“盗窃”的最大文义，此时究竟采取何种理解，就需要从其他角度寻找论证理由[80]，可是，这种努力的最终结果往往是何庆仁教授所说的“形式上契合了立法的实质上更不合理，实质上更合理的形式上却不那么合法”[81]。

类似的问题在刑法总论中也存在，其中又以共同犯罪最为典型。我国《刑法》依次在第 25 条至第 29 条规定了共同犯罪的一般定义、主犯、从犯、胁从犯、教唆犯。但除教唆犯之外，并不能在规范上给区分制确立直接根据。为克服这种局面，我国学者在过去二十多年里，在解释和体系化方面做了大量探索，并引发了区分制和单一制之争。本文认为，在对立双方已充分展现自身论据，且难以说服对方的情况下，有必要适时通过立法的决断与平衡，来消除概念间的歧义。换言之，无论立法最终倾向于采取区分制抑或单一制，一个相对清晰的共同犯罪定义都要好过学说间长期对立的状态。

除提升立法定义的精确程度外，我国刑法在再法典化的过程中，还可以对犯罪论部分的立法定义进行以下几方面的完善：

其一，增设部分已在理论界取得共识，但司法实务人员对其适用存在犹豫的概念，以推动这些概念在实务中的激活。例如，自助行为、被害人承诺、不可避免的违法性认

---

[79] 参见前注⑲，［德］英格伯格·普珀书，第 81～82 页。

[80] 对盗窃罪构成要件的详细讨论，参见徐凌波：《论盗窃罪的教义学构造》，载江溯主编：《刑事法评论》（第 42 卷），北京大学出版社 2019 年版，第 568 页以下。

[81] 何庆仁：《共同犯罪的归责基础与界限》，中国社会科学出版社 2020 年版，第 8 页。

识错误、阻却责任的紧急避险等概念，都存在转化为刑法条文的可能。

其二，对一些理论和实务都广泛认同的概念做进一步的明确。例如，结果加重犯的概念早已深入人心，但实务中有时会忽略成立结果加重犯需要行为人对加重结果至少具有过失。为更好地贯彻责任主义，可以考虑未来在犯罪论部分明确结果加重犯的成立条件。再如，为适应司法部 2016 年发布的《精神障碍者刑事责任能力评定指南》的变化，可以探索将《刑法》第 18 条中的“精神病人”调整为更具规范意义的“精神障碍者”。又如，基于原因自由行为的法理，我国实务中已普遍承认吸毒致幻者犯罪的，应当负刑事责任，且《民法典》第 1190 条第 2 款也已规定，“完全民事行为能力人因醉酒、滥用麻醉药品或者精神药品对自己的行为暂时没有意识或者失去控制造成他人损害的，应当承担侵权责任”，这样一来，就有必要将《刑法》第 18 条第 4 款的适用范围从“醉酒的人”扩张为“醉酒、滥用麻醉药品或者精神药品的人”。

其三，考虑删除刑法中部分可能不合时宜的规定。例如，《刑法》第 22 条规定了犯罪预备的可罚性，但由于犯罪预备证明较难，大范围处罚犯罪预备被认为是一项可能落空的任务，应仅限于严重犯罪。[82] 并且，基于构成要件定型性的考虑，将实行行为作为刑事可罚性的起点，是更为妥当的做法。这样一来，考虑到立法者倾向于在分则中大量设置实质预备犯（预备犯的正犯化）以实现处罚犯罪的早期化，且实务中存在对于全面处罚形式预备犯兴致不高的现实，删除总则中的形式预备犯，就成为值得参考的选择。[83]

（三）刑法典的科学性以法教义学商讨的广度和质量为前提

绝大多数学者虽然无法直接参与刑事立法活动，但他们实际上在刑法再法典化的进程中，扮演着最为积极的角色。原因在于，造就一部法典的，一方面是时代精神，另一方面是占主导地位的理论。陈兴良教授将 1979 年《刑法》颁布以来我国刑法学发展的主线，概括为从注释刑法学开始，经由刑法哲学，抵达教义刑法学，这样的演进不是简单的学术升级，而是包含着整个学术话语的转换和知识形态的转型。[84] 自 1997 年《刑法》颁布以来，我国学者对于德日刑法知识的掌握已不断深入，并且普遍树立了教义学的方法论自觉，这也构成了对我国刑法典进行再法典化的学术底色。

然而，若是结合时代精神的变化，就会发现，德国刑法学在建立起世界影响力的同时，也始终面临着各种挑战。例如，许廼曼教授提出，体系化的刑法教义学原本应当实现对司法的监督和控制，但在进入 21 世纪后，这种控制出现了明显的松动，以致教义学从监督者转为了杂货店，司法者就任何一个问题都能找到足以支持期待的结论之论据，从而可以像蝴蝶一样在教义学成果中到处乱舞。[85] 库比策尔教授则认为，近年来德国的刑事立法更多受到刑事政策的影响，而传统的刑法科学不论是在概念还是方法论

---

[82] 参见周光权：《刑法总论》（第 4 版），中国人民大学出版社 2022 年版，第 281 页。

[83] 对这种立场的提倡，参见梁根林：《预备犯普遍处罚原则的困境与突围——〈刑法〉第 22 条的解读与重构》，载《中国法学》2011 年第 2 期，第 156～176 页；李梁：《预备犯立法模式之研究》，载《法学》2016 年第 3 期，第 78～83 页；熊亚文：《实质预备犯立法的法教义学审视》，载江溯主编：《刑事法评论》（第 43 卷），北京大学出版社 2020 年版，第 203 页以下。

[84] 参见陈兴良：《注释刑法学经由刑法哲学抵达教义刑法学》，载《中外法学》2019 年第 3 期，第 583 页。

[85] 参见前注[54]，［德］许廼曼书，第 123 页以下。

上，都难以给这种立法活动提供足够的支持。[86] 在本文看来，尽管我国的刑事立法和刑事司法存在着类似的倾向，但我国学者的倾向性选择，似乎是更加积极主动地去拥抱这种变化，以提升理论对现实的适应力。这从近年来我国在网络犯罪、侵犯个人信息犯罪、经济犯罪、环境犯罪等领域所取得的研究进展中，可见一斑。

本文无意指责这种务实倾向。实际上，自觉主动地关注本国司法实践中出现的新问题，并结合交叉学科，提出具有说服力的解决方案，从而通过刑法促进社会治理，正是建立起具有本土性的刑法教义学的应有之义。不过，坚持中国特色并不意味着拒斥外来知识，在本文看来，判断某种刑法理论是否适合我国，必须经过具有足够广度和质量的法教义学商讨。

法教义学商讨是黄卉教授提出的概念。它所指代的是法学通说的形成机制，这种商讨的理想状态是：首先，有人（通常是审理案件的法官）在解释论层面，针对具体的法律适用提出问题，并给出自己的初步见解，以引起法律职业共同体的注意；其次，法律职业共同体针对该问题，以撰写论文等方式，接连给出具有个人色彩的见解，并相互辩论；再次，经过一段时间后，讨论逐渐平息，并产生出多数意见；最后，多数意见被权威法律文献（期刊、教科书、判决等）多次引用，最终被正式承认为通说。少数说对通说的挑战，也按照同样的路径展开。[87] 不难看出，这样的商讨在理论和实务间架起了一座桥梁，同时也在最大限度上保证了结论的可接受性。然而，高质量的法教义学商谈，必须建立在讨论前提的一致性之上，即参加讨论的主体，必须具备基本的法教义学知识和初步的法学方法论意识，否则在理解和使用相关法律概念、原则和制度时，必然混乱不堪，从而缺乏对其他意见的鉴别能力。[88]

本文认为，尽管我国对于时代前沿的把握未必落后于德日，但若涉及对刑法教义学中核心概念、主要制度、基本方法的理解和运用，我国理论界和实务界远未达成共识。实际上，无论是刑法规定、主体意识、历史传统，还是常识、常理、常情，这些原本都是基于善意的前理解，却在许多讨论中被当成论据使用。长此以往，只会催生傲慢与偏见。这样一来，正确的做法毋宁说是“懂得后再放弃，获得后再扬弃”[89]。一方面，需要详细考证比较法知识的适用语境、历史发展和体系位置，并仔细梳理各种论据。另一方面，参加法教义学商讨的主体之间，至少需要认识到法律条文的真实含义并不等于字面含义，并且自觉地在讨论中避免将前理解作为论据使用的情况。

按照上述标准，似乎可以认为，共同犯罪的区分制和单一制之争是一次较为成功的法教义学商谈。尽管双方的理论对立最终没有缓和，但通过这样的交锋，二者在法条文义、体系安排、司法适用等方面的立场和论证过程得到了较为清晰的呈现，这样一来，将来立法者进行决断时，就能够获得更全面的参考。与之相对，目前我国在罪数问题上

[86] 参见［德］米夏埃尔·库比策尔：《德国刑法典修正视野下的刑事政策与刑法科学关系研究》，谭淦译，载《中国应用法学》2019年第6期，第199页。

[87] 参见黄卉：《法学通说与法学方法：基于法条主义的立场》，中国法制出版社2015年版，第71页以下。不难看出，法教义学商讨与我国学者提倡的刑法学派之争具有相似性。

[88] 参见前注[87]，黄卉书，第30～31页。

[89] 张明楷：《外国刑法纲要》（第3版），法律出版社2020年版，第三版前言。

的讨论，则未必充分。尽管学者总体倾向于按照日本的罪数论而非德国的竞合论展开体系建构，但对于德国竞合论的演进历史，以及不同罪数形态，尤其是牵连犯和吸收犯的概念存废和体系安排，尚未展开具有建设性的讨论。如果将来刑法的再法典化要对罪数问题加以规定，现有的理论就未必能提供足够的支持，这样一来，最终呈现出的立法条文难免在科学性上有所不足。这也启示我们，不论刑法的再法典化在何时到来，刑法学者的使命都应当是努力结合国内外的立法、学说和判例，来合乎理性地论证自己对教义学问题的见解，以期将法教义学商讨进一步推向深入。唯此，方能在最大限度上凝聚共识，最终促进刑法典的科学化。

五、结语

在我国的犯罪论体系之争中，如何处理好犯罪论体系和刑法典的关系，一度引起学者的热议。本文结合法学方法论和法典理论的知识，对犯罪论体系和刑法典的应然关系，以及这种关系对我国刑法犯罪论部分再法典化的可能启示进行了探讨。本文的结论大致可以概括为以下几点：

其一，若想在理论的错综复杂中给犯罪论体系的本土化寻找方向，就必须认识到，犯罪论体系本质上属于理论，它同时具有科学体系和法律适用方法的属性。既然犯罪论体系属于科学体系，那么它的核心内容原则上就不受现行法的制约；而既然犯罪论体系属于法律适用方法，它就必须以实现定罪活动的理性化为旨趣。

其二，不宜将刑法典对犯罪论体系的制约作用提升到过高的层次，在存在足够充分的理由，且未超出刑法条文最大文义的情况下，犯罪论体系的建构并不受到刑法条文的字面含义和结构安排的影响。犯罪论体系对刑法典的形塑作用，主要基于其核心内容的科学性和超国界性，但这主要表现在总论领域，刑法分论仍然主要是地方性知识。

其三，应当在提倡犯罪论体系多元化的前提下，按照自下而上的思路建构体系。在此过程中，刑法典会对犯罪论中下位内容的体系建构产生影响。此时究竟选择何种方案，主要的参考依据是论证是否充足。无论支持何种犯罪论体系，都需要致力于在教义学上提升体系化的高度，阶层体系是一种具有足够吸引力的选择。

其四，在刑法再法典化的过程中，原则上不需要将过多的立法资源倾注在犯罪论的核心部分，而只需对部分立法定义进行修正。在此过程中，学者的使命是尽可能地摒弃前理解，积极地参与和推动法教义学商讨，以期给未来的立法提供理论参考。

我国刑法典再法典化的必要性分析*

孔德王　林　伟**

摘要：我国1979年制定并于1997年全面修订的刑法属于实质意义上的法典。1997年至今的刑法修正案、单行刑法、刑法立法解释、刑法询问答复、刑法司法解释等类型的刑法规范，虽然发展了我国刑法典，但事实上也发挥着解构作用，使刑法典的中心地位受到挑战。党中央和全国人大常委会推进条件成熟领域法典编纂工作的立法决策为我国刑法典的再法典化提供了契机，应当认真对待启动我国刑法典第二次再法典化的学术倡议。

关键词：刑法典；再法典化；刑法修正案；刑法发展

一、引言

长期以来，刑法立法的发展方向是我国刑法学界广泛关注且反复探讨的话题。一方面，我国刑法立法究竟是继续坚持统一刑法典模式，还是应当转向多元立法模式，即由刑法典、单行刑法、附属刑法等分别规定刑法规范，学者们一直争论不休。① 另一方面，继1997年修订刑法典之后，主张再次启动全面修订刑法的学术呼声也不绝于耳。② 与热烈的学术探讨相伴的是，我国刑法立法始终处于活跃状态，至本文写作时全国人大常委会已经通过了十一个刑法修正案，频繁地修改刑法典。

2020年民法典编纂完成后，习近平总书记强调“要在条件成熟的立法领域继续开展法典编纂工作”③。全国人大常委会迅速响应，在2021年的工作报告中提出今后“适时启动条件成熟领域法典编纂工作”④。借着法典编纂的东风，学者们开始重新审视我

---

* 本文系2022年度教育部人文社会科学研究西部和边疆地区项目青年基金项目“刑法典再法典化立法问题研究”（22XJC820003）的阶段性成果。

** 孔德王，四川师范大学法学院讲师，法学博士。林伟，四川省金堂县人民检察院党组书记、检察长。

① 坚持统一刑法典模式的代表性学者是赵秉志，参见赵秉志：《中国刑法立法晚近20年之回眸与前瞻》，载《中国法学》2017年第5期，第47～68页；而主张多元刑法立法模式最力的学者是张明楷，参见张明楷：《刑事立法的发展方向》，载《中国法学》2006年第4期，第18～37页。

② 参见梁根林：《刑法修正：维度、策略、评价与反思》，载《法学研究》2017年第1期，第42～65页。

③ 习近平：《在中央人大工作会议上的讲话》，载《求是》2022年第3期，第9页。

④ 栗战书：《全国人民代表大会常务委员会工作报告——2021年3月8日在第十三届全国人民代表大会第四次会议上》，载《全国人民代表大会常务委员会公报》2021年第3期，第576页。

国的刑法典。尽管正式名称之中并未出现法典的字样，但我国现行刑法属于法典已是学界共识。因此，他们引入民法领域“民法典”、“解法典化”与“再法典化”的分析路径和概念资源，主张我国应当顺应“法典时代”的要求，对刑法典予以改造，也就是再法典化。此外，重提全面修订刑法典的学者也强调应当“融法典编纂和大规模修订于一炉”⑤，实际上与再法典化主张并无不同。但与此同时，反对刑法典再法典化的声音同样值得重视。⑥ 有鉴于此，本文将在梳理刑法典再法典化既有研究的基础上，从立法的角度为支持刑法典再法典化的观点提供补强论证。

二、我国刑法典再法典化的观点分歧

我国是否应当开启刑法典的再法典化进程？学界存在截然相反的两种观点，学者们在立法时机、立法模式以及立法准备三个关键议题上争议颇大。

（一）刑法典再法典化的立法时机是否已经到来

众所周知，民法典的编纂完成后，党中央作出了继续推进法典编纂的政治决策，学界随即掀起了法典编纂的研究热潮。各部门法的研究者纷纷提出了本部门法的法典构想，如编纂行政法典、教育法典、劳动法典等；而对于已经拥有实质意义上的法典的部门法，学者则将法典升级或重构视为未来选择，如刑事诉讼法。⑦ 刑法典再法典化的学术主张显然属于后一种情况。正如周光权教授所言，“由于现行刑法是在法典化的立法意识相对薄弱的时代制定的，因此还存在各种不足，如果继续按照传统的立法理念，未必能够使其完全契合法典化的要求。因此，未来修订刑法必须在法典化立法观念的指导下，遵循法典编纂的基本理念和应有逻辑有序开展”⑧。如前所述，党中央和全国人大常委会不是无条件地赞成法典编纂，而是强调在“条件成熟领域”。相比于行政法、教育法等法律部门，刑法领域不仅已经具备实质意义上的法典，而且 1979 年制定刑法、1997 年修订刑法的经验足以为刑法典的再法典化打下良好的基础。但也有学者认为，1997 年全面修订后的刑法是一部好的刑法，而且立法机关与时俱进，不断对其加以完善。高铭暄教授等就指出：“当前，没有任何证据显示，97 刑法典已经陈旧到了不堪适用的地步，或严重脱离刑法理论体系，因而也就不存在全面修订的现实必要性。”⑨

（二）刑法典再法典化的立法模式如何选择

坚持统一立法模式还是转向多元立法模式？这一刑法学界长期争论的话题也延续到了刑法典再法典化的探讨之中。在主张刑法典再法典化的学者阵营中，坚持统一立法模式者有之，认为统一刑法典模式不仅是我国刑法立法的历史选择和既定事实，而且刑法

---

⑤ 周光权：《法典化时代的刑法典修订》，载《中国法学》2021 年第 5 期，第 43 页。

⑥ 反对刑法典再法典化的代表性学者是张明楷，参见张明楷：《刑法的解法典化与再法典化》，载《东方法学》2021 年第 6 期，第 55～69 页。

⑦ 《东方法学》2021 年第 6 期以整期的篇幅刊载各个部门法学者对本领域法典编纂的研讨。

⑧ 朱宁宁：《应按照法典编纂理念全面修订刑法 访全国人大宪法和法律委员会副主任委员周光权代表》，载《法治日报》2022 年 3 月 11 日，第 7 版。

⑨ 高铭暄、孙道萃：《我国刑法立法的回顾与展望——纪念中国共产党十一届三中全会召开四十周年》，载《河北法学》2019 年第 5 期，第 11 页。

修正案对刑法典的完善以及刑法解释对刑法典的发展能够有效维护该模式的运转。[10] 相应的，我国刑法典的再法典化只需要聚焦现行刑法的“升级换代”即可。倾向于多元立法模式者则提出：“解法典化并不意味着去法典化，而是为了更好实现法典的重构。”[11] 因此，我国应当以此次刑法典的再法典化为契机，“改变单一法典化的路径，重视单行刑法和附属刑法的建设”[12]，也即转而采用多元立法模式。但是，对于刑法典再法典化与转向多元立法模式一并进行的观点，有学者提出了相反的意见，强调实现多元立法模式是刑法典再法典化的前提条件。张明楷教授指出：“如果说当下全面修订刑法典，将刑法典已经规定的行政犯仍然保留在刑法典中，将今后出现的行政犯则规定在附属刑法中，虽然不致出现处罚漏洞，但会导致刑法典与附属刑法的分工明显不协调，即部分行政犯规定在刑法典中，部分行政犯规定在附属刑法中。”[13] 相应的，全面修订刑法典不是当务之急。

（三）刑法典再法典化的准备工作是否充分

刑法典的再法典化无疑是一项高度复杂的系统工程，充分的准备是成功的必要条件，包括学理上的准备和立法上的准备。赞成启动刑法典再法典化的学者认为，“按照法典编纂的理念全面修订刑法已有良好的立法实践和理论研究基础”，相应的立法前景也比较乐观。[14] 而持相反意见的学者则指出：“目前，理论上并未真正讨论过全面修订问题，严格说，理论准备也并不存在。同时，立法机关也并未将全面修订刑法列为近期立法工作的议程，个别人呼吁全面修订无非是一种主观臆测。”[15] 具体到细节问题，如法定刑的系统调整等，反对者更是强调需要较长的准备时间和大量的准备工作，立即着手全面修订刑法，恐怕难以取得较好的效果。[16]

三、我国现有刑法规范资源的再审视

自 1997 年全面修订刑法至今，我国刑法的发展已经形成较为稳定的制度方式，也累积了形式多样、数量庞大的规范资源。既有研究要么只关注刑法典及其修正案，要么将目光投向遥远的未来，缺乏对现有刑法规范资源的系统梳理。从立法的角度考察我国刑法的发展方式，进而审视我国刑法规范资源的现状，本文认为，我国刑法典的再法典化已经刻不容缓。

（一）现有的刑法发展方式

从《立法法》等的制度设计以及刑法立法的实践可以发现，全国人大常委会和最高司法机关是发展刑法典的两大主体，而这两大主体也形成了较为稳定的制度渠道来发展刑法典。

---

⑩ 参见赵秉志、袁彬：《当代中国刑法立法模式的演进与选择》，载《法治现代化研究》2021 年第 6 期，第 1～13 页。

⑪ 童德华：《刑法再法典化的知识路径及其现实展开》，载《财经法学》2019 年第 1 期，第 55 页。

⑫ 童德华：《当代中国刑法法典化批判》，载《法学评论》2017 年第 4 期，第 83 页。

⑬ 张明楷：《刑法修正案与刑法法典化》，载《政法论坛》2021 年第 4 期，第 14 页。

⑭ 参见前注⑧，朱宁宁文。

⑮ 前注⑨，高铭暄、孙道萃文，第 11 页。

⑯ 参见前注 6，张明楷文，第 55～69 页。

1. 全国人大常委会发展刑法典的方式

1997 年全面修订刑法后，全国人大常委会制定的刑法修正案无疑是我国刑法典最为重要的发展方式，但其他方式也不应当被忽视。

第一，制定单行刑法。与 1979 年刑法典的发展方式不同，1997 年刑法典通过后，全国人大常委会只制定了一部单行刑法，即 1998 年通过的《关于惩治骗购外汇、逃汇和非法买卖外汇犯罪的决定》。

第二，修正刑法典。法律修订、法律修正和法律修正案是我国法律修改的三种方式。[17] 至于我国刑法典的修改方式，通说认为，从 1999 年全国人大常委会通过第一个刑法修正案后，修正案就成为唯一的修改方式。[18] 这显然与事实不符。2009 年 8 月 27 日通过的《全国人民代表大会常务委员会关于修改部分法律的决定》一次性“打包”修改了多部法律，其中包括对刑法典的修正，尽管内容仅限于将第 381 条、第 410 条中的“征用”修改为“征收、征用”，但仍然属于法律修改。[19] 学界通说不知为何忽略了此次刑法典的修正。

第三，制定立法解释。立法解释是刑法的重要发展方式。《宪法》和《立法法》均规定，解释法律是全国人大常委会的职权。全国人大常委会法制工作委员会原副主任、刑法室原主任郎胜曾撰文指出：“长期以来，尽管全国人大常委会的法律解释权总体上行使不多，但在刑法解释方面始终在坚持进行积极的尝试。”[20] 据统计，截至 2019 年，全国人大常委会总共制定了 25 件立法解释，其中 13 件是解释刑法。[21]

第四，答复法律询问。实践中，全国人大常委会法制工作委员会以答复国务院部门、最高人民法院、最高人民检察院、省级人大常委会工作机构等的法律询问的方式指导其工作。[22] 法律询问答复在功能上与立法解释无异，法律依据是《立法法》第 64 条的规定。在现有的法律询问中，最高人民法院、最高人民检察院工作机构询问司法过程中遇到的具体问题是重要类型[23]，其中不乏关于刑法问题的询问。最为典型的例证是，全国人大常委会法制工作委员会答复最高人民检察院关于已满 14 周岁不满 16 周岁的人承担刑事责任范围的询问，明确了《刑法》第 17 条第 2 款规定的八种犯罪是指犯罪行为而非罪名。[24] 收到答复后，最高人民检察院将其转换为司法解释，至今仍然有效。根据最新公开的资料，全国人大常委会法制工作委员会针对刑法方面的法律询问所作的答

---

⑰ 参见孔德王：《论我国法律修改的三种方式》，载《四川师范大学学报（社会科学版）》2018 年第 4 期，第 48～53 页。

⑱ 参见赵秉志：《改革开放 40 年我国刑法立法的发展及其完善》，载《法学评论》2019 年第 2 期，第 17～27 页。

⑲ 参见《全国人民代表大会常务委员会关于修改部分法律的决定（节选）》，2009 年 8 月 27 日第十一届全国人民代表大会常务委员会第十次会议通过。

⑳ 郎胜：《我国刑法的新发展》，载《中国法学》2017 年第 5 期，第 34 页。

㉑ 参见卫磊：《修正后〈立法法〉与刑法解释的规范化》，载《社会科学辑刊》2018 年第 2 期，第 101～108 页。

㉒ 参见全国人大常委会法制工作委员会编：《中华人民共和国立法法释义》，法律出版社 2015 年版，第 196～197 页。

㉓ 参见前注㉒，全国人大常委会法制工作委员会编，第 197 页。

㉔ 参见全国人大常委会法制工作委员会编：《法律询问答复（2000—2005）》，中国民主法制出版社 2006 年版，第 53～54 页。

复，是关于《刑法》第 188 条违规出具金融票证罪中“出具”的理解与适用。[25]

综上，全国人大常委会发展刑法典的方式主要有五种，分别是制定刑法修正案、制定单行刑法、制定立法解释、修正刑法典以及答复关于刑法的询问。

2. 最高司法机关发展刑法典的方式

全国人大常委会于 1981 年授权最高人民法院、最高人民检察院分别就审判工作中和检察工作中具体应用法律的问题进行解释，为最高司法机关通过司法解释的方式发展法律奠定了制度基础。实践中，最高司法机关出台的关于刑法的司法解释已经成为公认的发展刑法典的重要方式。但值得注意的是，司法解释并不限于审判工作中和检察工作中具体应用法律的问题，部分解释实际上填补了刑法典以及刑法修正案的空白，具体犯罪的罪名由司法解释而不是立法确定就是典型代表。[26] 例如，《刑法修正案（十）》和《刑法修正案（十一）》的罪名就是由 2021 年公布的《最高人民法院、最高人民检察院关于执行〈中华人民共和国刑法〉确定罪名的补充规定（七）》确定的。由此可见，最高司法机关的司法解释不仅在适用过程中发展了刑法典，而且填补了刑法典的立法技术缺陷。

（二）刑法规范资源的现状

简要的梳理已经足以表明，我国刑法以刑法典为中心，在实践中逐步形成了形式多元、种类多样且数量庞大的规范群，但进一步审视后可以发现以下几方面的问题：

1. 刑法典存在立法技术硬伤

有罪状而无罪名最为典型。罪名的缺失不管是认识不足造成的[27]，还是为了快速完成立法导致的[28]，很难说符合罪刑法定的要求。目前由司法解释确定罪名的做法必然造成罪名滞后的局面，意味着这一做法只能是权宜之计。

2. 特定类型刑法规范的疑问

例如，刑法典的修改方式，既然 1998 年开始以修正案的方式修改刑法典，认为其有助于在维护刑法典的稳定性的同时兼顾适应性，为何 2009 年对刑法典的修改又采用了修正的方式？再如，解释刑法既然是全国人大常委会的职权，为何实践中又以答复法律询问的方式进行刑法解释？这种答复式解释只是全国人大常委会工作机构的认识，虽然具有程序便捷等优势，但是否符合罪刑法定原则？[29] 还有，刑法修正案修改刑法总则是否突破了宪法规定，是否存在合宪性疑问？[30]

3. 不同类型刑法规范交叉甚至重叠

以刑法立法解释为例，首先，个别解释实质上修改了刑法，典型的是 2014 年《全

㉕ 参见《2018—2019 年法律询问答复》，载中国人大网，http：//www.npc.gov.cn/npc/c5948/202009/t20200930_307959.html，2020 年 9 月 30 日访问。

㉖ 参见胡云腾：《刑法罪名确定研究》，载《中国应用法学》2022 年第 3 期，第 1～18 页。

㉗ 参见前注 26，胡云腾文，第 1～18 页。

㉘ 参见郭泽强：《从立法技术层面看刑法修正案》，载《法学》2011 年第 4 期，第 19～25 页。

㉙ 全国人大常委会法制工作委员会强调，法律询问答复不具有法律解释的效力，但对法律的理解比较权威，对有关部门、地方理解执行法律发挥了重要作用。这种说法明显自相矛盾。参见前注 22，全国人大常委会法制工作委员会编，第 197 页。

㉚ 参见刘志强、蒋华林：《刑法修正权限的合宪性审视》，载《暨南学报（哲学社会科学版）》2018 年第 1 期，第 79～93 页。

国人民代表大会常务委员会关于〈中华人民共和国刑法〉第三十条的解释》将法无明文规定的单位犯罪做有罪处理。[31] 其次，刑法修正案重复个别解释的内容，例如，在黑社会性质的组织特征已经有了立法解释的情况下，《刑法修正案（八）》作了完全相同的规定。[32] 最后，由于司法解释的立法化，因而立法解释与司法解释难以被区分。

由上可知，我国刑法规范既不是刑法典及其刑法修正案所能涵盖的，也不能简单套用多元立法模式的分析框架，这对刑法典的完备性和体系性提出了挑战。这种纷繁复杂且相互矛盾的状况显然不利于一般公众认识和了解刑法，更为重要的是，增加了司法人员适用刑法的难度。因此，我国有必要对刑法典进行再法典化，以改善目前完备性不足、体系性混乱的局面。[33]

四、余论：我国刑法典的第二次再法典化

再法典化的概念和思路源自民法学界，以存在法典为前提。"再法典化本质上就是一种法典化，相对于完全从无到有的法典化，其属于在既有法典的基础上第二次甚至第三次投身法典化运动。"[34] 纵观我国刑法立法历程，1979 年刑法典"是我国具有开创意义的刑法典"[35]。1997 全面修订刑法典，在将此前已有的单行刑法和附属刑法编入刑法典的同时，增加关于反贪污贿赂等方面的规定[36]，这可以被视作是我国刑法典的一次"再法典化"，但距今已经二十余年。

在此时间节点上，回望过去，1997 年刑法典尽管采用了所谓的统一刑法典模式，基本上摒弃了单行刑法和附属刑法，但单行刑法、刑法修正案、刑法立法解释、刑法询问答复、刑法司法解释等的存在实质上对刑法典发挥着解构作用，尤其是数量众多的刑法修正案和刑法司法解释从完备性和体系性两个维度冲击着刑法典的中心地位。这种情形与 1979 年至 1997 年间刑法典面临的挑战颇为相似，已经不是零星的补丁所能应对的了，有必要作出系统性的调整。因此，面向未来，借助民法典所带来的法典编纂的东风，第二次对我国刑法典进行再法典化或许是一个值得认真对待的选项。

㉛ 参见刘艳红：《"规范隐退论"与"反教义学化"——以法无明文规定的单位犯罪有罪论为例的批判》，载《法制与社会发展》2018 年第 6 期，第 95～110 页。

㉜ 参见李翔：《刑法修订、立法解释与司法解释界限之厘定》，载《上海大学学报（社会科学版）》2014 年第 3 期，第 126～140 页。

㉝ 即便是反对刑法典再法典化的学者也认为完备性和体系性应当是法典的基本要求。参见前注 13，张明楷文，第 3～17 页。

㉞ 朱广新：《民法典编纂：民事部门法典的统一再法典化》，载《比较法研究》2018 年第 6 期，第 171 页。

㉟ 前注⑨，高铭暄、孙道萃文，第 3 页。

㊱ 参见王汉斌：《关于〈中华人民共和国刑法（修订草案）〉的说明——1997 年 3 月 6 日在第八届全国人民代表大会第五次会议上》，载高铭暄、赵秉志主编：《新中国刑法立法文献资料总览》，中国人民公安大学出版社 2015 年版，第 774 页。

微罪立法的合宪性检视*

王　濛**

摘要： 微罪立法的扩张化，主要体现在立法范围的扩张。立法范围是指一个国家刑法所设定的刑罚处罚的规模，也称犯罪圈。犯罪圈的设定、扩张或限缩，表面上是立法者对犯罪进行价值判断和主观确认的选择，而实质上则是国家刑罚权和公民自由权相互博弈的结果。随着社会的发展犯罪的新形态不断出现，微罪立法不可能一成不变。但犯罪圈的扩张也意味着公民权利与自由范围的缩小，如何合理界定犯罪圈，区分罪与非罪，在及时惩治犯罪行为的同时保障公民权利和自由不受过度压缩始终是争议的焦点。对此，本文认为必要秩序原则应作为确定犯罪化范围的优先性原则，而保障人权原则应作为其限制原则。

关键词： 微罪立法；犯罪化；犯罪圈；合宪控制；合法性范围

在中国刑法发展的历史过程中，总体上更为关注对社会主要需求和重大利益的保护，即刑法制度主要注重对社会危害较为严重犯罪的立法。2013 年劳动教养制度被废除后，理论界对微罪立法相关问题的关注逐渐升温。《刑法修正案（九）》延续《刑法修正案（八）》中将“严重违法行为犯罪化”的立法趋势，不仅在危险驾驶罪中增加了“从事校车业务或旅客运输，严重超过额定乘员载客”或者“严重超过规定时速行驶”两种新的行为模式，还增设了两个法定最高刑为拘役的犯罪，即代替考试罪与使用虚假身份证件、盗用身份证件罪。至此，上述三种罪名初步形成了《刑法》中的微罪群落。随后，2020 年 12 月 26 日，由全国人民代表大会常委会通过的《刑法修正案（十一）》增设了法定最高刑为 1 年有期徒刑的微罪，即《刑法》第 133 条之二所规定的妨害安全驾驶罪和第 291 条之二所规定的高空抛物罪。由此，可以看出，受预防主义积极刑法观影响，我国《刑法》中的犯罪分层正在发生质的变化，即“犯罪圈扩张，不断侵蚀行政法甚至民法的调控范围，出现大量的轻微犯罪（主要为法定犯、行政犯或秩

* 本文系重庆市新型犯罪研究中心 2022 年度规划项目“我国轻微罪体系建构研究”（编号：22XXFZ16）；四川省纪检监察学会、四川省纪检监察研究中心 2022 年度社科项目“职务监督管理过失刑事责任研究”（SCJ220403）；安徽法治与社会安全研究中心项目“风险社会背景下过失不作为犯罪治理研究”（fzsh2022cx－26）的阶段性成果。

** 王濛，四川警察学院讲师，法学博士，四川大学刑事政策研究中心助理研究员。

序犯）”[①]。传统的重罪和轻罪开始向微罪端延伸。然而，在我国，无论是在刑法理论上还是在司法实务中，微罪都不是一个内涵确定的概念，而是一个正在形成中的概念，且在《刑法修正案（十一）》增设妨害安全驾驶罪和高空抛掷物品罪后，这一概念会加速成型并深入发展。[②]

在这一阶段中国关于微罪立法的研究呈现如下趋势：其一，学界对“我国微罪扩张呈不可逆转之势”这一点已基本达成共识。其二，轻微违法行为制裁模式之争并未落幕，研究者们仍在继续讨论微罪入刑与二元违法行为制裁模式之关系。虽然部分学者反对微罪入刑，但承认其正当性的研究者居于多数。其三，更加细致化地探讨微罪入刑的标准问题，以及如何在立法或司法上构建一套微罪扩张的弥补出罪机制。尤其是，对但书规定限制功能的强化、对构成要件目的限缩解释的运用以及对刑事不法与行政不法的衔接，使理论的实践运用性较前一阶段有了较大的提升。

但是，国内学界在微罪立法相关方面研究取得丰硕成果的同时，也存在明显问题。第一，理论创新性不强。当前中国微罪立法研究依然是以借鉴域外相关理论为主，部分论述似乎对域外立法模式充满了许多美好的想象，以至于部分学者会认为这必然就是我国立法模式改革的方向，却缺乏对中国问题的深入思考与自主创新。而域外学术话语是否契合中国实际是有待商榷的。第二，中国的微罪相关理论有待进一步被挖掘，中国独特的文化传统孕育出中国人独特的思维方式、行事风格、人际关系，其间就蕴含着东方式的独特刑法立法观，而这有待进一步被挖掘。第三，解释现实问题能力欠缺。当前的微罪立法研究仍然过多地停留在理论分析层面，针对当前中国社会、经济、政治的违法犯罪现实，有待进一步确认和提出有针对性的长期、短期对策。然而，实践中微罪立法的迅速膨胀与理论研究的缓慢进展背道而驰，这场理论与实践分裂的困局，迫使微罪立法研究为适应现实而发展。

一、概念厘清：“微罪”内涵

研究微罪的立法问题首先要明确何为“微罪”，在对犯罪行为进行合理划分的基础上科学界定微罪的内涵是构建微罪制度的基本前提。由于犯罪分层制度在我国的长期缺位，目前我国并无对微罪内涵的明确规定，轻罪、微罪等概念只存在于刑法理论中。根据我国刑法对不同犯罪所设置的法定刑之特点，学界一般认为，轻罪是指法定刑最高为3年以下有期徒刑的犯罪。而对于微罪的概念界定，学界尚未达成共识。

许多学者也并未严格区分轻罪与微罪，常用轻罪来表达微罪的概念。[③] 例如，陈荣鹏博士在其博士论文《轻罪制度研究》中也提到，微罪是轻罪的一种。又如，有学者指出“轻罪”不是一个严格意义上的法律概念，而且在不同语境下的确定含义有所不同，在中国，轻罪多指中国曾经的劳动教养制度所规制的诸种行为。[④] 近十年来，从《刑法修正案（八）》到《刑法修正案（十二）》，积极刑法立法观在我国得以确立并持续发展，

---

① 卢建平：《轻罪时代的犯罪治理方略》，载《政治与法律》2022年第1期，第56页。

② 参见梁云宝：《积极刑法观视野下微罪扩张的后果及其应对》，载《政治与法律》2021年第7期，第35页。

③ 参见姜瀛：《劳教废止后“微罪”刑事政策前瞻》，载《学术交流》2015年第11期，第130页。

④ 参见屈学武：《“轻罪”之法价值趋向与人身权利保护》，载《河北法学》2005年第11期，第19页。

刑事立法活性化趋势呈现大量增设“轻微罪”的新趋向，这些“轻微罪”的法定最高刑仅为 3 年以下有期徒刑或者拘役。

与上述观点不同，近年来，一些学者开始明确提出微罪的概念，认为微罪是立足于犯罪分层理论之上的处于轻罪以下的独立范畴，由此表达出更为准确的理论寄托。其中，储槐植教授曾经明确提出“微罪”概念，认为“微罪就是可处拘役或以下之刑的罪”⑤。微罪这一命题的提出与法治化的司法改革目标密切相关。微罪是近似于设立犯罪分层制度国家中“违警罪”的相关概念。对我国劳教制度废止后的司法化改造实质上将会推动轻微的违法犯罪行为进一步微罪化，而这有助于将涉及剥夺人身自由的公权力统一纳入司法范畴，扩大司法权对于社会生活的调整范围。考虑到劳动教养制度被废除之后，原先由其规制的大量违法行为并不会随劳动教养制度一同退出社会舞台，为了有效填补刑罚与治安管理处罚之间的罅隙，应当将此类严重违法行为冠以微罪之名予以刑罚处罚，即微罪入刑，由此形成“重罪、轻罪、微罪各行其道”的犯罪层次。⑥

微罪本质上是指轻于轻罪的轻微犯罪行为，这已经受到学界的广泛认同。但基于事物存在即具有争议的哲学性质，微罪的概念也会因为立场不同而具有多种内涵。本文通过对当前学界中的代表性观点进行总结归纳，为我国微罪体系的建设提供理论依据和实践价值。

（一）微罪与轻罪界分标准的学说争论

对于如何确定轻罪与微罪的界分标准，学界目前存在形式标准说、实质标准说与综合标准说三种观点的对立。首先，形式标准说主张，根据刑罚的轻重来划分轻罪和微罪，将划分标准作为操作依据，至少应当具有明确性和稳定性。不同刑种、强度的刑罚设置本身就是犯罪行为轻重的表现。而且大多数国家刑法所规定的轻罪、微罪的划分标准都是刑罚的轻重。比如，美国《模范刑法典》和大多数州是以 1 年监禁刑为划分标准的。《意大利刑法典》规定的重罪与违警罪的区分标准也是法定刑。但采用这一标准容易误导人们陷入“非轻即重”的思维模式，无法覆盖介于轻重之间的“灰色地带”⑦。其次，实质标准说则主张根据犯罪行为的性质和危害程度来进行犯罪分类。⑧ 持此观点的学者认为，“从理性角度看，犯罪的严重程度并不取决于对它当处刑罚的轻重，而应当反过来，对处刑之轻重起支配作用的，应当是犯罪的严重程度”⑨。比如，《法国刑法典》以实体标准取代了传统的形式分类，规定刑事犯罪依照其严重程度分为重罪、轻罪和违警罪。最后，综合标准说主张，无论是形式标准说还是实质标准说，都具有不可避免的缺陷，容易引发实际问题，因此应当兼顾两种标准进行复合划分。既要考虑某一罪名法定刑的轻重差异，也要考虑某一犯罪严重程度的差异，采取综合法定刑和严重程度两方面因素的复合标准来区分刑法典规定的罪名的分类问题。⑩

⑤ 储槐植：《解构轻型罪案，推出“微罪”概念》，载《检察日报》2011 年 10 月 13 日，第 3 版。

⑥ 参见阴建峰、袁慧：《后劳教时代微罪入刑问题探析》，载赵秉志主编：《刑事法治发展研究报告 2016—2017 卷》，法律出版社 2018 年版，第 72 页。

⑦ 张勇：《轻罪的界定标准与分类治理》，载《社会科学辑刊》2024 年第 2 期，第 63 页。

⑧ 参见叶希善：《论犯罪分层标准》，载《浙江师范大学学报（社会科学版）》2008 年第 2 期，第 83 页。

⑨ ［法］卡斯东·斯特法尼等：《法国刑法总论精义》，罗结珍译，中国政法大学出版社 1998 年版，第 183 页。

⑩ 参见高长见：《轻罪制度研究》，中国政法大学出版社 2012 年版，第 213 页。

按照形式标准和实质标准对轻罪和微罪进行分类的结果，在多数情况下应当是一致的，因为立法者在立法过程中考虑为某一犯罪行为配置刑种和刑量时，必然会考虑罪刑严重程度。否则，对较轻的罪行设置较重的刑罚，既违反罪刑均衡原则，也会出现立法失衡的问题，反之亦然。在两者分类结果完全一致的情况下，进行形式标准说和实质标准说的比较并没有任何实质意义；只有在不一致的情况下，这种选择的意义才会凸显。

因此，本文认为，相较于实质标准说与综合标准说，形式标准说因其直观性、明确性，更具有合理性。一方面，立法实践应服从于立法目的。微罪立法的主要目的在于有效解决司法实践中频发的轻微犯罪问题，从而维护公民合法权益和社会整体安全。为了更好地实现微罪立法目的，在为法律所规定的轻罪、微罪设定界分标准时，就要求其必须具有明确性。尽管达到完全明确是超出人类认知规律的，但是过于模糊的标准将导致没有可操作性的结果。因此，如果采取实质标准对轻罪、微罪进行具体界分，可能导致司法人员在实践中难以准确适用的困境。此外，犯罪性质和社会危害性只是确定罪轻与罪重的部分因素。罪轻与罪重的最终表现还是通过刑罚适用来确定的。如果采用实质判断来确定轻罪与重罪的划分标准，仍然要辅之以刑罚判断的方法，或者通过其他解释方法进一步加以明确，否则将导致司法者的无所适从。另一方面，就综合标准说而言，尽管其认为界分轻罪与微罪应当“以实质标准为主，以形式标准为辅”，“法定刑的高低可以作为判断罪轻罪重的客观外在表现来使用”或者“采取考虑综合法定刑和严重程度两方面因素的复合标准”⑪，但是在进行具体的罪轻罪重划分时，仍然需要将刑罚作为辅助界分标准，这实质上是走向了形式标准说。

除了上述观点，轻罪与微罪的界分不仅具有实体法上的意义，还具有程序法上的意义。根据犯罪分类的不同，被告人可能被适用不同的刑事诉讼程序，这同样要求关于犯罪分类的标准是明确的、清晰的，司法人员能够较为直观和准确地判断案件应当适用的刑事诉讼程序，以免实践中出现大量案件进入审判程序后需要程序转换的情况。综上，在犯罪分类的标准上选择形式标准说更具有明确性和实质合理性。

（二）形式标准说内部的学说争论

在形式标准说内部，关于划分轻罪与微罪界分标准的分歧，主要表现为法定刑标准说、宣告刑标准说、综合标准说、人身权利标准说之间的争论。顾名思义，法定刑标准说主张划分轻罪重罪的标准是法定刑，法定刑是衡量和区分罪行轻重的唯一标准。⑫ 而宣告刑标准说主张划分轻罪与重罪的标准应该是宣告刑，其中“应当判处的刑罚”使用的就是宣告刑，因为宣告刑是综合犯罪行为和犯罪人两方面因素作出的科学的量刑结果。⑬ 综合标准说采取主客观相结合的评价模式，将可被处拘役或以下刑罚的犯罪行为定义为微罪。在刑法的等级评估中，只有当行为人的主观恶性和犯罪行为的社会危害性都是最轻微时，才能将其划分到微罪范围中，同时，法官在司法实践中具有认定案件是否属于微罪的权利。⑭ 人身权利标准说不同于上述以“犯罪”作为划分标准的学说，从

---

⑪ 前注⑩，高长见书，第224页。

⑫ 参见赵廷光：《量刑公正实证研究》，武汉大学出版社2005年版，第131页。

⑬ 参见闫俊瑛、刘丽：《论轻罪的刑事司法政策与诉讼机制》，载《法学杂志》2007年第5期，第92～95页。

⑭ 参见前注⑤，储槐植文。

“人身自由剥夺”的角度出发，以“轻微的剥夺人身自由的制裁措施为标准”，在肯定微罪就是刑法中在特定刑期之内的较为轻微的犯罪行为（即法定刑为拘役的犯罪）的同时，将“但书”条款所包括的行为（可能被处以“行政拘留”的治安处罚行为）同样纳入微罪的范畴。[⑮] 被剥夺人身自由的行政处罚的严厉性并不一定轻于刑事处罚的，却缺乏程序的法定性。因此，人身权利标准说采用跨越部门法界限的划分方式，在弥补行政处罚中缺乏程序性保护缺陷的同时，还能更大程度地保障人权和维护程序的正当性。

综上所述，就微罪的界定方式而言，相关学者并没有形成统一学说，究竟是以法定刑作为界定标准还是以宣告刑作为界定标准，还是将二者相结合或是采用其他方式？本文认为，法定刑标准说较其他划分标准更具有合理性。首先，我们应当明确将犯罪行为进行轻重划分的根本目的就是构建具有“层次性”的犯罪制裁体系，从而实现实体法和程序法上的区别对待。而区别对待的基础需要在案件审理以前对案件类型进行划分，而宣告刑显然是无法实现上述功能的。其次，在司法实践中因不同地区客观情况的不同，实际判处的刑罚受法官自由裁量权的影响，同一行为可能会被判处不同刑罚，无法形成统一的划分标准。再次，“保障法”的法律地位，决定了刑法作为社会治理的“兜底性”措施不能轻易适用。此外，综合考量刑罚“标签化”的不良影响和严厉的附随后果，决定了不能轻易将行政处罚行为纳入刑法规制范围。最后，无论是犯罪人的主观恶性，还是人身危害性诸如此类都只是评价犯罪行为轻重的依据，并不能成为划分标准。法定刑是犯罪行为严重程度最直观的反映，也是立法者意志的体现，因此法定刑才是界定微罪内涵最恰当的标准。

通常微罪代表违反秩序类的轻微犯罪，域外一些国家将其规定在《违反秩序法》等行政法律中。近年来，如储槐植教授所言，“可处拘役或以下之刑的罪可以称之为微罪。可以包括危险驾驶罪、数额很小的扒窃犯罪，司法实务界应解放思想，不应让刑法上众多‘微罪’虚置”[⑯]。我国的刑法修正案也逐步增加了最高可以判处拘役的罪名，包括危险驾驶罪，使用虚假身份证件、盗用身份证件罪和代替考试罪。

但是，本文认为，将一年有期徒刑作为微罪的法定最高刑才是符合我国刑事立法的目的和社会发展的客观需求的，并且国内最新的研究也大多在“法定最高刑 1 年以下有期徒刑”的意义上使用微罪这一概念。[⑰] 具有层级梯度结构的刑事强制措施体系是我国天然的犯罪行为分层的划分标准，强制措施惩罚力度的递增与犯罪行为的严重程度的上升呈相对应状态，法定刑则反映了犯罪与刑罚之间的因果性联系。首先，轻罪在我国是指法定刑最高为 3 年有期徒刑以下的犯罪行为，微罪作为我国犯罪体系中最轻微的犯罪行为，其行为的严重程度小于轻罪的，其刑罚也应该小于轻罪的。拘役在刑事强制措施中与有期徒刑相连接，具有短期剥夺人身自由性质的同时又不同于其他刑罚，不仅不适用逮捕这种强制措施，而且判刑以后监禁的场地也有所区别。其次，在我国，司法和学

---

⑮ 参见前注③，姜瀛文，第 134 页。

⑯ 前注⑤，储槐植文。

⑰ 参见前注②，梁云宝文；曾粤兴、高正旭：《微罪立法视野下的“严重社会危害性”》，载《河南警察学院学报》2021 年第 5 期；李翔：《论微罪体系的构建——以醉酒驾驶型危险驾驶罪研究为切入点》，载《政治与法律》2022 年第 1 期等。

理上一般认为法定最低刑为3年以上有期徒刑的犯罪是重罪，其他犯罪是轻罪。从形式上看，1997年《刑法》第252条延续了1979年《刑法》第149条的规定，对侵犯通信自由罪配置了“一年以下有期徒刑或者拘役”的刑罚，它是轻罪，也是微罪，但在危险驾驶行为入罪前，轻罪与微罪的区分并未引起广泛的关注。近年来，随着我国刑法参与社会治理力度的持续加大，在传统的违法犯罪二元体系基础上，一些原本由行政法或其他规范调整的行为升格为犯罪，并配置了1年以下有期徒刑等刑罚，这实质上形成了有别于传统轻罪的微罪。尽管有学者提出以“法定最高刑为拘役”作为轻罪和微罪的区分标准，但《刑法修正案（十一）》最终将与醉酒型危险驾驶罪具有同质性的高空抛物罪的法定最高刑由拘役提升为1年有期徒刑。

二、比较考察：国内外微罪立法现状

国外微罪立法和研究相对成熟，已关注微罪司法运行等问题，表征为严而不厉的刑法结构。近些年来，国外学界集中关注的问题是刑法的过度化问题（又称刑法肥大、刑法的泛化、惩罚的过度化）。国外对犯罪采取司法定量的处理方式，导致犯罪成立门槛降低，有时甚至没有门槛。鉴于现代社会的治理风险日益加剧，立法部门不得不持续增设新的罪名以应对这一挑战。例如，英国仅在1997年至2006年工党执政的10年中，立法新创约3000个罪名，2013年英国罪名总数已超过1万个。英国学者安德鲁·阿什沃思（Andrew Ashworth）对此提出严厉的批评。又如，在过度犯罪化问题上面临更严峻的考验的美国，超过70%的成年人很可能在人生的某个时点上犯可能被判处监禁的犯罪。

虽然国外同样面临刑法过度化问题，但是其可通过司法体制实现刑法谦抑性，归功于“漏斗式”司法体制，英国真正进入刑事法院审判的案件只占所有犯罪的5%左右，95%的案件不会被移交到法院，其中95%的案件都在治安法院审理，或者在检察院审查起诉环节被过滤掉。又如，在日本，警察对其负责侦查的案件可以根据检察官指示实施微罪处分，即对犯罪情节轻微的案件不移送检察机关，2007年有38.2%的成人轻微普通犯罪案件被给予微罪处分。[18] 再如，德国起诉法定主义原则在司法实践中日益弱化，越来越多的刑事案件被以不起诉等方式分流，1981年仅有约19%的案件起诉至法院，到1997年则仅12%的案件被起诉。[19]

伴随经济社会发展和风险社会法益保护前置化的需求，我国刑法的修正已不再满足于主要围绕罪状与法定刑而展开，而是不断着力于犯罪圈的扩大和刑罚权的强化，微罪在刑法中的设置亦呈加速扩张趋势。从我国刑事追诉机制的架构来看，受到“严打”刑事政策以及长期秉持的“执法必严，违法必究”思维定式的影响，侦查与审查起诉环节对犯罪行为的筛选与过滤功能相对薄弱。这意味着，在进入审判程序之前，大部分涉罪行为未能被有效筛选和排除，它们继续沿着司法流程前进，并最终由法院作出有罪判决。

---

⑱ 参见辛素、秦文超：《日本微罪处分制度及其借鉴意义》，载《预防青少年犯罪研究》2012年第2期，第94页。

⑲ 参见黎莎：《我国刑事诉讼中不起诉率问题研究——兼与德国的比较》，载《四川警察学院学报》2008年第2期，第94页。

在国外，道德秩序、道德观念本身的重要性高于法律本身，为实现刑法谦抑主义，其制定将严密的犯罪体系辅之以轻缓化的刑罚体系，例如，罚金刑在整个刑法体系中占据着比自由刑更重要的位置。与之相反，我国微罪立法的重刑结构趋轻但未根本改变，仍存在前科影响广泛却弊端明显、短期自由刑缺点尚未克服、罚金刑实际执行率不理想、禁止令软法现象突出、社区矫正制度体系不完善等问题。

法典化时代完善微罪立法要求"多管齐下"。微罪立法的扩张化趋势反映出刑法原则性与灵活性的紧张关系以及刑法谦抑性与刑法功利性之间深层次的矛盾。通过对微罪立法现状的反思，我们对现阶段刑法及刑法理论的发展向度有了更系统、更深入的思考。微罪是社会"现代性"对刑法提出的新问题，刑法与刑法理论也因此面临一系列的挑战。传统理论怎样适应新的社会形势发展，怎样在原则性与灵活性之间寻求平衡点，或许将成为刑法永恒的难题。刑罚具有目的性，这与刑事政策贯穿下的刑法规范的精神不谋而合。只有合乎犯罪规律、社会需要和刑法自身价值的立法和司法活动，才有可能达致刑罚目的，即对犯罪进行有效预防。治理微罪是一个系统工程，这意味着仅从刑法理论层面去探讨微罪的疑难问题，可能得不到满意的答案。法典化时代对微罪进行立法完善有助于我们充分发挥刑罚的威慑效力以遏制微罪行为的发生。但我们应当始终明确：在治理微罪时，不能盲目依赖刑法，而应当采取多管齐下与综合治理相结合的方式。具体而言，以刑法与刑罚作为社会治理手段，围绕比例原则与其他部门法共同作用以控制行政违法行为对超个人法益造成的重大风险。

三、立场选择：刑事立法犯罪化

微罪立法是犯罪化的一个组成部分。因此，危险驾驶罪的行为方式是否继续增加，应将哪些交通违法行为入刑，不但是微罪立法完善的问题，还关乎刑法立法犯罪化应该遵循怎样的原则以及我国刑法典的立法模式转变等问题。近年来，为了缓解日益复杂的社会矛盾，刑事立法显示出明显的工具化倾向。犯罪化已经进入一种不可逆转的状态，关于犯罪化的讨论层出不穷，理论界所提出的现代刑法、风险刑法、积极主义刑法观等理念对于是否应当进行微罪立法有不同的看法。

刘艳红教授主张应立即停止犯罪化的刑事立法。反对者认为这种模仿外国轻罪、微罪模式导致社会治理"泛刑法化、过度犯罪化、刑法过度工具化"的立法倾向很令人忧虑，呼吁立即停止扩大犯罪圈、刑罚过度化的刑事立法。[20] 首先，"保障法"的法律地位决定了刑法作为社会治理的最后一道防线，不能随意适用。因此，针对微罪行为无须动用刑法，采取行政处罚措施完全足矣。例如，何荣功教授认为，刑罚应该在运用民事赔偿、行政处罚等"技术性制裁"无果后，予以实施。[21] 实践中往往是因为行政机关自身管理制度的不完善，才导致民事赔偿和行政制裁后果适用效果的欠缺。那些出于维护社会安全的目的，通过刑法介入早期化的手段，将刑事处罚的范围拓展到原本行政制裁的范畴内，显然是违背刑法谦抑主义原则的。其次，刑法的人权保障机能、刑法的严厉

---

⑳ 参见刘艳红：《我国应该停止犯罪化的刑事立法》，载《法学》2011 年第 11 期，第 108 页。

㉑ 参见何荣功：《社会治理"过度刑法化"的法哲学批判》，载《中外法学》2015 年第 2 期，第 545 页。

性和强制性也决定了不能轻易对微罪行为进行犯罪化处理。微罪本质为罪行轻微的犯罪行为，运用刑罚对其进行规制，不仅违反了比例原则，而且不断降低的犯罪门槛也容易在激进主义立法观念的作用下，导致过度刑法化并产生负面影响。最后，就危险驾驶行为入刑而言，将机动车数量快速攀升所引发的危险驾驶行为增加直接等同于“严重危险”的观点仍有待商榷。相关学者从刑法的谦抑主义、人权保障机能和风险社会的角度出发，对微罪立法的弊端进行揭示，希望避免我国出现“过度犯罪化”的刑事立法趋势。由是之故，构建体系化的微罪制度仍具有一定阻力。

虽然反对之声此起彼伏，但也有相当多的学者如周光权教授主张积极刑法立法观，并且强调未来要有相当规模的犯罪化立法。随着《刑法修正案（八）》、《刑法修正案（九）》、《刑法修正案（十一）》的颁布，微罪入刑已经成为不可逆转的事实，肯定说逐渐成为学界的主流观点。赞同肯定说的学者认为，犯罪圈不断扩大的立法事实表明，“我国刑法的犯罪化立场，已经由过去的相对消极、谦抑，悄然转向相对积极、扩张，并且将成为今后一个时期的立法趋向”[22]，并认为这是“中国刑事立法现代化的标志”[23]。首先，微罪入刑能够有效避免“破窗效应”的不良影响，加强刑法的法律规范效果。有部分学者提出作为最严厉的惩罚方式的刑法，其对违法犯罪行为的规制是最有效果的。微罪入刑势必会将原本由行政处罚调整的行为被纳入刑罚调整的范畴，日益严密的刑事法网在减少“大错不犯，小错不断”现象发生的同时，也能够强化公民的规则意识，尽可能降低犯罪行为的发生可能。其次，有学者从行政法与刑法的本质区别出发，指出行政处罚与刑罚的关键差异在于行政处罚可能带有较大的裁量性。由于缺乏针对行政处罚的有效监督机制，若采取剥夺人身自由的处罚措施，不仅无助于保障受罚者的合法权益，还凸显了我国行政权力过度扩张的问题。[24] 因此，不管是出于刑法打击犯罪的严厉性和威慑力，还是出于维护社会秩序稳定的现实需求，都应当对微罪的犯罪化立法进行肯定。

在微罪入刑引发的一系列争议中，越来越多的学者提出了“适度犯罪化”的立法理念。[25] 何为“适度犯罪化”，它是指从客观角度出发进行科学正当的犯罪化。高铭暄教授、赵秉志教授也强调未来一段时间应有一定规模的犯罪化立法。理论上对此问题的认识存在分歧，这种分歧对当下刑法介入社会治理的早期化、入罪标准的模糊化、保护范围的扩大化、作用的工具化起到一定引导作用。持此种观点的学者认为，一种行为是否被纳入刑法的规制范围，应结合社会客观需求和行为实际情况，用综合、辩证、发展的眼光去判断，不能随意偏向犯罪化或非犯罪化任意一方。适度犯罪化，又称“有选择的犯罪化”，是一个相对笼统的定义。适度犯罪化是一个由浅及深的过程，不是一律犯罪化也不是绝不犯罪化，并不是一朝一夕就能实现的。社会发展的整体程度与社会治安现状影响刑事立法的方向与进程。因劳动教养制度的废除，此前我国长期适用的违法犯罪

---

[22] 梁根林：《刑法修正：维度、策略、评价与反思》，载《法学研究》2017 年第 1 期，第 51 页。

[23] 储槐植：《走向刑法的现代化》，载《井冈山大学学报（社会科学版）》2014 年第 4 期，第 5 页。

[24] 参见张明楷：《犯罪定义与犯罪化》，载《法学研究》2008 年第 3 期，第 143 页。

[25] 参见赵秉志：《当代中国犯罪化的基本方向与步骤——以〈刑法修正案（九）〉为主要视角》，载《东方法学》2018 年第 1 期，第 38 页。

制裁体系出现断层。加之我国定罪标准中对罪量的规定并不明确，贸然将之前的违法行为强行做犯罪化处理，极易造成行政处罚与刑事处罚的界限模糊。目前，对于适度犯罪化并没有一个具体的划分标准。持折中观点的学者认为，风险作为社会发展的产物，在对社会治安造成危险的同时也有一定益处。风险刑法要求立法者，应该明确犯罪行为的界定标准，在科学划分犯罪圈的基础上，运用刑罚对犯罪行为进行规制，避免风险泛化。㉖ 微罪行为本身所侵害的法益较小，与刑罚所带来的不利影响并不十分符合。在将严重危害社会行为犯罪化的同时，不应将可以通过行政措施调整的行为纳入刑法规制范围，从而维护刑法在自由与安全之间的相对平衡，尽量防止对公民日常生活产生不利影响。

综上所述，笔者认为折中说比较合理，微罪入刑并非"无原则、无标准"。"风险刑法"理论认为刑法在社会生活中的早期介入，能够有效避免某些领域的重大风险。降低刑法的入罪标准，将一些未达到刑事处罚标准的行政违法行为由刑法进行调整是非常有必要的。对于侵害超个人法益重大风险领域的犯罪行为，如醉酒驾驶，仅仅依靠行政制裁进行惩罚或者等到出现更严重的后果才处罚显得捉襟见肘。我国刑法注重强调事后打击却忽视事前预防，具有过于注重实害结果的结果本位的偏颇性，妨碍社会治安的稳定。危险控制原则的引入，能够通过刑法介入的提前化，在扩大犯罪圈的同时，处理不断出现的新兴犯罪。

四、合宪控制：微罪立法理念

素来以学派之争闻名的刑法教义学尽管内部观点林立、体系庞杂，却一直疏于以合宪性进行自我审视。无论是古典学派、实证学派或者主观主义、客观主义这样传统的立场对立，还是四要件、三阶层论，刑事解释论、实质解释论，行为无价值论、结果无价值论等学说分歧，学者们更多的是关注各自论证的理论自洽性，以及对立观点可能存在的不自洽性，各自立场是否具有合宪性很少成为考量的标准。因此，随着宪法价值和基本权教义学的发展，直接根据宪法批判和塑造刑法，已经成为宪法学对刑法学的召唤㉗，也成为刑法教义学自我省思的重要方向。㉘ 自外于合宪性检视而野蛮生长的刑法教义学已经不合时宜。刑法教义学不仅是智识之辩，更应该是以宪法价值为导向的智识之辩。

作为广义的公法之一，刑法与宪法的关系历来十分密切。《刑法》第1条明文规定："为了惩罚犯罪，保护人民，根据宪法，结合我国同犯罪作斗争的具体经验及实际情况，制定本法。"在学理上，学者们也坦言，"原则上讲，刑法的所有问题都可能被转化成宪法问题并加以处理"㉙；"刑法的规定及其解释，不能与宪法相抵触，否则便没有法律效

㉖ 参见高铭暄：《风险社会中刑事立法正当性理论研究》，载《法学论坛》2011年第4期，第9页。

㉗ 参见张翔：《刑法体系的合宪性调控——以"李斯特鸿沟"为视角》，载《法学研究》2016年第4期，第45页。

㉘ 参见赵秉志、宋英辉主编：《当代德国刑事法研究》（2016年第1卷），法律出版社2017年版，第3～4页。

㉙ 张明楷：《宪法与刑法的循环解释》，载《法学评论》2019年第1期，第11页。

力；刑事立法必须根据宪法所规定的立法权限和立法程序进行，否则就是违宪行为”[30]。当前，我国在宪法实施与监督机制的建设方面，尤其是合宪性审查制度的完善上，尚未达到全面与成熟的水平。合宪性审查在刑法学领域内主要体现为一种象征性的口号，极少对刑法问题的解决产生具体影响。因此，在微罪立法不断扩张的趋势下，公民的权利和自由受到严重威胁，刑事立法又必须有所限制。在刑事立法的边界，除了受制于刑法内部的基本要求，必须充分发挥领域刑法观[31]对刑事立法的制约和指导作用，通过对微罪立法进行领域性控制，保证微罪立法始终活动在宪法范围之内，防止刑罚权过度膨胀对公民权利与自由带来的消极影响，为微罪立法的正当合理性提供宪法上的支持，这在推进依宪治国和实现刑事法治方面都具有重要意义。[32] 申言之，强调微罪立法的合宪性控制，通过宪法的规范和价值制约与指导微罪立法，明确微罪立法的边界，保证微罪立法的正当合理性，成为当前刑事立法中最重要的问题。

（一）微罪立法合宪性控制的内涵

宪法是国家根本大法，具有最高法律效力，其他法律必须无条件服从宪法的外在规范和内在价值，这是维护法秩序统一性的基本要求。在理论层面，对于合宪性这一核心概念的具体内涵，学界尚未形成广泛共识。这一内涵的界定，对于构建微罪立法合宪性控制的逻辑框架及其实践操作，具有至关重要的先决意义。然而，由于缺乏对合宪性内涵的统一理解，导致在微罪立法领域进行合宪性控制的逻辑前提和具体操作上，存在诸多分歧与不确定性。因此，深化对合宪性内涵的理论研究，形成统一且科学的认识，对于推进我国合宪性审查制度的完善具有迫切的必要性。

理论上关于合宪性内涵理解的分歧，主要表现为“宪法规范观”与“宪法价值观”的对立。具体而言，宪法规范观主张，合宪性是指符合宪法具体规范，不包括过于抽象模糊的宪法精神，否则就不具有确定性和可操作性。[33] 与之相反，宪法价值观认为，合宪性包括宪法的规范、原则和精神等基本要求。[34] 换言之，刑事立法除了必须符合宪法

---

[30] 高铭暄、马克昌主编：《刑法学》（第8版），北京大学出版社、高等教育出版社2017年版，第42页。

[31] 参见王桦宇：《论领域法学作为法学研究的新思维——兼论财税法学研究范式的转型》，载《政法论丛》2016年第6期，第62页。

[32] 在现实生活中，法律规范总是与一定的领域相关联，结合了该领域的特殊内容和形式，才能更好地解决其中的具体问题。领域作为一种学术思想或社会活动的范围，其表征是一定区间、一个范畴、一种范围。与传统法律规范不同，新兴交叉法律领域往往是规制意识初醒的领域，法律风俗、习惯与传统的积淀相对薄弱，尚未形成一套适合自身发展的法律制度框架与研究范式，而现有法律的文义解释、系统解释、目的解释等解释方法可能又无法准确定位其立法宗旨与价值定位。一个基本的逻辑是，首先须有法律规范和适宜的解释方法，才涉及适用法律的解释与适用。新型法律领域并不具备这样的规范前提，而是需要处理大量事实性、非常规的问题，需关注并回应这一领域所有相关的技术知识、政策走向与突发事件等。因此，在面对形式各异、层出不穷的公民权利保障等新兴法律现象和法律问题时，传统理性主义刑法观的研究范式愈显捉襟见肘。我国社会将在未来相当长的时间内处于全面深化改革的历史进程之中，社会关系愈加复杂，利益冲突不断涌现，社会结构和利益分配格局持续调整变化。在新兴的领域，传统理性主义刑法观很难凭借一己之力为新兴交叉领域问题提供充分的理论资源和法律方案。领域刑法论，正是在这样的背景下应运而生的。

[33] 参见王作富、喻海松：《论刑法解释的合法性》，载黄京平、韩大元主编：《刑法学与宪法学的对话》，中国人民大学出版社2007年版，第79页。

[34] 参见刘艳红：《刑法解释原则的确立、展开与适用》，载《国家检察官学院学报》2015年第3期，第95页。

规范，还应该受宪法基本原则和制度制约，不得与宪法原则、宪法精神相违背。[35] 更有甚者，直接将“合宪性”定义为“符合宪法精神”[36]。但是，在理论与实践中，我们应审慎对待“宪法精神”这一概念的泛化使用。正确的做法应当是基于对宪法文本的深入剖析，揭示出宪法规定与宪法原则背后所蕴含的深刻宪法原理。这要求我们运用宪法解释的方法，通过明确宪法文本内部各宪法规定之间、宪法规定与宪法原则之间，以及不同宪法原则之间的价值关联与逻辑关系，来“发掘”并准确理解宪法精神。[37]

在宪法学实践中，立法活动与合宪性审查虽都以宪法为基础，但应用方式有所不同。立法活动主要依赖宪法的明确条文和原则，因其不涉及具体法律争议。而合宪性审查则更复杂，需深入理解宪法条文背后的价值，应对条文与审查对象间非直观的逻辑关系，以及可能存在的价值冲突。因此，除了宪法规定，还需探索宪法精神作为审查依据，以丰富宪法的实质性内涵。宪法内涵包括文本规定与内在精神两部分，共同构成宪法完整解释的框架。简言之，立法重条文，审查需精神，两者共同维护宪法权威。具体到对微罪立法的合宪性控制，其基本内涵应当从宪法规范和宪法价值两个层面进行把握。一方面，对微罪立法进行合宪性控制要做到将微罪立法控制在宪法规范的调整范围之内。在成文宪法国家，“规范意义上的宪法”或称为“书面宪法”，即将国家基本制度、国家权力和公民基本权利等具体宪法内容通过文字的形式表达出来，包括了宪法典、宪法性法律等一切宪法性文件，是承载宪法价值的具体载体。微罪立法合宪性控制的最低要求就是刑事立法符合宪法具体规范。另一方面，对微罪立法进行合宪性控制根本上是要保障微罪立法与宪法价值相一致。宪法精神蕴含着的宪法价值是特定社会的价值基础和通行观念，在整个法律体系中位于最高，统摄和支配其他法律的价值。[38] 微罪立法对宪法规范的遵循，其目的是实现规范背后所蕴含的宪法价值。对微罪立法的合宪性控制必须落实到宪法价值上，这是宪法对微罪立法的根本要求。

（二）谦抑主义刑事立法观

刑法的谦抑性精神之思想精要既不在于刑法处罚的最小化，也不在于刑罚处罚的末位化。当刑事制裁与剥夺人身自由有直接关系或者潜在关系时，立法者不能为所欲为，应当在最合适时对刑事制裁作出规定。

1. 保守的谦抑主义刑事立法观

《立法法》第 6 条第 1 款规定，立法应当“科学合理地规定公民、法人和其他组织的权利与义务、国家机关的权力与责任”。具体到微罪立法，就是要把握好刑法介入生活的程度和边界，不能不合理地压制公民的生活自由空间，任由刑事制裁力量参与社会生活，反而应保持克制、节俭、适度和谨慎的态度。关于刑法谦抑的定位，有多种观

---

[35] 参见张翔、梁芷澄：《“宪法精神”的历史解读》，载《中国政法大学学报》2022 年第 6 期，第 60 页；张军、薛瑞麟：《刑法解释的合宪性原则初探》，载黄京平、韩大元主编：《刑法学与宪法学的对话》，中国人民大学出版社 2007 年版，第 89 页；蔡道通：《刑事法律的合宪性思考——一种审视民主的视角》，载《环球法律评论》2006 年第 4 期，第 440 页。

[36] 刘浩：《刑法解释方法论》，中国政法大学出版社 2014 年版，第 33 页。

[37] 参见莫纪宏：《怎样发现宪法精神？》，载《法商研究》2023 年第 4 期，第 3 页。

[38] 参见杜承铭、陈永鸿主编：《宪法学》，厦门大学出版社 2012 年版，第 28 页。

点。陈兴良教授将其界定为一种刑法价值[39]；张明楷教授则将其置于罪刑法定原则之下展开分析，认为刑法不应处罚不当罚的行为[40]；陈子平教授将其与刑法之功能相联系，强调重视与保障功能相联系的刑法谦抑主义，并指出刑法谦抑主义之实现，要求刑法保持补充性、片段性、宽容性的精神。[41] 总之，“保守的谦抑主义刑事立法观”试图将现代社会碰到的新问题、新现象纳入传统刑法视野之中，虽然不否认风险社会之客观存在，但并不认为眼下的社会问题需要改变刑法的谨慎性和必要的严格解释原则，更反对借口风险社会而随意扩张刑罚的范围。对此，何荣功教授提出，风险社会、科技社会并不改变人们应有的人性尊严权利和意思自治原则，更不会动摇现代民主制度和法治原则，不管什么样的社会技术形态，刑事法治始终要求限制国家刑罚权。[42]

近年来随着各类社会风险的不断涌现，众多新生危险源也不断催生新的严重违法行为，造成犯罪门槛降低、犯罪圈不断扩大、法定犯不断增多的立法新趋势，甚至有学者称“刑法中的法定犯时代已经到来”。为了发挥刑法在社会治理中的积极作用，刑法不可能一成不变，面对层出不穷的新风险、新问题，刑事立法必须有所作为，这是保持刑法实效的应然之举。[43] 除此之外，即令是比较传统的理论问题，也受到风险社会、科技社会之特征的影响，尤其是刑法理论上对行为人之违法性认识的影响。[44] 然而，刑法作为“最后法”，天然伴随着权利侵害的属性，使得其更容易为立法者所看重，成为社会治理的手段。若过度扩张刑法的规制范围，不当限制公民权利与自由，会从根本上动摇刑法作为人权保障法的正当性基础。即便是现代科技发展促使社会发生前所未有之变化，但不可改变的是，社会生活的主体仍然是需要法律予以规范的人的行为，而人们在社会生活中随着社会的发展也会通过不断改变自我从而适应现代社会所带来之风险。因此，民众对现代社会之科技风险认识不足而造成危害结果，实属社会进步之必然代价，应该由社会整体来承受，而不能转嫁于社会个体。随意降低社会大众在现代风险之下的法律认识和行为能力，可能违反民众之预测可能性，不当地干预民众的生活，从而与宪法的精神意旨、价值原则相抵触。

2. 缓和的谦抑主义刑事立法观

缓和的谦抑主义刑事立法观主张，适度扩张犯罪圈并不见得必然与刑法谦抑性原则相冲突。必须摆正立法观念，不要故步自封，积极探索刑法规制社会的广度和深度，完善刑罚结构，增加刑事处罚的弹性，宽严相济、强弱得当，该出手时就出手。[45] 根据著名的马斯洛需求层次理论，安全需求是低级别的缺乏型需求，而自由需求则是高层次的

㊴ 参见陈兴良：《刑法的价值构造》，中国人民大学出版社 1998 年版，第 352 页。

㊵ 参见张明楷：《刑法学》（上）（第 6 版），法律出版社 2021 年版，第 60 页。

㊶ 参见陈子平：《刑法总论》（2008 年增修版），中国人民大学出版社 2009 年版，第 10 页。

㊷ 参见何荣功：《自由秩序与自由刑法理论》，北京大学出版社 2013 年版，第 156 页。

㊸ 参见车浩：《法定犯时代的违法性认识错误》，载《清华法学》2015 年第 4 期，第 22 页；陈烨：《法定犯违法性认识必要说：我国现行刑事立法框架下如何坚守》，载《政治与法律》2017 年第 7 期，第 49 页。

㊹ “随着控制风险以安抚公众成为压倒性的政治需要，刑法逐渐蜕变成一项规制性的管理事务，在风险不断扩散的后工业社会，为适应积极主义的治理模式，责任主义刑法被迫做出重大调整，日益以规制为己任而走上所谓的现代化之路，因而刑法在定罪上降低了对行为人主观上关于违法性认识的要求。”参见劳东燕：《责任主义与违法性认识问题》，载《中国法学》2008 年第 3 期，第 151 页。

㊺ 参见周光权：《积极刑法立法观在中国的确立》，载《法学研究》2016 年第 4 期，第 23 页。

自我实现需求，只有当低级别的需求得到充分确保或满足之后，才会进一步对实现高层次的需求产生欲望。微罪立法基于提前干预的积极姿态而将刑法立法运作逻辑从社会治理的最后手段转化为最佳手段或优先手段本身无可厚非，不应当受到那种一概将刑法置于最后保障法地位之刑法谦抑（最后手段性）原则的不当钳制。因为就刑法在整个法律体系中所处的位置而言，其与民法、行政法等所谓的前置法在本质上均系宪法之下同一位阶的部门法，它们在介入社会治理过程中是平行并列的关系而不是阶层递进的关系。为了能够更好地达到管控社会风险，保障社会安全之目的，刑法作为其中一种最有效的管理不安全性的风险控制工具，只要不背弃责任主义原则和人本主义的法益理念，就无须仰民事、行政等其他法律之鼻息，根本没有必要一直等到这些非刑事法律的干预都宣告彻底失败以后，才慢悠慢悠地招架还击，而完全可以凭据自身具有独立属性的价值取向，主动出击规制其认为有必要予以刑罚处罚的社会逾矩行为，这并不是对传统前置法领域的侵入进犯，而是对传统前置法与传统后盾刑法之间出现立法间隙的缺位填补。诚如我国学者周光权教授所言，在不同的历史分期，人们对违法行为的忍耐极限当然有很大的不同，从来就没有哪一种尘封不变的定式思维能够说明对于某类行为只能适用于民事、行政方式来处理[46]，或者只能先以民事、行政等方式处理而将刑事制裁始终定格在替补或备胎角色的尴尬境地。

值得强调的是，犯罪化的边界究竟止于何处，只能从一个国家的情况之实和惩罚之需中来寻求答案。一方面，国家（政府）理性不等于公共理性。在刑法立法中，应区分个人理性、国家理性、公共理性。其中，公共理性是横跨国家理性、政党理性、集团理性和个人理性[47]，并以成熟自律的市民社会为基础的利益整合的机制和合作共治的能力。[48] 在现代社会里，政府理性只有置于公共领域的监督和批判之下，其决策和管理才能在更大程度上体现公共理性，即决策和管理具有公共性、民意性、正当性和合法性。因此，我们没有必要将公共理性置于高于个人理性的地位而盲从于国家理性。另一方面，立法权的设定以国家机关具备“全能理性”为潜在之基础。现代政治学并非认为法律秩序无可指摘，相反，在民主与法治之下，仍强调民众对政治的参与，强调民众在社会生活中的自治，并主张政治顺应于民众自治，而不是一味改变民众自治。因而立法机关应当承认，国家或政府如同个人，并非总是臻于理想之状态，也有不理性或者自以为理性的错觉，进而在刑法立法上承认微罪立法可能会与宪法相抵触。

五、范围界定：犯罪化的合法性范围理论与效益评价理论

近些年来，我国学界在刑法的合法性基础问题上取得了显著进展，但在犯罪化的合法性范围理论的研究上，仍显薄弱。刑法的合法性研究涵盖两个紧密相连的方面：一是刑罚作为规制犯罪主要手段的合理性依据，即刑罚的合法性问题；二是国家有权将哪些行为界定为犯罪的问题，即犯罪化的合法性问题。前者关乎刑法的合法性基础，后者则

㊻ 参见周光权：《转型时期刑法的立法思路与方法》，载《中国社会科学》2016 年第 3 期，第 123 页。

㊼ “现代公共理性”应作为沟通、协调和统一“工具理性与价值理性”“个人理性与国家（政府）理性”“大众理性与精英理性”的中介与桥梁。

㊽ 参见谭安奎：《公共理性》，浙江大学出版社 2011 年版，第 62 页。

界定刑法的合法性边界。任何成熟的刑法哲学理论都需对这两个子命题进行体系化的整合与价值协调的理论说明。在刑法的合法性基础问题上，报应主义与功利主义长期并存且各持己见。然而，无论是报应主义还是功利主义，在犯罪化的合法性范围问题上，其内部均存在不同声音。[49] 刑法通过设定禁止性义务来彰显所维护的社会规范，这一显著特征使得探讨刑法的合理界限——犯罪化合法性的问题，成为连接一般违法行为与犯罪两大领域的理论纽带。

（一）传统的犯罪化合法性范围

雨果·格劳秀斯在其著作《战争与和平法》中率先提出反思犯罪化合法性范围的问题，主张通过一系列反面原则来界定刑法的边界。如果说报应主义与功利主义在刑罚合法性依据上的分歧，主要体现在对已然之罪与未然之罪的刑罚正当性期待上。而犯罪化合法性范围的争议，则聚焦于刑法设立禁止性义务的来源，即刑法是否及应在何种程度上强制执行社会共同体道德。对此，学界分为法律道德主义与法律自由主义两大流派。

法律道德主义认为刑法旨在保护社会道德，用于表明某行为是不道德的论证与证明该行为违法直接相关。根据哈特的观点，其内部又存在保守论与分解论的理论分野。[50] 其中，保守论者强调社会多数有权要求维持其“道德环境”作为最高价值，而社会共同体内部的所有成员都应服从于这一最高价值；分解论者则主张法律应维护社会的政治和道德功能，通过“社会共同信念”来维持社会运转。法律自由主义则基于实证主义立场，否认刑法规制行为的道德性基础，强调防止犯罪对个人自由的侵害。首先，该流派以 19 世纪英国学者密尔的“伤害原则”为起点，依照危害原则，社会成员被国家权力干涉的唯一原因是其行为危害了他人，据此，自我损害及违反伦理都不能成为刑罚处罚的理由。[51] 从修正的功利主义视角出发，如果强调危险行为预防的话，在现实生活中许多实际上正当的行为都有伤害他人利益的可能，刑法无法对某些没有对他人造成具体损害的行为进行规制。因此，“伤害原则”无法从质上对刑法的正当范围进行说明。其次，美国刑法学者帕克在此基础上把该问题转换成一种对于量的判断，试图对伤害原则进行补充，认为入罪的标准应当是具体且可操作的[52]，刑事制裁的最佳使用所设立的标准就是一种全面具体且颇具实用性的理论体系。[53] 也就是说，刑法的正当范围应建立在伤害原则之上，并需通过传统功利主义价值来说明量（罪量）的判断。最后，与密尔不同的是，范伯格的“冒犯原则”认为，除了基于对他人的危害，如果行为引起了令他人内在的厌恶的效果，即冒犯了他人，也可以作为刑罚规制的理由。使刑法有可能规制令他人

---

[49] 参见邱兴隆：《关于惩罚的哲学——刑罚根据论》，法律出版社 2000 年版，第 120 页。

[50] See H. L. A. Hart, law, liberty and morality, London, Oxford University Press, 1968, pp. 1 - 2.

[51] 参见苏青：《社会危害性理论研究：渊源、比较与重构》，法律出版社 2017 年版，第 91～92 页。

[52] 参见［美］哈伯特·L. 帕克：《刑事制裁的界限》，梁根林等译，法律出版社 2008 年版，第 281 页。

[53] 帕克的“刑事制裁界限理论”包含六个条件，只有全部满足这些条件的危害行为才应当受到刑事制裁：（1）行为须是在大多数人看来有显著的社会危害性的行为，且不专属于任何意义的社会阶层；（2）将该行为纳入刑事制裁不会违背惩罚目的；（3）抑制该行为不会约束人们合乎社会需要的行为；（4）须通过公平且不歧视的执行来处理；（5）通过刑事程序来控制该行为，不会使该程序面临严重的定性或定量的负担；（6）没有合理的刑事制裁替代措施来处理该行为。他提出两个排除原则：伤害可能性小到动用刑罚不成比例，或伤害可能性小到刑事司法主体无须刑罚处置。

厌恶的道德行为，导向家长主义的刑事立法。[54]

综上，这些讨论试图在保障个人自由与维护社会秩序之间找到平衡点：首先证成国家刑罚权的合法性，为规制不法行为提供原则性依据，进而为其存在范围寻找统一的价值标准。

（二）修正的犯罪化合法性范围

尽管法律道德主义与法律自由主义均力图从道德哲学的维度为犯罪化正当范畴设定理论上的界限，但在实践操作中，它们因缺乏足够的明确性而难以全面覆盖复杂多变的社会现实。与此同时，学界对"纯道德犯罪"概念存在的正当性提出了广泛的质疑，呼吁对某些传统上被视为犯罪的行为进行非犯罪化处理，并主张通过少年司法体系对青少年的轻微犯罪行为实施宽恕政策。[55] 面对入罪化与出罪化之间的冲突，寻找刑法的改革立足点和理论契合点已成为亟待解决的课题。由于传统道德或政治哲学在犯罪化合法性范围问题上未能形成明确共识，也无法提出切实可行的犯罪化判断标准，而刑事立法及司法实践又迫切需要一个有效的解决方案，因此，学界开始探索新的路径以修正传统犯罪化合法性范围的论证逻辑。

沿袭波斯纳的理论脉络，帕克提出了"效益评价"理论，该理论主张依据能够产生最大社会收益的处置方式来判定某一行为应由刑法进行犯罪化处理还是由其他部门法进行规制。若不存在能产生社会收益的处置方式，则该处置便失去了其存在的意义。一般而言，非犯罪化处理往往能够带来更大的社会收益，因此，在缺乏充分的犯罪化理由及精确的罪责关系衡量标准时，应尽可能控制刑法的正当适用范围。当然，"效益评价"理论亦承认，鉴于刑法具有责难性和严厉性的特征，其威慑力和规范效果更为显著，对于某些行为而言，唯有通过刑法的规制方能实现有效的控制。

尽管"效益评价"理论为界定犯罪化合法性范畴的问题提供了一个更为注重实践操作的衡量标尺，但其理论框架中的局限性亦不容忽视。首要问题在于，"效益评价"理论深植于复杂多变的经济学变量计算之中，这在一定程度上削弱了其在现实应用中的便捷性与实用性。特别是在针对特定不法行为的犯罪化评估场景下，由于标准化计算范式的缺失，相关变量数据的处理过程呈现出显著的不稳定性与可信度不足的问题。其次，"效益评价"理论在构建有效的比较与评价标准方面存在明显短板。以卖淫为例，其犯罪化的成本构成不仅涵盖了司法资源的消耗，还涉及对公民隐私权及自由权的限制，后者在成本量化上尤为棘手，难以形成统一的计算基准。再者，该理论的理论基石尚显薄弱。无论是德富林的法律道德主义阐释，还是密尔基于伤害原则的观点，均致力于构建一个自洽的体系以阐释犯罪化合法性范畴。相比之下，"效益评价"理论虽然植根于功利主义立场，却试图通过衡量社会财富与资源的得失来规避对犯罪化合法性基础理论的深入探讨，这种做法无疑是对理论根基的一种回避。因此，当纯粹的经济分析手段无法精确界定犯罪化的合法性边界时，"效益评价"理论因其理论根基的不稳固性而难以有

---

[54] 参见郭旨龙：《极端言论的犯罪化：从伤害原则到冒犯原则》，载《中国刑事法杂志》2023 年第 6 期，第 105～106 页。

[55] 例如，通奸、重婚、卖淫、赌博、吸毒、同性恋等行为，在美国以及一些西欧国家的刑事法律体系中，已被不同程度地视为非犯罪行为。

效自我修正和完善，这进一步凸显了其在理论构建上的局限性。

（三）现代的犯罪化合法性范围

“效益评价”理论所面临的困境从另一维度说明：犯罪化的合法性范围唯有借助道德哲学的视角方能获得本体性的深刻阐释。那么，对于这一范围的论证，我们应当完全遵循法律道德主义的立场，还是严格限制在法律自由主义的框架内，或者应当寻求两者的有机融合？若旨在探索一条折中路径，我们又该如何在法律道德主义与法律自由主义之间找到平衡点？

法律道德主义坚信，为了最大限度地实现道德共识并缓解冲突，必须建立在个体作为道德主体具备认知并遵循社会道德规范的能力之上。而法律自由主义则视个体为价值核心，将个人的自由发展视为至高无上的价值追求，主张限制刑法的适用范围，以最大程度地保障和实现个人人权与自由作为刑法的终极价值目标。鉴于价值体系的多元化，从关系价值论的角度出发，当多种价值发生冲突时，不同的理论以其各自的价值主体为基点，对于何种价值应优先于其他价值的判断自然会有所不同。因此，法律道德主义与法律自由主义之间的理论冲突，其根源在于它们所秉持的价值本位不同，二者都试图从各自的角度为刑法犯罪化的合法性范围提供合理性支撑。然而，刑法的价值本位应是一种介于个人本位与社会本位之间的动态平衡。实际上，犯罪化合法性范围的确定，是立法者在权衡社会本位与个人本位的基础上，根据特定阶段的刑事政策需求，对越轨行为作出的动态回应。换言之，犯罪化合法性范围的划定，必须同时满足必要秩序原则与保障人权原则这两个基本底线原则，方能得到社会与个人的共同认可，并获得合法性承认。

在协调必要秩序原则与保障人权原则时，笔者认为，必要秩序原则应被确立为确定犯罪化范围的首要原则，而保障人权原则则作为对其的限制性原则。正如雅各布斯所言，刑法的机能不是保障法益，而是保障规范的有效性，促成人们对规范的承认和忠诚。[56] 换言之，社会是由有序的人际交往构成的规范性环境，只有当规范成为人们行动的指导框架，支配着人际交往时，社会才显得真实且可理解。刑法的天平必然是倾斜的，其规范防卫的本质是一种对于社会规范性的信仰成为必要，个人只有处于一种规范的信仰之中才能有效理解其自身行为并预见其后果，刑法通过对不法行为的犯罪化不断地从反面进行确认并维持这种规范性的存在，而社会本位和个人本位在此意义上可以得到最大的调和。而对于规范的维持应当通过保障人权加以限制。比如，刑法在任何时候都不能把实施宪法所规定的基本权利的行为犯罪化处理，否则就是试图逾越保障人权原则的限制，犯罪化的范围也就失去其合法性支撑。将目光拉回到现实的刑事立法中，根据上述分析，立法者应当如何进行主观选择和考量某一不法行为是否应当犯罪化处理呢？首先，对于自然犯，无论在哪个历史时期根据哪种学说理论都应该毫无争议地将其犯罪化处理。其次，对于行政或民事不法行为的犯罪化问题（微罪立法）应当首先根据国家维护社会秩序安全的需要作出决策。

㊻ 参见［德］格吕恩特·雅科布斯：《行为 责任 刑法——机能性描述》，冯军译，中国政法大学出版社 1997 年版，第 89 页。

德国刑罚法的去自由刑化趋势探析

——兼论电子脚镣和人脑芯片作为预防刑的应用前景

孙雨晨*

摘要：本文以德国刑罚法为考察对象，关注21世纪以来，尤其是近十年来出现的去自由刑化趋势，从刑罚种类的角度分析了非监禁刑主要作为预防刑的情况；讨论了新型的刑罚种类——电子脚镣作为非监禁刑以及人脑芯片技术作为一种神经治疗的技术实现的可能性和具体前景；讨论了非监禁刑作为预防刑的理论基础，并从比较法的角度简要分析了其运用于中国司法实践的可行性。

关键词：德国刑罚法；去自由刑化；预防刑；电子脚镣；神经治疗

一、德国刑罚法的去自由刑化趋势探析

（一）德国刑罚法理论发展趋势概述

如今德国的刑法典有别于1871年德意志帝国的刑法典，公民与国家关系在宪法含义上的根本性变化，使刑罚目的理论也随之产生了深刻的变迁。汉斯·海因里希·耶赛克（Hans-Heinrich Jescheck）教授认为，应谨慎考虑刑罚措施所涉及的自由、名誉和财产对公民权利的影响，应该充分思考刑事制裁措施的正当性和必要性，对刑罚的适用方面的考量做到最大程度的审慎。① 刑罚不仅承担实现正义的功能，还需要体现出社会的良知。并且，在理解刑事制裁政策的发展趋势方面，必须深切关注其制度设计背后的宪法原则——作为刑事司法制度的宪法指导原则，即法治国原则（Rechtsstaat）和福利国家原则。基于依法治国原则，刑事制裁措施需遵循责刑相适性和手段适用性原则，这体现在对于该罚性/可罚性、刑罚种类、刑罚数量的具体衡量之上。在满足法律规定条件下若存在可以不罚的情况，如果可能的话，就应该尽量避免惩罚。② 根据把刑罚作为最后手段的思想（ultima ratio），德国立法部门致力于从实体法到程序法全面推动去罪化的刑罚改革措施。在实体法层面，将情节轻微的不法行为尽可能更多地作为违法行为或者以罚金的方式进行处理，而不是作为犯罪处理；在程序法层面，遵循法定原则，对

---

* 孙雨晨，德国哥廷根大学法学院博士研究生。

① Hans-Heinrich Jeschek，Introduction，in：dtv text edition of the StGB，37 Aufl. 2002，p. Ⅻ f.

② Wolfgang Heinz，Das strafrechtliche Sanktionensystem und die Sanktionierungspraxis in Deutschland 1882–2001，Stand：Berichtsjahr 2001，Version：6/2003

于轻微案件的处理尽可能地避免实体的诉讼程序，而以民事诉讼程序或者庭外程序代之。[③] 在刑罚种类的选择上，也倾向于更多地能不处自由刑的，就不处自由刑，更多地采取其他非监禁刑形式，尽可能更少地适用自由刑以及降低适用自由刑占总刑罚的比例大小。总体上，德国刑罚法在实践中也呈现出刑罚轻缓化以及刑罚去自由刑化的趋势。

根据德国联邦数据局的统计数据（见图 1），从 2009 年到 2020 年，被判处自由刑、终身监禁和保安处分的服刑人员总计人数从 55 534 人下降到 42 490 人，仅在 2015 年到 2019 年，被判处的服刑人员总数出现小幅波动，而在 2017 年以后又呈现出逐年下降的趋势，直到 2020 年达到最低点。相对轻的自由刑（5 年以下）在所有刑罚种类中占比最大，约占总数的 85%；相对重的自由刑（5 年到 15 年）的总数呈逐年下降趋势，从 2009 年的 5 716 人下降到 2020 年的 3 580 人；终身监禁的总数在 2009 年到 2020 年总体变化不大，从 2009 年的 2 048 人下降到 2020 年的 1 994 人；被判处保安处分的人数总体变化也不大，呈现轻微上升趋势，从 2009 年的 491 人上升到 2020 年的 589 人。

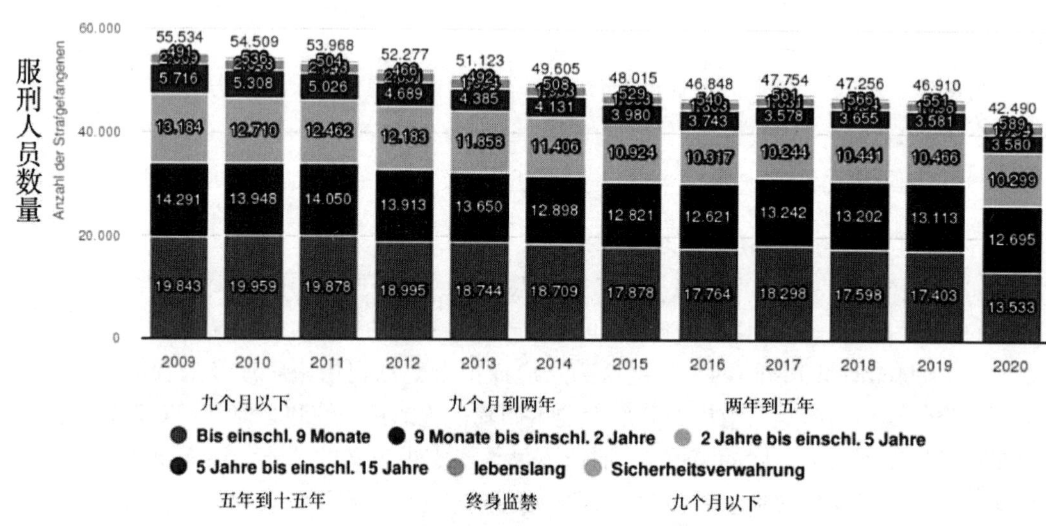

图 1　2009 年到 2020 年德国根据预期执行期限的服刑人员数量[④]

根据表 1，可以看到德国在 2010 年到 2020 年的已决犯数量从 813 266 人下降到 699 269人，虽然在 2018 年到 2019 年从 712 338 人反弹到 728 868 人，但是从整体上来说（在 2010 年到 2020 年这个时间段内）大致还是呈现逐年下降的趋势的。被判处自由刑的人数从 2010 年的 129 717 人下降到 2020 年的 93 180 人，大体也呈逐年下降的趋势。根据被判处自由刑犯人数量和已决犯数量的百分比来看，从 2010 年到 2020 年的数据分别为 16.0%、15.6%、15.7%、15.3%、14.7%、14.5%、14.6%、14.6%、14.4%、14.1%、13.3%，大致呈现下降趋势，而在 2014 年到 2017 年保持在 14.6% 左右的平稳阶段，在 2019 年到 2020 年又是急速下降阶段。从整张表格也能看到，除去

③　同前注②。

④　2009 年到 2020 年德国根据预期执行期限的服刑人员数量，出自德国联邦数据局，2022 年。

一些特别因素的影响，比如2019年以后的社交禁令对人们行为方式的影响，总体来说，使用自由刑的比例呈现逐年下降的趋势。

表1　　德国2010年到2020年已决犯数量与被判处自由刑的犯人数量对照表[⑤]

人数	年份										
	2010	2011	2012	2013	2014	2015	2016	2017	2018	2019	2020
已决犯	813 266	807 815	773 901	755 938	748 782	739 487	737 843	716 044	712 338	728 868	699 269
被判处自由刑的犯人（非少年犯）	129 717	126 350	121 809	115 880	110 046	107 089	107 829	104 419	102 748	102 541	93 180
百分比	16.0%	15.6%	15.7%	15.3%	14.7%	14.5%	14.6%	14.6%	14.4%	14.1%	13.3%

自2015年以来，德国社会先后遭遇了难民危机、经济危机、能源危机，这些危机到目前都仍然存在着。于是有部分学者建议在深刻的社会危机之下也应采取相适应的严厉的刑事制裁措施，而不是秉持这样一种轻缓化的趋势。然而这种论述只是稍见于部分文章中，并不占据主流地位。汉茨教授（Wolfgang Heinz）对此的回应是，刑罚只能作为一个最后的手段，即到最后关头才不得不使用的手段，而刑罚它所能达到的效果——正如公众期待的社会控制的司法实践效果，经常性地被高估了。构成犯罪的动因与刑事政策的宽严相关性之高低是存疑的。同时，针对累犯和暴力犯罪的少年犯，可以得知，这一类的犯罪群体往往本就身处社会的弱势地位，存在遭受家庭暴力、食物短缺、教育缺乏等等问题，这并非调高刑事制裁措施的严厉程度所能解决的问题。刑法虽能在司法层面上恢复正义，但对于造成这一类犯罪群体犯罪行为于社会层面上困境之改善无疑是乏力的，且在严厉的刑事制裁政策之下更有可能加剧这样的生存困境，这显然与福利国家的宪法原则相违背。[⑥]

（二）德国刑罚目的理论概述

德国刑罚的发展背后有深刻的理论根基，即刑罚理论。从文献到判例都普遍认为，任何刑罚评估都是以罪责为出发点的。根据《德国刑法典》第46条第1款第1句，犯人的罪责是评估处罚的基础。在考察刑罚合理性的时候，必须充分考察罪责因素。若非如此，合理性问题将无法证成，将导致刑罚的评估不正确。在充分考虑罪责因素的基础之上必须同时考虑相称性问题，即刑罚必须与犯罪程度相称。德国联邦宪法法院就相称性问题曾多次强调，刑罚措施作为国家对个人权利的干预，不得与犯罪的严重程度不相称，刑罚的裁量需严格贯彻法治原则。其不仅需体现出罪责相适应，也需体现出责刑相适应，同时还要考虑刑罚目的，刑罚量不得超过绝对的上限和绝对的下限。[⑦]

刑罚意味着公共社会伦理对该行为的否定性评价。基于此，由国家强制力保障限制犯人的自由权的措施，如何使在实体法层面的刑罚确定（量刑）以及在程序法层面的刑

---

⑤ Rechtspflege. Strafverfolgung. Statistische Bundesamt，2010－2022.

⑥ Wolfgang Heinz，Ethik des Strafens，2016.

⑦ BGH 23，176，192；24，175；MDR 1973，554.

罚执行在理论上合理，必须要明确刑罚目的。刑罚目的理论被区分为绝对理论和相对理论。刑罚的绝对理论被定义为“punitur quia peccat est”，意思是“惩罚是因为做了被禁止之事”。根据绝对理论，刑罚是绝对的，仅仅存有形而上的目的即恢复正义，而排斥形而下的效果目的。刑罚的相对理论与此不同。相对理论认为刑罚的正当性正是源于形而下的效果目的，即预防犯罪。根据作用影响的对象不同，分为一般预防和特殊预防。一般预防的作用客体为公众，特殊预防的作用客体为罪犯本人。作用于公众层面的一般预防分为积极的一般预防和消极的一般预防。消极的一般预防体现为威慑作用，描述了对普通公众影响的一种可能性。而积极的一般预防，将刑罚视为一种行为后果的证明，加强公众对于司法的信任，实现对法律体系的捍卫（一体化预防）。

针对消极的一般预防的批评意见：它并非对于所有类型的犯罪都具有普遍性的、同等程度的威慑效果。比如，对于激情犯罪类型的犯人来说，刑罚的威慑力远不足以胜过一时的激烈情绪对人的控制；即使是在非激情犯罪当中，行为人在残暴的即时心态之下，实施对他人的身体伤害行为，考虑到行为人对犯罪结果的预期（轻伤/重伤/死亡），并不能因此认为，行为人因对身体伤害罪到故意杀人罪的刑罚轻重的权衡，从而导致行为人追求犯罪结果会有所不同。就司法实践来看，行为人在考虑追求达到何种犯罪结果的时候，更多地是权衡了犯罪行为暴露的风险大小。而在司法实践层面，威慑的实际效果因缺少真实社会系统的试验对照组，而陷入实践经验证成方面的困境。[⑧] 就体系角度来说，消极的一般预防将行为人置于工具性的地位以达到对公众的威慑目的，这并不符合《德国基本法》第 1 条所规定的应有之义。除此之外，消极的一般预防会造成社会危险性与犯人具体刑罚数量之间在逻辑上的分离，也与责任原则构成相冲突。因为它带来的仅仅是对公众的威慑，既无法因该种刑罚观得出具体的刑罚量的结论，也无法使犯人本身建立起对于犯罪带来的危害后果的认知，以至于在犯罪行为带来社会伤害的同时，消极的一般预防作为一种刑罚观在无力补偿这种伤害的同时，又忽视了对于犯人的预期行为及再社会化的关注，总体上呈现出弊大于利的效果。[⑨] 对于积极的一般预防所追求的加强公众对司法的信任这一目的，理论界对其的质疑同样集中在实践经验方面的证成困境，以及对于刑罚目的与量刑结果的逻辑分离的担忧之上。

特殊预防是指用刑罚来确保对人的生命利益的最大限度的保护。在《德国刑法典》第 46 条第 1 款第二句强调，要考虑到刑罚对行为人未来社会生活的预期影响。特殊预防因具体目的不同，细分为威慑的特殊预防、改善的特殊预防和保障的特殊预防。威慑的特殊预防，是指通过刑罚来阻止犯人在未来进一步犯罪；改善的特殊预防是利用行为矫正技术来避免出现矫正之前的犯罪行为；保障的特殊预防，即以限制自由或剥夺自由的形式开展预防。对于特殊预防的质疑同样出自它的实际效果，批评者认为目前来说缺乏一种具备有效证明力的判断方法来评估特殊预防对于预防累犯的效果，同时基于对犯人本身的人格状态的分析不足，也无法正确得出是侧重于对犯人的教育功能，还是侧重于对犯人的威慑功能。同样的，对于一些犯人，其犯罪诱因一部分可归结于长期持续地

---

⑧ Florian J. Schmitz-Remberg，Verständigung und positive Generalprävention，2014，SS. 41 - 44.

⑨ Jescheck/Weigend，Strafrecht AT 1991，1. Abschn.，Rn. 29.

处于劣势地位，例如，深受家庭暴力伤害而最终犯下故意伤害罪，以及长期处于贫困状态且缺乏谋生技能（低学历低技能），或者身体具备一定缺陷/残疾，特殊预防在以上这些群体身上的实际具体效果是不得不令人深思的。[10]

针对上述对特殊预防的质疑，德国法在具体刑罚实施过程中，对具体人群进行了区分，例如，对少年犯的刑罚裁量，就与一般罪犯作出了一定区别。此种情况下，罪行补偿平衡（Täter-Opfer-Ausgleich）作为目的必须在很大程度上退居次要地位，而将以教育为主要形式的特殊预防措施作为优先考虑的内容。

统合理论（Vereinigungstheorie）是目前德国的主流观点。[11] 统合理论结合了绝对理论和相对理论，将刑罚理解为多层次的法律后果，出于正义和保护公民的目的，刑罚的评估受限于罪责的上限与下限，并在此限度区间内，考虑特殊预防的目的。统合理论弥补了相对理论的不足，即仍秉持恢复正义这样形而上层面的追求，同样摆脱了绝对理论的缺点，将预防涵摄于刑罚目的之下。[12] 例如，《德国刑法典》第 47 条规定，法院判处 6 个月以下的自由刑，必须满足以下特别情况，考虑行为人的性格和施加自由刑对行为人的影响（特殊预防），以及考虑法律秩序的维护之必要性（一般预防）。[13] 该条认为如果自由刑少于 6 个月却仍然得到执行的话，是不利于再社会化的。[14] 另外一个体现在《德国刑法典》第 56 条第 1 款。该条规定，考虑犯人的人格、生活经历、行为状况、行为后行动以及预后效果，自由刑 1 年以下的刑罚可以被暂停执行。随着社会观念的变迁，更趋向于考虑人道主义的观点，刑罚理念逐渐从对惩罚概念的形而上的推崇，转变为对权宜式和功能式的追求。弗朗茨·冯·李斯特的刑法社会学学派所要求的对犯人的再社会化要求和保安处分要求，背后的逻辑是尽可能地减少监禁刑的有害影响，以及最大限度地使用非监禁刑的再社会化手段。统合理论整合刑罚的绝对理论和刑罚的相对理论的不同立场观点，使刑罚具备合法性与正当性。刑罚的工具性目的是预防性地保护合法利益，以及向犯人和公众阐明违反规范导致的实际的负面结果的有效性，从而为预防犯罪作出贡献。

如果关注到中国刑法理论界对于刑罚目的理论的观点，就会发现在处理责任刑和预防刑的关系上，张明楷教授主张并合主义，既不偏重任一理论，不讲究责任刑与预防刑的优先关系或主次关系，并合两者优点，也不偏废任一理论，不因任一理论的自身缺陷就直接排除而以另一理论去代替之，而是避免两者缺陷，使其针对不同公众发挥不同功能。“重罪重判，轻罪轻判”意义上的罪刑均衡体现在，将责任刑的考量作为基础，宣告刑在责任刑的基础上考虑预防刑因素形成最终刑罚结果，而非责任刑和预防刑在同一计算矩阵层级的简单相加或相减。[15]

（三）德国学界对刑罚双轨制的争论

在刑罚目的理论探讨的基础上，德国刑罚改革的一个重要关注点在于刑罚种类和刑

---

⑩ Jescheck/Weigend, Strafrecht AT 1996, S. 75.

⑪ Roxin, Jus, 1966, S. 387.

⑫ Lampe, 1999, S. 59.

⑬ Lackner/Kühl, § 46 Rn. 2; Tröndle/Fischer, § 46 Rn. 3.

⑭ Heinz Müller-Dietz, Schuld, Strafe und Strafzumessung, Vorgänge Nr. 29 (Heft 5/1977), S. 29 - 37.

⑮ 参见张明楷主编：《责任刑与预防刑》，北京大学出版社 2015 年版，第 69～81 页。

罚体系的改革，而其中的中心问题即刑罚双轨制问题。2016年，在德国哥廷根大学举办了犯罪学研讨年会，开展了主题为“我们是否需要改革自由刑?”的讨论。与会专家谈论了诸多和刑罚轻缓化以及相应替代刑的话题。其中，约翰内斯·卡斯帕（Johannes Kaspar）教授发表了题为《预防型剥夺自由与自由刑——“双轨制”的刑罚理论前提是否仍然合乎时代?》的会议论文。在这篇论文中，约翰内斯·卡斯帕教授认为自由刑和保安处分的刑罚双轨制思维是古典的责任刑与现代的以李斯特为代表的预防刑的妥协折中的成果。《德国基本法》第2条第2款所规定的基本自由权，在刑罚法领域无论如何修改都直接涉及对个体自由的限制，那么，刑罚领域的改革所需的慎重程度是不言自明的。由此，对于双轨制所包含的两种刑罚类型的研究，必须更加地深化。在传统概念中，自由刑与非监禁刑被认为各自为责任刑和预防刑服务，即将自由刑归结于责任刑的刑罚措施，而将非监禁刑归结于预防刑的刑罚措施。卡斯帕教授对这种分类是持怀疑态度的。非监禁刑同样涉及对自由的剥夺，只是程度较低，这两者并非完全互相分离、彼此对立。他建议摒弃严格的双轨制体系，而选择建立一个多层级、多方位的刑事制裁体系。在这种刑罚体系中，几种刑罚措施可以彼此互相连接，体现出一种惩罚和预防的刑事制裁连续体，而非彼此割裂的状态。而保安处分显然处于这个连续体的中间位置，因为它兼具了责任刑和预防刑的目标。卡斯帕教授着重强调了刑罚改革须具备极度审慎的态度，责任刑的刑罚设置尤其应尽量规制在最低限度，也就是由国家剥夺自由，这种对人的侵犯必须保持尽可能低的水平。然而，因同时需要满足社会安全和人道主义的要求，使二者保持协调，故仍然需要反复且深刻的讨论。⑯ 国家对于公民的自由权的剥夺是适当的，而这种适当性是必须被经验性验证的。如果仅仅提及罪责刑相称而不提再社会化的目标，就会陷入老式的报应主义的窠臼，是不符合以预防刑为基础的现代刑罚观的。

基于上述有关非监禁刑问题的讨论，下文将介绍具体的非监禁刑类型——电子脚镣和神经治疗。

二、电子脚镣

（一）电子脚镣制度概述

电子脚镣是一种新型的非监禁刑种类，将具备定位和时间控制功能的电子发射器设备佩戴于服刑人员的脚踝处，对其行动轨迹进行监控。设备的原理是对电子发射器进行定位，并与通信设备相连接，当犯人走出指定区域（通常是家中），信号就会中断，缓刑办公室的电脑监控系统就会收到信号中断的通知，就可以获得犯人是否走出指定区域的信息。而犯人私自解下电子脚镣，信息也会被迅速传递到监控处，如果情况属实，则使用电子脚镣的决定将被撤销，监禁刑将继续执行。⑰ 出于预防犯罪的目的，电子脚镣

---

⑯ Johannes Kaspar，Präventiver Freiheitsentzug versus Freiheitsstrafe-sind die straftheoretischen Pramissen der„ Zweispurigkeit “noch zeitgemaß? ：Brauchen wir eine Reform der freiheitsentziehenden Sanktionen? Katrin Höffler 2015，SS. 97 - 105.

⑰ 参见王晓霞、孙宝民：《论德国电子脚镣制度及对我国刑罚的影响》，载《国家检察官学院学报》2004年第12卷第2期。

的目标群体包括判处自由刑两年以上的罪犯、身体型犯罪（故意杀人/故意伤害/强奸罪）的罪犯、犯有国际刑法犯罪以及麻醉品犯罪的罪犯、累犯、对被害人造成严重的精神/肉体伤害的罪犯。该制度最早出现于美国，为应对监狱服刑人员过载的危机。1983年，美国新墨西哥州首先采用了电子脚镣的制度。自20世纪90年代起，包括德国在内的欧洲国家也开始进行了电子脚镣的尝试。电子脚镣作为一种非监禁刑，与德国刑罚轻缓化理念密不可分。

从犯人的角度看，电子脚镣的优势体现在：第一，有别于身处监狱之中，佩戴电子脚镣的犯人所处的社会环境，使犯人可以获得更多的自主权，而更多的行动自由和社交自由体现了人道主义精神；第二，区别于监狱服刑，犯人受到狱友暴力伤害的可能性大大降低，保障了犯人的身体和生命的安全。电子脚镣的劣势体现在：第一，存在被熟人和朋友勒索或者是恐吓的风险；第二，因佩戴电子脚镣设备受到身体上的疼痛。

从具体执行所能达到的刑罚目的的实现角度，可以使犯人清楚地意识到自己一旦实施犯罪行为，将会非常容易地被刑罚执行机关识别。然而，这种威慑的效果会随着时间的推移而减弱。[18] 该制度在保护受害者方面呈现出较好的效果：在受害者的生活区域范围设置的接收器，可以追踪电子脚镣佩戴者是否靠近被害人，从而达到良好的预防犯罪的效果。此外，节省司法成本也是一个重要的优势。根据黑森州的调查报告显示，这种电子监督手段每天的费用在2006年的时候为45欧元，明显低于自由刑所花费的司法成本。[19]

（二）德国电子脚镣制度立法与合宪性问题

1997年6月12日，德国司法部长会议决定通过修订监狱法。将2006年8月28日的联邦制的刑罚执行法的立法权限适应于这项改革，将立法权下放给联邦州层面。2011年1月1日起，电子脚镣在保安处分法及配套法规重组法的框架内（SiVerwNOG）使用。这个法规被看作是对于欧洲人权法院（ECtHR）于2009年12月17日所作出的决定的反应。电子脚镣在梅前州首次被应用，接着是北威州、巴登符腾堡州、石荷州以及汉堡和柏林。电子脚镣的联合监控中心位于黑森州，这里可以收到脚镣被毁的警报信息。技术支持由给黑森州的数据中心（HZD）和位于欣费尔德（Hünfeld）的持续值班的技术监控中心提供。[20]

比较重要的一个宪法判例体现了司法实务界对此的深切观照：一位性犯罪者因为实行数次强奸行为，被判处10年的自由刑，刑期于2011年9月底结束。在获释三周后，罗斯托克地区法院根据专家报告，确定这名前犯人仍具有高度犯罪风险，有可能会再度实施性暴力犯罪，于是自2011年11月27日开始对其实施电子脚镣刑罚，在2012年2月16日，服刑人员向罗斯托克高级法院提起上诉，要求撤销处电子脚镣刑罚的决定，

---

⑱ Frank Häßler/Holger Schütt/Jerzy Poboca，Überwachung mittels„ elektronischer Fußfessel “，Forensische Psychiatrie，Psychologie，Kriminologie，1/2013.

⑲ Günes Önel，Verfassungsmäßigkeit und Effektivität der elektronischen Fußfessel：Albrecht/Arnold/Schädler，ZRP 2000，466（468）.

⑳ Beukelmann，NJW-Spezial 2011，632（632）.

该上诉直到2020年才被联邦宪法法院以该决定具备合宪性为由驳回。㉑ 电子脚镣制度必须符合宪法原则的要求，以下是对电子脚镣制度的合宪性的考察。

根据《德国基本法》第1条第1款，人的尊严神圣不可侵犯。囚犯也是人，也有不可侵犯之权利，这意味着他的尊严必须受到国家的保护。针对《德国基本法》第1条第1款，有学者提出是否存在有关违反以下原则的情形：禁止作出侮辱性质的判决的原则以及禁止自证其罪的原则。电子脚镣产生的信息是由犯人的行动轨迹提供的，也就是说犯人如果在执行脚镣刑罚期间又犯新罪，那么，他也亲身参与了自己提供犯罪证据的过程。如果禁止自证其罪这一原则要被绝对地适用于任何情况，因而禁止使用电子脚镣监控产生的信息数据证据的话，就会造成电子脚镣制度预防犯罪的功能无法实现的后果。而德国联邦宪法法院认可禁止自证其罪原则在电子脚镣这一制度中不成为排除适用的理由。同时为人诟病的是，所谓此种刑罚手段将人贬低为客体。当人不成为目的，而只被当成手段的时候，不能称为是有尊严的。反对者以戴有项圈的狗作为比喻，指出这种刑罚是让人缺乏尊严的。而电子脚镣的支持者则反驳道，正是因为电子脚镣制度，才可以做到预防犯罪，公民才能过上真正的良善生活，而不是一种所谓的不受限制的有尊严的自由生活。㉒

根据《德国基本法》第2条结合第1条第1款，信息自决权不可侵犯。信息自决权即每个人都有对于个人数据的被传输或者被使用具备自主决定的权利，属于一般隐私权。当犯人佩戴电子脚镣度过夏天，裸露肌肤处的电子脚镣将显露出他是犯人的事实。因此反对者提出，这种污名化行为是不利于再社会化的。而电子脚镣的同意制度可以很好地回应这种质疑，即电子脚镣适用的必要条件包括犯人本人的同意，即自主决定的意思已经明确表示。基于犯人的同意，就使得信息传输和在特定情境下的身份暴露满足正当化的程序性前提。㉓

《德国基本法》第10条作出了违反远距离私人通讯的保密规定。这一条是为了保护远距离的私人通讯，类别包括通信保密、邮政保密和电信保密。这里所说的远距离私人通讯是指由于通讯的参与者之间的物理距离产生的依赖于第三方（通信服务提供商）的信息传输，使得第三方（包括国家）能够有机会获取信息。远距离私人通讯保密性是个人隐私权保护的重要组成部分，可以避免不必要的信息收集，保护通讯参与者的隐私，从而使远距离通讯参与者可以享有与同一物理空间的即时通信参与者平等的隐私保护地位。㉔

《德国基本法》第11条规定行动自由不可侵犯。这一条规定所有德国人在整个联邦领土内享有迁徙自由的权利。第11条第2款规定了除外情况：（1）缺乏足够的生活基础，将给社会公共利益带来特别负担时；（2）联邦或州的生存或自由民主的基本秩序面临危险时，为处理传染病危险、自然灾害和特别重大事故时；（3）保护青少年以防堕落

㉑ Jörg Kinzig：Die elektronische Aufenthaltsüberwachung：verfassungsmäig，aber unter Beobachtung.

㉒ Günes Önel，Verfassungsmaäβigkeit und Effektivität der elektronischen Fuβfessel：in：Albrecht/Arnold/Schädler，ZRP 2000，466（468）.

㉓ 同前注㉒。

㉔ 同前注㉒。

或为预防犯罪活动有必要时。显然，电子脚镣制度之预防犯罪的作用是涵摄于《德国基本法》第 11 条第 2 款规定之下的。㉕

根据《德国基本法》第 13 条，公民住宅不可侵犯。根据第 13 条第 4 款的除外规定，为防止危及公共安全，特别是为防止危及公众生命安全，只有依据法官命令，才可以对住宅采用技术手段进行监控。基于此，电子脚镣措施因其具备除外情况要件，而并不构成对于《德国基本法》第 13 条的违反。

（三）电子脚镣在德国的适用

在适用的实体法规则方面，电子脚镣的适用对象必须是轻罪罪犯、假释犯或重罪初犯。轻罪主要是刑期较短，通常是 3 个月以下或 6 个月以下。假释犯必须满足自由刑已经服完 1/2 或 1/3 以上，剩余刑期在 3 个月以下。

在适用的程序规则方面，对于适用电子脚镣具备提出建议权的包括法官、检察官和缓刑监控官。对于电子脚镣适用也可以通过提出申请的方式进行，有权申请的主体包括犯人和刑事被告的辩护人。在德国的黑森州，需同时具备犯人同意以及法医出具的电子脚镣必要性的评估，即需要说明在医疗手段无法达到预防犯罪目的的时候，采取电子脚镣的措施才是有必要的（§68b I Abs. 4 StGB），最终法院还需要确认该措施是否必要。法医专家只能利用专业知识，结合犯人的个性和所犯罪行，判断他之后的行为发展趋势以及预估其再犯的可能性。而法院则需要将具体的法医专家的意见在具体的适用电子脚镣的法律规范中进行涵摄的考量，结合具体个案情况以及迄今为止实践的经验，从而进行多方面的综合评估。同时，需满足两个同意条件：第一，犯人本人同意；第二，与犯人同住的成年家人同意。最后才由法官来决定电子脚镣是否被适用。㉖

（四）电子脚镣在其他国家的应用

1982 年美国引入电子脚镣制度。从 1988 年到 1998 年，适用电子脚镣设备的人数从 2 300 人增加到了 95 000 人。这种电子监控方法作为刑罚手段可以在定罪前使用，也可以在服刑后使用。英国从 1995 年引进该制度。1999 年以来，有超过 40 万名罪犯被施加以电子脚镣的刑事制裁措施。对于罪犯佩戴电子脚镣设备时间作出规定，即每天不超过 12 个小时，总天数不超过 6 个月。

佩戴电子脚镣的有效性，通常以行为人在佩戴期间是否不再犯罪作为基本的衡量标准。根据调查数据，英国的电子脚镣有效性为 80%到 90%，荷兰的为 93%，苏格兰的为 73%，德国的为 87%，法国的为 94%㉗。目前从有限的数据样本来看，整体上来说，电子脚镣的有效性较高。

（五）电子脚镣在中国的应用可能性

中国的管制刑与电子脚镣制度存在相似性，都属于对自由的部分限制。值得注意的是，管制在我国的适用率较低，而缓刑和假释也是差不多同样的情况，并且都缺乏一套有效的制度保障。而电子脚镣的应用可以提供一个很好的方案。就管制刑而言，管制刑

㉕ 同前注㉒。

㉖ 前注⑰，王晓霞、孙宝民文，第 122～128 页。

㉗ Frank Häßler/Holger Schütt/Jerzy Poboca，Überwachung mittels„elektronischer Fußfessel“，Forensische Psychiatrie，Psychologie，Kriminologie，1/2013.

的低适用率主要原因就在于没有相配套的管制执行制度，而电子脚镣制度的引入可以弥补这一缺失；针对短期自由刑来说，从全国范围来看，被判处短期自由刑的犯人为同期重刑犯人数的2到3倍。若实施电子脚镣制度来代替自由刑，则可以更好地实现犯人的社会再改造，并且极大降低监狱司法的成本；对监外执行来说，可以更好地体现人性化。德国的适用数据表明，70%以上的适用人群包括了怀孕妇女、年迈老人、重症病人等。这一人群的包含范围与中国的监外执行所涉人群范围呈现出高度重合。如果在监外执行人员障碍情况被解除之后，不再适用自由刑，而是以电子脚镣代之，则能将这些人群所涉及的基本人伦关系，如父母和子女的关系，以及夫妻关系等因为自由刑所受到的影响降到最低，这也可以促进构建和睦的基本家庭单位，从而更好地促进和谐社会的发展。[28]

（六）评述

如果缺乏相应的辅助行为矫正措施作为平行方法，仅仅单一地适用电子脚镣作为监视/刑罚手段的话，则在再社会化方面的效果并不会达到最佳，因此需要进一步地考虑一种多方位的电子脚镣作为行为矫正/改善的制度实现方式。而对于电子脚镣制度的效果，并不能抱有盲目乐观的态度，应对其效果数据结合刑罚目的进行更为审慎的考量。德国刑法理论界的观点是，应该定期收集电子脚镣的效果信息，来评估进一步采取电子脚镣的必要性。将电子脚镣作为一种较新的刑罚手段需要更多实证理论层面的考量。

三、人脑芯片——基于神经犯罪学的治疗方案

（一）人脑芯片作为神经治疗方案

传统的刑罚以及保安处分措施（《德国刑法典》第61条）是为大众所熟识的，比如说罚金刑和监禁。而在20世纪出现了用金钱的减损来作为处罚手段的倾向，因为考虑到自由刑的执行占用了大量的资源。2000年，德国刑事制裁制度改革委员会上，呼吁刑罚的改革需适应社会的变化，刑事政策的条件和科学技术的发展需互相协调。根据米夏埃尔·库比策尔（Michael Kubiciel）教授的说法，惩罚类型多样化在许多国家都已经形成一种发展态势，众多国家相继引入新的刑罚种类，与之相比，德国其实是处于落后地位的，而对于刑罚新种类的相关理论耕耘的欠缺是值得反思的。作为相对来说较新的刑罚种类的社区矫正或者驾驶禁令，其效果也不尽如人意，对其有用性的怀疑更是不绝于耳。源于19世纪和20世纪的刑事制裁措施，体现为一种根深蒂固的同态复仇的社会观点，而如今开明的刑事政策需要在这些传统的制裁措施之外更多体现特殊预防目的的有效工具，尤其是处理严重的罪行时，更加需要一个更现代化也更符合目前刑事政策轻缓化这样的趋势的新选择。自21世纪以来，随着神经科学的蓬勃发展，人们将惩罚的根源追溯到第一犯罪现场——人的大脑。目前，发展出神经科学技术的新的刑事制裁措施已经为部分学者所关注。牛津大学伦理学中心的哲学家丽贝卡·罗奇（Rebecca Roacha）针对一个四岁儿童惨遭父母杀害的案例提出了三个制裁选项：(1) 终身监禁。

---

[28] 参见宋宁华：《电子脚镣追踪假释犯——上海一中院全国首推司法程序确认电子程序实时监管》，载《新民法谭》2014年第19期。

这个选项甚至被认为因为监狱规律的日常作息以及对于抽烟与饮酒的限制，起到了延长寿命的效果，并且监狱对于这种长期监禁的犯人需要提供住宿、饮食成本，包括监狱管理成本。(2) 长时间的社会服务。这个选项被认为如同在公园玩耍休闲般，以致对犯人无法起到必要的威慑作用。(3) 人机接口技术。对罪犯的情绪激发机制进行直接干预，从而达到几个小时内就能完成以往需要花费几年甚至几十年的监狱服刑带来的思想转变。在神经科学应用于刑事制裁手段之前，已经有神经医学的广泛应用来对人的神经症状进行干预，比如一个神经过度活跃的患者，如癫痫症患者，可以服用相应药物，对其神经放电进行控制，以达到抑制相应神经区域的异常放电，最终控制病情的效果。而人机接口的原理，即找到引起犯罪行为的神经区域，或者找到相应的神经系统机制，对其进行直接控制并达到行为矫正的最终治愈效果。这种方法被学者们认为是一项大大降低司法成本，并且可以摒弃死刑或者终身监禁的绝妙替代。从死刑的角度来看，如果能够以人机接口技术控制神经的方法使犯人丧失在未来的犯罪可能性，那么，肉体上的直接消灭则会显得过于直接粗暴。毕竟执行死刑，对犯人来说等于丧失所有希望。而终身监禁作为最严厉的制裁措施之一，对于犯人长时间的自由的剥夺，也被认为是一种对人心灵希望上的打击。根据古纳·杜特格（Gunnar Duttge）教授的观点，人脑芯片/人机接口的方案可以从一定程度上体现德国联邦宪法精神，满足犯人再社会化的要求，尤其是对于再犯这一犯罪难题，提供了很好的甚至可以说是即时的解决方案。[29] 呼应民众对于预防刑的要求以及整体社会的治安需要，这个方案是同时具备理论与实践的可行性的。神经科学与犯罪学相结合，可称之为神经犯罪学，将犯罪视为疾病的话，那么，这一特殊学科的研究目标，不仅是找到病因，即产生犯罪的神经发作机制或者神经病灶，同时还是找到药方，来做好有效预防犯罪的应对措施。

这种改变神经元功能甚至结构的神经元干预方案，是一个被激烈讨论的医疗伦理学问题。根据雷哈德·默克尔（Reinhard Merkel）的观点，在考虑这一方案的时候，必然不得不考虑病人或者测试者的自决权。在医疗领域，病人对此种治疗方案可能带来的风险以及潜在的副作用必须基本知情。而为人诟病的是，尽管强调了病人的自主决定，但是事前的评估和具体的治疗后的效果的不确定性不能形成有效的对等关系。由此，也有学者提出，设立一个跨学科的审查委员会，来作为该方案所本具有的预知缺陷的风险对冲方案。另外，对因认知缺陷或者信息不对等引起的自我决定的意志缺乏问题，也是值得被质疑的。目前，就医疗伦理和医疗法律的框架而言，在重症患者这样的案例中，自我决定被认为并没有太多可质疑之处。将医疗领域的病人的自决延伸到刑事制裁上，就会引起合理类推的逻辑阻滞。有别于病人对于治愈疾病的要求，神经治疗方案对于犯人来说是一条比传统刑罚需要经历的时间和苦痛要小得多得多的方案，甚至可以称之为“吸引人的出路”，如果罪犯行使自决权同意该方案，那么所产生的结果即是由治疗代替惩罚，实际上则是对制裁的完全摒弃，容易造成逃脱法律制裁的效果。而针对犯人的同意，也是被现行法律所明确禁止的。自我决定权体现在《德国基本法》的第 1 条第 1

---

[29] Gunnar Duttge, Einsatz von Neurotechnologie: Zukunftsperspektiven eines modernen Sanktionensystems?. in: Brauchen wir eine Reform der freiheitsentziehenden Sanktionen?, Katrin Höffler, 2015, SS. 97 - 105.

款，即人的尊严要受到保护，这包括自我决定命运的自由，国家应保障人的尊严这一目的的实现，而不是将法律作为一种制度工具去损害人的尊严。在如今德国的法律中存在一种疑问，既无法给出清晰答案的，甚至有人认为这一问题是不明确的，即所谓不可侵犯的人的尊严是否可以被侵犯。对于该问题，需要根据客体共识以及禁止工具化的思路去求解，犯人的意愿当然也属于《德国基本法》第 1 条第 1 款所涉及的绝对禁忌区域，因此必须考虑相称性原则。人脑是人整个集体的中央控制器官，也是人的思维、感觉和行动的生物学基础。根据现行德国法律，是否能得出人脑是神圣不可侵犯的结论，是存在疑问的。

（二）评述

现今大部分国家对于神经缺陷疾病甚至严重的精神病，都采限制刑事责任能力或者无刑事责任能力人的做法对其刑事责任进行定性考量。有别于传统对于刑事责任能力或无刑事责任能力的看法，古纳・杜特格教授上述所提出的神经犯罪学，实际上提供的是一个全新且极具颠覆性的犯罪学视角，即将犯罪行为归因于神经疾病的想法，从而挑战传统的身心二元论的观点。将芯片植入大脑来影响神经运作机制，不但用于对普通病人的治疗，同时也将在刑事制裁领域达到利用医疗手段来预防犯罪的效果。尽管现在，更多的是将精神疾病严重的病人收入精神病院进行治疗，但目的更多的是以责任刑出发。显然，需要更多去考虑避免不收容入精神病院导致的社会安全风险，以及对精神病人的威慑，尽管真正的精神病人无法区分传统的监禁刑和精神病院收容的区别。收入精神病院的措施作为保安处分的一种，甚至被很多人视为逃脱刑罚制裁的手段，但从某些案件表现来说，收入精神病院并对犯人进行治疗是非经本人同意的，且缺乏治疗必要性的，那么这种强制的精神病治疗反而不可取。

对犯人的神经治疗与传统的精神病治疗的区别主要体现在两个方面。第一，收容对象的不同。神经矫正治疗针对的是这样的犯人，即神经病症引起的犯罪行为，即神经病症与犯罪行为存在直接的因果关系。而精神病治疗针对的是被确诊为精神病的犯人，被确诊为精神病的犯人与神经病症类的犯人存在部分重合，但不是相同的一群人。第二，两者的治疗目标也存在不同，神经矫正治疗是作为一种替代监禁刑的刑罚手段，而传统的对犯人的精神病治疗仅仅是一种保安处分。

对神经科学的研究，也将造成对所关联的刑法基础理论的颠覆，比如缺乏睡眠导致的交通事故罪。当犯人因为神经病症，无意识地去实施犯罪行为，而这种神经病症的引发也完全和犯人没有任何关系，那么，作为一个大脑机器紊乱的结果，限制刑事责任能力人受到刑事处罚，是很容易理解的。[30] 这在刑法学的犯罪论领域，已经得到了广泛而深入的讨论。从刑罚论的角度进行考察，如果将这种神经病症直接视为犯罪的起源，将冲击到对于意志因素的法教义学考量。若秉持这种观点，则将犯人的行为乃至人的行为理解为脑细胞之间的电信号模式，因为人自以为具备自由意志，却受制于神经系统的局限，只能如此行为而不能那般行为，那么，这将无法对犯人进行规则。因为连犯人自己都没意识到自己其实是缺乏意识的，而其只是一堆化学生物信号共同作用下作出行为的

㉚ 同前注㉙。

机器人，所以在机器人内部是不存在意志的。

新墨西哥州立大学所做的心理学和行为科学的研究，作出了很多相关的贡献。2000年开始的对囚犯 FMRI 脑电波进行的研究，涉及 800 名重刑犯，而他们的脑部扫描结果显示：相较于其他暴力犯罪者来说，重刑犯的大脑眶额皮质和前额叶的灰质较少。根据肯特·吉尔（Kent Kiehl）的研究，边缘皮质先天发育不正常，或者是脑部遭受外伤导致抑制力不足综合征，产生漠视道德和伦理的结果，以及对自己着手去实施或者是旁观或仅仅是得知一个犯罪行为，都表现出超乎寻常的冷静。而心理变态型罪犯的神经病灶主要涉及边缘皮质、腹内侧额叶皮质、眶额皮质，在这些脑部区域体现为功能性的弱化。而其他冲动型的暴力罪犯，也表现为区域性的神经功能的弱化，并不涉及全部区域，在另外大部分神经区域可能是完全正常的。根据最新关于镜像神经元的研究，镜像神经元正常，那么看到他人快乐和痛苦的时候产生的同理心也会自然产生，由同理心产生对他人苦乐的恰当反映。如果镜像神经元不正常，就会导致同理心缺乏，在为人处世中多考虑自己而漠视他人，会表现得所谓的高度理性和冷静，但这会对他们造成困扰，为了自己的利益去抢夺他人的利益，甚至不惜违法犯罪。这种将他人工具化的行为，很大程度上都可以归结于这种镜像神经元不正常而导致的社会病态人格，俗称反社会人格。[31]

随着脑神经科学的发展，更多的人去了解了这一学科，逐步提高的认识会帮助我们继续去找寻有意识和无意识的模糊边界。但也需要注意的是，将犯罪行为的造成归结于神经缺陷的无意识，一定程度上也会导致道德滑坡问题，对犯人来说提供了推卸责任的便捷性。因此，伦理学考量对于上述提到的神经犯罪学理论不可谓不必要。

四、结论

德国刑罚法近年来总体上呈现出刑罚轻缓化和去自由刑化的趋势，这与德国的刑罚目的理论和根源于宪法的法治国原则及福利国原则密不可分。作为去自由刑化的刑罚实践，电子脚镣制度提供了一种刑事制裁的新措施，体现了预防犯罪以及再社会化的要求，并保持对德国基本法所规定的基本权利的深切观照。在刑罚轻缓化的德国法背景下，学者提出的将人脑芯片作为一种犯罪的神经治疗手段，也打开了通往结合最新人工智能技术的刑罚方法和颇具研究前景并具备深刻理论变革意义的神经犯罪学的大门。德国在刑罚法方面的司法实践和理论探讨值得之后更多地从比较法的角度，进行多方位的讨论和进一步的深入研究。

---

[31] Sajous-Turner, A., Anderson, N. E., Widdows, M., Nyalakanti, P., Harenski, K., Harenski, C., … & Kiehl, K. A.. Aberrant brain gray matter in murderers. Brain imaging and behavior, 2019, pp. 1－12；黄馨弘：《神经科学能看到大脑里的犯罪思想吗?》，https：//plainlaw. me/2020/08/17/brain _ pansci/。

单位犯罪

论法人的罪责

［德］米夏埃尔·库比策尔* 著
孙雨晨 译
谭 淦 校

一、引言

德国法传统上区分自然人和法人。自然人就是法律赋予其可享有权利和承担义务的人。法人即法律将社团和其他机构认同为法人（Rechtsperson），也就是将其认同为自身权利和义务的承担者。典型的例子是以股份公司作为法律形式的企业、协会以及政党。法人并非起源于生物学意义的事件，而是起源于人与人之间具备法律约束力的协议。然而，区别并非如表现的那般明显，因为重要的是，这两种类型都被法律认可为人。除了这种法律上的共同点，还有事实上的共同点。企业、体育协会或者政党也都并非无生命的法律虚构体①，而是如人一般意图性地发挥实际的法律作用②，并且发展出了独立于自然人个体而存在、发展的团体人格（Verbandspersönlichkeit）。③ 企业和其他法人甚至可以比自然人对社会产生更深远的影响力。在20世纪50年代，耶赛克（Jescheck）即认为企业基于它的组织结构式和极具目的性的财富集中，对经济、政治、新闻和其他社会领域施加影响，这些是个人单独永远都无法实现的。④ 尽管自然人和法人具备这些共性，刑法仍然严格区分两者。前者可科之刑罚，后者则不可。《中华人民

---

* 米夏埃尔·库比策尔（Michael Kubiciel），德国奥格斯堡大学德国、欧洲刑法与国际刑法、刑事诉讼法、医事刑法、经济刑法教席教授，法学博士。

① 同样观点，参见 v. Savigny，System des heutigen Römischen Rechts，Bd. 2，1840，S. 312；最近的观点，参见 Aichele，JRE 16（2008），3；Wagner，ZRG 2016，112，125；与此处相同的观点，参见 Gilchrist，Hastings L. Journal 64（2012），1，9；从规范论角度阐释的，参见 Renzikowski，GA 2019，149，153 f.；从经验论角度阐释的，参见 Kohler，GA 1917，500：将其视为人为（拟定）的东西，并认为只有个体（das Individuum）是必不可少的，证明了对自然和文化生活形式的完全误解。

② 最经典的论述，参见 US Supreme Court，NY Railroad v US，1909，492. “比如，如果我们称之为公司的、那看不见的、无形的精华或空气，能够夷平高山，填平山谷，铺设铁轨，并在上面运行铁路车辆，它就可以打算这样做，并可以在其中采取恶性与良性的行动”。

③ 团体人格对于员工行为的影响，参见 Buell，Indiana L. Journal 81（2006），473，491；比如 Gilchrist（Fn. 1），S. 11-12。这种群体动力过程和强化的效果经常在社会学中被提及；在加内蒂（Canetti）的文学作品中可见相当令人印象深刻的描述，参见 Canetti，Masse und Macht，2003，S. 16 ff。

④ Jescheck，DÖV 1953，539，541。

共和国刑法修正案（十一）》确认了所谓“单位”（Einheiten）的刑事责任，德国却与之不同，而只能根据《秩序违反法》（Ordnungswidrigkeitengesetz）对法人进行罚金的行政处罚。它的理由主要基于对于罪责的狭义教义学理解。在德国，长久以来对公司刑法的改革都有争议，因此罪责问题在这种情况下很重要。接下来我将对这些争议作出总结，并希望对中国的读者来说，如果可以从中国公司刑法的角度一起思考，也是饶有趣味的。

二、狭义观点：法人无罪责

自 20 世纪 50 年代以来关于公司刑法的周期性反复进行的刑事政策讨论中，德国刑法学界持有法人缺乏刑事责任能力的基本立场。⑤ 几年前，德国联邦司法部设立的委员会中的大多数委员就拒绝引入公司刑法，他们认为如果引入公司刑法的话，就会显得“过分关注罪责原则”⑥，在多数情况下，这种不相容论的基础是 20 世纪五六十年代普遍存在的罪责概念：罪责意味着社会伦理的可责备性。耶赛克总结道，社会道德败坏这类的谴责只有在“相对于个体人格”时才是有意义的，这个总结还是比较通用和直截了当的。⑦

不带偏见的观察者反躬自问：为何不可？社会最终将道德标准也适用在了公司行为。⑧ 因此，公司、协会和其他法人越来越经常性地正当化自己的行为，一种行为是否“合乎道德”，不仅体现在（合法）利用国外不稳定的工作关系的方面，甚至也体现在（管理层）员工明显逾矩的行为方面。⑨ 另外，欧盟法和德国法赋予公司更多的企业社会责任。目前有些人可能会反对，即报告义务不是刑法意义上的行为规范；要区分法庭对行为的刑法评价和社会对行为的道德评价。然而后者恰好凸显出伦理性罪责概念的不足：刑法判决不是对一个自然人或法人的道德判决，它完全是用法律规范来衡量行为。因此在定罪中（也）看到，这样一种道德责难的罪责概念与法人的可罚性并不矛盾，它与刑罚的合法性及其意义不一致。定罪并不表达（道德）责难，而是标志着个体违法的法律责任。⑩因此，刑罚象征性地恢复正义，而不是恢复社会道德规范的完整性。

---

⑤ 参见 Jescheck，in：Niederschriften der Großen Strafrechtsreform，Bd. 1，1956，S. 297：委员会所有成员的“共同点”是“基于惩罚和罪责理论的基本考虑，不应对个人结社进行真正的刑事处罚”。此外，还提到的，参见 Schünemann，Unternehmenskriminalität und Strafrecht，1979，S. 233，根据许乃曼的简要说明，根据“相当占主导地位的意见”，团体是缺乏行为能力和罪责能力的。许乃曼并没有加深概念法争论的徒劳性（相关的论述，参见 ders.，aaO，S. 236），因为他随后发展了以举证困难为基础的特别合法性。

⑥ 参见 Hettinger，Reform des Sanktionenrechts，Teilband 3：Verbandsstrafe，2002，S. 354。

⑦ Jescheck，ZStW 65（1953），210，213. 具有相同共识的，参见 Eb. Schmidt，in：Haertel/Josef/Schmidt，Wirtschaftsstrafgesetz，1949，S. 31 ff。相近的观点，参见 v. Heinitz，Gutachten für den 40. Deutschen Juristentag，1953，S. 85，除了社会伦理层面的罪责概念，还有生活方式的罪责（Lebensführungsschuld）。

⑧ 关于公司人权义务（Menschenrechtsbindung）的论述，参见 Birk/Heger，ARSP 102（2016），128 ff.；Kubiciel，öAnwBl. 2016，574 ff。

⑨ 以高水平运动为例的，参见 Kubiciel，SpuRt 2019，23 f。

⑩ 与此处的关联性，参见 Rogall，in：Karlsruher Kommentar zum OWiG，5. Aufl. 2018，§ 1 Rn. 8，以及，概述性的观点，参见 Pawlik，Das Unrecht des Bürgers，2012，S. 260 ff. – Greco，GA 2015，503，505 f.，批评这一罪责概念内容空洞。然而，人们也可以把他的表态看作是肯定的：这里所提倡的规范性概念，使得刑法上的罪责不受无法证明的经验性的、人类学上的或是有争议的刑法理论上的、哲学上的预设的影响，而是寻求与现行法律情势（geltende Rechtslage）和法律实践的联系；这方面同样可参见 Hassemer，ZStW 121（2009），829，840；基础性的论述，参见 Jakobs，Schuld und Prävention，1976。

如果用今天的主流观点来拒绝社会伦理性的罪责概念（sozialethische Schuldbegriff）[11]，则必须问一问，还有什么理由可以支持这样的说法，即刑法上的责任归属（strafrechtliche Verantwortungszuweisung）只可能针对自然人，不可以针对法人。该问题的标准答案是：因为法人不能自己决定支持法（das Recht）与反对不法（das Unrecht）。[12] 如果想从这句话中推断出相应的结论，只有当其行为被归为犯罪的人的自由意志，能够从实证角度和经验角度被确定时，刑法上的责任（strafrechtliche Verantwortung）才得以被证立，那就显得要求过多了。因为即使在自然人的情况之下也不能得出这种证明。但是，它也不一定要这样来推断，因为《德国刑法典》宣布达到了一定年龄的自然人就基本具备罪责能力（schuldfähig）（《德国刑法典》第 19 条）。如果没有特别理由可以将一个人与她/他的不法行为分开（《德国刑法典》第 20 条和第 25 条），那么从法律角度来说，则她/他即是可以答责的（verantwortlich）。在法律上，也可以对法人作出这样的规定。[13]

许乃曼（Schünemann）教授用一种以威慑预防为导向的罪责观来反驳这一点：应当对犯罪的实施起到威慑作用的刑罚，旨在使“理性的效用最大化”。（威慑传达的）对象（Adressat）因此只能是“理解规范并能遵守规范的人”[14]。消极的一般预防（Negative Generalprävention）是否可以用来作为对刑事归咎（strafrechtliche Zurechnung）及刑法教义学概念（strafdogmatische Begriffe）进行建模（modellieren）的刑罚理论（Straftheorie），这一点是值得怀疑的。[15] 反对意见没有解释为什么不能考虑刑罚威吓对法人的实际管理人产生的威慑效果。毕竟，威慑性预防——如果有的话——恰恰在公司行为（unternehmerische Handlung）的情况下是有意义的，因为相对于生活行为（Alltagsverhalten），公司行为更多的是受利益计算的指导。因此，必须解释的是，法人的罪责为什么不应存在于它通过其实施事实、法律行动的那些自然人的不当行为（Fehlverhalten）中。[16] 格雷克（Greco）用罪责的高度个人属性（Höchstpersönlichkeit）来反驳这一点，自然人的罪责不应被归因于法人。[17] 然而，问题来了，我们是否在处理第三方罪责（fremde Schuld）的归因。因为在自然人之间，不能将第三方的罪责作为刑事可罚性的根据，而法人与自然人不同，法人不能以高度个人化的方式实施事实行为及法律行为。相反，自然人代表它们来作出行为，故不可能将自然人的行为与整体——团体或法人——分开。[18]

虽然在不同自然人的行为中，有必要区分责任领域，并防止不可接受的第三方罪责

---

⑪ 这方面的论述，参见 Rogall (Fn. 10)，§ 30 Rn. 15。

⑫ 参见 BGHSt 5，28，31 f. 还可参见 v. Heinitz (Fn. 7)，S. 85。

⑬ Vogel，StV 2012，427 ff.；同样的观点，参见 Kubiciel，ZRP 2014，133 ff. 概括性的论述，参见 Kohlhof，Legitimation einer originären Verbandsstrafe，2019，S. 173 ff。

⑭ Schünemann，ZIS 2016，1，2. 赞成的观点，参见 Silva-Sánchez，GA 2015，267，271。

⑮ 这方面参见 Kubiciel，Die Wissenschaft vom Besonderen Teil des Strafrechts，2013，S. 144 ff。

⑯ 反对这样一种归责的，参见 v. Freier，Kritik der Verbandsstrafe，1998，S. 100 f.；Klesczewski，FS Seebode，2008，S. 179，186；Frisch，FS Wolter，2013，S. 349，362。

⑰ Greco，GA 2015，503，507. 同样可以参见 Murmann，in：Ambos/Bock (Hrsg.)，Aktuelle und grundsätzliche Fragen des Wirtschaftsstrafrechts，2019，S. 57，74。对此的批评，参见 Renzikowski，GA 2019，149，157 f。

⑱ 参见 Aichele，JRE 16 (2008)，3，22. Renzikowski，GA 2019，149，153，156 f。

的归因，但是，法人只能通过自然人作为其代表来作出行为，如果存在法律上的团体相关性（falls ein rechtlicher Verbandsbezug vorliegt），自然人也是在代表团体作出行为。因此，与团体相关的犯罪，不只是个人犯罪，由于特定的事实和规范背景，始终也是法人的过错责任（Verschulden）。

因此，要排除将自然人的行为归属于法人的罪责，只能通过引入刑法理论或法哲学理论上的额外标准进行，该标准（据称）是法人不能满足的。冯·福莱尔（v. Freier）认为，具体的刑事不法（spezifische Strafunrecht）是一种“通过自我反省的意志对和平关系的破坏”⑲。然而问题是，立法者受“只有一部分法律科学提出的考虑因素的约束，尽管这些因素是以自然法、物本逻辑或其他批判性的主张激烈地提出来的”⑳。即使是主张苛刻的、狭义的罪责概念的人，在讨论中也会持谨慎的态度。因此，默尔曼（Murmann）一方面假设了对罪责的前提性的、社会伦理性的理解，另一方面要求规范对象具备反思能力，而法人则缺乏这种能力。㉑ 然而，他对立法者是否受这一教义学立场的约束，以及引入公司刑法（或功能上的等同物）是否违宪的问题没有定论。

三、个人立场

（一）讨论的起点

在下文中，我想说明的是，在不违背罪责原则的情况下，如何为法人确立刑事法律后果，或准刑事法律后果。我会提到《团体制裁法》（VerSanG），该法近年来一直被讨论，但无法得到议会支持，尽管该法只是着重更新、调整了现行的秩序违反法（Recht der Ordnungswidrigkeiten）。法人不仅是权利的持有者，也是规范以及由此产生的义务的对象。这些义务不仅包括了民法规定的对其合同伙伴的义务，还包括了公法规定的义务，如具有监管目的的义务。法律义务的特征在于，它可以由国家机构来强制执行，必要时可以违背义务承担者的意愿。因此，第一序列的权利和义务需要第二序列的规则，后者（第二序列的规则）涉及是否实施以及如何实施这些权利和义务。这些规则，规定在了民事诉讼法以及行政诉讼法当中。刑法的一般理论所规定的，是根据它可以将一个人的行为归结为构成要件该当、违法及有责的，因此，它（刑法的一般理论）也可以说是第二序列的规则。㉒ 从这个角度看，《团体制裁法》也构成了第二序列的规则（Sekundärrecht），因为它规定了制裁团体的前提条件和进一步的方式。

（二）归因模式（Zurechnungsmodell）vs. 团体罪责模式（Verbandsschuldmodell）?

《团体制裁法》规定了对团体的刑事制裁（Sanktionierung），因其实施了“违反与团体有关的义务的行为（Straftat），或者通过此种行为，使该团体已经谋利，或本应谋

---

⑲ v. Freier, GA 2009, 98, 106。

⑳ 这方面以及进一步的论述，参见 Vogel, StV 2012, 427, 428。

㉑ 这方面以及进一步的论述，参见 Murmann, in: Ambos/Bock (Hrsg.), Aktuelle und grundsätzliche Fragen des Wirtschaftsstrafrechts, 2019, S. 57 ff.；同样提到了反思能力（Reflexionsfähigkeit），参见 Böse, ZStW 126 (2014), 132, 147（没有宪法上的后果）。同样可以参见 Greco 在宪法层面评价上的保留：Greco, GA 2015, 503, 516。

㉒ 参见归因理解，不同于狭义的结果归因。Kubiciel in: Hilgendorf/Kudlich/Valerius (Hrsg.), Handbuch des Strafrechts, Bd. 1, 2019, § 24 Rn. 54 ff。

利”（《团体制裁法》第1条）。除此规定之外，《团体制裁法》第3条还规定了处罚的其他前提条件。根据该条，只有在以下情况下，才能对一个团体进行制裁：该罪行是由该团体的管理人或其他人“在执行团体日常事务”犯下的，如果管理人通过采取合理的预防措施来避免团体犯罪，例如特别是组织、选举、指导和监督，就可以防止或大大阻碍该罪行（《团体制裁法》第3条第1款）。一般观点认为，《团体制裁法》所遵循的，是所谓的归因模式。[23]

在理论的层面和比较法角度的讨论中，归因概念通常与团体罪责模式有所区别。[24]不少时候，这种区分会变成对归因模式的批判，而这种批判（也）是基于这样的假设：归因模式代表了一种不可接受的，或者至少是可疑的归因，即有罪的预设（Schuldübernahme）[25]，而罪责模式（Schuldmodell）则与现有的事实相联系——比如说，罪责被理解为组织不当（Fehlorganisation）。与表面上“基于”经验的团体罪责模式相比，归因模式因为是“规范地”归因（normativ zuschreibend）而存在疑问。然而这样的解释或者直觉会忽略以下事实，即（道德的或者法律的）罪责并不属于本体论的范畴，而是规范性评价的结果，也就是将不当行为（Fehlverhalten）归结于个人。因此，刑法典并没有从正面规定罪责（Schuld）是什么。它也不需要证明行为人实际上是自主的行为（autonom gehandelt），反思性地决定破坏一个规范，也反思了这种破坏的意义。相反，如果具备法律要求的罪责能力（Schuldfähigkeit），且不具有责任阻却事由（Schuldausschlussgründe），行为人现实化的不法（Verwirklichung von Unrecht）就会被认为具有罪责（Schuld）。[26] 如果要区分归因模式和团体罪责构想（Verbandsschuld-konzeption），则区别不在于归因，而在于归因的内容。它涉及——换句话说——归因的对象。

根据《团体制裁法》的构想及预设图景（Vorbilder），归因的对象，是管理人员具有刑事可罚性的行为（strafbare Handeln），或管理人员具有“刑事法律后果”（strafrechtlichen Folgen）的不作为。如果想把这一点与团体罪责（Verbandschuld）观进行明确的区分，则有必要关注的，不是管理人的不当行为（Fehlverhalten der Leis-tungsperson），而是“集体性的”[27]团体不法（kollektivistische Verbandsunrecht），即组织失灵（Organisationsversagen），以及在其结构、文化中显示出来的犯罪态度、倾向——无论它多么有理。这种集体性的团体不法（kollektivistische Verbandsunrecht）最终还是人的不当行为（menschliche Fehlverhalten）的表现及结果，它被描述为组织失灵（Organisationsversagen）或犯罪态度（kriminogene Attitüde）。在这里，与在那里一样，自然人的——不同方式准确锚定的（unterschiedlich genau fixiertes）——不当行为

---

[23] 参见 Kämpfer/Travers/Schwerdtfeger, NZG 2020, 848, 849; Szesny/Stelten, ZRP 2020, 130。

[24] Vgl. Böse, ZStW 126（2014）, 132, 136 ff. 用（在我看来）更精确的术语说，参见 Saliger, in: Kubiciel（Hrsg.）, Neues Unternehmenssanktionerecht ante portas, S. 13, 18 ff。

[25] 对隐含的罪责假定的批评，参见 Wohlers, in: Lehmkuhl/Wohlers（Hrsg.）, Unternehmensstrafrecht, 2020, S. 109, 131 f。

[26] 参见 Hassemer, ZStW 121（2009）, 829 ff。

[27] 相关的论述，参见 Saliger, in: Kubiciel（Hrsg.）, Neues Unternehmenssanktionenrecht ante portas, 2020 S. 13, 20 f。

最终被归属于（zugeschrieben）团体。[28] 因此，在具体人的具体不当行为无法确定的情况下，团体罪责模式（Verbandsschuldmodell），首先具有自主性和实用性。[29] 此外，集体罪责模式（kollektivschuldmodell）可以将对团体的制裁合法化，明显较窄的归因模式却不能。如果观察那在［构想上也是（konzeptionell）］"隐秘的"组织罪责模式（kryptische Organisationsschuldmodelle）的广度[30]，则在《团体制裁法》第 1 条和第 3 条（§§ 1，3 VerSanG）之后的《秩序违反法》第 30 条和第 130 条（§§ 30，130 OWiG）的构想（Konzeption），就显得更为精确。然而，如下的事实——人们可以将基于规范罪责观的归因结果（Ergebnis dieser Zurechnung auf Grundlage eines normativen Schuldverständnisse）称为具体团体的罪责——表明，归因模式（Zurechnungsmodell）与基于具体人不当行为的团体罪责观（Verbandsschuldverständnis）具有多么密切的联系。

（三）归因的根据及其合法化

归因模式经常受到的批评是，它需要一个额外的理由来将管理人（Leitungsperson）（违法且可能有罪责的）行为归因于团体（参见 a）[31]。另一种怀疑是，能否为这一归因找到充足的理由和根据证明——合法性（参见 b）[32]。下文是对这两种反对意见的反驳。

a. 制裁的归因根据可以在《团体制裁法》的第 1 条和第 3 条里找到。它们规定了归因的两个先决条件：犯罪与团体的事实联系（参见《团体制裁法》第 1 条），以及人身的要素（eine personelle Komponente）（参见《团体制裁法》第 3 条第 1 款）。如果该罪行也违反了团体本身的义务，则与该团体就有关。在这种情况下，不能仅将犯罪行为视为行为人的过错（Fehlversagen），还可以认为是团体的行为（Verbandstat），因为该行为是在规范界定的、实际上属于团体责任的领域内实施的。如果行为人实现或促成了团体的获利，则团体的关联性就成立了。在这种情况下，犯罪人以一种意图性的行为（handelnd-intentional）证立了团体的关联性，并表示犯罪行为不（仅）是为其个人的利益服务，而是首先为了团体的利益而实施。如果犯罪行为违反了团体的义务，或原本可以使团体获利，则第一个先决条件就满足了，即犯罪行为（Straftat）可归因于团体，成为团体的行为（Verbandstat）。

然而，在这两种情况下，只有在加入个人的要素（eine personelle Komponente）后，归因（Zurechnung）才是完整的。这就确保了犯罪行为不是从外部来强加给团体，然后再将之归因于团体的行为，而是从评价的角度，将之视为是在其责任范围（Verantwortungssphäre）内实施的一种行为，即存在于其组织管辖（Organisationszuständigkeit）之中。

---

[28] Schmoller，in：Lehmkuhl/Wohlers（Fn. 25），S. 67，82 f. 相近的观点，参见 Neumann，in：Lehmkuhl/Wohlers（Fn. 25），S. 49，61。

[29] 参见 Wohlers（Fn. 25），S. 111 f.，130。

[30] Schmoller（Fn. 28），S. 83。关于这样的模型，参见 Schmitt-Leonardy，in：Henssler/Hoven/Kubiciel/Weigend（Hrsg.），Grundfragen eines modernen Verbandsstrafrechts，2017，S. 71，S. 86 ff。

[31] Böse，ZStW 126（2014），132，138；Waßmer，in：Hilgendorf/Kudlich/Valerius（Hrsg.），Handbuch des Strafrechts，Bd. 3，2021，§ 49 Rn. 124.

[32] Frisch，in：Zöller/Hilger/Küper/Roxin（Hrsg.），Gesamtdoe Strafrechtswissenschaft in internationaler Dimension：Festschrift für Jürgen Wolter，2013，S. 349，355 ff.

根据《团体制裁法》第3条，犯罪行为必须是由团体管理人（即团体通过它在法律上和事实上开展行动的一个机构或一个代表）实施。或者必须是其他人在“处理团体事务时”犯下的罪行，而这种罪行本可以通过管理人采取合理的预防措施来防止或大大增加其实现难度。管理人在这两种情况下扮演着重要角色：一种是与团体有关联的犯罪行为人，另一种是以违反客观义务的不作为方式，使与团体有关的犯罪行为成为可能，或者至少没有使其更难的人。因此，鉴于犯罪和团体之间这种密切的客观联系、人身联系，不能认为在犯罪行为实施时，管理人只是进行了“自己的组织”（eigene Organisation vornehmen）[33]，犯罪行为的实施，存在于它那高度人身属性的管辖（höchstpersönliche Zuständigkeit）之中，而不是团体的管辖。[34] 但是，团体与管理人的团体关联行为是不可分离的，和管理人违反义务的不作为也是不可分离的，因此，团体需要对事件的发生负责；这同时可以看作是一种规范性理解的团体罪责（eine normativ verstandene Verbandschuld），它有别于行为人的个人罪责（Individualschuld）。

b. 本文所捍卫的模式，有时候会受到反驳，称它导致了“责任的多重化”（Multiplikation von Verantwortung）及其后果。[35] 一个行为，对不同的人引发不同的法律后果，这无论在方法论上，还是在教义学上都不足为奇，因为根据部门法特定的归因标准，该事件会受到多次、不同类型的解释。法律的适用意味着，借助法律（Gesetz）和归因规则（Zurechnungsregeln）来质问一起实际事件的意义内容。基础性的法律规范和归因规则，都是各自追求各自的目的，因此，一起事件才可以对不同人产生不同法律后果。所以，行为人具有刑事可罚性的不当行为（strafbare Fehlverhalten），不仅是要作为犯罪行为归咎于他，相反，它也可以——根据不同的目的导向，以及根据不同的规则及归咎标准——导致对第三方（Dritt）的法律后果，例如，对管理人要求民事赔偿，对团体要求损害赔偿，或者根据采购法、贸易法或经济行政法要求团体或（其他）管理人员承担法律后果。

在这方面，与团体有关的罪行也被评价为团体自身必须答责的罪行，并在必要时根据上述归咎条件（Zurechnungsvoraussetzung）对其进行制裁，这种情况并不罕见。[36] 后者是正当的（legitim），因为团体通过其管理人的活动，在以事实上以及民事合法的方式行动，团体代表（Vertreter）的行为在法律、财务上产生的后果要归属于团体。然而，如果团体在这些人的帮助下，利用法秩序向其开放的自由空间，以与民法及公法相关的方式来这样做，则将此种行为的后果归咎于团体也是正当（和公平）的。团体不能仅仅是法秩序的受益者和权利的享有者；它还必须履行义务，并在必要时对违反它所承担的核心义务的行为负责。由于管理人对外代表了社团——无论是规范上还是事实上，根据《团体制裁法》第1条、第3条规定的前提条件，对管理人的作为或不作为可以合

---

[33] Schmitt-Leonardy, in: Henssler/Hoven/Kubiciel/Weigend (Fn. 30), S. 77；相似的观点，参见 Jakobs, in: Prittwitz (Hrsg.), Festschrift für Klaus Lüderssen, 2002, S. 559, 569；v. Freier, Kritik der Verbandsstrafe, 1998, S. 145 ff., 162 ff.；ders., GA 2009, 98, 108 ff。

[34] 违背监管职责的情况下，反对无论如何都是无效的，因为管理层人员显然是为协会组织的。

[35] 参见 Schmitt-Leonardy, in: Henssler/Hoven/Kubiciel/Weigend (Fn. 30), S. 78；Jakobs, (Fn. 33), S. 562。相近的观点，参见 Böse, ZStW 126 (2014), 132, 138。

[36] 相近的观点，参见 Dannecker in: Henssler/Hoven/Kubiciel/Weigend (Fn. 30), S. 17, 68。

法地归咎。通过对团体的制裁，团体对某一行为的具体责任（spezifische Verantwortung）被象征性地标示了出来，针对来自团体领域的攻击，规范的有效性也得到了确证。这一具体的责任（Verantwortlichkeit），是法人的罪责。

与团体关联的犯罪行为，如果满足所述的归因先决条件，团体必须对此负责并受到制裁，这样的评估并不罕见。后者是法律许可的，因为该团体通过管理人员的职务行为，以事实和（民事）合法的方式作出行为，并且团体代表的行为，其法律后果和经济后果归结于团体。然而，如果该团体凭借这些人员获得法律制度所开放的自由空间，而这些人员又使用了民法手段或者公法手段，那么，将这种行为的后果归结于团体也是合理（和公平）的。团体不能仅仅是法制的弄潮儿以及权利的获益者；它还必须履行义务，并在必要时对违反其所承担的核心义务承担责任。因为团体的管理层人员（从规范意义上或者实践意义上）对外代表团体，管理层人员的作为或不作为满足了《团体制裁法》第 1 条和第 3 条所述的前提，那么该行为就可以被合法地归结于团体行为。通过对团体的制裁，象征性地标志了团体对于犯罪行为承担具体的责任，以及确立了规范的效力也可及于来自团体内部的不当行为。这种具体的需要承担的责任就是法人的罪责。

论单位犯罪的主体结构

蔡　鹤　徐浩源*

摘要： 现有理论对单位犯罪的主体结构从单位已经构成犯罪的现状来剖析，存在各种不足，需提前到对不受立法规定制约的单位危害行为进行考察。处罚犯罪单位和处罚直接责任人的预防犯罪路径是不同的，因而需从单位和直接责任人员的不同视角来考察对二者的定罪处罚。单位危害行为的竞合主体论是指外观上同一危害行为分别被认定为单位危害行为和自然人的危害行为。双罚制规定下仍有直接责任人员不构成犯罪的情况存在，单罚制仍有存在必要性，没有规定单位犯罪时对直接责任人员按自然人犯罪论处。

关键词： 单位犯罪；主体结构；竞合主体论；定罪

在我国刑法制定单位犯罪前后一段时间里，单位犯罪是一个热点问题，通过理论探讨再经有权解释，一些疑难问题大体上得以解决，许多争议似乎仅具学说史意义。但是，在双罚制规定下，能否针对单位及其直接责任人员作出不同的刑法评价，近年来又成为理论和实践中的疑难问题。更深层次的追问是，单位犯罪到底是谁在犯罪？单位责任和个人责任应否区分？如何区分？这需要深入审视单位犯罪的主体结构。

一、单位犯罪主体结构诸说评析

单位犯罪主体结构一度是单位犯罪理论研究的重点，各种学说从不同角度揭示了单位犯罪主体的特点，但各自也存在不足之处，需重新加以检讨。

（一）当前学说概要

1. 两个主体说

（1）人格化社会系统责任论。

诞生于20世纪90年代初的人格化社会系统责任论，堪称我国刑法学界最早开始论证法人（单位）犯罪刑事责任的系统性理论，是我国刑法学者何秉松教授的学术独创。该理论以系统论的观点为指导，认为法人是一个人格化的社会系统整体，它既具有自身整体的意志和行为，又具有天生独立的犯罪能力及其刑事责任能力。基于这一点，该理论进一步提出，法人刑事责任的本质是整体责任；同时还指出，法人系统整体结构的特

* 蔡鹤，四川师范大学法学院教授，法学博士。徐浩源，中共荥经县委党校教师。

殊性和复杂性也决定了在法人犯罪中实际上是一个犯罪（法人作为一个社会系统而实施的整体犯罪），两个犯罪主体（法人组织本身和它的内部组成人员）和一个或两个刑罚主体（在单罚制或双罚制情形下）。其中，在这两个主体的关系问题上，从法人内部结构来看，自然人主体起着主要的决定性作用，而法人则依赖并从属于它。①

（2）共同犯罪论。

其中一种观点认为，“单位犯罪是为了单位利益，根据单位意志表现为单位成员的整体意志，单位的犯罪行为也表现为单位的整体行为。因此，单位犯罪本身就是共同犯罪”②。该观点没有进一步说明共同犯罪是在单位成员之间构成，还是在单位与单位成员之间构成。由于“在不少案件中，尤其是承包企业单位犯罪案件中，其单位意志与行为往往由法定代表人单独完成”③，这时只剩下单位本身和单个自然人，如果说单位犯罪一定是共同犯罪，就意味着该共同犯罪是指单位与单位成员之间构成共同犯罪。而另一种观点则明确地指出在单位与单位成员之间构成共同犯罪。“单位犯罪是一种特殊共同犯罪，既有法人犯罪主体，也有单位直接责任人员的自然人犯罪主体，两种犯罪主体都应对单位犯罪负刑事责任。如果不把单位的直接责任人员列为犯罪主体，就不可能追究其刑事责任。”④

（3）双重性论。

该说认为，单位犯罪具有双重性特征，即具有主体的双重性、犯罪行为能力的双重性和罪过的双重性，这就决定了对单位犯罪适用刑罚也具有双重性，刑罚不仅适用于单位，也适用于单位成员。⑤“一方面，它是作为单独主体的法人的犯罪；另一方面，它又包含着自然人的犯罪。”“离开了法人犯罪，谈不上直接责任者的刑事责任，没有直接责任者的犯罪行为，也谈不上法人犯罪。法人犯罪通过自然人犯罪的形式得到表现”。按该说，法人犯罪与直接责任人员犯罪是如影随形的关系，二者互为表里，互相依存，互相制约。⑥

（4）双层犯罪机制论。

这种观点提出，单位犯罪相较于自然人犯罪而言，其主体表现出了一种十分独特的双层犯罪机制：第一层次是单位犯罪的表层结构，犯罪主体是单位。第二层次是单位犯罪的深层结构，犯罪主体是决策者和执行者个人。这两个层次是以他们与危害后果之间的远近关系来划分的。两个层次之间还有一定因果关系：深层犯罪是表层犯罪的根源，表层犯罪则是深层犯罪的结果。不论是“表层犯罪者”还是“深层犯罪者”，根据罪责自负原则都应当承担刑事责任，单位的有关责任人员并不是依照代罚制代替单位接受刑罚。⑦

---

① 参见何秉松主编：《法人犯罪与刑事责任》，中国法制出版社 2000 年版，第 482、485～486 页。

② 龚培华：《刑法理论与司法实务》，上海社会科学院出版社 2002 年版，第 92 页。

③ 前注②，龚培华书，第 93 页。

④ 周其华：《刑事责任解读》，中国方正出版社 2004 年版，第 124 页。

⑤ 参见龚大春：《论单位犯罪的主体结构》，载《江苏警官学院学报》2008 年第 6 期，第 33～34 页；陈丽天：《单位犯罪刑事责任研究》，中国法制出版社 2010 年版，第 70 页。

⑥ 参见张春：《双罚制的根据——法人犯罪的双重性》，载《法学》1990 年第 9 期，第 13、23 页。

⑦ 参见赵健民：《单位犯罪的双层犯罪机制与两罚制》，载首届学术讨论会评选委员会编选：《首届学术讨论会论文选》，人民法院出版社 1990 年版，第 183～191 页；卜维义：《法人犯罪及其双层机制与两罚制》，载《经济与法》1991 年第 6 期，第 11 页。

（5）一个单位犯罪两个犯罪构成论。

该理论认为，不仅存在单位犯罪的犯罪构成，而且还存在独立于单位犯罪构成之外的相关自然人犯罪的另一个犯罪构成，单位犯罪的犯罪构成是由其内部相关自然人犯罪的犯罪构成所促成的。因此，在单位犯罪中，存在单位与有关自然人两个不同的犯罪主体。“在单位犯罪场合，的确还存在有关自然人陷单位于犯罪境地的犯罪构成，它独立于单位犯罪之外，也就是说，这里存在两个犯罪构成。”“首先，单位有关成员陷单位于犯罪境地的行为，具有主观上的可罚性。”“其次，在社会危害程度上，单位有关自然人成员促成单位犯罪的行为与教唆犯罪可以作一比较……单位有关自然人成员引起单位犯罪这一行为的主观恶性较之教唆行为更为深重，而单位固有的人力、财力优势，又使得单位犯罪无论在成功率还是危害结果方面都远远大于自然人犯罪。因而，就客观危害而言，单位有关自然人的这一行为也高于教唆犯罪”⑧。

2. 唯一主体说

（1）刑事连带责任论。

刑事连带责任论参考借鉴了民法上的连带赔偿责任理论，认为在单位犯罪场合下，单位与单位内部成员的犯罪行为相互关联，具有连带责任关系。之所以要同时追究单位主管人员及其相关直接责任人员的刑事责任，是因为他们是单位犯罪意志的肇始者和单位犯罪行为的实施者，对单位犯罪负有重大责任。况且，成立单位犯罪也离不开这些人的罪过和行为。然而，该理论却同时强调，单位犯罪的犯罪主体是单一主体，它只能是单位本身。作为单位内部成员的自然人并非单位犯罪的主体，仅仅是纯粹的单位犯罪刑事责任承担者而已。⑨

（2）组织体刑事责任论。

组织体刑事责任论为域外晚近刑法理论所提倡，认为“法人自身被赋予了一定的守法、管理或回避危险发生的义务，当违反这种义务时，就可认定法人自身的犯罪中，即，法人负刑事责任的根据在于法人违反了守法义务或回避义务”。德国近年来所提倡的“组织体责任论”，美国的“法人反应责任论”、“法人文化论”或“结构性的法人责任论”，日本下级法院关于认定法人的选任、监督过失义务的内容均属此类。该理论从法人（单位）组织体的制度政策、精神文化等法人自身的固有要素出发，认为在法人犯罪场合，能够成为法人犯罪主体的只能是法人组织体自身。亦即，法人犯罪的本质是法人所犯之罪，而不是法人组织体内的成员以法人为形式而实施的自然人犯罪。该理论并没有将法人中的自然人作为法人犯罪的另一个犯罪主体，而仅仅将其视作为法人犯罪负刑事责任的法人构成要素。⑩

（3）社会独立主体责任论。

社会独立主体责任论首先认为，如同达到刑事责任年龄且具备刑事责任能力的自然人一样，单位也是独立的社会关系主体，独立性是单位的首要属性，不具有社会独立主

---

⑧ 刘晓军：《一个单位犯罪，两个犯罪构成》，载《政治与法律》2001 年第 3 期，第 31～32 页。

⑨ 参见张文、刘凤桢、秦博勇：《法人犯罪的若干问题再研究》，载《中国法学》1994 年第 1 期，第 66 页。

⑩ 参见黎宏：《单位刑事责任论》，清华大学出版社 2001 年版，第 151、319～328 页。

体地位的社会组织便无法成为单位犯罪的犯罪主体。因而，单位犯罪的犯罪主体是一个具有社会独立主体地位的单位。其次，该理论主张，单位犯罪的双罚制针对的是一个犯罪主体、一个刑事责任主体、两个刑罚对象。一个犯罪主体只能对应一个刑事责任主体，这是罪责自负原则的必然要求。之所以有两个刑罚对象，是因为一个犯罪主体不一定对应一个刑罚对象，即有犯罪必有刑事责任，但未必有刑罚，因而就不能排除一个犯罪主体对应多个刑罚对象。⑪

3. 复合主体说

在该说看来，唯一主体说和两个主体说各有各的不足，它自认为是对唯一主体说在内容上的充实和对两个主体说构造上的革新。复合主体说根据产生时间不同，分为旧复合主体说和新复合主体说。前说主张单位犯罪的主体结构应当是以单位为表现形式、以单位成员为实质内容复合组成的特殊主体，是形式与内容不可分割的有机统一体。同时，在单位犯罪中，单位与单位成员既可以合二为一，统一为一个单位犯罪主体，又可以在量刑时一分为二，对单位和单位的直接人员分别适用刑罚。⑫

新复合说在旧复合说的基础上进一步提出，复合主体说之“复合”重在强调单位犯罪主体的统分关系，单位犯罪主体是单位与责任人员复合而成的一个整体，表现出的是单位犯罪一个犯罪构成的主体特征。直接责任人员的行为包容于单位行为，单位不构成犯罪，直接责任人员也不构成犯罪。⑬

4. 法条竞合说

尽管法条竞合说本身不是一种严格意义上的单位犯罪主体结构理论，但其所论及的内容毕竟涉及了单位犯罪主体结构问题，因此有必要在这里一并加以引介和评析。该观点认为单位犯罪不过是自然人犯罪的特别法律评价，其与自然人形成法条竞合关系。⑭可以将单位犯罪理解为自然人犯罪的特殊表现形式，规定的单位犯罪是一个量刑条款，而非定罪条款。⑮

（二）现有诸说存在的问题

1. 两个主体说

依据人格化社会系统责任论，一方面，“法人刑事责任的本质是整体责任，即法人系统的整体的刑事责任”。“不能把法人整体的意志和行为，归结为任何个人的意志和行为；也不能把法人犯罪归结为个人犯罪。”另一方面，“对那些在法人犯罪中起重要作用和负有重大责任的法人成员，也要追究其刑事责任。他们负刑事责任的根据，是他们作为法人和法人犯罪的构成要素，在法人整体犯罪中的主观罪过（故意和过失）和客观行为（作为和不作为）以及由此决定他们在法人犯罪中所起的作用和应负的责任”⑯。而

---

⑪ 参见刘远：《单位犯罪若干问题研究》，载王作富主编：《刑事实体法学》，群众出版社 2000 年版，第 160～161、174 页。

⑫ 参见马长生、胡凤英：《论新刑法对单位犯罪的规定》，载《政法论坛》1997 年第 6 期，第 33～35 页。

⑬ 参见熊选国、牛克乾：《试论单位犯罪的主体结构——“新复合主体论”之提倡》，载《法学研究》2003 年第 4 期，第 96 页。

⑭ 参见杨国章：《单位犯罪的法条竞合论》，载《内蒙古社会科学》2011 年第 4 期，第 48 页。

⑮ 参见于志刚：《单位犯罪与自然人犯罪——法条竞合理论的一种解释》，载《政法论坛》2008 年第 6 期，第 117 页。

⑯ 前注①，何秉松书，第 485～486 页。

法人刑事责任和法人成员刑事责任的关系是："在法人整体犯罪中，法人成员是否负刑事责任，并不是追究法人刑事责任的必要条件，恰恰相反，法人构成犯罪，才是追究法人内部成员刑事责任的依据和必要前提"。依此说，则单位盗窃行为由于没有规定单位犯罪，因此单位不构成盗窃罪，从而单位直接责任人员亦不构成盗窃罪，从保护法益的角度和惩处自然人犯罪的角度，无理由对此不作犯罪处理，这亦与1979年刑法实施期间的司法解释相抵触[17]，也为1997年刑法实施后的立法解释所不容。[18] 单位犯罪是整体责任，恰恰与其两个犯罪主体的主张相矛盾。既然是整体责任就应该只追究法人的刑事责任，犯罪主体是法人，法人的行为当然由其作为组织体要素的自然人来实行，但组织体要素不应承担整体应承担的刑事责任。该观点存在的问题在于，没有单独地从法人组织中的自然人角度探讨自然人的独立犯罪构成，以法人的犯罪构成代替自然人的犯罪构成，就必然得出法人犯罪是作为法人要素的自然人犯罪的前提条件，这个结论不合理。

共同犯罪关系论"忽视了单位与其内部相关人员之间的特定关系，实际上还是将单位与其内部成员视为虽有内在联系但仍然相互独立的主体，因为只有数个独立的主体之间才能存在共同的犯罪故意"[19]。在共同犯罪中，犯罪人存在着分工，很多情况下各犯罪人的行为可以独立存在，各犯罪人的行为是同一个共同犯罪行为下的组成部分，是这一部分和那一部分的关系。但在单位犯罪中，若是存在两个共同犯罪主体，那么，他们的行为也就是这部分与那部分之间的关系。试问：作为整体的共同犯罪行为在哪里呢？另外，对共同犯罪而言，即使某个共同犯罪人的行为不存在，另一个共同犯罪人的行为也独立成罪。比如甲乙二人共同伤害丙，甲乙行为在另一方行为不存在的情况下，就各自行为而言也可以独立存在，也构成犯罪；但是对单位犯罪而言，没有了直接责任人员的行为，单位犯罪就不存在了。

双重性理论、双重机制论、一个单位犯罪两个犯罪构成论，在单位与直接责任人员均构成犯罪的情况下，对单位犯罪的主体问题是一个很好的说明，也比较深入地揭示了单位犯罪中单位与其直接责任人员的犯罪运作机理。但是，这三种观点不能解释单罚制，即在不同立法体例下只追究单位或只追究单位直接责任人员刑事责任的立法事实，认为如单位构成单位犯罪，则其直接责任人员就构成犯罪的说理并不充分。一个单位犯罪两个犯罪构成论认为单位的直接责任人员犯罪是因为其让单位陷入犯罪境地的观点值得商榷。到底是其直接的行为（实行行为）构成犯罪，还是其类似教唆犯的教唆行为构成犯罪？应该是前者。

2. 唯一主体说

唯一主体说中的刑事连带责任论和社会独立主体责任论存在共同的问题，其站在

---

⑰ 《最高人民检察院关于单位盗窃行为如何处理问题的批复》（高检发研字［1996］1号，现已失效）指出："单位组织实施盗窃，获取财物归单位所有，数额巨大、影响恶劣的，应对其直接负责的主管人员和其他主要的直接责任人员按盗窃罪依法批捕、起诉。"

⑱ 全国人大常委会于2014年作出的《关于〈中华人民共和国刑法〉第三十条的解释》规定："公司、企业、事业单位、机关、团体等单位实施刑法规定的危害社会的行为，刑法分则和其他法律未规定追究单位的刑事责任的，对组织、策划、实施该危害社会行为的人依法追究刑事责任。"

⑲ 前注⑤，陈丽天书，第72页。

“自然人包含说”的立法模式基础之上，认为对自然人处罚只是作为单位的一环。[20] 首先，片面地强调单位犯罪的直接责任人员对犯罪单位的依附性，而忽视了其自身的相对独立地位，对于犯罪单位与单位犯罪直接责任人员之间关系的把握失之偏颇。其次，否定直接责任人在单位犯罪中的主体地位，将犯罪单位中的自然人完全排除在单位犯罪主体之外，而仅仅是视其为单位犯罪中的一个刑事责任主体或受刑主体。这不但改变了长期以来深入人心的一个犯罪主体与一个犯罪责任主体的罪责对应关系的刑法观念，而且还制造出了一种不是犯罪主体的人也要承担刑事责任的刑罚处罚新模式，只可惜该模式明显背离了罪责自负的刑法基本原则，而与现代法治精神相悖。最后，按照单位内部成员完全依附于单位的理论逻辑，单位中自然人个人刑事责任的产生必须要以单位行为独立成罪为前提，如果单位不构成犯罪，不承担刑事责任，那么，处罚单位中的主管人员和其他直接责任人员当然也就于法无据了。然而，一旦将该说运用到我国的司法实践中，必然会导致若单位实施盗窃行为时，则出现单位实施了我国刑法没有明确规定为单位犯罪的危害社会的行为，因而使这种犯罪行为得不到有效的刑法规制，也与现有刑法解释及司法实务相冲突。

而组织体刑事责任论存在的问题是，完全脱离其组成人员的自然人来论述组织体的刑事责任，不能准确界定法人犯罪与法人成员犯罪的关系，并且具有让单位承担严格责任的危险。比如，日本学者藤木英雄认为，在观念上可以赋予法人的注意义务，当法人组织体没有履行这一义务时，可成立法人的过失犯。[21] 板仓宏教授也认为，从法人代表到最底层的从业人员的所有行为，只要客观上具有业务关联性，就都可以被看作法人自身行为的企业组织体责任论。[22] 两位学者均强调，即使没有特定具体的行为人，也能对法人予以处罚。但是，该学说实际上不是在主张对法人科处绝对责任吗？因为，在从业人员具有违法行为的场合，法人具有怎样的过失？该过失和违法行为之间是否具有法律上的因果关系？这些情况，如果不能确定谁以什么样的形态实施了违法行为的话，通常应是无法判断的。[23]

3. 复合主体说

旧复合主体说存在的问题是，既然只有一个单位犯罪主体，只有一个单位犯罪构成，又为什么可以在量刑时区分为二，一个为单位而另一个为直接责任人员，这样无法在逻辑上对应，刑罚对象或受刑主体必须是犯罪主体才符合罪责自负责任原理。并且，该说也不能说明为什么会存在单罚制，在单罚制时就只有一个受刑主体。新复合主体说强调只有一个单位犯罪构成，关键的问题是，对直接责任人员的追究是否还需要满足自身的犯罪构成，比如，在直接责任人员年龄未满 16 周岁的情况下，还需不需要负刑事责任？另外，单位构成犯罪，其直接责任人员才构成犯罪的主张，与立法解释相矛盾，也会在司法实务中带来严重的问题。

4. 法条竞合说

法条竞合仅把对单位的处罚条款视为一个量刑条款，而不是一个定罪条款，这里提

---

⑳ 参见金昌俊：《中韩法人犯罪中双罚制的比较研究》，载《东疆学刊》2016 年第 1 期，第 51 页。

㉑ 参见［日］藤木英雄：《法人能有刑事责任吗?》，载《季刊现代经济》1974 年第 14 期，第 172 页。

㉒ 参见［日］板仓宏：《企业犯罪的理论和现实》，有斐阁 1975 年版，第 23 页以下。

㉓ 参见前注⑩，黎宏书，第 326 页。

出的疑问是，单位本身构不构成犯罪？单位本身是不是一个犯罪主体？其实将单位犯罪理解为自然人犯罪的一个特殊表现形式，只有部分真理性，即仅针对单位的直接责任人员而言，对单位直接责任人员的处罚规定是对自然人处罚规定的一个特殊表现形式，但是，对单位本身的处罚，则不能视为对自然人处罚的特殊表现形式。换言之，该论虚化了单位的存在，是建立在法人拟制说的基础上的，甚至是建立在单位犯罪能力否定说的基础上的，因为该论认为只有自然人犯罪而没有单位本身的犯罪。如果仅将单位视为一个量刑条款而非定罪条款，那么，就和刑事责任基本理论相冲突，也就是单位本身不构成犯罪，为什么要对单位量刑？

上述几种观点存在问题的根源，一是没有探究规定单位犯罪的立法目的，即其预防犯罪的路径；二是单位犯罪具有多种立法模式，如果仅就单位构成犯罪后的情形进行探讨，就难以得出完全逻辑自洽的结论，这就需要从单位危害社会行为入手进行分析，从而摆脱不同立法规定的制约。

二、处罚单位的预防犯罪路径

规定单位犯罪，就必然意味着对单位的刑事处罚，否则规定单位犯罪多此一举。由于法人犯罪是单位犯罪的主体，而域外更常见的是法人犯罪，故以法人犯罪特别是公司犯罪为讨论对象。英美国家早在 19 世纪中期就对法人犯罪作出了规定。在 1898 年，英国法律就有“关于刑罚适用，如果法律没有特别规定，法人一概予以处罚”的规定。大陆法系各国受罗马法的影响，最初否认法人有犯罪能力，后来受英美法系的立法影响，有一些大陆法系国家也规定了法人犯罪。如法国 1993 年 9 月 1 日生效的新刑法典对法人犯罪作出规定，明确规定了处罚法人的刑罚。

出于对法人处以刑罚的需要，法律才规定法人犯罪，对法人处以刑罚的必要性何在，人们从不同角度立论。如，英美法系主要有“义务产生责任理论”“共同犯罪理论”“同一理论”“认可和容许理论”“转嫁罪责理论”“教唆犯与实行犯理论”等不同观点[㉔]，日本有“无过失责任说”“企业组织体责任论”“过失责任说”“危惧感说”等等。[㉕] 在我国论证“两罚制”的理论根据时，有“人格化系统责任论”[㉖]“连带刑事责任论”[㉗]“双层机制论”[㉘]“新复合主体论”[㉙] 等等。

这些理论都存在一个问题，即仅仅从证明法人有犯罪能力、有受刑能力、行为符合犯罪构成理论及能够承担刑事责任这一方面入手，只证明了对法人处以刑罚的正当性和可能性，却没有证明对法人处以刑罚的必要性。而刑罚是一种昂贵的支出，其使用必须慎重，刑罚使用无效果、太昂贵则不能被使用。“刑罚之界限应该是内缩的，而不是外张的，而刑罚该是国家为达其保护法益与维持秩序的任务的‘最后手段’（utima ratio)。能

㉔ 参见杨春洗、丁泽芸：《试论单位犯罪的刑事责任》，载丁慕英等主编：《刑法实施中的重点难点问题研究》，法律出版社 1998 年版，第 389 页。

㉕ 参见前注①，何秉松书，第 93～94 页。

㉖ 前注①，何秉松书，中国法制出版社 1991 年版，第 503～504 页。

㉗ 前注⑨，张文等文，第 63 页。

㉘ 前注⑦，卜维义文，第 11 页。

㉙ 前注⑬，熊选国、牛克乾文，第 95～97 页。

够不使用刑罚，而以其他手段亦能达到维护社会共同生活秩序及保护社会与个人法益的目的时，则务必放弃刑罚的手段。”㉚ 对法人来说，法人是一个由自然人组成的有机整体，法人的活动是通过自然人的活动来实现的，如果我们通过刑罚惩处自然人而调整了自然人的行为，法人的行为也随之得到了调整，就没有必要对法人加以处罚，即我们只要实行代罚制（追究直接责任人员）就足够了，没有必要规定法人犯罪，但这又和世界法人犯罪发展的现状不符。对犯罪法人处以刑罚的必要性何在？

显然，要说明处罚法人本身的必要性，必须另辟蹊径，超越法人的层面，从功利的角度，也就是从处罚法人所带来的不可替代的预防效果来说明。立法者直觉地认识到，对法人处以刑罚，会有效地控制法人犯罪。我们来探求这个作用机理是怎样形成的，就以法人犯罪中最广泛和最典型的公司犯罪为例来说明。

假设一公司，因为犯罪被处罚金，显然，公司资产由此减少，而公司资产的受益人是股东，则罚金的不利后果事实上是由股东来承担；另外，罚金造成公司亏损或盈利减少，在市场竞争中处于不利地位，有的公司职员可能被裁减，在岗职工可能要降低工资和福利，则公司职员是公司罚金不利后果的次要承担者。若给这些因法人被处以刑罚而利益受损的人们一个统一的称谓，可称其为法人（单位）利益承担者。由公司的法人利益承担者承担公司受罚的不利后果的正当性何在呢？

首先，对股东来说，公司由他们设置，是他们获利的工具。就权利义务统一的观点来看，由公司引起的危害社会的行为应由他们来承担责任，这应为一种对价责任，即一种补偿性质的责任。但由此来说明罚金这样一种惩罚性责任还不够，要负惩罚性责任，则必须从股东们对单位犯罪产生的实际作用上来考察。股东们设立了公司，选举了公司机关，这意味着公司现有的一切都来自他们的授权，他们在授权过程中有没有尽到善良的注意义务，是否将权利授予力不胜任者、利欲熏心者或胆大妄为者？授权后，他们对公司的运作是否监督到位？若公司犯罪，就推定他们有失职甚至纵容行为。如果仅仅惩处责任人员，那么，股东们将在公司犯罪中立于不败之地，他们肯定乐意反复起用那些胆大妄为者而为公司牟取非法利益。对这些股东们的惩戒，却不能直接加诸他们身上，因为他们毕竟没有直接实施危害社会行为，而仅仅以他们投入到公司的财产负有限责任。因此，唯一的办法就是对公司处刑，实质上地由股东负财产责任。

其次，就公司职员来说，他们与公司休戚相关，公司生产经营的好坏，直接和他们的经济利益挂钩，他们也有参与公司管理的一定的权利，比如，他们可以组织工会，有的可以成立职工代表大会，在监事会甚至可能在股东会都有他们的代表，因此，他们对公司的生产经营具有一定的影响力。并且，公司的许多犯罪行为，离开了他们就无法完成，比如，生产假冒伪劣产品总是要通过公司普通职员之手。作为公民，他们有监督自己的公司遵守宪法和法律的权利与义务，如果忽视或者放弃了这种职责，致使公司肆无忌惮地实施犯罪行为，则应负程度不同的监督不力的责任。更重要的是，当公司实施犯罪行为并获取了非法利益时，他们也是公司犯罪的受益人，理应承受公司犯罪的法律上的不利后果。

㉚ 耶林之语，转引自林山田：《刑罚学》，（台湾）商务印书馆 1985 年版，第 127 页。

事实上，公司犯罪中自然人主体集中性与广泛性并存。公司犯罪的形成与该公司直接负责的主管人员、直接责任人员的关键作用不可分割，因其具有集中性，理应追究这些人的刑事责任。另外，公司犯罪又有赖于公司中其他自然人的响应、配合和默认。一般而言，公司犯罪只有在自然人主体集中性与广泛性之间的“合力”牢固到一定程度后，公司犯罪才可能发生。这些公司犯罪的责任人员也许不愿意进行自然人的犯罪活动，但在不良氛围的公司环境下，却极有可能积极参与公司的犯罪活动。相反，如果公司没有不良氛围，在不考虑其他因素的情况下（如公司给他们提供的人、财、物的便利及活动机会），他们与其冒风险牺牲自己的利益来换取众人的利益，倒不如自己去从事犯罪活动，从而公司犯罪也无从发生。

公司受刑罚处罚的必要性就在于由此形成了与代罚制迥然不同的预防犯罪的目标。就一般预防而言，通过处罚公司，可以警戒其他公司的股东和职员，使他们时刻提高警惕，积极履行自己应尽之法律义务，谨防有害群之马使他们蒙受损失。就特殊预防而言，公司受到处罚，股东们从中吸取教训，整顿公司，重组组织机构，加强制度防范，公司职员中也产生一种谨防公司犯罪的理念，形成一种要求合法经营的气氛和守法向上的企业文化，强化公司的商业道德，并对公司行为进行监督，将违法行为消灭在萌芽状态。

三、单位危害社会行为竞合主体论的提倡

所谓竞合，是德文“Konkurrenz”的译文，是相会、汇聚的意思，与共存、同时发生，意思相同。[31] 因此，传统的竞合论就是解决行为触犯数罪刑规范情形下，如何适用罪刑规范的问题。在这里，所谓竞合的含义，是指数罪刑规范同时存在，同时相会。就传统竞合论的范畴来看，法条竞合解决的是一行为触犯数罪刑规范，构成实质一罪只适用一个罪刑规范的问题；想象竞合解决的是一行为触犯数罪刑规范，构成实质数罪应如何适用这数个罪刑规范的问题；实质竞合是指数行为触犯数罪刑规范，构成实质数罪，立法上多采用数罪并罚。

就竞合的旨意来看，传统竞合的范围仍是不完整的。对单位犯罪而言，当采用双罚制时，实际上就同时出现了针对单位本身进行处罚的罪刑规范和对直接责任人员进行处罚的罪刑规范，这仍然属于罪刑规范的竞合。因此，单位犯罪双罚制本应是竞合论的内容，其与实质竞合一样，如何适用罪刑规范由刑法规定。比如，实质竞合实行数罪并罚，单位犯罪直接按刑法规定分别对单位和直接责任人员处刑。要注意的是，这种竞合既不是实质竞合，也不是法条竞合和想象竞合，但是其与想象竞合最相类似。其一，想象竞合评价的是同一行为，而单位犯罪评价的是单位实施的同一危害社会行为；其二，想象竞合评价后有两个以上的评价结果，按不同的立法例，有的从一重罪论处，有的采结合刑原则，还有的采数罪并罚原则，认为评价结果之间不能包容代替，因为行为的社会危害性已经超出了任何一个罪刑规范的评价。而单位犯罪评价的结果也是两个，一个针对单位，另一个针对直接责任人员，二者也不能包容代替。关键的不同点在于：想象

---

[31] 参见周子实：《法律规范视野下的法规竞合研究》，中国政法大学2012年硕士学位论文，第8页。

竞合的评价结果中只出现一个对象，刑事责任承担主体和犯罪主体是单数，为同一个主体；而单位犯罪的评价结果中出现数个对象，即刑事责任承担主体是数个，其中一个是单位本身，自然人刑事责任承担主体可以是一个也可以是数个，犯罪主体当然不同一。

至于为什么传统竞合论没有将单位犯罪双罚制这种情形纳入呢？主要有两个原因：一个原因是单位犯罪在刑法中规定得较迟，而竞合论本身发源得早，因而无暇纳入。另一个原因是就双罚制单位犯罪而言，本身规定得很清楚，没有需要用理论进行界定的余地，适用刑法规定没有障碍，因而也就无须纳入加以研究。

然而，单位犯罪双罚制仍然应纳入竞合论讨论，虽然在表面上似乎没有研究的价值，但事实上可借由这种竞合现象发掘更深层的法理，解决类似本文所欲解决的刑法问题。

单位犯罪双罚制的两罪刑规范的竞合引申出来的问题是，存在刑事责任承担者的竞合，基于罪责自负原则，也就存在犯罪主体的竞合。这是与传统竞合论的关键区别是，后者的刑事责任承担主体为同一个主体，犯罪主体也为同一个主体。在单位犯罪双罚制下，单位犯罪主体结构上存在两个主体说的理论本无可指摘。从事实上来看，正如双重性理论、双层机制论以及一个单位犯罪两个犯罪构成论所主张的那样，单位犯罪必然存在着多个犯罪主体和多个不同的犯罪构成。

但是，单位犯罪并非全是双罚制，还存在着只处罚直接责任人员的代罚制和只处罚单位的转嫁制，因此，为了更深入地将这些情形纳入研究，就需要将视角移至单位犯罪的里层，即对单位实施危害社会行为的主体结构以竞合论的视角进行探讨。细言之，由于单位犯罪的处罚规定不同，因而难以从犯罪主体角度得出全部通用的结论。但是，无论单位犯罪如何规定，单位实施危害社会行为是一种事实行为，我们对这种事实行为进行剖析就不受刑事立法规定的影响，就会得出一个逻辑自洽的关于单位实施危害社会行为主体结构的结论。

单位实施危害社会行为的主体问题实际上是说，这个危害社会的行为是谁作出来的。对单位实施危害行为主体结构的分析，我们仍然可以采用竞合论的类似思路进行。在想象竞合和法条竞合中，都是一行为触犯数罪刑规范，评价的对象都是同一行为，但是评价的重点和侧面不一样。比如，对从高架桥上将轿车推下桥砸死一行人，从砸死人的角度可认为构成了故意杀人罪，从摔坏车的角度就构成了故意毁坏财物罪，这是评价上的数罪，是想象竞合。对偷盗枪支行为，从枪支是财产的角度构成盗窃罪，从危害公共安全的角度构成偷盗枪支罪，这是评价上的一罪，是法条竞合。对同一个单位实施的危害社会行为，如同想象竞合犯，也有两个视角。一个视角是单位本身，这时单位是行为主体，当然也是责任主体（刑事、民事、行政均可）。另一个视角是单位直接责任人员，这时单位直接责任人员是行为主体，当然也是责任主体。

单位实施危害社会行为，主体具有双重性。一方面，它是作为独立主体的单位的行为，另一方面，它又包含着作为单位内部直接责任者的自然人的行为。前者通过后者这一形式表现出来，二者是同一事物的两个不同方面。单位实施危害社会行为相较于自然人实施危害社会行为而言，其主体表现出了一种十分独特的双层行为机制：一个层次是单位行为的表层结构，以单位本身为行为主体。换言之，单位本身是单位实施危害社会行为的表层行为者。另一个层次是单位实施危害社会行为的深层结构，以直接责任人员为行为主体，他们是单位实施危害社会行为的深层行为者。单位和直接责任人员是处在不同层次上的、互不排斥的行为主体，根据责任自负基本原则，他们都应当为他们各自实施的危害社会行为负责，承担法律责任。本观点可称为竞合主体论。

根据竞合主体论，需要从单位和单位的直接责任人员两个角度来分别考察犯罪主体和刑事责任主体。这种分别考察的正当性和必要性在于处罚单位和处罚直接责任人员承载着不同的立法目的，反映了预防单位犯罪的不同路径。二者具有相对独立性，不可相互取代。

根据竞合主体论，对单位犯罪的认定需要从单位本身和单位成员两个视角来认定单位和单位成员的刑事责任。在从单位本身来认定单位犯罪的过程中，必然也要考察单位成员是否实施了危害社会的行为，否则就会落入域外组织体责任论，可能导致严格责任的陷阱。

首先，必须存在单位成员实施的与单位业务相关的危害社会行为。之所以要求与单位业务相关，是因为单位成员实施的危害社会行为范围极其广泛，其中绝大部分都是纯自然人实施的危害社会行为，需要将其排除出去。与单位业务相关，是指单位成员实施的危害社会行为在形式上属于该成员在单位中的职务或职责范围之内的行为。单位的业务本身被划分成每个组成人员的职责和职务，因而只要单位组成人员的行为是其在履行职务或职责的过程中实施的，就可以肯定该行为是单位业务行为的一部分，即具有业务相关性。

其次，必须存在单位实施的危害社会行为。实际上前述单位成员实施的与单位业务相关的危害社会行为，可以看作已经具备了单位实施的危害社会行为的客观方面，但是还需要判断是否存在单位实施的危害社会行为的主观方面，主观方面要求该单位成员的行为必须是单位自身意志的真实体现。这可以从两个方面来判断[32]：一是单位代表或机关成员在单位业务活动上所作出的决定。因为单位代表或机关是单位的意思形成机关，他们通过一定程序所作出的决定当然是单位意志的最直接体现。二是行为符合单位的规章制度、目标、政策、激励机制等。现实生活中，单位多通过制定政策、方针，确定单位目标等方式来间接地鼓励或刺激下属成员实施犯罪；或者单位作为其组成人员的监督者和利益以及责任的归属者，本来具有督促其从业人员不要实施危害社会行为的义务，单位是否履行了这种义务，根据其是否制定有防止危害社会行为的措施可以判断出来。

最后，再判断单位实施的危害社会行为是否达到刑法规定犯罪的程度，以及判断单位成员实施的危害社会行为是否达到犯罪的程度，从而分别认定其是否构成犯罪。

要注意的是，行为是否具备犯罪构成，依赖于国家立法规定。在实行代罚制的立法里，对单位实施的危害社会行为，只规定了履行单位职责的自然人的犯罪，此时就只存在履行单位职责的自然人犯罪的犯罪构成，单位的犯罪构成不存在，因此只处罚自然人。在实行转嫁制的立法里，对单位实施的危害社会行为，只处罚单位，不处罚个人，这时只存在单位的犯罪构成，不存在直接责任人员的犯罪构成。在实行双罚制的立法

㉜ 参见前注⑩，黎宏书，第328～329页。

里，既存在单位的犯罪构成，也存在直接责任人员的犯罪构成。要注意，直接责任人员犯罪与纯自然人犯罪是不同的，前者依赖于单位实施的危害社会行为的存在，是对单位实施的危害社会行为的评价，后者是对自然人实施的危害社会行为的评价，而不依赖于单位危害社会行为的存在。在我国的立法中，大多采用双罚制，但也有少量采用代罚制。例如私分国有资产罪和私分罚没财物罪就采用了代罚制。

由于对单位实施的危害社会行为的处理需要分别从单位和直接责任人员的视角进行考察，因此，二者的刑事责任并不必然并存，所谓单位犯罪是单位直接责任人员犯罪的前提这一说法就显属错谬。

四、依据现行法律规定的处理

我国《刑法》第 31 条规定了单位犯罪，这是认定我国单位犯罪的规范基础，需根据该条和刑法分则的具体规定来认定企业刑事责任与个人刑事责任。前文根据单位危害社会行为竞合主体说，从论理逻辑上可得出关于单位实施危害社会行为的处理方式有如下几种：一是单位构成犯罪，单位成员也构成犯罪，即单位实施的危害社会行为和单位成员实施的危害社会行为均达到应受刑罚处罚的程度；二是单位不构成犯罪，单位成员构成犯罪；三是单位构成犯罪，单位成员不构成犯罪；四是单位与单位成员均不构成犯罪。这几种处理方式都蕴含于《刑法》第 31 条的规定之中。

（一）双罚制情形

第一种处理方式即为双罚制情形。《刑法》第 31 条前段规定，单位犯罪要对单位处以罚金，并对单位直接负责的主管人员和其他直接责任人员判处刑罚，即实行双罚制。问题在于，能否认为在直接责任人员和单位均需处以刑罚的情形下才能适用本规定?

这需要以单位危害社会行为主体竞合论来解读。单位犯罪的认定程序是，将单位成员实施的危害社会行为和单位实施的危害社会行为先后分别确立后，再分别判断是否构成犯罪。对单位犯罪需从组织体的角度进行考察，考察其是否反映了单位意志，是否是单位作出的行为，这时对单位本身而言具有其自身的犯罪构成。另一个角度，就是从实施单位行为的自然人角度考察，这时需要满足自然人犯罪的主客观条件，即需要达到刑事责任年龄，具有刑事责任能力，具有期待可能性，对违法性认识可能性进行考察等，存在一个与单位犯罪构成迥异的自然人犯罪构成。

一般说来，单位成员实施的危害社会行为是否构成犯罪的成立条件规定于单位实施危害社会行为成立犯罪的条件中，因为对同一罪名，单位犯罪规定了不同于自然人犯罪的条件。原则上，单位构成犯罪则直接责任人员构成犯罪。但是单位成员仍然具有自己的主客观条件，不能排除某些情形下单位成员不满足这些条件。比如，某一不满 16 周岁的自然人因为各种偶然或人为因素（比如企业登记时隐瞒了年龄）担任了法定代表人，然后自行决定以单位名义实施了危害社会行为，该自然人当然不构成犯罪。又如，单位责任人员人数众多，造成社会危害属于多因一果，由于责任分摊，因而单位众多责任人员均属于情节显著轻微，但是单位本身达到犯罪的程度，这里也不可能处罚单位责任人员。此类情形下满足了单位本身的犯罪构成，但是自然人没有满足犯罪构成，这时即使按照双罚制，也仅处罚单位而不处罚自然人。比如在污染环境罪中，很难查明大型企业中具体的责任人，或单个责任人的排污行为未达到入罪标准，但企业综合评价多个责任人的排污行为成立单位犯罪的，对企业定罪并判处罚金，不处罚企业责任人。

因此，按本文观点，《刑法》第 31 条中的双罚制条款需重新解读为“单位犯罪的，对单位判处罚金，并对其构成犯罪的直接负责的主管人员和其他直接责任人员判处刑罚”，从而表明，单位犯罪时，其直接负责的主管人员和其他责任人员可构成犯罪，也可不构成犯罪。

学界通说对《刑法》第 31 条解读为：单位构成犯罪，其直接负责的主管人员和其他直接责任人员必然构成犯罪。很显然，这并不符合实际情况：要么，在坚持追究单位刑事责任的情况下对不满足犯罪构成的单位成员进行刑事责任追究，以致违反罪刑法定原则；要么，因为无法追究单位成员的刑事责任而放纵了单位本身的犯罪，违背了平等适用刑法原则和罪刑法定原则。

（二）单罚制情形

第二种处理方式即为单罚制情形。对《刑法》第 31 条后段“本法分则和其他法律另有规定的，依照规定”的理解，主流观点认为这是单位犯罪的单罚制处罚规定，仅处罚单位犯罪中的直接负责的主管人员和其他直接责任人员，不处罚单位。在这种理解下，有学者认为我国应废止单罚制单位犯罪。[33] 但学界还存在着另一种理解，认为这类情形不属于真正的单位犯罪。[34] 第二种理解的理由是我国实际上不存在单位犯罪中单罚制的处罚方式，单位犯罪需以单位成立犯罪面临刑事责任层面的否定评价为前提，仅单纯处罚责任人的“单位犯罪”，只不过是以单位这一主体作为表述的自然人的犯罪而已。

但还是应当坚持传统的理解。其一，从平义解释的角度，第 31 条后段应表述为“单位犯罪，本法分则和其他法律另有规定的，依照规定”才最符合字面含义。显然，“法律另有规定”，指的是法律明确规定了单位犯罪，但是对其处罚没有采用双罚制的情形，这种情形在我国刑法中只有不处罚单位、只处罚单位直接责任人员这一种情形。其二，正确确定单位直接责任人员的刑事责任。由于不处罚单位，因此在提起刑事诉讼时，就不再将单位作为刑事被追诉人，单位不再作为刑事诉讼的当事人。但是对单位直接责任人员的追究，还是必须证明单位实施的危害行为达到犯罪的程度。如果达不到这一点，就无法追究单位直接责任人员的责任。其三，刑法的该规定自有其理由，所谓应废止单罚制单位犯罪的观点并不可取。前面我们探讨了单位刑事责任已转为单位利益承担者的经济责任，规定单位犯罪的目的，其实是督促单位利益承担者切实履行其对单位的监督责任，使单位行为在合法轨道上运行。但是对单位追究责任又是一柄双刃剑，可能伤及无辜。此时就不对单位处以刑罚，仅仅对单位直接责任人员处刑。比如《刑法》第 135 条重大劳动安全事故罪，之所以不处罚单位，是因为本罪的被害人本身就是单位的劳动者，如果再处罚单位，就更加恶化了劳动者的就业条件，是对劳动者的进一步伤害。问题是，为什么要将这一类罪仍然规定为单位犯罪呢？事实上，立法者在此面临两难情形：如果处罚单位，可能带来对被害人更不利的后果；如果不处罚单位，但单位利

---

[33] 参见杨国章：《应废止“单罚制单位犯罪”》，载《人民检察》2011 年第 5 期，第 73～74 页。

[34] 参见黎宏：《完善我国单位犯罪处罚制度的思考》，载《法商研究》2011 年第 1 期，第 83～84 页。

益承担者处于不同地位，仍有相当利益承担者纯粹获利之情形存在，并且单位犯罪后果严重，单位受利益驱动犯罪可能性极大。因此立法者就将其宣示为单位犯罪，对其进行强烈的否定评价。

（三）仅规定自然人犯罪情形

在刑法中，单位犯罪的规定是有限的，更多的犯罪行为只规定了自然人犯罪，没有规定单位犯罪，那么对这种情形应如何处理呢？

第一种观点是无罪论。[35] 按此观点，既不能对单位也不能对直接责任人员判处刑罚。该观点认为，在单位犯罪的情形中，犯罪行为的实施主体既不是单位直接负责的主管人员，也不是单位其他直接责任人员，而是单位本身，追究相关责任人员的刑事责任必须要以单位本身构成犯罪作为前提条件。换言之，只要在刑法分则条文当中，没有明确规定单位可以成为某种犯罪的主体，无论是由于立法的疏漏，还是出于立法者的有意为之，对于单位实施该种犯罪行为的，因为不能追究单位主体的刑事责任，所以也当然无法追究单位内部人员的刑事责任，否则就是公然与罪刑法定原则相悖。[36] 司法实务中，对于此类违法行为，在立法机关未对刑法作出新的修改以前，只能通过经济制裁或行政处罚的手段来进行处理。[37]

第二种观点是直接责任人员犯罪论。[38]

第一种观点存在十分严重的缺陷，立法与司法均从未对此表示赞同，如今也早已没有多少国内刑法学者赞同此说了。倘若真正在司法实践中将该说贯彻到底，必将致使各级司法机关对罪刑法定原则的执行越发地机械和僵化，等于说是无条件容忍了法条的不完美性，并默许了单位实施的严重危害社会行为的出罪性。若果真如此，肆意横行的单位实施的贷款诈骗行为对我国金融管理秩序造成的破坏将不堪设想，单位实施的盗窃行为也会横行无忌，故该论没有实行的现实可能性。按单位危害社会行为主体竞合论，也应采纳第二种观点。因为单位实施的危害社会行为与单位直接责任人员实施的危害行为的总和在外观上并无区别，仅仅是评价的角度不同，前者是从单位的视角进行评价，后者是从自然人的视角进行评价。前者不构成犯罪并不意味着后者不构成犯罪，后者符合自然人的犯罪构成的，仍然构成犯罪。从后者的视角看，直接责任人员具有相对的意志自由，在是否实施犯罪行为上具有选择能力，国家和社会对其实施合法行为具有期待可

㉟ 参见陈兴良：《盗窃罪研究》，载《刑事法判解》（第1卷），法律出版社1999年版，第36页；张军、姜伟、郎胜、陈兴良：《刑法纵横谈》，法律出版社2003年版，第306页；黄祥青：《浅谈刑法有无明文规定的判断标准——兼论刑法没有规定为单位犯罪的单位危害行为的处理》，载《法律科学》2003年第1期，第119～122页；王晨：《诈骗犯罪研究》，人民法院出版社2003年版，第102～103页；龚培华：《单位犯罪司法解释的理解与适用》，载游伟主编：《华东刑事司法评论》，法律出版社2003年版，第215页。

㊱ 参见前注㊱，陈兴良文，第36页；莫开勤：《贷款诈骗罪立法评说》，载赵秉志主编：《新千年刑法热点问题研究与适用》（下），中国检察出版社2001年版，第1152页。

㊲ 参见孙军工：《金融诈骗罪》，中国人民公安大学出版社1999年版，第59页。

㊳ 参见徐汉明等：《以单位名义、为单位利益实施盗窃是否构成犯罪》，载《人民检察》2006年第4期（上），第29～33页；张明楷：《法益初论》，中国政法大学出版社2000年版，第367页；欧锦雄：《“单位主体和自然人主体行为构成竞合论”之提倡》，载李洁等主编：《单位犯罪基本理论研究》（2007年度中国刑法学年会论文集），中国人民公安大学出版社2007年版，第78页；于志刚：《刑法总则的扩张解释》，中国法制出版社2009年版，第80～81页。

能性。[39]

（四）单位及其成员均不构成犯罪的情形

这是第四种处理方式，该情形分为如下两种类型：一是刑法没有规定这种犯罪行为类型，单位行为和单位成员的行为仅是违反了行政法或民法，甚至仅违反社会道德，基于罪刑法定原则，当然均不构成犯罪。二是规定了单位犯罪，但单位行为未达到犯罪程度，单位成员自然也未达到犯罪程度，即使单位成员此时已达到自然人犯罪程度，也不应以自然人犯罪论处。

㊴ 参见前注㊴，徐汉明等文，第 29～33 页。

非法集资早期风险监测预警和金融机构“前哨”职责的逻辑耦合与实践展开*

石　奎　陈凤玲**

摘要：非法集资活动与金融机构之间复杂的利益纠葛与互动关系是确定金融机构“前哨”职责的内因，而当前非法集资严峻形势以及“防范为主、打早打小”治理策略是确定“前哨”职责的外因。结合金融机构监测预警非法集资风险的实践探索和监测模型应用成效来看，当前金融机构履行“前哨”职责仍面临几个障碍：一是法规供给不足，金融机构监测涉非法集资资金尚缺乏法律依据；二是资源供给不足，监测预警数据信息尚未实现互通共享；三是技术供给不足，监测指标和模型滞后于风险演化。对此，可借鉴欧美国家“以技治技”、数据集成和监测协同的经验做法，为金融机构履行“前哨”职责提供法律、数据和技术保障。具体建议如下：一是推进涉非风险监测预警工作的法治化、规范化，为金融机构尽职履责提供法律保障；二是多措并举破除数据壁垒和信息孤岛，为金融机构尽职履责提供安全可靠的大数据保障；三是构建更新迭代的统一数据标准和检测要点以及“基础模型+特色识别点”复合型模型，为金融机构尽职履责提供可靠的技术保障。

关键词：非法集资早期风险；“前哨”职责；监测预警

一、引言

非法集资，又称非法民间融资，系我国本土化名称。非法集资涉及面广、涉众性强，且多年来屡禁不止、纠而复发，已成为我国经济金融领域的顽疾，严重损害人民群众财产安全，危害正常经济金融秩序，影响社会大局稳定。① 加强防范和有效遏制非法集资是打好防范化解金融风险攻坚战、持久战中难啃的一块“硬骨头”。2017 年全国第

* 本文受国家社科基金西部项目“防控金融风险背景下惩治金融腐败一体化问题研究”（22XZZ003），学校一流学科资助项目“习近平法治思想之金融法治反腐研究团队”（2023－2025ZXXMK－R－1），西南民族大学中华民族共同体研究院资助项目“金融安全视域下统筹推进金融反腐与风险防控研究”（2024GTT－TD12），中央高校基本业务费高层次项目激励性资助专项“贪腐类自洗钱行为的司法认定研究”（2024SJL27）等资助。

** 石奎，西南民族大学法学院教授，四川省中国特色社会主义理论体系研究中心“百人专家库”成员。陈凤玲，四川港投集团川运（海南）国际贸易有限公司财务金融部。

① 参见中国银保监会打非局：《非法集资全链条治理及相关对策研究》，载《防范和处置非法集资课题研究成果汇编》2020 年第 1 期，第 1 页。

五次金融工作会议上，习近平总书记强调，要健全风险监测预警和早期干预机制，坚持做到早识别、早预警、早发现、早处置（以下简称“四早”措施）。② 这就意味着非法集资从应急性、运动式的打击向法治化、规范化、系统化的治理转变，更加注重标本兼治、防患于未然，更加注重打早打小、源头治理。中共中央政治局第十三次集体学习时，习近平总书记进一步指出：要运用现代科技手段和支付结算机制，适时动态监管线上线下、国际国内的资金流向流量，使所有资金流动都置于金融监管机构的监督视野之内。③ 这就要求金融机构充分运用好“线上线下”两种手段防范非法集资风险。这为非法集资风险监测预警工作指明了方向，也提出了更高的要求。《国民经济和社会发展第十四个五年规划和 2035 年远景目标纲要》将“强化经济安全风险预警、防控机制和能力建设”纳入发展和安全两件大事的战略高度进行统筹谋划，并强调要防范和化解影响我国现代化进程中的各种风险。这表明进入新发展阶段，非法集资风险防范成为事关国家安全、发展全局、人民财产安全的大事，是实现高质量发展必须跨越的重大关口。因此，非法集资风险监测预警工作，必须以新发展理念为指导。

当前，在非法集资风险源头阻断环节失守，准入把关环节也有所缺位，“金融特许经营”原则落实不力，涉非法集资（以下简称“涉非”）资金全流程监测预警失灵，非法集资监测预警全国一张网尚未建成的背景下，发挥金融机构防范非法集资早期风险的“前哨”作用，已成为中央高层和各级监管部门的共识。④ 2020 年 7 月，国务院处置非法集资部际联席会议（以下简称“处非联办”）印发《全国非法集资监测预警体系建设规划（2020—2022 年）》（以下简称《规划》），明确了金融机构在非法集资风险全链条治理体系中的“站岗放哨”的功能定位，并对如何构建非法集资风险监测预警的“前哨”算法，推动完善“前哨”算法下的法规制度、工作机制、数据和技术保障等作出了顶层规划。自此，金融机构“前哨”职责在决策层面得以明确。自 2021 年 5 月 1 日起施行的《防范和处置非法集资条例》（国务院令第 737 号）第 13 条第 3 款则是从行政法规层面确定了金融机构的“前哨”职责。

本文的突破点体现在以下几点：一是厘清金融机构“前哨”职责的形成机理，从认知上增强金融机构履职尽责的行动自觉；二是考察金融机构监测涉非资金的实践探索，可从宏观上评估其实践成效和经验得失；三是通过对监测模型实践应用的回归分析与经验检视，可从微观上把握监测模型存在的主要技术缺陷；四是全面诊断金融机构履行“前哨”职责面临的主要障碍，以期找准其卡点、堵点、难点所在；五是开展域外研究，借鉴其先进经验，为完善“前哨算法”下的法律、数据和技术支撑提供政策建议。

二、金融机构“前哨”职责的形成机理

非法集资并非“独门绝派”，而是金融特许经营下金融市场的一种伴生物，并与金融机构有着复杂的利益纠葛。尤其是网络信息技术加持下，越来越多的非法集资活动通

② 参见习近平：《在全国第五次金融工作会议上的重要讲话》，载中共中央党史和文献研究院编：《习近平关于金融工作论述摘编》，中央文献出版社 2024 年版，第 76 页。

③ 参见习近平：《在中共中央政治局第十三次集体学习上的重要讲话》，载新华网，2019 年 2 月 23 日访问。

④ 参见前注①，中国银保监会打非局文，第 2 页。

过金融机构增信加速传染蔓延风险。因此，厘清非法集资与金融机构的内在逻辑，便于增进共识，消除认识误区，促进金融机构切实履行“前哨”职责。

（一）金融机构是涉非资金归集转移的主要通道

非法集资是典型的侵财型违法犯罪活动。实践中，穿透各行各业、遮掩于各种合法外衣之下的非法集资活动，归根结底是对资金的归集转移，这是把握非法集资活动的关键所在。而金融机构是非法集资者归集转移资金的主要通道，这源于金融机构具有归集转移资金的先天条件：一是合法性。金融机构依法获得国家发牌，以国家信用背书，利用持牌金融机构转账可增强集资参与人的信任，也能确保资金归集转移的安全。二是便捷性。随着金融机构网上支付、快捷支付等业务拓展，通过电脑、手机等客户端就能完成非法集资之资金的归集，与线下集资相比，网上的便捷性不言而喻。三是高效性。与传统线下归集转移资金耗时耗力相比，金融机构因可高效实现资金的大规模归集转移而备受非法集资者的推崇与偏爱。

（二）金融机构容易成为涉非风险传导的对象

非法集资主要依靠资金链维系而得以存续，一旦资金链断裂，容易引发风险蔓延，并向金融机构传导，进而引发金融机构自身的操作风险、信用风险、声誉风险以及法律风险。这是因为：一是非法集资者为了达到违法犯罪目的，往往不择手段，并以各种名义与金融机构攀亲道故以攫取利益，如利用金融机构提供的银行存管、银行担保、融资增信等正当业务营销宣传，还如邀请金融机构相关负责人为其站台和造势，以掩盖其集资的非法性、欺骗性。二是部分金融机构工作人员或与非法集资者内外勾连，或充当资金掮客，给金融机构的声誉风险和法律风险带来极大损害。非法集资者与金融机构之间的这种暗合和联动引发的连锁效应，在资金链断裂后一些集资参与人围堵存管金融机构并提出为其集资损失承担兜底责任的诉求中得到佐证，这为引发系统性金融风险埋下了隐患。

（三）金融机构具有监测涉非资金的基础设施和技术经验

从金融机构监测资金实践的历史沿革看，非法集资与走私、逃税、毒品等相关犯罪活动的倒逼无不相关。2004 年 4 月 7 日，国家层面上的反洗钱中心在中国人民银行成立，随后省市县三级反洗钱机构相继组建。⑤ 自此，以集数据采集、资金监测、线索移送及国际金融情报合作为一体的反洗钱框架初步具备。2007 年 3 月，我国自主开发的反洗钱监测分析系统上线，逐步实现了对资金监测的信息化处理。2016 年覆盖所有类别金融机构的资金监测数据体系基本建成。与此同时，资金监测也取得较大进展，金融情报在预防、打击洗钱及其上游犯罪领域的支撑作用逐步显现。到本文写作时为止，从数据、系统、模型三个维度实现了对资金监测的科技应用，并逐步形成信息动态感知、数据精准分析、业务智能辅助的资金监测新体系。涉洗钱活动与非法集资在资金交易特征、发展规律上有较大的差异，历经二十余年建成的反洗钱基础设施和形成的治理经验可为涉非资金监测提供借鉴。

---

⑤ 参见欧阳卫民：《中国反洗钱监测分析中心信息化现状与展望》，载《金融电子化》2005 年第 12 期，第 20～21 页。

（四）金融机构处于非法集资全链条治理体系的前沿阵地

“全链条治理”是“处非联办”坚持系统思维，贯彻落实习近平总书记对防范和处置非法集资工作重要指示批示而提出的治理思路。时任银保监会主席郭树清对“全链条治理”做了简要说明，即围绕打非处非工作全流程，突出关键环节，加强协同联动，加快形成由点到面、从端到链，覆盖全行业全社会全生态系统的治理体系新格局。⑥ 结合《防范和处置非法集资条例》看，“全链条”主要包括“防范”和“处置”两大链条，“防范”链主要包括行业主管部门防范、行业监管部门防范、政府部门防范、社会力量防范等环节。其中，监测资金流向流量是拨云见日的关键，是识别非法集资早期风险的牛鼻子。从业务归口和技术配置看，作为防范金融风险重要内容之一的涉非资金监测，则是金融机构的使命所达和职责所在。因此，从非法集资风险全链条治理的布局看，金融机构处于防范链条的“前端”，发挥风险监测“警戒哨”的作用，是阻断早期风险蔓延的关键环节，这是确定金融机构“前哨”职责的重要依据。

（五）金融机构具有监测涉非资金的法定职责

以时间发展为视角，可以探寻金融机构监测涉非资金法定职责的形成过程。党的十八大以来，习近平总书记多次强调金融机构要健全风险监测预警机制，坚持做到对金融风险的“四早”措施。这要求金融机构必须提高政治站位，切实担负起监测涉非风险的责任。2015 年印发的国务院《关于进一步做好防范和处置非法集资工作的意见》（国发［2015］59 号）第 9 条在国家政策层面对“发挥金融机构监测防控作用”做了较为笼统的规定。2020 年 7 月，“处非联办”公布的《规划》进一步明确金融机构的“前哨”职责。自 2021 年 5 月 1 日起施行的《防范和处置非法集资条例》第 13 条第 3 款则明确了金融机构监测预警涉非风险和报告涉非线索的义务，这意味着其法定职责在行政法规层面得以确定。而《中国人民银行法》《反洗钱法》等法律要求金融机构应当履行反洗钱、大额交易和可疑资金交易报告义务，而非法集资作为洗钱犯罪的重要上游犯罪，对其开展监测也是金融机构履行反洗钱职责的应有之义。此外，人民银行、银保监会的一系列监管文件也要求金融机构加强涉非可疑资金的监测预警。

三、金融机构监测涉非风险的实践探索考察

监测预警涉非风险是一项涉及数据分析、信息技术支撑、模型应用和工作机制协同等要素集成的复杂运行系统。长期以来，由于存在制度障碍，各地金融机构主要依托反洗钱机制开展涉非风险的监测预警。近年来，随着非法集资治理策略从“事后处置为主”向“事前防范为主”的重大调整，金融机构开始探索多元化模式开展监测预警工作，主要形成了“依托型”、“嵌入型”和“专属型”等模式。

（一）“依托型”：依托反洗钱系统监测识别可疑涉非资金模式

金融机构具备较为成熟的监测基础设施、工作机制和较为丰富的技术经验，这为涉非资金监测提供了技术支撑和专业人才资源。在一些地方，如北京、上海、天津、重庆等，处置非法集资职能部门与属地人民银行分支机构开展合作，探索将涉非风险排查纳

⑥ 参见前注①，中国银保监会打非局文，第 5 页。

入金融机构履行反洗钱职责的重要内容，并切实开展涉非资金异常交易的监测工作，主要统合反洗钱系统筛查、人工审查、柜面发现等信息资源，然后查证识别疑似非法集资线索和银行账户信息，并将可疑度高的线索及时报送。而通过其他渠道发现的疑似涉非线索，也可通过反洗钱监测系统进行反向核验，以检验可疑线索的可靠性和有效性。

通过深入调研发现该种模式利弊皆存，其可取之处在于金融机构监测涉非资金具有可信度高和权威性强的优势，现行反洗钱工作机制也防止了涉非资金线索多头报送和监测基础设施重复建设的积弊。但其存在的技术缺陷也显而易见，如涉非资金监测模型和阈值由金融机构统一设定而缺乏灵活适变性，各地无法依据地域特征和资金挪腾手法升级演化而适时进行优化和调试，并且监测成效受制于金融机构重视程度而不具有恒定性。

（二）"嵌入型"：在银行业务系统嵌入统一监测模型识别涉非资金模式

除依托反洗钱系统监测涉非资金外，有些地方，如上海、深圳、杭州等，探索从非法集资生成特征中提炼出关键监测指标，并通过人工智能系统对数据处理加工，研发出与涉非资金交易异动相匹配的监测预警模型，然后嵌入金融机构业务系统以实现对资金的监督。[⑦] 该系统运行原理是资金流向流量一旦触发异常交易确定的阈值，就可以按照工作流程将疑似涉非线索报送处置非法集资的职能部门予以研判和处置。

该种模式的优势在于，其克服了反洗钱监测系统不能因应调试监测模型与阈值的技术缺陷，可依据地域差异和工作实际对相关参数指标进行校调，也在一定程度上规避了行政违法风险。但该模式在运行中也面临多种因素的制约，如各金融机构仅能监测辖内发生的自有交易数据，对跨机构、跨区域资金流向数据则因数据壁垒而无法监测和判断。还如监测涉非资金客观上加重了金融机构的工作负担，从思想认识上会认为这非分内之事而出现负面情绪或变相抵制，或拖延应付，导致其监测效率和效果大打折扣，这也是一个不争的事实。

（三）"专属型"：研发专门系统识别金融机构交易数据中的涉非资金模式

还有一些地方，如河北、河南、贵州等，处置非法集资职能部门研发了专门的资金监测系统以防范非法集资风险，具体操作流程为：将金融机构一定周期内发生的可疑交易原始数据作初步研判后，直接导入资金监测系统，通过模型运算，锁定可疑账户信息、资金动向，梳理和筛查非法集资线索。

该模式与上述嵌入式模式皆具有调节系统参数设置的优势，并有利于金融机构之间数据流动与共享，便于对辖内所有资金流向流量的"全景式"监测，显然提升了涉非资金监测的精准度和实效性。这为建设"统分结合"的非法集资风险监测系统"全国一张网"作出了有益的探索，其技术优势显而易见。但这种模式也存在一定程度的隐患，如直接引用和导入金融机构原始交易数据，这可能因危及数据的安全性而存在一定的法律风险，这是其一；其二，直接使用金融机构原始数据，缺乏相关的法律规范依据，这是制约金融机构积极性的主要因素；其三，集中研判涉非风险，需要大量人力、智力、物

---

⑦ 参见储非研：《金融机构监测防控非法集资风险实践与思考》，载《中国银行业》2020 年第 6 期，第 66～68 页。

力和财力支撑，工作量大且需要长期作战，最为关键的是目前还缺乏成熟高效的智能分析工具。

综合以上三种模式看，存在两个较为突出的问题：一是涉嫌违法使用客户信息，关于这一点将在后面进一步论述。二是未将监测工作转化为监测效能，这是因为资金交易异常并非非法集资犯罪所独具之特征，涉众型犯罪中的传销、洗钱等资金密集型经济案件也具有这一表征。并且面对资金转移更加隐蔽、痕迹难以追溯的非法集资违法犯罪时，当前的资金监测模型显得相对滞后和难以为继。对此，我们有必要深入研究当前的监测实践过程，找准其核心技术难点，以提升监测的精准度和可靠性。

四、监测模型实践应用的实证验证与经验检视

金融机构异常资金交易监测模型的实践应用使多起涉非风险案件得到成功预警和及时处置，防止了风险事件的蔓延扩散，同时，也发现了一些亟待解决的现实困难与技术难题。我们选取两起成功预警案例予以分析和讨论。

（一）个人客户类案例实证分析

1. 案件简介

人民银行S支行反洗钱监测系统于2018年6月上旬识别到个人客户L账面资金流量异常。调查发现其主要以非柜面方式频繁交易资金，2016年1月～2018年9月，累计交易1 842笔、涉及金额总数2.82亿元，经查看资金流水，发现交易主要发生于法定工作日期间，日均交易2.66笔、金额达15.31万元。其中，1 000～3 000元交易380笔，占比约21%；3 000（不含3 000）～20 000元723笔交易，占比约39%；2万元以上交易（不含2万）739笔，占比约40%。借方交易874笔，涉及金额1.53亿元，涉及312个交易对手账户；贷方交易968笔，涉及金额1.19亿元，涉及28个交易对手账户。经调查客户银行开户信息发现，开户单位系某风险投资管理有限公司，公司注册时间为2014年9月17日，客户L系法定代表人和投资人。

2. 资金交易特征分析

对公司注册以来的资金交易数据信息统计分析后，可以获得以下几个结论：

（1）从借贷交易金额分布及流向看，2016年1月～2018年9月，每月资金金额收与支处于相对均衡，疑似符合非法集资“即收即支”的资金流向和临时账户特征。

（2）从借贷交易频次看，2017年10月前，该账户资金转入多、转出少持续状态较长，疑似符合非法集资“散状转入、突击转出的募集型”资金流向异常特征，但交易频次并未异常。而自2017年11月起，该账户资金转出频次加快，疑似符合非法集资“收本付息”特征。

（3）从资金总体交易量与频次看，虽处于较高频率但还未触及异常峰值，2018年前，该账户交易量和频次均未越过双高状态，资金交易未触发阈值。

（4）从账户资金处理看，依据2016年1月以来交易序号对其账户余额排序发现，2016年初资金交易呈现快进快出的“双快”特征，2018年开始呈现集中转入、散状转出，并且持续时间较长的显著特征，疑似符合非法集资的资金流向特征。

（5）从资金交易方式看，此案中，客户资金主要通过支付宝和微信等方式交易，贷

方交易金额 0.82 亿元，占比 69%。同时，通过 4 个员工 B、C、D、E 和 2 名亲属 L1 和 L2 对资金作分散交易处理，使客户 L 账户资金交易均处于低交易频次。其中员工 B 累计转入 1 274.52 万元，占比 8.33%；员工 C 转入 1 023.33 万元，占比 6.69%；员工 D 转入 804.75 万元，占比 5.26%；员工 E 转入 758.44 万元，占比 4.96%；亲属 L1 和 L2 累计转入 3 717.11 万元，占比 24.29%；其他零散转入仅占 21.45%。疑似符合通过第三方支付、拆分账户功能等有意规避资金监管的非法集资行为特征。

此案开始阶段并未引起监管机构的关注，直到 2017 年 10 月交易激增，后续出现了集中转入、散状转出风险，才被反洗钱系统所监测，再经长期资金交易追踪，并查证识别客户账户信息，最终被定性为非法集资线索。

（二）公司客户类案例实证分析

1. 案件简介

2020 年 9 月，人民银行 S 分行反洗钱中心报告 K 商业投保公司疑似非法集资，其监测痕迹显示：该公司收支基本持平，资金流向异常度高，资金多个人账户转入，转出去向单一。经核查发现，该客户已于 2019 年 7 月被列入经营异常黑名单，再调查该公司工商注册、业务往来等情况发现其实际经营的范围、内容与模式和法定注册事项不符，疑似符合非法集资行为特征。

经进一步追踪该公司资金流向流量发现，自 2018 年 3 月在 S 银行下辖的支行开设一般存款账户到 2019 年 5 月，账户很少发生资金交易，仅有的资金往来限于购买理财产品，未见资金动向异常。2019 年 6 月到 2020 年 7 月，账户与个人客户交易频次急速增长，但资金总体收与支持平，资金均流向 K 公司异地他行同名账户。

2. 资金交易特征分析

对该公司在 2019 年 6 月至 2020 年 9 月期间资金交易进行统计分析，发现以下问题：

（1）非法集资前后资金交易特征差异大。以 2019 年 6 月为节点，之前账户大部分资金以关联企业转入为主，而资金流向异地无关联公司，资金属性与企业经营模式匹配。2019 年 6 月至 2019 年 10 月，公司账户资金交易处于“静默”状态，2019 年 11 月至 2020 年 1 月，散状收取 186 名个人的 321 笔资金汇款，合计 1 021.32 万元，汇入账户开户行分布 10 个省（区市）。上述款项随即被划转至 K 公司异地他行同名账户暂存，疑似符合实际控制者操纵资金转移，有意规避监管的非法集资特征。

（2）客户账户基本信息对认定非法集资至关重要。经调查，K 公司被列入经营黑名单源于 S 银行在排查中发现该公司登记的电话号码无法联系，登记的住所和经营场所与核查情况不符，也未按要求及时变更重要身份信息，且经催告客户并未配合变更。后反洗钱调查时，针对询问，公司人员辩称其“经营业务包括募集资金，其流程是先将募集资金汇集到总公司，再发布理保业务，待服务到期后再行支付购买者的本息”。经进一步核查，发现该公司疑似符合以先购买理保产品后还本付息为诱饵，未经批准面向公众集资，与其经营范围不符。最终，客户基本信息+资金交易数据“双向监测”模式对认定涉嫌非法集资发挥关键作用。

本案是以人工核查为主要方式认定非法集资的典型模式。实践中处置此类案件一般先有行政干预，后有司法介入，风险防范具有明显滞后性。如本案处置中，K 公司异地他行账户之前已多次被金融机构预警并采取冻结资金措施，其在S银行的开户账户也被银行部门调查，但非法集资活动仍未停止，直到最后处置部门介入。

（三）监测实践经验检视

1. 时间跨度长、滞后性明显是痛点。资金监测大多经历较长的时间跨度才能识别出非法集资风险。如前述个人客户类案例中，客户L于2014年9月注册公司，于2018年9月后被定性为非法集资，时间跨度达4年。从资金交易看，2016年1月左右该公司已开始非法集资，并利用银行账户归集转移涉非资金，但直到2017年10月交易频次激增后才引起反洗钱系统关注，监测周期长达21个月，资金监测“前哨”作用未能发挥。再如前述公司客户类案例中，K公司因涉及经济案件已被有关机关调查后，才被S银行发现疑似非法集资，资金监测已失去先机。

2. “双向监测”模式是突破点。前述公司客户类案例中，K公司最终被定性为非法集资，主要源于S银行获知该客户被列入异常经营“黑名单”，且公司法人在S银行设立的账户被有权机关调查。在此形势下，银行对资金交易监测已滞后于违法性调查，其监测“前哨”已失灵。随着治理非法集资活动的深入推进，非法集资者必将提升其规避监测的能力，账户资金交易的迷惑性、隐蔽性也将更为复杂，构建“双向监测”模式势在必行。

3. 确定阈值是技术卡点。在上述个人客户类案例中，我们提炼出三项关键指标特征：一是自然月内高频次交易数，二是自然月内高交易金额，三是高频次交易月出现次数。以S银行2018年1月～9月资金交易流水数据为样本，验证不同阈值在监测模型应用下与发现线索之间的逻辑关系。再从前述公司客户类案例中提炼三项关键指标特征：一是对公账户交易对手主要系个人，二是自然月内高金额数，三是高频交易月出现次数。经过综合分析发现：核心指标阈值与发现线索数量间具有负相关关联。监测指标阈值压低，风险苗头识别点增多，而风险处置效率被拉低；反之，监测指标阈值抬高，风险苗头识别点减少，风险点遗漏概率增大。因此，如何确定关键监测指标及其阈值是金融机构设置监测模型必须考虑的关键技术问题。

五、金融机构履行“前哨”职责的主要障碍

总体来看，金融机构监测预警非法集资风险工作尚处于起步阶段，尽管前期依托反洗钱系统取得了防范金融风险的积极成效，也积累了可复制的早期预警经验，但当前金融机构监测预警涉非风险工作中还面临法规供给缺乏、信息流动不畅和技术运用不够等主要障碍，需要系统把握和深入分析其原因。

（一）法规供给不足，金融机构监测涉非资金尚缺乏法律依据

依法依规开展早期风险监测预警，既是全面依法治国的内在要求，也是推进非法集资法治化、规范化和系统化治理的必然要求。而客户信息和资金交易数据之获取和使用缺乏法律依据，是影响实践探索和制约监测预警工作的首要问题。

1. 《反洗钱法》制约了监测预警“前哨”作用发挥。通过对海量客户信息和资金交易数据进行监测，发现异常资金交易，进而查证识别非法集资风险，这是监测预警非法集资早期风险的基本逻辑。当前的实践操作是金融机构利用反洗钱工作机制监测资金异

动数据，查证识别包括非法集资、洗钱等早期风险线索，并报送相关部门进一步核实风险类别。可见，金融机构监测预警非法集资风险，是以反洗钱的名义“捆绑式”使用了金融消费者的账户信息和资金交易数据。但《反洗钱法》对反洗钱监测信息的使用主体和具体用途作出了严格限制，该法第 2 条、第 3 条明确了使用主体为反洗钱机构，严格限定了适用反洗钱调查程序的七种上游犯罪情形。同时，第 5 条明确了对客户身份资料和交易信息的使用范围，即为反洗钱行政调查和反洗钱刑事诉讼程序。而将反洗钱监测信息直接用于非法集资风险监测预警，显然与现行法规相悖。

2. 缺乏数据信息披露豁免和使用的例外规则。在现行法律框架下，并未针对监测机构获取和使用客户信息与资金交易数据设立例外规则。《金融机构反洗钱规定》第 16 条对金融机构资金异常交易信息和交易报告作了较为笼统的规定，但这是针对反洗钱领域设置的专门规则，并不适用于非法集资领域。《消费者权益保护法》作为金融服务业的上位法，在其第 29 条对金融消费者个人信息收集、使用作出近乎严苛的规定，意味着要收集和使用客户信息和交易数据，需要金融消费者同意，这显然不具有实践操作性。《防范和处置非法集资条例》作为专门规制非法集资的行政法规，仅在第 8 条提到“运用大数据等现代信息技术手段，加强对非法集资的监测预警”，对于如何收集和运用大数据，并无明确规定和配套文件，信息使用授权明显缺位。《非银行支付机构网络支付业务管理办法》（以下简称《管理办法》）第 17 条尽管将非法融资在内的五种情形纳入交易监测范围，但这仅仅是以维护资金交易安全为旨向的行业性内部规范，其规制效力、适用主体和范围显然有限，并且《管理办法》对系统内可监测的信息范围也未予以明确。显然，现行法规并未对涉非资金监测预警所必需的客户信息和资金交易数据的调取和使用予以明确规范，也未在信息披露豁免和使用方面设置类似于美国“安全港规则”的例外情形，法规供给显然不足。

3. 对异动账户后续管控规定存在抵牾之处。在现行规范中，《人民银行关于加强开户管理及可疑交易报告后续管控措施的通知》（银发〔2017〕117 号）对金融机构管控异动账户作出了明确规范，其中第 2 条第 2 款要求金融机构遵循“风险为本”和“审慎均衡”原则，稳妥处理账户管控与金融消费者权益保护之间的关系。易言之，就是既要管控好账户防风险，又要充分保障消费者权益防受损，以寻求“风险防范”与“权益保障”的“美美与共”。但同时，该款要求金融机构在报送可疑交易报告后，对所涉及客户、账户（或资金）和金融业务及时采取但不限于 6 项后续管制措施。这一相互抵牾的规定给实践操作带来困惑。如果在有权机关被定性为非法集资前，金融机构单方面采取管制措施，有可能面临大量客户投诉及违约诉讼的法律风险。如果客户从事高风险交易或者属于高风险对象，不及时采取控制措施而让风险滋生蔓延，可能造成更大的风险事件，这难免让金融机构陷入“二难选择”的困境。并且“审慎均衡”系原则性规定，本身具有模糊性和抽象性，遵循“两害相权取其轻”的实践逻辑，金融机构为了规避自身经营风险，往往会倾向于选择保护金融消费者权益而牺牲“风险为本”这一原则。金融机构的这种选择性困境，成为近几年来系统性金融风险居高不下的重要推手之一。

（二）资源供给不足，监测预警数据信息尚未实现互通共享

现实中，各地各部门数据孤岛和信息壁垒现象仍然存在，且数据信息使用受到严格

限制，对接难度大，这集中体现在“三个未打通”，难以实现全景式监测画像。

一是各金融机构之间的数据信息未打通。为了规避监测，非法集资者往往选择跨越多家金融机构归集转移资金，仅仅依靠某一或者几个机构资金数据开展监测往往难以反映风险全景，必然影响监测预警实效。以S省为例，统计发现辖内银行共有1 200多万个对公账户，其中单家企业（私企为主）最多在38家不同银行开设活期存款业务账户，有2.12万家企业（公私兼备）在6家以上不同银行开设活期存款账户，有近30万家企业（公私兼备）在至少3家不同银行设立活期存款账户。按此逻辑，正规经营企业尚且如此，为了逃避法律惩罚，非法集资者更是有过之而无不及。如果不能打通金融机构之间的数据信息通道，“盲人摸象”的错误将不可避免。实践中，一些金融机构局限于辖内或者本系统资源开展风险识别与筛查工作，难以形成有效的监测预警结论，有时甚至与其他渠道反馈的结论相左。

二是传统金融机构和互联网金融机构之间数据信息未打通。信息技术发展推动了支付方式的深刻变革，越来越多的非法集资利用第三方支付实现资金划转而有意脱离资金监管，如对收款、付款和返利流程进行人为切割，穿透“四跨”交易（跨银行、跨地域、跨行业、跨平台），甚至利用现金返利、赠送礼品服务等方式切割交易链。如果各金融机构之间未实现资金信息的互通共享，提炼的资金交易特征和行为定性可能与事实不符。

三是金融机构与各监管机构之间数据信息未打通。资金监测虽然直接指向资金流向流量，但资金交易是一个动态过程，涉及多个流程、多个交易链条和数个交易主体，要从这些海量的数据信息中筛查出符合非法集资行为特征，进而锁定目标和准确定性，需要大量的基础数据支撑和辅助。当前，金融机构的资金数据与公安数据、工商数据、司法数据、信访数据以及其他部门数据信息未实现互通共享和有效整合，且未将这些数据信息有效利用，这也是导致监测“前哨”精准度不高的另一个重要原因。

（三）技术供给不足，监测指标不完善和模型滞后于风险演化

非法集资风险难以量化分级、监测指标不完善、监测模型滞后于风险演化，是当前金融机构面临的三大关键技术难题。

1. 非法集资风险量化分级难度大。在资金交易生成特征、演化规律等方面，非法集资与传销、诈骗、洗钱等行为相似度高，目前还缺乏专门针对非法集资风险的量化评估标准，也未确定与数据信息相匹配的风险指数。尤其是在风险初级阶段，如何从海量交易信息中识别、筛查和定位非法集资早期风险的关键线索，还缺乏相关技术手段。同时，资金监测往往依赖于对账户长时间的追踪分析以及人工辅助，这成为落实“打早打小”原则的最大障碍。

2. 监测指标未因应资金挪腾手法不断升级而及时迭代更新。未及时挖掘和提炼资金挪腾新特征并将其内化为监测指标，这是当前数据挖掘中的薄弱技术环节。实践中，为规避查处，集资者往往费尽心机操纵资金转移而升级资金挪腾手法。如有的以亲属、朋友或者特殊关系人名义突击设立多个公司，而在背后以组织化、专业化形式操纵资金转移。又如有的在多家公司账户之间拆借涉案资金，或者利用毫无关联公司和个人账户流转资金，资金关系因人为干扰而无法被追踪和查证。这些新特征并未内化为监测指

标，监测效果大打折扣。

3. 监测模型滞后于风险演化。鉴于对非法集资资金转移之特征与规律缺乏系统把握，而仍以传统的“轴对称特征”（资金分散转入、集中转出和集中转入、分散转出）为据构建监测模型，无异于刻舟求剑，其结果是将大量正常资金交易也误认误判为集资交易而降低了监测模型精准度。对于这种偏差与失误，实践中不得不投入大量人工进行数据“降噪”，由人眼识别可疑线索，由此产生的资源耗费不堪承受。

六、促进金融机构切实履行“前哨”职责的对策建议

对于以上探索实践中出现的问题，我们不妨将眼光转向域外，重点考察欧美主要国家对早期风险监测预警的经验做法，以期为提高我国的风险监测效能提供借鉴。

（一）经验借鉴：夯实早期风险监测预警的大数据基础设施

综合国内外文献看，各国均将非法集资视为非法金融活动，坚持严格的金融持牌经营原则，并通过完善的立法体系确保对未经许可而公开募集资金行为的严厉打击。在早期风险的应对方面，各国无一例外都要求金融机构严格监测早期风险、及时上报可疑或者非法金融活动线索。

1. 以技治技：为监测涉非资金配备“千里眼”。科学技术“工具性”特性决定了其容易为不法分子所利用，金融领域尤其如此。鉴于金融安全攸关经济平稳健康发展和国家安全，各国更加注重运用先进科技手段快速、精准监测早期金融风险。如美国纳斯达克交易所的智慧（SMARTS）市场监测技术可自动监测、调查和分析潜在的滥用或者无序交易，被认为是当前针对数字资产部署的最广泛、最先进的风险监测系统。⑧ 又如贝宝（Paypal）自主设计的“黑盒式”全流程大数据风险监测系统，能快速识别欺诈模式且自动生成适合反欺诈规则的可疑报告。还如大型互联网平台脸谱网（Facebook）注重应用安全协议和技术手段，对用户提交所谓标榜快速致富、声称高额收益等广告文案予以严格监测，对可疑账户实施冻结调查，并与执法部门构建良好的合作机制。可见，以技治技是当前世界各国应对非法金融活动的主要策略。

2. 履职豁免：为金融机构披露和使用信息设置“金钟罩”。在消费者个人信息与隐私、数据安全等领域加大国家立法保护的背景下，监管需求与隐私保护出现了“两全不能其美”的困局。为避免金融机构因披露和使用信息而陷入侵权诉讼之困，大多数国家设置了履职豁免规则。如美国于1992年在《阿农齐奥—怀利反洗钱法案》中创设了著名的“安全港规则”，在民事免责方面为金融机构披露和使用信息设置了豁免规则。并且这一规则在《美国联邦法典》第31章第5318条中得到贯彻落实。“安全港规则”立法与适用对欧洲产生了传导效应，欧盟以1995年颁布的《计算机数据保护法》为基础，于1998年通过了《通用数据保护条例》（简称GDPR）。该条例第2条明确了基于防范和阻止公共安全受到威胁而对信息数据处理，不受该条例限制，并且其第89条还明确了豁免规则适用的情形与具体范围。当前，“安全港规则”尽管受到部分人的质疑与反

---

⑧ 参见杨蓝蓝：《美国纳斯达克市场风险控制对我国创业板的启示》，载《金融经济》2012年第2期，第23页。

对，但学界和业界普遍认为基于公共利益和金融经济安全之考量，确有存续之必要。

3. 职清责明：明确金融机构防范非法金融活动的“责任田”。欧美国家注重通过制度规范明确各金融机构防范非法金融活动的责任，形成了各具特色的监测上报模式。一是美国“先排查后上报”模式。该模式下，金融机构设置了严格的客户准入规则。首先是准入前尽职调查，由其前台服务部门负责，主要审查客户基本信息和申请业务涉及的基础信息，如果客户有非法金融活动的不良记录，将被禁止准入。其次是合规性审查，这由法务与风控部门负责，主要对客户日常异常资金交易进行监测、预警与上报。二是德国“不确定即上报”模式。依据德国《银行业法》的规定，金融机构设立合规负责人，并依据可疑监测及交易报告规章制度，发现可疑或者非法活动，向合规负责人报告。合规负责人在其权限内可开展调查，查证属实的，依据法定程序上报有权机关。三是英国“灵活应对”模式。该模式下，金融机构在客户准入前，要对客户真实经营情况开展详细调查以确保合规，调查范围包括公司治理结构、所有权架构、融资渠道等。然后开展过程监督，重点监测资金交易是否异常，一旦发现可疑交易，及时予以上报。

（二）破除金融机构“前哨”职责主要障碍的政策建议

金融机构是非法集资风险监测预警体系的重要一环。站在推进金融风险治理体系和治理能力现代化的视角看，我国可借鉴欧美国家的经验建立大数据基础设施，整合资金交易、网络信息、行政执法、金融监管、涉法涉诉等各类数据，达成跨部门、跨行业、跨区域信息互通共享和处置协同，实现全国“一张网”监测预警金融风险。从当前消存量、遏增量的严峻形势看，完善金融机构“前哨”责任下的法律、数据和技术保障至关重要。结合监测预警的实践探索和案例检视，并针对当前金融机构面临的主要问题障碍，笔者拟提出以下政策建议。

1. 推进涉非风险监测预警工作的法治化、规范化，为金融机构尽职履责提供法律政策保障。依法依规监测涉非账户和资金交易，是以法治思维和法治方式治理非法集资风险的当然要求。建议全国人大加强顶层设计，统筹推进金融领域的立法和修订工作，并确保各法律法规之间的衔接与协调。一是建议设立“履职豁免制度”，并完善消费者救济途径。建议在“金融稳定法”第二章“金融风险防范”部分增加金融机构因履行“前哨”职责而采取限制措施或者使用客户数据信息，由此发生的投诉，在披露、考评等方面予以豁免的规定。与此同时，为防止金融机构滥用职权，建议在《消费者权益保护法》中增加因金融机构履职行为导致消费者权益受损，消费者可申请救济。如规定延迟结算等临时限制措施的最长时限，终止服务后为消费者提供向金融机构、处非职能部门举证并申请恢复服务的救济途径，从而兼顾了国家与个人利益。二是建议尽快修订《反洗钱法》，促进涉非风险的监管协作。扩大账户信息和资金交易数据获取和使用范围，明确基于维护公共利益或者金融安全之考量，金融主管部门可将相关预警信息作为涉非线索移送处非职能部门。但要加强过程监管，严格资金数据用途，确保发挥预警效能。三是建议完善依法行使调查权的法律法规体系。涉非风险监测预警涉及对客户账户交易数据信息的查询和使用，《商业银行法》第 29 条、第 30 条对个人账户和单位账户查询的例外情形作出了不同的规定，如对个人账户查询的例外情形限于“法律”，而单位账户则为“法律、行政法规”。《防范和处置非法集资条例》（行政法规）第 13 条第 2

款对相应内容仅有“相关账户进行分析识别”的模糊表述而未明确是否包括个人和单位账户，这给实践操作带来困扰。对此，建议对相关法律法规进行协调性修改，明确金融机构和处非职能部门行使查询包括个人账户和单位账户在内的资金交易信息的权力，确保依法依规行使监测预警职责。

2. 多措并举破除数据壁垒和信息孤岛，为金融机构尽职履责提供安全可靠的大数据保障。多措并举破除数据壁垒和信息孤岛，想方设法构建安全可靠的监测大数据，是促进金融机构尽职履责的保障。一是建议在国家和地方各级层面建立常态化数据信息交换和验证机制。在国家层面，反洗钱主管部门向“处非联办”共享涉非资金交易数据，前者又对后者提交的重大涉非疑点线索进行资金验证。在地方层面，推进各级反洗钱机构与同级处非职能部门之间的互动与配合，建立资金流和信息流互融互通的监测体系，这有利于解决数据来源单一和监测预警滞后的问题。二是构建可疑数据归集筛查机制。建议国家层面金融机构依据资金交易异常的程度，确定轻重不同的风险等级。将轻度可疑交易信息共享给“处非联办”从而形成全国涉非轻度可疑数据数据库，再借助其他维度数据予以验证，实现对可疑线索的综合研判。三是建立动态信息反馈回应机制。处非职能部门可定期向金融机构反馈涉非名单，金融机构依据涉非资金异动程度，确定相应的名单等级（如黑名单、灰名单、白名单等），根据不同等级名单确定相应的监测频次和力度。同时，还可借此倒逼金融机构校调监测模型精度以提高监测预警效能。

3. 构建更新迭代的全国统一数据标准资金检测要点和“基础模型＋特色识别点”复合性模型，为金融机构尽职履责提供科学的技术保障。“上网跨域”已成为非法集资风险的基本特征，利用科技手段和大数据资源开展监测预警迫在眉睫。⑨ 研发统一数据标准的资金监测要点和涉非资金异动监测模型为确保金融机构尽职履责提供了关键技术保障。

（1）建议研发统一数据标准的资金监测要点，并根据非法集资形势变化和涉非资金腾挪手法演化，更新迭代监测要点。依据资金交易异常程度区分关键指标和普通指标，分级分类展示风险。具体操作建议如下：依据普遍性与特殊性相统一原理，从基本特征与叠加特征两个维度把握非法集资演化特征和发展规律。结合外部信息查询分析监测对象的基本信息、社会关系、经营状况、集资手法及宣传名目等基本信息，以及追踪识别资金流与信息流互动关系等特色信息，综合归纳其基本特征和叠加特征。其中，基本特征建议涵摄资金交易的行为、金额、时间等特征，交易账户分工特征，公司客户名称特征，广告宣传特征，使用 IP 地址特征，账户资金转支用途特征，客户归属地特征，公司客户经营范围特征，变更账户信息频次特征，客户开户资料特征和对公客户行为特征等；而叠加特征主要从集资参与人发展趋势、涉案领域演化、犯罪手法、集资标的、集资地区、疑似测试交易行为、资金交易方式、规避监测等方面提炼。

（2）建议构建“基础模型＋特色识别点”复合性模型，并确保模型的开放性。鉴于非法集资形势复杂多变和资金腾挪手法演化升级，监测模型构建遵循“以资金流带动信息流、以信息流验证资金流”的基本原理，并从海量资金交易数据中精准定位涉非账

⑨ 参见前注①，中国银保监会打非局文，第 208 页。

户。结合上述特征，监测指标可提炼为指标名称、适用范围、指标说明、关键指标、算法设计等。其中，指标名称依据非法集资特征予以确定；适用范围主要包括对公、对私或者两者兼有；指标说明是指对公业务还是对私业务；关键指标主要包括普通指标和关键指标；算法设计是将指标转化为银行客户信息、账户信息和交易信息。

（3）建议设置科学合理的监测阈值。依据非法集资整体形势、资金腾挪手法和风险等级等实际情况，确定各监测指标的具体分值，并结合风险形势动态调整。在监测模型运行过程中，当出现触发某一关键指标的情形，即可列入轻度可疑监测范围；如若触及多个关键指标或者合计分值高于一定标准，则列入中度或者重度可疑监测范围。

少年刑法与少年司法

解构与重塑

——对降低未成年人刑事责任年龄的再思考

刘　赫*

摘要：《刑法修正案（十一）》将最低刑事责任年龄从14周岁降至12周岁，在社会上引发了广泛争议。各方基于不同的价值选择和数据研究对是否降低刑事责任年龄作出了截然不同的判断。刑事责任年龄在本质上是一种规范设定，具有偶然性和任意性的特征。只有在稳定统一的刑事政策指导下，综合考虑发展心理学的研究成果以及低龄未成年人在社会意义上的自主性等要素基础上，才能对刑事责任年龄界限进行科学划分。在面临未成年人犯罪案件处理时，一方面，应当结合刑罚本身的惩罚性特征对当下少年司法的刑罚理念进行重塑；另一方面，在依据年龄作为罪责能力的形式判断之外，应当同时建立起“智育和德育作为第一层次、不法认识和行动抑制作为第二层次”的实质判断规则。

关键词：刑事责任年龄；少年司法；刑罚理念；未成年人

近年来，随着儿童恶性犯罪案件屡见报端，社会舆论要求国家动用刑罚权对这些犯罪儿童进行刑事处罚的呼声也越来越大。特别是，2019年在大连发生的儿童强奸杀人案件①在国内引发了学界和实务界对儿童刑事责任能力等问题的激烈争论与探讨。在社会面临激烈的冲突和挑战的情况下，国家通过积极刑事立法的方式对突出显现的社会矛盾进行刑事处罚，以回应和抚慰社会舆论的不满情绪。这种将刑事法律作为社会矛盾调整的工具，对社会问题的积极关切是现代刑法的典型特征。② 近来，《刑法修正案（十一）》将最低刑事责任年龄由14周岁降低至12周岁，国家通过对刑事责任年龄的降低来彰显对儿童恶性犯罪进行治理。但已满12周岁的儿童能否具有刑法意义上的责任能力，这仍旧是在经验科学上无法得以证实或证伪的。故而，本文试图厘清降低未成年人刑事责任年龄背后立法改变的原因，进而对未成年人刑事责任年龄的本质与设定参数进行论证，一并重塑少年司法中的刑罚理念与当下刑事责任能力判断规则，以此来适应当下的社会变化。

---

* 刘赫，复旦大学法学院副研究员、德国汉堡大学法学博士。

① 罗丹妮：《“大连13岁男孩杀害10岁女孩”案后续》，载搜狐网，https：//www.sohu.com/a/423722418_116237，2021年3月1日访问。

② 参见何荣功：《社会治理“过度刑法化”的法哲学批判》，载《中外法学》2015年第2期，第523页。

一、降低未成年人刑事责任年龄的争议

（一）支持降低未成年人刑事责任年龄的理由

罪责原则是刑法的基本原则，没有罪责则没有刑罚（*nulla poena sine culpa*）。当下罪责的理论内涵体现在，行为人只有在具有认识能力和控制能力时，才能承担刑事责任。这两种能力便成为刑事责任能力构成的重要基础。而刑事责任年龄作为刑事责任能力的表征，是刑事责任能力的形式判断条件。立法者推定行为人在达到一定年龄后便具有认识能力和控制能力，能够成为承担刑事责任的主体。由于未满刑事责任年龄为法定的罪责排除事由，因而当越来越多的低龄未成年人犯罪案件频繁发生，这促使社会上出现要求降低刑事责任年龄的舆论。降低未成年人刑事责任年龄的支持论者，从当下我国犯罪主体低龄化、未成年人心智发育早熟与对朴素正义的追求等角度论证降低刑事责任年龄的必要性。

1. 犯罪主体低龄化

近年来，我国犯罪学研究发现我国近年出现犯罪主体低龄化的特征。儿童和青少年在成长过程中最重要的环节就是个体完成社会化的阶段。而在这个自我个体完成社会化的阶段，他们通过自身行为对社会规范的遵守或违反所带来的相应后果，来进一步发现社会规范的具体内容。[③] 在这种学习社会规范的阶段，儿童和青少年因心智发育的不成熟和行为控制的不成熟而往往对社会规范所允许的边界进行突破。而当儿童和青少年所突破的社会规范是刑法上的禁止规范或命令规范时，儿童犯罪的现象便会产生。具体来说，结合犯罪学的研究成果，我国未成年人出现行为暴力的平均年龄是12周岁；而当未成年人在13周岁到14周岁时，其则处于违反社会一般规范的行为发生的高频阶段。[④] 故而，有必要将刑事责任年龄降低至12周岁，以应对恶性儿童犯罪案件的频繁发生。

2. 未成年人心智发育早熟

未成年人心智发育时间提前，低龄儿童对规范认知程度更加早熟。当前社会已经进入了资讯爆炸的时代，当下的低龄儿童所接触和掌握的知识讯息远远高于人类过去发展时期同年龄段儿童。而这种对信息的提前认知有助于未成年人心智发育的提前成熟。结合对未成年人犯罪原因的相关研究可以发现，11周岁至14周岁的儿童在进行暴力伤害行为中，已经基本具有对危害行为的认识和积极追求伤害结果的意志。[⑤] 低龄未成年人所具有的这种认识和意志就是刑法教义学中犯罪构成要件的主观内容，相应地，这也说明了低龄未成年人心智成熟的时间远远提前。[⑥] 因此，将刑事责任年龄进行降低是符合未成年人心理提前成熟的变化规律的。

---

③ Vgl. Tobias Beinder, Zur Diskussion um die Herabsetzung der Strafmündigkeitsgrenze: „Kinder können grausam sein "-Was die Teilnahme am demokratischen Prozess mit der Strafmündigkeit zu tun hat, Juristische Rundschau, 2019 (11), S. 555.

④ 参见党小学：《降低刑事责任年龄应对"熊孩子"》，载《检察日报》2015年7月1日，第5版。

⑤ 参见陈伟、熊波：《校园暴力低龄化防控的刑法学省思》，载《中国青年社会科学》2017年第9期，第96页。

⑥ 参见王胜华：《降低刑事责任年龄的立法构想和配套举措》，载《重庆社会科学》2018年第3期，第64页。

3. 对朴素正义的追求

国家对低龄未成年人实施的犯罪行为进行刑事处罚，是对受害者遭受损害进行正义补偿的重要方式。除传统刑罚理论的目的在于预防和报应之外，现代刑罚理论将“沟通—表达”作为重要的目的导向。这种表达刑罚理论将国家刑罚权的发动过程认定为一种规范与社会中各个群体的交流行为。⑦ 当国家对低龄未成年人实施刑事处罚时，其不仅对实施犯罪的行为人表达出对其行为的否定与谴责，还使遭受犯罪结果受害人的不满情绪得到抚慰。最终，刑罚通过在与双方的沟通中使刑法规范有效性得以确认。当公民将刑罚的权力让渡给国家后，国家必须对犯罪行为予以回应，不能使受害者陷于孤立无援的状况。⑧ 因而，降低刑事责任年龄，对 14 周岁的暴力犯罪者进行惩罚，可以维护其他社会成员对刑法规范有效性的信赖。

（二）反对降低未成年人刑事责任年龄的理由

而对于反对降低未成年人刑事责任年龄的支持者而言，他们认为刑事法律中对于刑事责任年龄的规定，在法的本质上属于一种规范设定，是立法者综合考虑各种因素所作出的罪责排除事由。故而，从理性立法、低龄未成年人生物属性以及低龄未成年人社会化缺陷等角度而言，这种降低未成年人刑事责任年龄的立法调整具有显著的不合理性。

1. 理性立法的内在要求

情绪化的社会舆论不能作为刑事立法理性调整的依据。当辽宁大连儿童强奸杀人案件和湖南沅江儿童杀母案件被新闻媒体接连报道的时候，社会上要求国家对于低龄未成年人犯罪进行治理的舆论是可以被理解的。但是这种极端个别化的低龄未成年人犯罪案件不能成为刑事责任年龄降低的主要理由，这对社会中其他低龄未成年人是不公平的，国家不能依据个别化的案件而对整体低龄未成年人提出更为严苛的刑事责任要求。⑨ 同时，这种依据情绪化社会舆论对刑事立法进行调整的方式，虽然在一定程度上缓和了社会上凸显的矛盾，但是，这在刑事法律体系中留下了更为严重的弊端。具体来说，这种降低刑事责任年龄的立法调整不仅会给低龄儿童带来“犯罪标签”，而且会加剧其未来再社会化的难度，还会降低整个刑法体系中对行为人刑事责任能力的判断标准，进而冲击现有少年司法体系。⑩ 故而，在理性刑法立法调整的过程中，不能跟随情绪化社会舆论的脚步；愤世嫉俗的社会舆论绝无可能成为理性立法的照明灯。

2. 低龄未成年人的生物属性

低龄未成年人具有大脑持续发展的生物属性。由于现在资讯发达，低龄未成年人接触来自社会的信息更为全面，在未满 14 周岁时已初步具有对不法的认识。但是，低龄未成年人对自身实施行为的性质、内容和导致结果的认知，则是在后面持续与社会互动

⑦ Vgl. Tatjana Hörnle，Straftheorien，Tübingen：Mohr Siebeck，2017，S. 34 - 35.

⑧ Vgl. Volker Ullrich，Pro：Rechtsstaat，der sich wehrt. Kinder für schwere Gewalttaten bestrafen?，Deutsche Richterzeitung，2020（2），S. 54.

⑨ Vgl. Frenz Streng，Die Beurteilung der Strafmündigkeit bei jugendlichen Straftätern，in：Frank/Michael（Hrsg）：Kriminologie-Jugendkriminalrecht-Strafvollzug，Berlin，Duncker-Humblot，2014，S. 425.

⑩ 参见刘俊杰：《论降低刑事责任年龄起点的不可行性》，载《法学杂志》2020 年第 7 期，第 122 页。

中产生的。低龄未成年人对行为认知的表现与生物脑科学研究结论相一致，大脑中负责行动决策的区域比负责感性认知的区域发展速度更慢，即当大脑两个区域完全处于稳定平衡状态的发育状况时，甚至会持续到25周岁。[⑪] 由此可以看出，低龄未成年人的脑部生物特征具有显著的持续发育性，但刑事责任能力是基于行为人具有认识能力和控制能力而产生的，故而，当低龄未成年人脑部发育不充分时，难以存在对其追究刑事责任的生物属性基础。

3. 低龄未成年人的社会化缺陷

低龄未成年人接受校园基础教育是从个体中发现社会的重要环节，也是其完成社会化的重要阶段。这种校园基础教育更是国家和社会对低龄未成年人负有的重要责任和义务。故而，当低龄未成年人处在校园基础教育的过程中，其不被认为属于完成社会化的状态。倘若降低刑事责任年龄，将处在校园基础教育过程中的低龄未成年人纳入刑事责任承担的主体范围，这显然是国家和社会对自身责任和义务的逃避。[⑫] 在当今自媒体高度发达的社会中，12周岁的儿童已经不单单生活在家庭和校园中，低龄未成年人利用手机提前加入成人世界。但是，这种提前参与社会生活并不意味着低龄未成年人具有规范意义上的行为能力。特别是，低龄未成年人的社会成熟度和采用规范认可的方式实现社会需求的可能性仍旧处于较低水平，故而，国家和社会应当反思这种“广泛普及却没有进行分级”的自媒体社会的不合理性，而不能将低龄未成年人参与这种自媒体社会作为其社会化成熟度判断的证明。对低龄未成年人的社会化成熟度判断还是应当回归以校园基础教育程度为标准，这种缺乏教育的低龄未成年人存在严重的社会化缺陷，因而难以承担独立的刑事责任。[⑬]

二、未成年人刑事责任年龄的本质与基准

（一）刑事责任年龄的本质：规范设定

《刑法修正案（十一）》生效前，《中华人民共和国刑法》第17条对刑事责任年龄进行规定，将最低刑事责任年龄设定在14周岁。在罪责理论中，刑事责任年龄不是刑事责任判断的本体论问题，而只是作为责任排除事由，是一种出于司法便宜主义下的产物。故而，刑事责任年龄仅仅作为行为人具有刑事责任能力的表征。[⑭] 对行为人刑事责任能力在年龄上进行一刀切式的推断，在本质上是一种规范性的设定，是“刑事法律规范以年龄为标准对受规范调整的公民群体进行区分”[⑮]，这种规范性的年龄设定总是受到各种因素的影响。[⑯] 在哪里划定刑事责任年龄的界限，是在社会各方意见的妥协和博

---

⑪ Vgl. Sonja Amalie Steffen, Contra: Empörungsgeleiteter Aktionismus. Kinder für schwere Gewalttaten bestrafen?, Deutsche Richterzeitung, 2020 (2), S. 55.

⑫ Vgl. Werner Hinz, Strafmündigkeit ab vollendetem 12. Lebensjahr?, ZRP, 2000, S. 110.

⑬ Vgl. Müller, Beantwortung von Fragen zur Strafmündigkeit von 12-jährigen, DVJJ-Journal, 1996 (4), S. 325.

⑭ Vgl. Detlev Frehse, Strafreife-Reife des Jugendlichen oder Reife der Gesellschaft? in: FS-Schüler Springorum, Köln, Heymann, 1993, S. 379 – 387.

⑮ Vgl. Schild. in: NK-StGB, Bd. 1, 5. Aufl., Baden, Nomos, 2017, § 19 Rn. 1.

⑯ 参见于志刚：《犯罪的规范性评价和非规范性评价》，载《政法论坛》2011年第2期，第29页。

弈中产生的，因而这种刑事责任年龄的规范设定本质上具有一定的偶然性和任意性。[17] 具体来说，这种刑事责任年龄的规范设定所具有的偶然性和任意性，可以从国内历史纵向发展、域外国家的横向比较以及缺乏科学统一论证等角度加以分析。

1. 我国历史上刑事责任年龄的纵向分析

我国最早对刑事责任年龄作出规定是在战国李悝所著的《法经·具法》其规定："罪人年十五以下，罪高三减，罪卑一减"，即未满 15 周岁可以作为责任减轻事由。而在后续《云梦秦简》的记录中，对于一般的轻罪行为，未满 15 周岁不负责任。在此时，判定刑事责任能力是以体长作为标准，未满 15 周岁（一般身高 6 尺以下）成为最低的刑事责任年龄。依照《汉律》"年未满八岁，八十以上，非手杀人，他皆不坐"以及《北魏律》"八十以上，八岁以下杀伤论坐者，上请"的规定，在汉代至北魏时期，7 周岁至 8 周岁作为最低刑事责任年龄仅对严重犯罪承担责任，而在唐代《唐律疏议》、宋代《宋刑统》以及明代《大明律·刑律》中，基本上沿袭了将 7 周岁作为最低刑事责任年龄的规定，同时对 15 周岁以下未成年人实施的行为规定了罪责减轻事由。直至清末，这一情况有所改变，《大清新刑律》中规定"未满十二岁人之行为不为罪"，即最低刑事责任年龄设定在 12 周岁。南京国民政府时期的《中华民国刑法》规定，"未满十四岁人之行为，不罚"，将最低刑事责任年龄提高至 14 周岁。1979 年《中华人民共和国刑法》沿袭了南京国民政府时期关于最低刑事责任年龄为 14 周岁的规定。

2. 域外国家刑事责任年龄的横向比较

从域外国家横向的角度对刑事责任年龄的规定加以比较。可以发现，域外国家也并没有对最低刑事责任年龄作出比较统一的规定。具体来说，瑞士依据《青少年刑法典》第 3 条第 1 款的规定，将最低的刑事责任年龄规定在 10 周岁。英国根据 1933 年《儿童和青少年法》第 50 条的规定，将最低的刑事责任年龄也规定在 10 周岁，但在近来议会审议《刑事责任年龄法案》则是将最低刑事责任年龄限制提高至 12 周岁。奥地利依据《奥地利青少年法庭法》第 4 条第 1 款以及西班牙依据《西班牙刑法典》第 19 条的规定，将最低刑事责任年龄规定在 14 周岁。除此之外，在北欧国家，依据《挪威刑法典》第 3 章第 20 节、《瑞典刑法典》第 1 章第 6 节、《芬兰刑法典》第 3 章第 4 节的规定，承担刑事责任的最低年龄被限制在 15 周岁。联合国儿童权利委员会依据联合国大会通过的《北京规则》(1985 年 11 月 29 日联合国大会决议，A/RES/40/33)，出于保护儿童福祉的原则，呼吁各成员国的最低刑事责任年龄不得设定在 12 周岁以下，同时强调因违法行为和犯罪行为而需承担责任的年龄应与其他社会义务的年龄（如婚姻能力、民法规定的成年人等）之间密切连接。

3. 刑事责任年龄的设定缺乏科学统一论证

当下我国《刑法》第 17 条对最低刑事责任年龄的规定属于明确的责任排除事由，14 周岁或是《刑法修正案（十一）》调整到 12 周岁的规定，除受社会中经验主义的分析影响以外，也受到了刑事政策的影响。将 14 周岁作为最低刑事责任年龄是出于对低

---

[17] Vgl. Silke Roesler, Die Diskussion über die Herabsetzung der Strafmündigkeitsgrenze und den Umgang mit Kinderdelinquenz, Köln, UniversitätKöln, 2008, S. 283 - 284.

龄未成年人的保护，而将最低刑事责任年龄降至12周岁是出于对被害人及社会不满情绪的抚慰。但是，无论是提高或是降低刑事责任年龄，这种一刀切式的刑事责任年龄的规定都无法在科学的事实层面上找到令人信服的证据。这是因为低龄未成年人的发展具有个体化差异的特征，各自的成熟度不同，所以各自的理解力和行动力无法在统一的年龄界限下达到相同程度。故而，当法律对刑事责任年龄进行一刀切式的规范设定时，就难以与在事实层面进行能力判断的科学依据达到一致状态。缺乏事实层面上的科学论证，这也使刑事责任年龄的设定具有一定的任意性特征。⑱

无论是从我国历史上不同时期对刑事责任年龄不同规定的纵向比较，还是通过域外国家对刑事责任年龄规定的横向比较，抑或是通过对刑事责任年龄设定背后刑事政策因素变化的思考，都可以看出刑事责任年龄的规范设定具有一定的偶然性和任意性的特征。只要不存在超国家约束力对刑事责任年龄作出强制性的规定，各个国家都可以依据自身考量而对刑事责任年龄进行划定。这也是独立国家主权的权力象征。⑲ 刑事责任年龄的规范设定与其他法律规范设定一样，都是在平衡不同法益下，调整不同主体以及化解社会冲突与矛盾下的产物。

（二）刑事责任年龄设定的基准

既然刑事责任年龄在本质上是作为一种规范设定，那么为了避免规范设定所具有的偶然性和任意性的弊端，就必然要对规范设定确立科学的参数。笔者主张只有在稳定统一的刑事政策指导下，综合考虑发展心理学的研究成果以及低龄未成年人在社会意义上的自主性等要素基础上，才能对刑事责任年龄界限进行科学划分，进而避免规范设定本身具有缺点。

1. 稳定统一的刑事政策

刑事责任年龄在本质上是一种刑事法律的规范设定，刑事政策应当在这种规范设定的过程中发挥积极作用。⑳ 然而，刑事政策作为一种社会政策，其与社会的发展状况紧密相关，也会随着社会矛盾的转移而相应变化。㉑ 惩罚犯罪和保障人权是我国刑事政策的两大基石，分别源于刑罚所发挥的秩序维护功能和自由保障功能。㉒ 但由于社会发展具有动态性的特征，因而刑事政策本身具有一定程度的不稳定性，而这种不稳定性就体现在刑事政策的重心在惩罚犯罪和保障人权之间进行移动。当低龄未成年人的恶性案件被大众媒体广泛报道，得到社会大众普遍关注的时候，社会上对于要求动用刑罚对低龄未成年人进行惩治的呼声便随之增强。这种舆论造成社会上对低龄未成年人因未满刑事责任年龄而得以免责的规范设定具有很强的不满情绪。若刑事政策仅仅作为回应社会需

---

⑱ Vgl. Kruppe，Brinke，Abenteuer Kaufhaus，in：Müller/Peter（Hrsg.）：Kinderkriminalität，Opladen，Leske-Budrich，1998，S. 215－216.

⑲ Vgl. Tobias Beinder，Zur Diskussion um die Herabsetzung der Strafmündigkeitsgrenze：„Kinder können grausam sein"-Was die Teilnahme am demokratischen Prozess mit der Strafmündigkeit zu tun hat，Juristische Rundschau，2019（11），S. 557.

⑳ Vgl. Karl Binding. Grundriss des Deutschen Strafrechts，Allgemeiner Teil，8. Aufl.，Leipzig，Engelmann，1913，S. 278－279.

㉑ 参见卢建平：《刑事政策与刑法关系论纲》，载《法治研究》2011年第5期，第24页。

㉒ 参见赵远：《论惩治犯罪与保障人权相结合的反恐刑事政策》，载《南都学坛》2020年第6期，第79页。

求、抚慰社会不满情绪的工具，降低刑事责任年龄的刑事立法变动便是刑事政策重心落在了惩罚犯罪、发挥秩序维护功能方面的重要表现。

但是，对于治理低龄未成年人犯罪的刑事政策而言，其所发挥功能的重心绝不应当落在惩罚犯罪的内容上，而应当落在维护少年司法刑事政策的稳定性上。虽然少年司法的刑事政策有保护主义与报应主义之争，但在我国，保护主义的少年司法刑事政策仍在立法上和实践中占据主流地位。这一点可以从《未成年人保护法》所规定的特殊优先保护原则，以及最高人民法院、最高人民检察院对未成年人案件的处理中得到证实。[23] 少年司法中的保护主义是源于法律实证主义的研究。在刑法古典学派的主张中，行为人是在自由意志下去实施犯罪行为的，施加给行为人的刑罚就是对犯罪行为的报应；而在法律实证主义的观点中，行为人实施犯罪不是基于自由意志的选择，而是受到心理、生理及客观环境因素影响下的产物。[24] 故而，低龄未成年人所实施偏离刑法规范的行为在本质上是受到了社会的影响，在低龄未成年人心智成熟以前，国家纠正其偏轨行为以及对其进行规范教育才是当务之急。这种以教育为导向，进而实现特殊预防的目的，就是少年司法中保护主义的核心内容。

虽然当下我国的少年司法刑事政策是以保护主义为核心，但是结合上文所述，刑事政策本身具有不稳定性，降低刑事责任年龄的立法改变实质上是对保护主义的背离。换言之，“回应社会不满情绪、旨在维护秩序的刑事政策”[25] 必然会使规定的刑事责任年龄逐渐降低，而随着刑事责任年龄的降低又会使更多儿童接受刑法的制裁，这种结果是与发挥保护主义的少年司法刑事政策[26]相冲突的。故而，如何在少年司法领域内保障刑事政策稳定性与统一性成为亟待解决的问题。首先，回归刑事政策制定的科学化路径是解决这一问题的关键。科学化的刑事政策制定不仅要将社会犯罪动态、所处时期的政治经济发展状况等因素涵盖其中，还要正确处理民意这一要素。“刑事政策回应社会上的民意本无可指摘，但必须保障民意测验结果的可靠性以及不能盲目追求民意。”[27] 其次，为了维持少年司法中保护主义在刑事政策方面的稳定性，必然要承认低龄未成年人犯罪的特殊性，并将其与成年人犯罪进行分隔。少年司法中保障未成年人的福祉在刑事政策中具有优先位阶，因而不是出于增进未成年人福祉的刑事政策变动应当受以抑制。最后，应当结合低龄未成年人相关社会科学及自然科学的研究，才可以实现少年司法刑事政策制定的科学化与稳定化的目的。就本文涉及刑事责任年龄设定的问题而言，发展心理学的研究成果可以为低龄未成年人的心智成熟度提供充分的科学依据[28]，而对市民社会意义上自主性的研究又可以为低龄未成年人社会化程度提供科学论证。

---

[23] 参见程捷：《刑事政策视野下的〈预防未成年人犯罪法〉修正》，载《少年儿童研究》2020 年第 10 期，第 46 页。

[24] Vgl. Franz von Liszt，Strafrechtliche Aufsätze und Vorträge，Band I.，Berlin，J. Guttentag，1905，S. 347.

[25] Vgl. Heribert Ostendorf，Persönlicher und sachlicher Anwendungsbereich des JGG-Die strafrechtliche Verfolgung von Kindern，in：FS-Pongratz，München，Schweitzer，1986，S. 63－74.

[26] Vgl. Lösel，Bliesener，Zur Altersgrenze strafrechtlicher Verantwortlichkeit von Jugendlichen auspsychologischer Sich，DVJJ-Journal，1997（4），S. 380－381.

[27] 刘仁文：《论刑事政策的制定》，载《金陵法律评论》2001 年秋季卷，第 20 页。

[28] Vgl. Paul，Zehn Vorschläge zur Reform des deutschen Föderalismus，ZRP，2000，S. 204－205.

2. 发展心理学的研究成果

规范设定应当将社会科学研究的成果作为重要的参考。在发展心理学上，其对低龄未成年人的心智发展成熟和行动成熟做了详细的科学研究，可以为刑事责任年龄界限的划分提供充分的科学依据。其中，发展心理学的奠基人让·皮亚杰在 1932 年的研究中认为，14 周岁之前的未成年人就已经对道德有所掌握并予以遵守，发展心理学中的"道德"，是指对规范体系的尊重。而劳伦斯·科尔伯格在皮亚杰研究的基础之上，重点研究未成年人对道德意识的认识，并进一步研究年龄与认知能力的对应关系。科尔伯格的道德意识理论认为，未成年人在成长过程中会经历三个不同的判断阶段，六个不同程度的发展层次。[29] 结合现代刑法规范调整的各种社会关系，若以低水平道德的要求作为发展心理学研究的认知内容，未成年人发展到第一层次的道德发展水平就已经满足认知日常规范的能力。科尔伯格的研究认为，14 周岁的未成年人已经处于道德发展水平的第二层次至第四层次，故而，"十四周岁的未成年人已经完成第一层次的道德发展（对规范和制裁的倾向），可以产生对规范的认识能力"[30]。但是这种对规范的认识并不能直接推导出已满 14 周岁的未成年人对自身行为性质具有认知能力。

为了进一步在对规范和行为性质的认知上架构起桥梁，发展心理学近来的代表人物艾娃和米歇尔以低龄未成年人完成"自我发展性任务"作为研究对象，测试不同年龄段的未成年人对发展性任务的了解程度，进而据此判断低龄未成年人对行为性质的认知程度。其中，关于未成年人自我发展任务包含了自身对校园伙伴、家庭成员以及社会人员的评价，这种评价背后涉及自我定位、性别认知和价值判断等诸多领域。艾娃和米歇尔将小学到中学的学生作为测试人员，因而这种研究更具有独特的针对性。研究结果表明，在未满 14 周岁的低龄未成年人群体中，对于"自我发展性任务"的认知完成度仅为 25%至 58%；而在 15 周岁及以上的未成年人群体中，对于"自我发展性任务"的认知完成度在 43%至 70%。[31] 15 周岁及以上的未成年人只有在涉及"未来自我规划"的发展性任务上与未满 14 周岁及以下的未成年人的完成度相差无几，但已满 15 周岁的未成年人在其余的"自我发展性任务"上具有很高的完成度。通过发展心理学研究的成果，不难发现，低龄未成年人在 15 周岁这个特殊年龄阶段中，不仅在道德发展水平上具备对规范的认识能力，还在自我发展性任务中具备了对行为性质的认知能力。换言之，已满 15 周岁的未成年人对自身行为性质与规范之间的联系关系具有清楚的认知能力，而这种认知能力恰恰是行为人承担刑事责任的前提条件。

3. 低龄未成年人在社会意义上的自主性

将达到刑事责任年龄作为具备刑事责任能力的推定条件，是公民承担刑事责任的前提。具体来说，刑事责任被理解为，"对非法行为缺乏支配性法律动机的管辖权

---

[29] Vgl. Lösel, Bliesener, Zur Altersgrenze strafrechtlicher Verantwortlichkeit von Jugendlichen auspsychologischer Sich, DVJJ-Journal, 1997 (4), S. 388.

[30] Vgl. Bohnert, Strafmündigkeit und Normkenntnis, NStZ, 1988, S. 249 - 251.

[31] Vgl. Dreher, E. Dreher, M., Wahrnehmung und Bewältigung von Entwicklungsaufgaben im Jugendalter: Fragen, Ergebnisse und Hypothesen zum Konzept einer Entwicklungs-und Pädagogischen Psychologie des Jugendalters in: R. Oerter (Hrsg.): Lebensbewältigung im Jugendatler, Hoboken, VHC, 1985, S. 30 - 61.

(Zuständigkeit)"[32]。由此，当公民对其非法行为具有管理能力时，才能被视为具有刑事责任能力。具有刑事责任能力的行为人可以独立参与到社会生活中，并在社会中表达自己的意志。此时，行为人的行为具有交流相关性（kommunikative Relevanz）。[33] 行为在其交流的层面上被认为是向社会传递信息。行为人实施犯罪行为，实际上就是行为人向社会传递对规范违反的信息，而随后的刑罚则是社会向行为人传递规范有效性的信息。简言之，刑事责任能力包含行为人具备在社会上与规范进行交流的能力。故而，关于刑事责任能力的判断，就要确认低龄未成年人从什么时候起，可以被认为具有社会意义上的自主性，进而可以在社会上与规范进行交流。

低龄未成年人在社会意义上的自主性体现在公民个体社会化的完成。而公民个体社会化又是通过社会基础教育的方式，进而使其具备社会参与能力。迈耶（Meyer）认为，"社会参与能力是指在社会交往活动中遵守规则、表达意见与塑造世界等能力"[34]。这种社会参与能力可以体现出公民与社会规范进行交流的能力程度，是承担刑事责任的前提。具体来说，公民只有在完成基础教育后，才能具备参与社会活动相关的知识储备，进而获得社会参与的能力。依据《中华人民共和国义务教育法》第十一条的规定，凡年满 6 周岁的儿童应当接受规定年限的义务教育。按照我国当下九年义务教育的规定，未成年人完成基础教育的年龄应在 15 周岁。当未成年人年满 15 周岁时，完成法定的基础教育，离开学校，才真正意义上代表着其开始社会生活。故而，就接受九年义务教育而言，在我国，这不仅是低龄未成年人所必须履行的义务，也是国家和社会促进低龄未成年人完成社会化的重要义务。在九年义务教育阶段，低龄未成年人在学校不仅学习文化知识，还在潜移默化中养成遵守规范的意识。对于完成九年义务教育的未成年人而言，离开校园意味着完成对基础知识的掌握、形成公民主体意识以及参与成人社会。"在这个意义上，离校的年龄可以被视为未成年人在社会上进行自我负责的开始。"[35] 故而，当低龄未成年人处在校园基础教育的阶段，其本身仍旧处在公民个体社会化的过程中，不具备与规范进行交流的能力。此时，若将最低刑事责任年龄设定为低于完成九年义务基础教育的离校年龄，显然是将不具备与规范进行交流能力的低龄未成年人纳入刑法归责的主体中，这实际上是国家与社会对自身承担教育公民任务的缺位。

结合上文所述，笔者主张应以少年司法中保护主义的刑事政策作为指导，建立起以增进未成年人福祉作为核心内容的少年司法刑事政策。在面临刑事责任年龄设定时，少年司法刑事政策不应受到社会情绪化反应影响而改变，而是应当回归刑事政策制定科学化的路径，进而保障少年司法刑事政策在法律体系中的统一性与稳定性。发展心理学以及公民自主性的相关研究为低龄未成年人刑事责任能力成熟的年龄界限提供了理论基础，进而笔者主张我国刑事责任最低年龄不应降低，反而应当提高至 15 周岁。15 周岁作为最低刑事责任年龄的设定，不仅在我国历史上曾经被予以规定，在当下域外国家法

㉜ Vgl. Günther Jakobs，Strafrecht，Allgemeiner Teil，2. Aufl.，Berlin，De Gruyter，1991，§ 17 Rn. 1.

㉝ Vgl. Tatjana Hörnle，Straftheorien，Tübingen，Mohr Siebeck，2017，S. 27.

㉞ Vgl. Hans Meyer. in：Isensee/Kirchhof（Hrsg.），Handbuch des Staatsrechts，Bd. Ⅲ，Heidelberg，C. F. Müller，2005，§ 46 Rn. 12.

㉟ Vgl. Franz von Liszt，Strafrechtliche Aufsätze und Vorträge，Band I.，Berlin，J. Guttentag，1905，S. 344.

律制度中也占有一席之地。更重要的是，结合社会科学和脑科学的研究，只有当未成年人达到15周岁的时候，才具有对行为和规范联系的清楚认知；只有完成公民个体社会化的阶段，才能被视为承担刑事责任的主体。

三、未成年人刑罚理念与罪责能力判断规则的重塑

（一）少年司法中刑罚理念的重塑

新闻媒体对低龄未成年人恶性犯罪案件的报道，激起社会舆论对刑事责任年龄降低的强烈呼声，这背后实际上传递出社会大众对当下低龄未成年人犯罪治理的不满。甚至，有观点认为，"刑事责任年龄界限的存在为低龄未成年人逃脱刑罚的制裁提供便利"[36]。降低刑事责任年龄看似可以将低龄未成年罪犯绳之以法，通过国家刑罚权发动的方式更好地保障被害人及其亲属的利益[37]，但是，这忽视了低龄未成年人背后的犯罪原因：家庭和社会缺乏相应的教育和正确引导才是造成一系列悲剧的主要原因。[38] 对降低刑事责任年龄的争议，实质上是少年司法中不同刑罚理念冲突的表现。刑法古典主义者认为，"对低龄未成年罪犯动用刑罚，是对受害者最朴素正义的回应"[39]。但刑法实证主义者猛烈地批评了刑法古典主义中低龄未成年人犯罪与成人犯罪混同处理的做法。刑法实证主义者认为，"刑法的教育功能应当在少年司法中发挥主要作用，而惩罚功能不是少年司法追求的目的"[40]。无论是以教育为主的刑法实证主义理论，还是以惩罚为主的刑法古典主义理论，都不能化解当下少年司法中刑罚尴尬的理论争议。当前刑罚理论在少年司法中表现出教育目的与惩罚目的互斥的特点，而这种互斥性的特点是将教育和惩罚置于对立面造成的。故，笔者主张重新梳理少年司法中刑罚的惩罚功能和教育功能之间的关系，进而重塑少年司法中的刑罚理念。

1. 少年司法中教育与惩罚的正当性

第一，少年司法中刑罚的教育功能具有正当性。不可否认，低龄未成年人的犯罪原因与成年人的犯罪原因是不同的。低龄未成年人由于处在身心发育阶段，受客观外界的影响较大，其自由意志难以在实施犯罪行为中发挥主要作用。换言之，低龄未成年人处在大脑发育成长与社会化的双重阶段，其对行为与规范之间不具有清楚的认知能力。故而，对低龄未成年罪犯进行教育和正确引导，可以促进其完善对行为和规范之间的认识，与成年罪犯相比，刑罚的教育功能可以更好地帮助未成年罪犯回归社会以及降低未来的再犯率。少年司法中的教育功能在特殊预防上，可以达到更好的效果。

第二，少年司法中刑罚的惩罚功能具有正当性。表达刑罚目的论者霍恩尔（Hörnle）主张，社会规范是作为一种社会成员沟通交流的模式而被保留下来的，行为人实施犯罪行为实质上是对社会规范有效性的否认，国家对行为人施加刑罚是对犯罪行

---

[36] Vgl. Günther Jakobs，Strafrecht，Allgemeiner Teil，2. Aufl.，Berlin，De Gruyter，1991，§1 Rn. 21.

[37] 参见车浩：《被害人教义学在德国：源流、发展与局限》，载《政治与法律》2017年第10期，第2页。

[38] 参见李萌、涂龙科：《我国青少年犯罪的案件分布及影响因素研究》，载《青少年犯罪问题》2020年第3期，第104页。

[39] Vgl. Günter Jerouschek，Straftat und Traumatisierung，JZ，2000，S. 185 - 194.

[40] 王登辉：《降低未成年人刑事责任年龄的基本问题研究》，载《西南政法大学学报》2020年第4期，第74页。

为的否定性评价，并进而确认规范有效性。故而，国家针对罪犯施加刑罚的过程在本质上是可以被视为一种沟通交流行为。“刑罚作为国家沟通交流的工具，所指向的对象不仅包括行为人，还包含受害者和第三人在内。”㊶ “刑罚的本质在于施加痛苦，强化记忆。”㊷ 在刑罚发展的历史中，国家垄断了发动刑罚的权力，并发展出刑事责任和刑罚相对应的“赎罪原则”，罪犯通过接受刑罚的执行进而赎罪。㊸ 针对未成年罪犯实施的犯罪行为，国家施加刑罚不仅是为了加强未成年人对犯罪行为的痛苦记忆，同时也是为了抚慰受害者及社会公众的不满情绪。对于受害者而言，刑罚的报应是对最朴素正义的实现。故而，刑罚的惩罚功能在少年司法中是不可或缺的。

2. 少年司法中教育理念的重塑

刑罚的教育功能和惩罚功能都是源于刑罚本身所具有的特性，在理论上具有正当性，不能在少年司法中就偏颇重视某一种刑罚所具有的功能。中国教育舆情管理系统曾在一周内就搜集到有关校园欺凌的评论信息一万五千余条，其中的负面评价信息多达八千五百多条，当下社会公众对校园安全的担忧以及对未成年人犯罪的忍耐力都在下降。㊹ 若在社会公众对未成年人犯罪报以不满情绪时，一味追究刑罚的教育功能而对未成年罪犯进行宽宥，这势必会造成社会公众更大的消极情绪。社会公众的消极情绪体现出了对少年司法中刑罚教育功能的失望，这种失望的主要原因是由于国家对未成年人进行刑事制裁时，割裂了刑罚的惩罚性，而过分夸大了教育功能对未成年人特别预防效果的期望。㊺ 因而，为了防止教育理念所带来的负面效应，对少年司法中刑罚教育功能的重塑势在必行。笔者主张，从少年司法的目标和制裁手段等维度对教育理念进行重塑。

第一，教育本身并不是少年司法的目的，而是达到目的的手段。少年司法的目标，是帮助偏轨的未成年人回归社会，保障社会公众未来不再受该罪犯的侵害。而基于未成年人心智尚未成熟、具有较强可塑性的特征，教育可以作为实现少年司法目标的手段。“若将教育作为目的，刑罚很有可能异化成为侵害公民自由的利器。”㊻ 故而，当国家将保障所有公民处于安全生活的自由状态作为任务时，教育理念只能被作为实现这一任务的手段。

第二，教育不能被作为适用何种制裁手段的理由。任何刑罚制裁手段都不能脱离刑罚本身所具有的痛苦性特征。“刑罚的意义在于维护社会公众对法规范有效性的信赖，而法规范的有效性需要借助国家强制力的外在保护得以确认。”㊼ 国家建立起“罪行—责任”相对应的刑罚赎罪体系，若将教育作为改变刑罚制裁方式的理由，则会瓦解这种

㊶ Vgl. Tatjana Hörnle，Straftheorien，Tübingen，Mohr Siebeck，2017，S. 23.

㊷ Vgl. Friedrich Nietzsche，Zur Genealogie der Moral，Hamburg，Nikol，2017，S. 55－56.

㊸ Vgl. Jean-Christophe Merle，Strafen aus Respekt vor der Menschenwürde，Berlin，De Gruyter，2007，S. 138－139.

㊹ 参见贾健：《我国未成年人犯罪刑事政策的反思与重构》，载《西南政法大学学报》2020年第4期，第67页。

㊺ 参见赵秉志、袁彬：《我国未成年人犯罪刑事立法的发展与完善》，载《中国刑事法杂志》2010年第3期，第10页。

㊻ Vgl. Wolfgang Heinz，Kinder-und Jugendkriminalität ist der Strafgesetzgeber gefordert?，ZStW，2002（114），S. 576－577.

㊼ 陈金林：《从等价报应到积极的一般预防——黑格尔刑罚理论的新解读及其启示》，载《清华法学》2014年第5期，第156页。

赎罪体系的正当性基础，破坏社会公众对法规范的信赖。这也恰恰是社会公众对当下未成年人犯罪治理不满情绪的来源。故而，对于未成年罪犯施加刑罚也是维护法规范有效性的必要手段，不能将教育作为改变刑罚措施甚至减免刑罚的理由。

（二）未成年人刑事责任能力判断的重塑：双层次的实质判断规则

重塑后的少年司法刑罚理念不再将教育和惩罚置于相互排斥的对立面，而是将教育作为帮助未成年罪犯回归社会的手段，将惩罚作为加强未成年罪犯记忆与回应社会不满情绪的手段。只有从有益未成年罪犯个体发展的角度和维护社会规范整体有效的角度，才能将个人正义与社会正义协调统一起来。在少年司法刑罚理念重塑影响下，未成年人罪责能力判断规则也应同时兼具社会正义与个案正义。但当下仅依靠刑事责任年龄作为未成年人罪责能力成立的判断规则，是远远不能实现社会正义与个案正义的统一的。应当在最低刑事责任年龄的形式判断基础上，依据个体成熟度构建未成年人罪责能力的实质判断规则。

具体来说，刑事责任年龄作为刑事责任能力的表征，在我国刑事责任理论体系中属于形式的罪责排除事由。但结合上文对最低刑事责任年龄的论证，只有 15 周岁以上的主体才具有完全认识规范的能力，当其完成了个体社会化的过程后，才能成为刑事责任承担的主体。可是刑事法律研究不能脱离现行法而空谈理论设想，必须正视当下《刑法修正案（十一）》已经生效并得以实施的现实，刑法已经将 12 周岁以上涉嫌特定犯罪的低龄未成年人纳入调整对象。然而，不论是本文所主张的 15 周岁，还是立法调整后规定的 12 周岁，这种“一刀切式”地以年龄作为标准来确定未成年人刑事责任能力成立与否的判断方式，忽视了在每个具体的刑事案件中低龄未成年人身心发展具有主体差异性的客观特征。故而，笔者主张对 12 周岁到 15 周岁的低龄未成年人进行刑事责任能力判断时，应当建立起“智育和德育作为第一层次、认识和行动抑制作为第二层次”的双层刑事责任能力实质判断规则。只有通过这种对低龄未成年人刑事责任能力的实质判断，才能够规避立法调整所可能带来扩大刑罚处罚范围的弊端，进而实现社会正义与个案正义的有机统一。

1. 智育和德育作为第一层次

未成年人罪责能力实质判断规则的第一层必须以行为人在行为时的智育水平和德育水平作为判断资料。行为人的智育水平是指行为人本身的智力发展状态能否满足对社会规范作出认识的要求。行为人能否具有作出认识的能力是依赖于自身认知功能的成长的。而行为人这种认知功能的完善也是其脑部神经系统发展成熟的重要标志。具体来说，“认知功能指人类在觉醒状态下始终存在的各种有意识的精神活动，包括感觉、知觉、记忆、思维、语言、想象力和执行力”[48]。此处对行为人智育水平的判断不涉及对具体违反规范的认识，而是仅限于能否具有作出认识的能力。“结合当下的医学脑部诊断，未成年人的智力发展状态可以据此作出评估”[49]。

㊽ 陆雯、张禹、毛志雄：《青少年锻炼相关认知功能测量方法综述》，载《山东体育科技》2012 年第 6 期，第 49 页。

㊾ Vgl. Bliesener Lösel, Zur Altersgrenze strafrechtlicher Verantwortlichkeit von Jugendlichen auspsychologischer Sicht. DVJJ-Journal, 1997 (4), S. 379.

而行为人的德育水平则是指行为人本身道德发展的状态是否能满足对社会规范作出反应的要求。发展心理学的研究成果可为未成年人道德发展状态的成熟度提供判断资料。其中，埃瑟（Esser）、弗里茨（Fritz）和施密特（Schmidt）在 1991 年提出道德发展状态的评估应包含以下十个发展领域：（1）现实生活规划；（2）独立于父母；（3）独立于同行和伙伴；（4）认真对待工作和学业的态度；（5）外部印象；（6）现实的日常应对；（7）同龄人或年长朋友的相处；（8）团结的能力；（9）爱情与性爱的融合；（10）一致的、可预测的心情。[50] 借助心理咨询师对未成年人道德发展状态的评估，可以判断是否满足对规范作出反应的要求。通过在智育水平和德育水平这两个发展维度上的考察，行为人在第一层次的刑事责任能力成熟度可以依据医学对脑部的客观诊断（智育）以及心理咨询师对道德发展状态（德育）进行判断。

2. 认识和行动抑制作为第二层次

只有满足刑事责任能力实质判断第一层次的要求，未成年人才有可能具备对不法认识和抑制行动的能力。刑事责任能力判断的第二层，涉及行为人对个人实现犯罪构成要件认识与行动相关方面的成熟度的认知，即认识到行为的不法，并根据这种认识抑制不法行为的实施。

（1）认识能力。

认识能力作为刑事责任能力的重要组成部分，实际上是建立在第一层次刑事责任能力基础之上的后续能力。换言之，“行为人具有认识能力的前提是智力发展成熟（认知性成熟）和道德发展成熟（伦理性成熟），但这两者并不一定同时发展”[51]。道德发展的成熟不仅仅体现在世界观的形成，还包括了相关社会情感的发展。在认识能力的判断中，不要求未成年人将行为所造成的刑事责任作为认识内容，而要求行为人将行为的实质不法作为认识内容。对行为人在行为时的认识能力不能笼统地进行“一刀切式”的认定，而是要根据具体的不法行为内容来进行确定。故而，第二层次的认识能力实质上是依据未成年人心理上的主观内容进行判断的。具体来说，这种心理主观的内容是未成年人从价值和规范这两个层面对自身行为和外在社会互动关系间所形成的心理感知。这有可能意味着，同一个未成年人实施的一种行为具有刑事责任能力，但当他实施一种性质极为复杂的行为时便不具有刑事责任能力。这就需要法官在结合现有证据和庭审讯问的基础上，对未成年罪犯是否对实施的犯罪行为具有认识能力作出具体判断。

（2）行动抑制能力。

只有当未成年人具有成熟的认识能力和不法认识时，才有可能进一步对行动抑制能力进行判断。从学界讨论状况来看，其将这种行动抑制能力归入意志自由问题的研究。早在 19 世纪末，“通过行为的动机来确定对规范的选择”[52] 就被认为是对意志自由问题

---

[50] Vgl. Fritz-Stratmann A，Esser G，Schmidt M H，Die Beurteilung der sittlichen Reife Heranwachsender im Sinne des Paragraph 105 JGG. Versuch einer Operationalisierung. Monatsschrift für Kriminologie und Strafrechtsreform，1991，74（6），S. 356－357.

[51] Vgl. Heribert Ostendorf，Die Prüfung der strafrechtlichen Verantwortlichkeit nach § 3 JGG—der erste Einstieg in die Diversion. JuristenZeitung，1986，41（14），S. 664.

[52] Vgl. Franz von Liszt，Die strafrechtliche Zurechnungsfähigkeit. ZStW，1897，17（Jahresband），S. 70－75.

强有力的论证，这种观念下的论证路径一直影响到了现在。因而，在对未成年人的行动抑制能力进行判断时，未成年人的意志自由也成为绕不开的问题。在这种意志自由作为规范性设定的思考路径下，未成年人对行动抑制能力的成熟度可以依据其自身对规范认知的反应作出判断。具体来说，法官可以通过“行动的特定目的”、“一般行为人标准的反应”与“规范确认的需求”等三个阶段对未成年人的行动抑制能力进行判断。

首先，“行动的特定目的”是行为人基于意志自由而作出选择的重要体现，这种“行动的特定目的”是行为人实施行为背后所追求的目的。若未成年人实施的行为所追求的特定目的是与规范保护的目的不相符合的，则可以认定该未成年人作出违反规范的意思表达；反之，未成年人实施行为的目的与规范保护的目的是一致的，即便实施的行为造成损害，则依然可以认定该未成年人表达出的是对规范遵守的意思。其次，“一般行为人标准的反应”是行动抑制能力的外在表现，这种“一般行为人标准的反应”是指对未成年人的行动抑制能力进行判断时，应将他们的行为与社会一般人的行为作出同等评价，观察社会一般人在面临相同处境下对规范作出遵守还是违反的反应。若社会一般人作出遵守规范的反应，则视为未成年人具有行动抑制能力；反之，则否定未成年人具有行动抑制能力。最后，“规范确认的需求”则是对未成年人行动抑制能力的消极判断，如果未成年人所实施的行动不影响在法秩序中规范有效性的确认，那么就不存在确认规范的需求，进而可以否定未成年人行动抑制能力的成立。

间接正犯抑或狭义共犯

——利用未达刑事责任年龄者创设禁止之风险

方向楠*

摘要：关于“有责任能力者利用未达刑事责任年龄者创设禁止之风险”的定性问题，间接正犯说获得我国实务界的普遍支持，而狭义共犯说则缺乏我国判例的有力支持。具体分析说的部分观点虽与间接正犯说的结论一致，但其观点因自相矛盾而无法达至体系内部的逻辑自洽。揭示具体分析说的逻辑矛盾，回应间接正犯说遭受的批判，论证间接正犯说的法理基础，提倡责任能力属于构成要件该当性阶层的、不成文的、责任构成要件要素。“有责任能力者利用未达刑事责任年龄者创设禁止之风险”至多被评价为间接正犯，而非狭义共犯；“未达刑事责任年龄者被有责任能力者利用而创设禁止之风险”至多被评价为间接正犯的工具，而非狭义共犯所从属的正犯。

关键词：刑事责任年龄；间接正犯；工具；狭义共犯；正犯

前　言

在“有责任能力者利用未达刑事责任年龄者创设禁止之风险”的场景中，关于利用者的行为定性存在间接正犯说与狭义共犯说等学说分歧，关于被利用者的举止评价亦存在工具说与正犯说等对立观点。如果利用者的行为被视为狭义共犯，则被利用者虽终因其未达刑事责任年龄而不构成犯罪，但会因其举止被评价为“狭义共犯所从属的正犯”而具有“刑事违法性”，因其举止被评价为“刑事不法”而被贴上“刑事不法分子”的标签。由于不同理论已为我们提供多种评价选项，因此法律系统在有选择余地的情况下，将利用者的行为视为狭义共犯而非间接正犯，将被利用者的举止视为正犯而非工具，那么此种评价选项的抉择所带来的后果或许并不符合《中华人民共和国未成年人保护法》第4条关于“保护未成年人，应当坚持最有利于未成年人的原则”的规定。

换言之，虽然“有责任能力者利用未达刑事责任年龄者创设禁止之风险”必然构成犯罪，但刑法对于利用者行为定性的不同却将直接导致刑法系统、整体法律系统乃至社会系统对于被利用的未达刑事责任年龄者的举止评价存在天壤之别。由此可见，关于“有责任能力者利用未达刑事责任年龄者创设禁止之风险”的定性分歧并不局限于刑法系统内部的概念之争，而是会在整体法律系统与社会系统的层面上产生一系列连锁反应

---

* 方向楠，汕头大学法学院讲师。

与附随后果，不可不慎。此外，围绕该问题的不同回答，可能衍生出“责任能力在犯罪论体系内部的功能定位”“不法与罪责的阶层区分”“对于未达刑事责任年龄者被利用创设禁止之风险能否予以正当防卫”等关联性问题，牵一发而动全身，确有研究之必要。

一、学界的争鸣

关于如何评价“有责任能力者利用未达刑事责任年龄者创设禁止之风险”的问题，目前学界存在间接正犯说、狭义共犯说、具体分析说等学说分歧。所谓“间接正犯说”，是指有责任能力者利用未达刑事责任年龄者创设禁止之风险至多构成间接正犯，而不可能构成狭义共犯。所谓“狭义共犯说”，是指有责任能力者利用未达刑事责任年龄者创设禁止之风险不可能构成间接正犯，而应一律以狭义共犯论处。所谓“具体分析说”，则是在间接正犯与狭义共犯的结论之间摇摆不定，要么是根据被利用的未达刑事责任年龄者在存在论层面上是否具有规范意识和意思能力等事实因素来对利用者开展刑法评价，要么是基于“限制从属性规则”在规范论层面上选择将有责任能力者利用未达刑事责任年龄者创设禁止之风险评价为狭义共犯而非间接正犯。与学界的百家争鸣不同，由于支持“一概按照间接正犯处理”的判例在我国司法实务界较为常见，故间接正犯说在我国司法实践中处于优势地位。①

（一）间接正犯说

1. 我国刑法学通说的立场

我国刑法学理论通说主张“利用未达刑事责任年龄者实施犯罪”一定构成间接正犯。自然人若要符合共同犯罪的主体要件，则必须达到刑事责任年龄、具有刑事责任能力。在多个自然人参与的犯罪中，如果仅有一人符合犯罪主体的条件，而其他人均未达到刑事责任年龄或不具有刑事责任能力，则不属于共同犯罪。具体而言，如果达到刑事责任年龄、具有刑事责任能力的自然人去教唆或帮助未达到刑事责任年龄或不具有刑事责任能力的自然人去实施犯罪，则前者属于间接正犯，不与后者构成共同犯罪。② 反之，如果未达到刑事责任年龄或不具有刑事责任能力的自然人去教唆或帮助达到刑事责任年龄、具有刑事责任能力的自然人去实施犯罪，则前者不构成犯罪，后者构成犯罪，二者亦不属于共同犯罪。③

2. Jescheck 教授的观点

对于“幕后操纵者（der Hintermann）将无责任能力者作为犯罪工具（Werkzeug）去实施犯罪”的行为，Jescheck 教授认为其既可能被评价为间接正犯，亦可能基于“限制的从属性”理论所主张的“从属性限制”（Limitierng der Akzessorität）而被划分为教唆犯。至于利用者到底是构成间接正犯还是教唆犯，区分的关键在于依据事实标准（tatsächlichen Kriterien）或法律标准（rechtlichen Kriterien）来判断幕后操纵者的行为

① 参见付立庆：《阶层体系下间接正犯与教唆犯的区分标准：理论展开与实践检验》，载《华东政法大学学报》2018 年第 6 期，第 48 页。

② 参见《刑法学》编写组：《刑法学》（上册·总论），高等教育出版社 2019 年版，第 229 页。

③ 参见前注②，《刑法学》编写组编，第 230 页。

支配状况。[④] 一方面，间接正犯是指幕后操纵者利用他人作为自己实施犯罪的工具，基于其“优势”（Übergewicht）而实现了能够与直接正犯相等价的行为支配（Tatherrschaft）。[⑤] 因此，在间接正犯的情况下，行为支配的先决条件是整个事件表现为幕后操纵者操纵意志（des steuernden Willens）的“作品”（Werk），而幕后操纵者则是通过其影响力（Einfluß）来控制其“行为媒介”（Tatmittler）。[⑥] 另一方面，即使正犯的行为决意乃受幕后操纵者的强大影响而形成，但只要幕后操纵者在事实上或多或少地操纵了他人并导致他人产生行为决意，则幕后操纵者将构成教唆犯，而非间接正犯。[⑦]

虽然如此，Jescheck 教授却认为由于间接正犯相对于狭义共犯而言享有优势地位（den Vorrang），故即使无责任能力者对于自己的行为具有行为支配，刑法仍可将其幕后操纵者的行为评价为间接正犯而非教唆犯。[⑧] 具体而言，由于 Jescheck 教授将“行为支配”理解为“幕后操纵者基于其对法律的掌握（aufgrund rechtlicher Überlegenheit）而操纵事件（die Beherrschung des Geschehens）”，故“所有的有意识地利用无责任能力者去实施犯罪行为的幕后操纵者”均应被评价为间接正犯。即使该无责任能力的幕前人在事实上能够认识到自己行为的违法性，其幕后操纵者仍然构成间接正犯。例如，行为人让男孩实施犯罪行为，即使该男孩不仅对其自身行为的违法性拥有充分的认知，而且主动地实施了犯罪行为，行为人仍然构成间接正犯，而非教唆犯。[⑨]

3. Stratenwerth 教授的主张

Stratenwerth 教授认为如果利用未达刑事责任年龄者实施犯罪，则可能成立间接正犯。当作为行为媒介的未达刑事责任年龄者实现了犯罪构成要件时，虽然作为行为媒介的未达刑事责任年龄者可以被肯定“具备有目的地实施行为的能力”与“支配了行为”，但幕后操纵者仍然被普遍认为是正犯：如果幕后操纵者“说服了”未达刑事责任年龄者实施犯罪，而不仅仅是“支持”未达刑事责任年龄者实施犯罪，则该幕后操纵者构成间接正犯。一方面，Stratenwerth 教授反对“事实参与理论”，即反对以“谁只是在事实上参与了犯罪事件”为标准来判断幕后操纵者是构成狭义共犯或间接正犯。因为未达刑事责任年龄者虽然没有责任能力，但或多或少仍然能够“独立地行为”。然而，由于此种所谓的“独立行为的程度”不可能被进一步确定，故此种“不确定性”将导致“事实参与理论”不值得被提倡。[⑩] 另一方面，Stratenwerth 教授赞同“法律担责理论”，即赞同以“从法律角度考虑谁可能为犯罪事件承担责任”为标准来判断幕后操纵者是构成狭义共犯或间接正犯。如果幕后操纵者令未达刑事责任年龄者为其实施犯罪行为而应为该行为单独承担法律责任，则该幕后操纵者应被评价为间接正犯。[⑪]

---

④ Vgl. Jescheck/Weigend，Lehrbuch des Strafrechts Allgemeiner Teil，5. Aufl. 1996，S. 668.

⑤ 参见前注④，S. 653。

⑥ 参见前注④，S. 664。

⑦ 参见前注④，S. 653。

⑧ 参见前注④，S. 664。

⑨ 参见前注④，S. 668。

⑩ Vgl. Stratenwerth/Kuhlen，Strafrecht Allgemeiner Teil Ⅰ. Die Straftat，6. Aufl. 2011，S. 231.

⑪ 参见前注⑩，S. 232。

4. Pawlik 教授的立场

Pawlik 教授认为判断利用者是构成间接正犯抑或是狭义共犯，需要考察利用者在实现其犯罪计划的过程中与其他人是如何共同发挥作用的，需要考察利用者在这些“人为塑造世界而采取的措施”中对于“其自身所负之公民义务是否值得遵守”的具体态度。具体而言，判断利用者是否构成狭义共犯，其前提与必要条件在于作为正犯的其他人是否表现出对“法共同体的参与要求”说“不”的拒绝态度。一方面，Pawlik 教授提出判断一个行为是否构成狭义共犯的必要条件，即只有当作为正犯的其他人表现出对“法共同体的参与要求”说“不”的拒绝态度，方可进一步判断其是否构成狭义共犯：如果利用者是作为参与者去引起、支持了其他人的行为贡献，抑或是以其他方式促进了其他人的行为贡献，则构成狭义共犯。另一方面，Pawlik 教授提出不构成狭义共犯的后续处理方案，即若作为正犯的其他人并不具备对“法共同体的参与要求”说“不”的意义内容，则不论利用者对正犯的行为贡献是起促进作用，或是有以其他方式加以协助的举动，亦不具有对“法共同体的参与要求”说“不”的意义内容。由于与共犯行为相关联的正犯行为必须是在行为人具有责任的前提下得到实施，才能具备对“法共同体的参与要求”说“不”的意义内容，故若正犯不具有责任能力，则只能考虑将“幕后行为人为动摇法秩序稳定性所作出的贡献”认定为间接正犯，并且不会因此而产生不妥当的处罚漏洞。⑫

在“有责任能力者利用未达刑事责任年龄者创设禁止之风险”的场景中，Pawlik 教授之所以主张间接正犯说，一方面是基于对“与法益相关联的解释模式”的批判，另一方面则是基于对“以交谈为指导的解释模式”的展开。一方面，Pawlik 教授认为由于客观不法论在共同犯罪领域选择的是“与法益相关联的解释模式”，从而将共犯理解成“为他人具有法益侵害危险的塑造世界的活动作出贡献的行为”，故很容易将目光仅限于“被害人是否必须忍受其法益遭受侵害”这一视野中。另一方面，Pawlik 教授认为如果在共同犯罪领域选择“以交谈为指导的解释模式”，则将会认识到“与法益相联的解释模式”对犯罪的这种理解是不充分的。“以交谈为指导的解释模式”的核心内容在于考察“行为人针对法共同体的参与要求所持的态度”。在这一模式中，刑事不法表现为公民对于“共同维护既有的自由存在秩序”这一当为义务的违反。由于此种“既有的自由存在秩序”体现在其他具体个人的现实存在的要素之中，故我们可以通过考察具体公民是如何对待“受其行为影响的其他具体个人所发出的团结期待”，从而得以获悉该公民对“法共同体所提出的参与要求”的态度。⑬

（二）狭义共犯说

1. 黎宏教授与姚培培博士的观点

黎宏教授与姚培培博士基于限制从属性理论之立场，认为“间接正犯”概念根本就

⑫ 参见［德］米夏埃尔·帕夫利克：《最近几代人所取得的最为重要的教义学进步？——评刑法中不法与责任的区分》，陈璇译，载［德］米夏埃尔·帕夫利克：《目的与体系：古典哲学基础上的德国刑法学新思考》，赵书鸿等译，法律出版社 2018 年版，第 71 页。

⑬ 参见前注⑫，［德］米夏埃尔·帕夫利克书，第 70 页。

是一个多余的概念，在行为共同说的立场下没有存在的空间。[14] 共同犯罪只是个人实行犯罪的一种方法类型，是为了实现自己的犯罪而利用他人的行为从而扩大自己行为的因果影响范围的一种形式，属于各共犯相互之间的个别利用关系，故只要有共同行为就能构成共同犯罪，而不问参与行动的各方是否具有责任能力。[15] 在利用未达刑事责任年龄者创设禁止之风险的场合，利用者构成教唆犯而非间接正犯。[16]

2. 梁根林教授的主张

梁根林教授赞同黎宏教授等学者放弃间接正犯概念之主张，认为无论被教唆的未达刑事责任年龄者是否具有规范意识，亦无论教唆行为仅是“对被教唆者的犯意诱发”或是“对被教唆者的意思支配与行为操控”，对教唆行为一律论以教唆犯。具体而言，可通过判断被教唆的未达刑事责任年龄者是否具有规范意识、教唆者的教唆行为是仅构成犯意诱发抑或是已经达到意思支配、行为操控的程度，从而具体裁量教唆犯在犯罪参与中的具体贡献，分别论以主犯（高概率）或从犯（低概率），并从重处罚。[17] 换言之，由于未达刑事责任年龄者是被教唆犯所利用而创设禁止之风险，故未达刑事责任年龄者应被刑法评价为正犯。

（三）具体分析说

1. 张明楷教授的立场

张明楷教授认为若采用传统通说“先判断责任、再判断不法”的混合认定方法，则无责任能力的犯罪实施者与有责任能力的望风者之间不能成立共同犯罪，而且对有责任能力的望风者亦不能以帮助犯论处，故传统通说的混合认定方法并不妥当，结论无法令人接受，不利于共犯的认定。张明楷教授反对传统通说所主张的混合认定方法的具体理由在于：首先，由于有责任能力者为有责任能力者犯罪而望风之行为将构成帮助犯，则有责任能力者为无责任能力者犯罪而望风之行为更应构成帮助犯；其次，由于有责任能力的望风者没有直接实施实行行为，其望风行为完全不符合直接正犯的成立条件，故对有责任能力的望风者不可能以直接正犯论处；最后，由于只有作为幕后人支配了构成要件实现者方为间接正犯，故对有责任能力的望风者不可能以间接正犯论处。[18]

关于利用无责任能力者犯罪的定性评价，张明楷教授一方面认为幼儿、严重精神病患者等无责任能力者缺乏辨认控制能力，故只能将结果归责于其背后的利用者；但另一方面，张明楷教授又认为利用未达到法定年龄者去实施犯罪并非一律成立间接正犯——因为根据犯罪事实支配说，当被利用的未达到法定年龄者具有辨认控制能力时，则利用者并没有支配被利用者，故利用者不构成间接正犯。[19] 对于未达到法定年龄者所具有的辨认控制能力，张明楷教授独创了“在事实上具有责任能力”这个新术语——所谓的教唆犯是指故意唆使并引起他人实施符合构成要件的违法行为的行为，而教唆犯的教唆对象

---

⑭ 参见黎宏、姚培培：《间接正犯概念不必存在》，载《中国刑事法杂志》2014 年第 4 期，第 35 页。

⑮ 参见黎宏：《刑法学总论》（第 2 版），法律出版社 2016 年版，第 266 页。

⑯ 参见前注⑭，黎宏、姚培培文，第 44 页。

⑰ 参见梁根林：《间接正犯的中国命运》，载《比较法研究》2019 年第 5 期，第 65 页。

⑱ 参见张明楷：《刑法学》（第 5 版），法律出版社 2016 年版，第 380 页。

⑲ 参见张明楷：《刑法学》（第 6 版），法律出版社 2021 年版，第 531 页。

在原则上必须是“实际具有责任能力的人”，但不必是已经达到法定责任年龄的人。因此，即使没有达到法定责任年龄的未成年人，但是若能“在事实上具有责任能力”，则仍可以成为教唆犯的教唆对象。[20]

2. 周光权教授的观点

周光权教授主张被教唆人必须是“具有规范意识、可能形成反对动机的人”，但不必是达到法定刑事责任年龄、具有完全辨认和控制能力的人。如果指使、利用没有规范意识的人去实施犯罪，则教唆行为不成立教唆犯，而只能成立间接正犯。[21] 周光权教授将“利用无责任能力者的行为”区分为“利用精神病人实施犯罪”与“利用未达刑事责任年龄的人实施犯罪”这两种情形。一方面，在“利用精神病人实施犯罪”的情形中，周光权教授认为由于被利用者属于绝对被操纵的人，故利用者成立间接正犯。另一方面，在“利用未达刑事责任年龄的人实施犯罪”的情形中，周光权教授认为根据限制从属性原理，正犯不需要具有有责性，故在“利用未达刑事责任年龄的人实施犯罪”情形中的利用者既可能成立教唆犯，也可能成立间接正犯。如果被利用者虽在一定程度上受到利用者的控制，但是仍然具有规范意识和意思能力，对犯罪有自己的认识和理解，具备有目的地实施犯罪的能力，在犯罪时并没有受到强制，则被利用者对犯罪就具有支配力，该犯罪就属于被利用者自己的“作品”，故被利用者是直接正犯。由于利用者仅是单纯地“支持”被利用者去实施犯罪，而非基于“优势的意思支配”去控制被利用者实施犯罪，即并不像间接正犯那样认为被利用者的犯罪是自己的“作品”，故利用者是教唆犯而非间接正犯。[22] 因此，如果未达到刑事责任年龄的被唆使者已经具有规范意识，能够认识事物，则被唆使者不属于间接正犯中被利用、被支配的工具，唆使者亦不构成间接正犯，二者应当成立共同犯罪，仅在有责性判断上再分别讨论各自的责任，最后因被唆使者未达到刑事责任年龄才“放过”他。[23]

3. Kindhäuser 教授的主张

关于利用无责任能力者犯罪的定性问题，Kindhäuser 教授认为可能会发生间接正犯与教唆犯之间的竞合，但基于“限制从属性理论”而主张“教唆犯优先适用”。

一方面，Kindhäuser 教授认为间接正犯是指由于幕后操纵者（Hintermann）利用了他要依法承担责任的情状而实施行为，且因该情状的存在导致实际执行者（Vordermann）的行为成为“行为媒介”（Tatmittler）或“犯罪工具”（Werkzeug）而不具有“完整的犯罪性”（volldeliktisch），故需要将“实际执行者对构成要件的实现”作为“幕后操纵者自己的正犯性举止”进行归属。幕后操纵者对于实际执行者的具体操控情况，需要进行规范性的解释：一是实际执行者在法律上不能答责，二是幕后操纵者需要从法律上进行答责。由于“实际执行者出现不能答责的任何情况”都可以作为幕后操纵者的责任根据，故若实际执行者没有罪责，则可以被认定为“行为媒介”或“犯罪工

---

[20] 参见前注⑲，张明楷书，第 558 页。

[21] 参见周光权：《刑法总论》（第 4 版），中国人民大学出版社 2021 年版，第 364 页。

[22] 参见前注㉑，周光权书，第 344 页。

[23] 参见周光权：《刑法学习定律》，北京大学出版社 2019 年版，第 161 页。

具”[24]。与此同时，若实际执行者没有罪责，则幕后操纵者可能（möglich）成立间接正犯。例如，幕后操纵者利用“无刑事责任能力的儿童”或利用“少年、精神病人缺乏洞察（die mangelnde Einsichts）或行动控制能力（Steuerungsfähigkeit）的情况”而实施犯罪，则幕后操纵者可能成立间接正犯。但是，另一方面，Kindhäuser 教授虽然主张若“实际执行者没有罪责”则“幕后操纵者在原则上可能成立间接正犯”，但又认为基于“限制从属性规则”（den Regeln der limitierten Akzessorietät）而认为若实际执行者的行为是故意且违法的，则幕后操纵者可能成立教唆犯而非更为严重的间接正犯。[25] 所谓“限制从属性理论”，是指狭义共犯对于实施主行为的正犯具有有限的（limitiert）“限制从属性”（der Teilnahme begrenzt），且可适用共同犯罪的“罪责独立性”，故实施主行为（die Haupttat）的正犯并不必须具有罪责。[26]

（四）学界争议小结

虽然狭义共犯说与间接正犯说在刑法基本立场、犯罪论体系等方面存在根本对立，但二者皆能在各自的理论体系内部实现逻辑自洽。不过，由于狭义共犯说目前缺乏实务界的判例支持，属于绝对的少数说，故目前理论与实践的争议主要聚焦于具体分析说与间接正犯说之间。虽然具体分析说的部分结论能够与间接正犯说的观点达成一致，但因其内部存在难以达至逻辑自洽的体系性矛盾，故本文拟揭示具体分析说的内在矛盾，针对间接正犯说收到的各种商榷性意见予以逐一回应，论证本文主张间接正犯说的理据。

二、具体分析说的自相矛盾

如上文所述，张明楷教授主张存在“虽未达到法定责任年龄的，但在事实上具有责任能力的未成年人”，意味着其将法定责任年龄从责任能力的范畴中剥离出来，并独创了“事实层面的责任能力”与“规范层面的责任能力”这一组新的概念区分。本文认为，这一组新的概念区分不仅将责任能力中的“辨认控制能力”视为“事实层面的责任能力”，并且在将此种“事实层面的责任能力”从“规范层面的责任能力”的范畴之中抽离之后，再将“事实层面的责任能力”前置于违法阶层（包括构成要件该当性与违法性）之中。与此同时，张明楷教授将“法定责任年龄”这一影响责任能力的要素继续留置于责任阶层之中。由此可见，此种区分“事实层面的责任能力”与“规范层面的责任能力”的做法，与 Kindhäuser 教授、Stratenwerth 教授等学者在“对于无责任能力者侵袭之反击”问题上通过创设诸如“准有责的举止”或“真正的正当防卫”等新术语来实现理论变通的高明技巧非常类似。然而，张明楷教授通过在间接正犯、教唆犯等领域对“责任能力”这一概念所实施的手术微操，在违法阶层中加入“事实层面的责任能力”这一概念，俨然属于“责任能力双重地位理论”——这与其所主张的客观违法论、行为共同说、结果无价值论等刑法基本立场之间能否实现体系内部的逻辑自洽呢？诚如梁根林教授所言，虽然间接正犯概念在行为共同说的语境下已无存在之必要，但张明楷

---

[24] Vgl. Kindhäuser，Strafrecht Allgemeiner Teil，8. Aufl. 2017，S. 346.

[25] 参见前注[24]，S. 349。

[26] 参见前注[24]，S. 333。

教授并未相应地发展出“间接正犯否定说”[27]。

如上文所述，对于“未达刑事责任年龄的被利用者成立直接正犯”的情形，周光权教授设定了两个成立条件：一是“被利用者在一定程度上受到利用者的控制”；二是“被利用者在犯罪时并没有受到强制而对犯罪具有支配力”。可是，我们到底如何才能区分“控制”与“强制”二者之间的界限呢？二者之间的程度量化又何以可能呢？此外，关于“能力”的问题，周光权教授一方面在“未达刑事责任年龄的被利用者成立直接正犯”的情形中要求该被利用者必须具有“规范意识和意思能力”，必须对犯罪具有“认识和理解能力”，必须具有“有目的地实施犯罪的能力”；但是，另一方面，周光权教授又认为责任能力是指行为人在行为时具有“能够理解法律的命令与禁止的内容”的能力，并且具有“按照此种理解进行行动的能力”。可是，我们到底如何才能区分“成立直接正犯的、未达刑事责任年龄的被利用者所要求具备的能力”与“责任能力所要求具备的辨认能力与控制能力”之间的界限呢？反之，如果二者根本无法区分，那么是否意味着责任能力其实就是成立直接正犯的必要条件呢？

如上文所述，Kindhäuser 教授一方面认为若“实际执行者没有罪责”则“幕后操纵者可能成立间接正犯”，但在另一方面又基于“限制从属性理论”而认为若“实际执行者的行为是故意且违法的”则“幕后操纵者可能成立教唆犯而非更为严重的间接正犯”。可是，诚如 Kindhäuser 教授自己所言，由于“实际执行者出现不能答责的任何情况”都可以作为幕后操纵者的责任根据，故若“实际执行者没有罪责”则“幕后操纵者可以成立间接正犯”。由此可见，Kindhäuser 教授在共犯从属性、教唆犯与间接正犯之间难以实现体系内部的逻辑自洽。

三、间接正犯说的自我辩护

虽然我国司法实践普遍赞同间接正犯说的立场[28]，但间接正犯说仍受到狭义共犯说与具体分析说的猛烈批判。基于间接正犯说的立场，本文对相关商榷性意见予以回应。

（一）关于间接正犯与狭义共犯的量刑

梁根林教授认为，如果继续使用间接正犯的概念，则无法适当解释《刑法》第 29 条第 1 款后半段“教唆不满十八周岁的人犯罪的，应当从重处罚”的规定。[29] 一方面，如果认为对间接正犯不能从重处罚，则不仅在字面上直接违反《刑法》的规定，而且违背事理与情理。因为教唆已达刑事责任年龄的未成年人犯罪要从重处罚，而教唆未达刑事责任年龄的儿童犯罪居然不能从重处罚，岂非咄咄怪事？另一方面，如果对间接正犯应当从重处罚，则区分间接正犯与教唆犯的意义不复存在。[30] 因此，对于教唆不满 18 周岁的人犯罪的，若根据被教唆者是否达到刑事责任年龄而区分为间接正犯与教唆犯，则存在法理逻辑上的瑕疵与刑事政策选择上的不妥。[31]

㉗ 前注⑰，梁根林文，第 56 页。

㉘ 参见钱叶六：《我国犯罪构成体系的阶层化及共同犯罪的认定》，载《法商研究》2015 年第 2 期，第 148 页。

㉙ 参见前注⑰，梁根林文，第 62 页。

㉚ 参见前注⑰，梁根林文，第 63 页。

㉛ 参见前注⑰，梁根林文，第 64 页。

本文认为上述批判观点有待商榷。正如遗弃罪中的扶养义务并不完全等同于《民法典》所规定的扶养义务，如果《刑法》第 29 条第 1 款后半段中的“教唆”并不完全等同于“教唆犯”的话，则间接正犯对工具的“唆使”就存在被解释为该款所指的“教唆”并继而适用该款的可能。退一步而言，如果间接正犯对工具的“唆使”无法被解释为《刑法》第 29 条第 1 款后半段中的“教唆”，则只能认为该款仅适用于教唆犯，而无法适用于间接正犯。可是，间接正犯虽然无法基于该款而被从重处罚，但这并不必然会导致“教唆已达刑事责任年龄的未成年人犯罪要从重处罚，而教唆未达刑事责任年龄的儿童犯罪居然不能从重处罚”的“咄咄怪事”。因为间接正犯是按照正犯的评价模式来量刑，而教唆犯则需从属于其正犯的情况来量刑，故法律系统虽无法根据《刑法》第 29 条第 1 款来对间接正犯从重处罚，但这并不妨碍法律系统按照正犯的评价模式来对间接正犯予以量刑，而其量刑结果并不必然会比“作为教唆犯而被从重处罚”的结果轻缓。

首先，刑法对于狭义共犯一般以从犯论处。如果《刑法》分则关于某一罪名的条文规定并未呈现出“狭义共犯的正犯化”的立法设计，则法官不能直接根据该罪名所属条款之规定对狭义共犯予以量刑[32]，这是因为该罪名所属条款所设定的法定刑是立法者针对该罪正犯的定向设计，并不直接指涉狭义共犯。虽然刑法对于狭义共犯既可能按照主犯处罚，亦可能按照从犯处罚，但因狭义共犯在通常情况下不会亲自参与实施犯罪，故刑法对其一般以从犯论处。其次，与刑法在通常情况下对狭义共犯以从犯论处的情况不同，刑法不可能按从犯来处罚间接正犯。这是因为间接正犯在本质上属于正犯，故法官应对其直接适用《刑法》分则关于正犯所规定的法定刑，按照主犯予以处罚。[33] 再次，由于符合狭义共犯成立条件的利用行为并不一定符合间接正犯的成立条件，故间接正犯的成立条件比狭义共犯更为严格，相应地，刑法对于间接正犯的量刑在原则上亦应重于狭义共犯。[34] 最后，由于间接正犯属于正犯，而狭义共犯从属于正犯，那么法官既然应当根据《刑法》第 29 条第 1 款之规定对于作为狭义共犯的“利用 14 周岁以上的未成年人实施犯罪”的教唆犯予以从重处罚，那么根据“举轻以明重”的当然推论可知，法官对于作为正犯的“利用未达刑事责任年龄的未成年人实施犯罪”的间接正犯更应从重处罚。

（二）关于《刑法》第 17 条与第 18 条的关系

付立庆教授认为，间接正犯说未能重视未成年人与精神病人的区别。对于精神病人而言，“不能辨认或者控制自己行为”是一个实质标准，也是其不能成为被教唆者的决定性理由。对于未成年人而言，由于刑事立法划定的刑事责任年龄仅是出于保护未成年人的政策考量而推出的形式化标准，未达刑事责任年龄者的实际年龄跨度很大，实际辨认、控制能力也明显有别，故未达刑事责任年龄者未必仅是一个被利用的工具，其和完全不具辨认或控制能力的精神病人存在差别。因此，抹杀二者的差别，并非实事求是的

---

[32] 参见武晓雯：《间接正犯概念的必要性——对基于区分制正犯体系的否定说之回应》，载《清华法学》2019 年第 3 期，第 81 页。

[33] 参见前注[32]，武晓雯文，第 95 页。

[34] 参见前注[32]，武晓雯文，第 83 页。

态度。[35] 钱叶六教授认为，被教唆人如果已具有一定程度的规范意识，则难以被评价为“受他人支配的犯罪工具”。在未成年人完全基于自己的意思实行犯罪，行为人只不过提供帮助的场合，难说其属于支配犯罪进程的核心人物，缺乏将其评价为间接正犯的合理根据。[36]

本文认为上述批判只看到未成年人与精神病人于存在论层面的差异性，而未能看到二者在规范论层面的同一性。由于不能辨认或者不能控制自己行为的精神病人在事实上的确不具有规范理解能力，故《刑法》第 18 条关于精神病人的规定属于注意规定。与之不同，由于部分未达刑事责任年龄者在事实上具有一定程度的规范理解能力，故《刑法》第 17 条关于刑事责任年龄的规定，既具有注意规定的功能，亦具有法律拟制的功能。换言之，《刑法》在规范上将部分“在事实上具有一定程度的规范理解能力的、未达刑事责任年龄的未成年人”拟制为无责任能力者。虽然《刑法》第 18 条与第 17 条的法律功能略有不同，但其在规范层面上的评价结果是高度一致的，即不能辨认或者不能控制自己行为的精神病人与未达刑事责任年龄者皆属于无责任能力者。因此，间接正犯说缺乏抹杀二者区别的前提条件，因为二者在规范上本就无实质区别。如若认为具有一定程度的规范意识的、未达刑事责任年龄的未成年人属于有责任能力者，则是在规范上否定了刑事责任年龄与刑事责任能力的法定关系，违背了刑法教义学的基本精神。

（三）关于正当防卫与紧急避险的适用

付立庆教授认为，如果不将未达刑事责任年龄者的行为评价为“不法侵害”或“违法意义上的犯罪”，而只是评价为“工具”，则将导致司法实务在处理“他人为了保护被害人生命而对未达刑事责任年龄者予以反击”的案件时遭遇难题。[37]

本文认为上述批判观点有待商榷。Jakobs 教授认为所有的紧急权（Notrechten）都是为了分配关于“社会冲突（sozialen Konflikts）的解决（die Lösung）”的成本（der Lasten）。在正当防卫中，由于攻击者（der Angreifer）所实施的行为必须是“违法地攻击”（rechtswidrig angreift），故只有那些“有罪责的攻击者”才需要去承担因其非法攻击所引起的解决社会冲突的成本。反之，如果攻击行为（das Angriffsverhalten）无法作为一种“有罪责的”（schuldhaft）行为而被予以完全归属（voll zurechenbar），则不存在一个“违法的攻击”（rechtswidrigen Angriff）。[38] 换言之，若风险创设者缺乏责任能力，则因其不具有违法性而不可对其施以正当防卫。

诚如冯军教授所言，违法性不仅要求行为应具有法益侵害性，而且要求行为在客观上能够表达出行为人不忠诚于法规范的敌对态度。只有当法律系统可以期待行为人有能力得以避免法益侵害性结果发生之时，行为人的行为才有可能被法律系统评价为不法。相反，那种把违法性仅视为客观上的法益侵害，继而认为儿童砸伤他人的行为构成不法

---

[35] 参见付立庆：《违法意义上犯罪概念的实践展开》，载《清华法学》2017 年第 5 期，第 78 页。

[36] 参见前注[28]，钱叶六文，第 149 页。

[37] 参见前注[35]，付立庆文，第 79 页。

[38] Vgl. Günther Jakobs，Strafrecht，Allgemeiner Teil：die Grundlagen und die Zurechnungslehre. Lehrbuch，2. Aufl. 1991，S. 385－386.

且可用正当防卫予以制止的观点，明显属于责任转嫁，将对儿童造成不公正的损害。[39]冯军教授认为，由于未达刑事责任年龄者永远是值得法律保护的对象，总是属于值得同情者，故刑法应当保护未达刑事责任年龄者，即使其行为损害了他人法益，他人亦不可对其施以正当防卫。[40]

对于未达刑事责任年龄者被利用而创设禁止之风险的举止，虽然不可予以正当防卫，但并不意味着所有的紧急权选项皆被排除。由于唯有“有责任能力者的意义表达”才属于不法，而“无责任能力者的风险举止”则至多是一种不幸，故可据此进一步生产出一系列有益的刑法教义学知识：由于正当防卫的成立条件是“正对负”，攻击性紧急避险的成立条件是“正对正”，防御性紧急避险的成立条件则是“正对零”而非“正对负”，故作为“系统之外的、环境之中的自然或不幸”的“无责任能力者的风险举止”并不属于“系统之内的、具有意义的不法”，并不符合正当防卫所要求的“正对负”的成立条件，而是符合防御性紧急避险所指涉的“正对零”的成立条件。由此可知，面对未达刑事责任年龄者被利用而创设禁止之风险的举止，虽不能予以正当防卫，但可以实施防御性紧急避险。

（四）关于责任能力与不法的关联

何庆仁教授认为，间接正犯说因为忽略区分不法与罪责的阶层属性，不仅导致将本应个别性考察的“罪责”纳入共同的“不法”范围之内，从而陷入个别与共同的冲突之中难以自拔，而且不恰当地缩小了共同犯罪的范围，导致诸如帮助未达刑事责任年龄者“犯罪”等本应被施以刑罚的行为得以逃脱惩罚。然而，如果选择狭义共犯说的立场，则不法意义上的正犯并未缺位，其仅欠缺责任能力而已，故刑法对从属性的帮助行为施以刑罚不仅具有必要性，而且毫无障碍。因此，何庆仁教授呼吁不能无视共犯判断的阶层属性，而应挣脱平面的四要件犯罪构成理论的束缚，将阶层思考引入共犯论之中是完善我国共犯学理的当务之急。[41] 本文认为上述批判观点有待商榷。对此，我们可以参考雅各布斯（Jakobs），教授对于“客观不法理论”与“机械性的人的不法理论”的批判与超越。

如果说古典犯罪论与新古典犯罪论所主张的“客观不法理论”追求的是不法判断对象的客观化与事实化，如果说目的犯罪论与新古典暨目的犯罪论所主张的“人的不法理论”追求的是基于社会一般人这一不法判断主体与判断标准的客观化，那么纯粹规范论所主张的“基于社会角色的客观归属理论”则是在追求主观不法要素的客观化与不法判断标准的客观化。Jakobs 教授认为由韦尔策尔（Welzel）教授所提出的“人的不法”（Personales Unrecht）之概念是一个非常糟糕的描述——将“人格”理解为独立的、具体的东西（die selbständige Einzelheit）。[42] 在 Welzel 教授所主张的“人的不法理论”背

---

[39] 参见冯军：《责任论的现状和课题》，载梁根林、高艳东、［德］埃里克·希尔根多夫主编：《责任理论与责任要素》，北京大学出版社 2020 年版，第 59 页。

[40] 参见冯军：《刑法教义学的立场和方法》，载《中外法学》2014 年第 1 期，第 187 页。

[41] 参见何庆仁：《共犯判断的阶层属性》，载《中国刑事法杂志》2012 年第 7 期，第 20 页。

[42] Vgl. Günther Jakobs, Der strafrechtliche Handlungsbegriff, in: Michael Pawlik (Hrsg.), Günther Jakobs. Strafrechtswissenschaftliche Beiträge, Zu den Grundlagen des Strafrechts und zur Zurechnungslehre, 2017, S. 601.

后的目的行为论之中并没有包括“作出富有意义的价值决断的能力”，仍然局限于“为实现某一目标而以富有意义的方式对手段加以选择”这样一种“机械性的意义”。在刑法的归责中，这种纯粹“机械性的操纵”至多只是一种在教学上具有辅助意义的“中间步骤”，并不是“对意义的表达”。Jakobs 教授认为“人的”一词所指向的不应当是单纯机械性的事务，而应当是在交往方面具有重要意义的事务，但 Welzel 教授却将“无法答责之人的举动”亦冠之以“人的不法”，将人格体局限于其举动的“技术”之上，并没有迈出从“机械性的意义”进入“严格意义上之人的意义”这一步。[43]

受此启发，本文拟在由纯粹规范论所主张的“机能性的人的不法理论”的基础上，通过在不法之中增加“责任能力”这一客观要素来进一步限制不法的成立范围，从而实现不法的评价标准（有责任能力的人格体）与不法的评价对象（有责任能力的人格体）之间的双向同一性。具体而言，根据卢曼系统论区分系统与环境、意义与自然的方法，如果我们将责任能力前移至不法之中，则可将“有责任能力者的意义表达”正确评价为“系统之内的、具有意义的法或不法”，并将“无责任能力者的风险举止”正确评价为“系统之外的、环境之中的自然或不幸”。由于唯有“有责任能力者的意义表达”才有可能属于不法，而未达刑事责任年龄者所创设的禁止之风险并未在社会系统内部作出意义表达，故后者既不能被评价为不法，亦不能被评价为直接正犯。根据共犯从属性理论的逻辑可知，“利用未达刑事责任年龄者去创设禁止之风险”的幕后操纵者的操纵行为自然不能被评价为狭义共犯。

诚如冯军教授所言，不法应当是对法规范的否认，是通过“法规范共同体成员会认真对待的方式”来对外宣称法规范的无效力。然而，未达刑事责任年龄者所创设的禁止之风险并不属于不法侵害，因为他们既无能力去认识法规范的意义，亦无能力在意义沟通的层面上去否定法规范的效力——在我们的社会中，有哪位正常的理性公民会认真地对待未达到刑事责任年龄的、不具有责任能力的未成年人对于他人行为的法律评价呢？[44] 由于无责任能力者的风险举止并不会对社会系统、法律系统、规范效力的有效性、人格体的法忠诚等产生丝毫动摇，故不论是因为法律系统将无责任能力者对法益之侵袭评价为“不幸”而导致公民无法对其正当防卫，抑或是因为法律系统将无责任能力者之风险举止评价为“自然”而导致刑法无法将其评价为正犯，这些都是法律系统在维持其自身稳定与应对环境干扰的过程中所应当容忍且有能力承受与忽略的零星风险。

（五）关于构成要件的定型性问题

付立庆教授认为，实务中一概按照间接正犯处理会导致相应行为缺乏从重处罚的充分法律依据，假借间接正犯的名义而导致正犯概念的泛化，损害《刑法》分则所规定的构成要件的定型性。[45]

本文认为上述批判观点有待商榷。如上文所述，基于本文所提倡的“机能性的人的

㊸ 参见［德］京特·雅各布斯：《韦尔策尔对于当今刑法学的意义》，陈璇译，载［德］汉斯·韦尔策尔：《目的行为论导论：刑法理论的新图景》（增补第 4 版），陈璇译，中国人民大学出版社 2015 年版，第 9～11 页。

㊹ 参见前注㊵，冯军文，第 187 页。

㊺ 参见前注①，付立庆文，第 50 页。

不法理论”的逻辑，由于“责任能力是不法的前提”，故责任能力势必随之进入构成要件该当性阶层而成为构成要件要素。如果说传统意义上的构成要件所承担的功能是“违法性的推定”或“违法性的类型化”，如果说违法性阶层的功能是对“推定的违法性”进行审核，即审查具有构成要件该当性的行为是否存在违法性的阻却事由，那么同理可得，应然意义上的构成要件阶层亦理应承担“罪责的推定功能”或“罪责的类型化功能”，而罪责阶层所承载的功能理应仅限于对“推定的罪责”的审核，即审查具有违法性的行为是否存在责任阻却事由。本文认为，我们既不应在罪责阶层中继续混淆“评价的对象”与“对对象的评价”，亦不应在罪责阶层去集中审核罪责的正面要素与负面要素，不应令罪责阶层因独自承担罪责评价的全有或全无而导致罪责阶层的内容臃肿与功能超载。诚如蔡桂生教授所言，立法者在设计构成要件时的确考虑到了犯罪行为与构成要件的实质意义：“构成要件的设计也是以有责任能力者的行为作为样本的”㊻。因此，本文认为，责任能力既不应属于罪责阶层的责任构成要件要素，亦不应属于罪责阶层的正面要素，更不应属于罪责阶层的负面要素，而应当属于构成要件该当性阶层的责任构成要件要素、客观构成要件要素、不成文的构成要件要素。如若责任能力被视为构成要件要素，则“有责任能力者利用未达刑事责任年龄者创设禁止之风险”必然会被评价为间接正犯，而“未达刑事责任年龄者被利用创设禁止之风险”则必然会被评价为“间接正犯的工具”。若能如此，则刑法不仅因为“将未达刑事责任年龄者评价为工具而非正犯”而得以限缩正犯的成立范围，而且因为“还原了责任能力本应具有的构成要件类型化机能”而得以巩固《刑法》分则所规定的构成要件的定型性。

本文之所以提出上述观点，盖因受到学界前人启发。作为新古典暨目的犯罪论体系的创始人，Wihelm Gallas 教授认为构成要件若要满足区分犯罪的功能，则除要将构成要件理解为“不法类型”之外，还应将其理解为“罪责类型”㊼。Gallas 教授认为应当在目标与价值导向的犯罪论体系之中根据构成要件的功能去理解构成要件，必须看到构成要件的实质意义，并依照此种方式将构成要件认定为各犯罪种类的类型性“不法—罪责”内容的有形化。“构成要件该当性”这个概念不是位于不法与罪责之外的、附加的东西，而仅是有罪责的、不法的表现形式。㊽ 因此，Gallas 教授在维持不法与罪责相区分的框架下，将构成要件视为“犯罪类型”，既征表不法，亦征表罪责。㊾ 无独有偶，作为纯粹规范论的创始人，Jakobs 教授认为当人们在使用“犯罪阶层”这个语词时，如果所指的并非具有相应客观事实基础的各种判断，而是指涉一个查明的思考过程的话，那么即使是在欠缺正当化事由之时，亦可区分出构成要件与不法。若是如此，则人们在罪责上亦要相应区分出“积极的罪责前提条件”（der Schuld die positiven Schuldvoraussetzunge）与“欠缺免除罪责事由”（das Fehlen von Entschuldigungsgründen）。㊿

㊻ 蔡桂生：《构成要件论》，中国人民大学出版社 2015 年版，第 159 页。

㊼ 前注㊻，蔡桂生书，第 136 页。

㊽ 参见前注㊻，蔡桂生书，第 137 页。

㊾ 参见前注㊻，蔡桂生书，第 135 页。

㊿ Vgl. Günther Jakobs, Strafrecht, Allgemeiner Teil: die Grundlagen und die Zurechnungslehre. Lehrbuch, 2. Aufl. 1991, S. 159.

四、间接正犯说的理论根基

本文之所以赞同“间接正犯说”并反对“狭义共犯说”与“具体分析说”，盖因本文深受卢曼系统论的影响与启发。

（一）卢曼系统论的思想

1. 系统与环境

由于系统与环境的差异被视为卢曼系统论分析的出发点[51]，故系统论首先要进行系统与环境的区分。[52] 卢曼认为，社会自身仅是一个在操作上封闭的系统，一个只包含有沟通且包含了任何一种沟通的系统。[53] 在社会与其环境之间并不存在沟通。社会沟通是关于（über）其环境的沟通，而不是与（mit）其环境进行沟通。社会虽然也是一个开放的系统，但只是在递归的、封闭的沟通基础上运作的。[54] 由于系统是通过其自己的结构来定义，并且只有通过它自己的运作才能够量化与具体化，故在环境中发生的任何事件（不论其在各自系统中属性为何）都不能够作为“输入信号”来干预该系统，结构性联系在系统内部只能引起刺激、意外和破坏。[55]

2. 沟通

诸社会系统经由沟通而建立起统一。[56] 社会系统的基本过程只能是沟通，这个过程生产出组成系统的诸元素。[57] 沟通始终是一个“具选择性的发生”，而意义的作用在于让人作出选择，沟通是对选择加以“过程化”（Prozessieren）。[58] 沟通是一个基本的自我指涉的过程，在每一个元素那里调和了“信息、告知、理解”这三个不同的选择。[59] 沟通被理解为三个选择的综合，即“信息、告知、理解”这三个不同选择的统一。当且只有当“理解”出现之时，沟通才能被实现。人们必须在“沟通的接收者”那里区分两件事：一是对沟通中选择的意义的理解，二是接受或拒绝将这个选择作为自己的行为前提。[60] 沟通凭借着整合一个三段式的选择而令“统一的单元”得以出现，即“信息、告知、理解”（这个沟通可能被接受或不被接受）被实现为“统一的单元”[61]。

3. 意义

所谓的“意义”指的是当下实现的体验或行动配备了冗余的可能性[62]，是一个按照某些差异来进行的“过程化”，且这些差异作为差异并非事先给定的，而仅仅是经由意

---

[51] Vgl. Niklas Luhmann，Soziale Systeme：Grundriss einer allgemeinen Theorie，4. Aufl. 1991，S. 35.

[52] 参见［德］卢曼：《社会的法律》，郑伊倩译，人民出版社 2009 年版，第 9 页。

[53] 参见［德］尼古拉斯·卢曼：《法社会学》，宾凯、赵春燕译，上海人民出版社 2013 年版，第 424 页。

[54] 参见前注[53]，［德］尼古拉斯·卢曼书，宾凯、赵春燕译，第 425 页。

[55] 参见前注[52]，［德］卢曼书，郑伊倩译，第 233 页。

[56] 参见前注[51]，S. 497.

[57] 参见前注[51]，S. 192.

[58] 前注[51]，S. 194.

[59] 参见前注[51]，S. 199.

[60] 参见前注[51]，S. 203.

[61] 前注[51]，S. 498.

[62] 参见前注[51]，S. 94.

义性本身来获得其在运作上的可应用性、在概念上的可表述性。[63] 任何一个由“意义”构成的系统都无法逃离自己的所有过程的意义性。意义就是指示出进一步的意义，此种指示的循环性被封闭在其统一之中，呈现为一切意义的最终界域，即世界。[64] 环境对于系统是以意义形式而给定的，系统与环境的界限就是“意义界限”（Sinngrenze），同时指向内部与外部，从而保障了系统与环境之间不可取消的关系。这只有透过“意义”特有的形式才能达成，即经由冗余的指示。由于蕴含“意义”的诸事物已一并被给定，这些事物会越过界限而被再指回原处，故系统若无“意义”则终将消失于环境之中，抑或消失于其自己本身之中。借助于特殊的“意义界限”而产生的系统分出，阐明了一个遍于世界的指示关联，令系统得以确定，即系统借由什么而意指其自己与环境。但是，界限本身是被系统所限定的，以至于系统与环境的差异本身可以被反思为“系统的成效”，即在自我指涉的过程中可以被视为“论题”[65]。

4. 法律系统

法律系统属于社会系统的一个子系统，属于社会的、实现社会的社会性系统[66]，以“处于由社会划定界线的保护中”的交往形式进行运作。[67] 法律系统通过一种拟定一个正值的“法”与一个负值的“不法”的格式，令法律系统得以“二值符码化”。凡是以“法/不法”这个二值符码不能把握的东西，皆不属于法律系统，而是属于法律系统之外的环境。[68] 法律人倾向于把归责的基础理解为行为人的“能力”（例如责任能力）。行为人的选择是由他自己所决定的，而不是由期望所决定的。因此，导致失望的起因被归结到反常行为上。[69]

（二）卢曼系统论的启发

由于受到卢曼系统论的启发，本文认为由无责任能力者所创设的禁止之风险虽对法益造成侵害或威胁，但因无责任能力者并不具备理解规范的能力，所以并不具备否定规范的能力。既然无责任能力者无能力否定规范，则由其所创设的禁止之风险虽侵害了法益，但没有能力对外发出一种“有意义的沟通”，没有能力对世界开展“交互性诠释”。基于法律系统的“法/不法”（Recht/Unrecht）的二值符码（binäre Codes），由于在法律沟通的辐射范围之内的范畴属于“法律系统”，而在法律沟通的辐射范围之外的范畴则属于“法律系统的环境”，故由无责任能力者所创设的禁止之风险没有能力对外发出一种“有意义的沟通”，并不属于法律沟通的辐射范围之内的“法律系统”，而属于法律沟通的辐射范围之外的“法律系统的环境”。在“自然”的层面上，由于未达刑事责任年龄者没有能力遵守规范的命令与禁止，故被视为无归责能力。由于在无责任能力者的举止中存在着“不成熟的主体性”或“被毁坏的主体性”，故不论其举止具有何等的危险性，亦不论其举止具有何种结果无价值，对于法律系统而言都只具有“生物性”

---

[63] 参见前注[53]，S. 101.

[64] 参见前注[53]，S. 105.

[65] 前注[53]，S. 96.

[66] 参见前注[52]，[德] 卢曼书，郑伊倩译，第 26 页。

[67] 参见前注[52]，[德] 卢曼书，郑伊倩译，第 15 页。

[68] 参见前注[52]，[德] 卢曼书，郑伊倩译，第 29 页。

[69] 参见前注[53]，[德] 尼古拉斯·卢曼书，宾凯、赵春燕译，第 93 页。

(Kreatürlichkeit)，欠缺系统之内的重要意义。[70]

根据本文所主张的“责任能力属于不成文构成要件要素”的立场，由于无责任能力者所创设的禁止之风险虽可能具有结果无价值，但因其欠缺“法律沟通”的能力而不具有行为无价值，故由无责任能力者所创设的禁止之风险因其没有表达出意义而不构成不法，仅是属于系统之外的、环境之中的“自然”。无责任能力者所创设的禁止之风险虽然可能会侵害法益，但此种单一的结果无价值并不足以令其被评价为“不法”，而至多仅是一种“不幸”。因此，未达刑事责任年龄者被利用而创设法所不容之风险并不构成刑法上的“不法”，而至多构成间接正犯的“工具”；利用未达刑事责任年龄者创设禁止之风险并不会构成狭义共犯，而至多构成间接正犯。

结　语

在本文所描绘的这幅犯罪论体系的新图景中，由于“在构成要件之内的责任要素”与“在不法论之内的责任要素”得以被揭示，由于“构成要件与不法的区分”和“不法与责任的区分”得以被保留，由于递进式思考的阶层化犯罪论体系得以被坚持，故将责任能力前置的做法并未导致阶层化犯罪论体系重回四要件犯罪构成理论的平面耦合结构，并未导致责任论的空心化，并未导致不法与责任的混同，并未导致人格体被视为工具而非目的。更为重要的是，由于“有责任能力者利用未达刑事责任年龄者创设禁止之风险”的定性分歧并不局限于刑法系统内部的概念之争，而是会在整体法律系统与社会系统等多维空间中产生一系列连锁反应与附随后果，因此在本文所描绘的这幅犯罪论体系的新图景中，将责任能力前置于构成要件该当性阶层的做法能够在刑法学的层面上避免未达刑事责任年龄者被错误贴上“刑事不法分子”的标签，从而更好地贯彻落实《中华人民共和国未成年人保护法》第 4 条关于“保护未成年人，应当坚持最有利于未成年人的原则”的规定。

---

[70] Vgl. Günther Jakobs，System der strafrechtlichen Zurechnung，2012，S. 63.

罪错未成年人分级处遇制度研究

刘　兵*

摘要： 未成年人保护是近几年来检察院工作开展的重点之一，而其中的罪错未成年人分级处遇制度，长期以来都属于域外多数国家开展的前沿研究，但我国的理论和实务都有待深入。就罪错未成年人分级处遇制度而言，在非犯罪化的转处、刑罚执行变更、有效的分级干预措施等方面仍存在困境。立足我国的实际，在比较法视野就域外的有益经验进行借鉴，应以儿童利益最大化原则为导向，不断完善非犯罪化的转处，适当强化提前干预措施，同时不断地拓宽参与的主体以及构建司法化的专门矫治教育制度，以期推动我国罪错未成年人分级处遇制度的发展和完善。

关键词： 罪错未成年；未成年人保护；司法制度；分级处遇

一、问题的提出

随着社会的发展、生活条件的提高，儿童的心理成熟普遍提前，未成年人犯罪情况的发生逐渐呈现出低龄化以及暴力化的态势。更有许多未成年人涉及严重暴力行为，其本身构成犯罪却因未达刑事责任年龄免于刑事处罚。就国家和社会治理而言，未成年人的犯罪问题是关键性治理问题。从国际视野来看，各国普遍建立与普通司法程序不同的未成年人处遇制度，并综合多种类的恢复性方案。就我国的司法实践层面而言，针对犯罪未成年人也有一套处理措施，秉承挽救的目标，施以教育为主、惩罚为辅的理念，主要对罪错未成年人实施教育、感化以及挽救，这在理念上符合刑事立法的教育刑罚以及刑罚谦抑性主张。近些年来，未成年人司法制度的发展与改革不断推进。2020 年《预防未成年人犯罪法》和《未成年人保护法》被立法机关修订。可以说，未成年人保护的法律制度体系建设，现在正处于空前发展的时代。

根据未成年人的行为程度，形成梯层式的教育和矫正制度，达到教育、感化和挽救未成年人的目的，这是分级处遇制度的内涵所在。近些年，罪错未成年人分级处遇制度日益引发社会关注。相关的法律，比如《未成年人保护法》以及《预防未成年人犯罪法》都有矫正措施等相应规定。但目前的学术研究分歧较大，观点也较为多元化，特别

---

* 刘兵，西华师范大学法学院助教。

是目前罪错未成年人转化处理的标准把握、刑罚执行的变更以及全面的干预体系建设等仍然有待研究。虽然罪错未成年人分级处遇制度属于国外研究的前沿问题，但理论与实践中的呈现也并非一致。笔者认为，应通过梳理域外的成熟经验，为这一制度在司法实践中的运用提供有益的借鉴，从而进一步完善我们国家的罪错未成年人分级处遇制度。

二、罪错未成年人分级处遇制度历史沿革

恤幼情感是人类进化史上原始留存的情感。传统的善良与道德促使我们对未成年人予以必要的保护和适当的宽慰。自近代以来，社会变迁影响了人类文明发展，封建的观念及思想逐渐被突破。未成年人的独立社会地位开始慢慢被认可，其再也不是封建社会之下家庭自治内的附庸。但由于没有对应的机制，某些脱离家庭且失去管控的未成年人在犯罪和违法的道路上渐行渐远，这引起了国家的重视并为之寻求专治的体系。且自现代的国家出现后，在应对未成年人犯罪等对社会应然秩序的冲击时，国家承担起了预防犯罪、促进少年成长等方面的相应职责。

近现代以来，不断发展的未成年人司法制度是国家干预的重要举措。对美国而言，1899 年，在国家亲权理念的主导下，第一部未成年人法典在伊利诺伊州出台，《少年法院法》标志着未成年人司法制度的开端；大概二十多年后的 1922 年，日本的《少年法》颁布；1923 年，德国也就未成年人问题专门出台《少年法院法》；1948 年，英国出台《儿童法》；这些立法仅仅是一部分而已。毫不夸张地讲，从 20 世纪开始直到今天，大多数的国家与地区，早已建立起成熟的未成年人司法制度。关于未成年人的少年司法机构的普及，却又各不相同，其主要普及于诸如美国等发达国家、工业化的国家或者众多的发展中国家。[①] 在差异化的理念下，未成年人司法机构随处可见，虽在不同国家各不相同，但总体上协同推动了未成年人司法制度的不断发展完善。自中华人民共和国成立以来，一系列的政策法规不断出台，其中不乏针对少年司法制度等相关内容，这为我国后续的少年司法制度的完善提供了超前的经验。

改革开放以来，未成年人群体的犯罪问题作为新兴的社会问题不断凸显。在党中央的高度重视之下，未成年人犯罪的问题在综合治理方面的力度由弱到强，受重视程度不断提升，作为社会综合治理的一部分，未成年人司法工作逐步推进。第一个少年法庭于 1984 年在上海建立；1986 年，少年犯罪起诉小组在上海的长宁区人民检察院内被设立；1987 年，作为示范和先行的上海市，颁布了《青少年保护条例》；这些基层和地方的先行先试促成了国内青少年法的一次发展高潮。随后，国家层面的法律开始出台，诸如 1991 年颁布的《未成年人保护法》、1999 年颁布的《预防未成年人犯罪法》。但略有缺憾的是，整个体系不够完善，未成年人司法制度建设进展十分缓慢，专门性的未成年人司法制度仍处于提倡阶段，尚无立法。

党的十八大以来，全面深化改革进程在党中央的领导下稳步推进，改革重心不断向

① ［美］玛格丽特·K. 罗森海姆等编：《少年司法的一个世纪》，高维俭译，商务印书馆 2008 年版，第 341 页。

社会关切问题靠拢，对未成年人的保护便是关切问题之一。在这个时代，关于未成年人的各项事务不断得到优化与完善，法治中国的建设更是迈入了一个前所未有的崭新阶段。党的十九大提出到2035年实现“法治国家、法治政府、法治社会基本建成”的奋斗目标。因此，制定理念正确、体系完整以及符合历史的专门的未成年人司法制度，其必要性毋庸置疑。但总的来讲，许多关于未成年人司法制度的呼吁，并未进入到主流的立法视野，得到其应该享有的尊重。现代社会，未成年人的问题关乎整个社会，是各个国家普遍存在的问题，同时也是亟待解决的全人类的问题。从美国的第一部《少年法院法》开始，直到20世纪中叶，在国际层面上，未成年人司法准则在联合国框架下首次确立。毫不夸张地讲，未成年人司法制度，是一个国家未成年人权益保护的重要体现，也是衡量一个国家法治建设深入程度的考核标准，再升华的话，是一个国家与民族文明水平的标杆。在基础条件已然具备的情况下，未成年人司法制度体系建设在新时代理应被提上日程，立法机关应遵循国际公约精神，吸收有益经验，构建具有中国特色的未成年人司法制度体系。

三、罪错未成年人分级处遇制度的困境

对罪错未成年人这一主体，我国法律上并无确切的概念。这一概念是从预防犯罪和未成年人保护的角度出发，为方便理论研究而使用的概念。② 界定构成罪错未成年人的范围，首先是依据《刑法修正案（十一）》其中有关涉及犯罪的未成年人。③ 其次，虽然还未涉及犯罪，但根据《预防未成年人犯罪法》中的相关规定，属于行为上不良的未成年人或严重不良的未成年人的，也属于罪错未成年人。④ 采用这样的标准，第一个考虑因素是，这类行为都具有社会危害性；第二个考虑因素是，这样的划分将罪错未成年人归类化处理，作为一类整体进行研究更具有科学性。众多脑科学与神经科学的研究成果揭示，在青少年阶段，个体的脑部负责心理功能与逻辑推理的区域正处于一个关键的

② 参见俞亮、吕点点：《法国罪错未成年人分级处遇制度及其借鉴》，载《国家检察官学院学报》2020年第2期，第155页。

③ 包括依据刑法规定已经犯罪的未成年人（已满12周岁不满14周岁的人，犯故意杀人、故意伤害罪，致人死亡或者以特别残忍手段致人重伤造成严重残疾，情节恶劣，经最高人民检察院核准追诉的，应当负刑事责任的未成年人；14周岁至16周岁因实施刑法规定的故意杀人、故意伤害致人重伤或者死亡、强奸、抢劫、贩卖毒品、放火、爆炸、投放危险物质罪这八类犯罪而被追究刑事责任的未成年人，以及16周岁至18周岁实施刑法所规定犯罪行为的未成年人）和因未达到刑事责任年龄而未被作为罪犯处理的未成年人。

④ 《预防未成年人犯罪法》第28条规定：“本法所称不良行为，是指未成年人实施的不利于其健康成长的下列行为：（一）吸烟、饮酒；（二）多次旷课、逃学；（三）无故夜不归宿、离家出走；（四）沉迷网络；（五）与社会上具有不良习性的人交往，组织或者参加实施不良行为的团伙；（六）进入法律法规规定未成年人不宜进入的场所；（七）参与赌博、变相赌博，或者参加封建迷信、邪教等活动；（八）阅览、观看或者收听宣扬淫秽、色情、暴力、恐怖、极端等内容的读物、音像制品或者网络信息等；（九）其他不利于未成年人身心健康成长的不良行为。”实施上述行为的未成年人为实施不良行为的未成年人。《预防未成年人犯罪法》第38条规定：“本法所称严重不良行为，是指未成年人实施的有刑法规定、因不满法定刑事责任年龄不予刑事处罚的行为，以及严重危害社会的下列行为：（一）结伙斗殴，追逐、拦截他人，强拿硬要或者任意损毁、占用公私财物等寻衅滋事行为；（二）非法携带枪支、弹药或者弩、匕首等国家规定的管制器具；（三）殴打、辱骂、恐吓，或者故意伤害他人身体；（四）盗窃、哄抢、抢夺或者故意损毁公私财物；（五）传播淫秽的读物、音像制品或者信息等；（六）卖淫、嫖娼，或者进行淫秽表演；（七）吸食、注射毒品，或者向他人提供毒品；（八）参与赌博赌资较大；（九）其他严重危害社会的行为。”实施上述行为的未成年人为实施严重不良行为的未成年人。

发展成熟期，因此，这一时期的干预和治疗措施极有可能对其产生长远的，甚至是终身的影响。[5] 基于此，在尊重未成年人身心特点的前提下，同时也强调恢复、积极预防与注重保护的未成年人分级处遇制度，是完善少年司法制度的应有之义。[6] 如今的制度，具体体现在罪错未成年人的非犯罪化的转处、刑罚执行的变更以及体系的缺失等方面，仍有诸多问题亟待解决。

（一）非犯罪化的转处标准有待明确

罪错行为是司法处遇的前提，对于未成年人实施的相应行为，首先需要判断是否为犯罪行为，若否，则定罪量刑无从谈起。非犯罪化的转处机制，实现的方式主要包括情节上的非犯罪化、不起诉决定的非犯罪化，由这两种非犯罪化转处方式共同实现。

首先是情节上的非犯罪化转处，《刑法》第 13 条明确规定，情节显著轻微危害不大的，不认为是犯罪。根据这一条文，轻微犯罪行为可以作非犯罪化的转处。[7] 这样的情况下，未成年人已经实施的犯罪行为，仅仅是因为刑法的特别规定而允许被排除违法性。但是司法实践中并不太容易把握刑法中的这一规定，因为其语义上比较模糊。对于情节显著轻微与危害不大，两者之间到底是“或的关系”还是“且的关系”，司法实践中并不明确，可能只能由案件的具体负责人员依据其对条文的理解以及其对案件的分析，进一步决定未成年人的行为是否是犯罪行为。这样的情况，容易导致“同案不同判”，也不利于未成年人的平等保护。其次是检察机关的附条件不起诉。在笔者看来，这其实是一项筛选制度，比较契合未成年人诉讼程序的分流。在立法层面，该制度给予当事人非犯罪化处理的可能，但前提是其认罪悔罪且附条件地加上一些考验。这体现了教育感化、保护与恢复等未成年司法理念。这也与未成年人保护理念相契合。但在实践中，这一制度的适用需要对诸如主体的悔罪表现、再犯风险、考察条件等各种因素予以考量，然而这些因素的客观评估标准并非确切的，故对具体案件中的标准掌握也是司法实践中的重要问题。

（二）刑罚执行变更困难

当犯罪的未成年人已经被法院定罪量刑，就其执行而言，转处和变更主要采取适用非监禁刑刑罚方式，包括扩大减刑、缓刑以及假释的适用范围。第一，未成年人犯罪，需要符合《刑法》第 72 条的具体规定，另外需满足最高人民法院相关司法解释第 16 条的具体规定。[8] 第二，服刑期间结合当事人具体情况，认为其确实有悔罪改正的表现的，可以对未成年人适用假释和减刑。对于悔改表现的标准，具体可以参照“认罪悔罪、遵守监狱规定、积极劳动与学习等类似情形”进行认定，当满足减刑与假释时，可先行选择适用假释。但实际情况是，刑法上对于减刑与假释两种制度的适用情形，没有依据成年人与未成年人年龄不同而作出区别，法律的规定也属于概括性规定。司法实践

---

⑤ 参见何挺、马栎：《提高刑事责任年龄的科学依据》，载《青少年犯罪问题》2020 年第 2 期，第 115 页。

⑥ 参见宋英辉、苑宁宁：《未成年人罪错行为处置规律研究》，载《中国应用法学》2019 年第 2 期，第 50 页。

⑦ 例如，根据最高人民法院《关于贯彻宽严相济刑事政策的若干意见》第 20 条的规定，对于未成年人偶尔实施的盗窃、抢夺、诈骗，涉案数额刚达到较大的标准，未成年人在案发后能如实交代并积极退赃的，可以认定为情节显著轻微，从而将这些符合犯罪构成的轻微罪行排除在犯罪之外。

⑧ 最高人民法院《关于审理未成年人刑事案件具体应用法律若干问题的解释》第 16 条规定，是初犯，积极退赃或赔偿被害人经济损失，具备监护、帮教条件情形，适用缓刑确实不致再危害社会的，应当对其适用缓刑。

中，对于未成年人的监禁刑刑罚的执行变更也十分困难。

对于受到刑罚苛责的罪错未成年人，减刑和假释的判断标准仍不够明确。在最高人民法院的解释中，对于涉案的罪错未成年人，在其减刑案件中，有适当放宽幅度以及时间限制条件的规定。但假释的规定相较于减刑的规定更为抽象，其字面表述为可以依法从宽。在司法实践中的把握也是问题，尤其是对同一制度规定，是否要与成年人的适用条件予以区别十分重要。刑法上的假释制度十分严格，作为刑罚的替代措施却不同于罚，被假释者相对地享有人身自由。假释的适用率在我国长期处于 3%以下，适用概率较低。⑨ 原判刑罚刑期至少执行一半，是适用假释的基础要求，而无期徒刑则至少要求 13 年的实际执行；对于监狱规定的遵守、接受劳改和教育、有悔改表现、无再犯危险这些需同时满足的，才有适用假释的可能；另外还有相应的限制适用条件。假释制度的基本条件，在未成年人犯罪案件中的适用能否被突破、能够达到什么程度，法律和司法解释中暂未给出答案。因而，司法实践中存在诸如此类的困境，其中的典型便是罪错未成年人难适用。此外，关于适用减刑和假释的法律规定，一定程度上缺乏相应区分，即未成年人适用的法律依据应当比之更为严苛。就统一化地适用专门的法定程序来看，没有以刑事责任年龄作为临界点进行区分的，若想要切实地加大保护未成年人的力度，这样的做法显然不妥。比如对申请主体的要求，需要执行机关作为申请主体，接受申请的法院至少是中级的，由审判监督庭作为决定机关。刑罚执行变更程序，都应该有所区别。就司法实践的现状来看，专业化改革需要进一步的推进。罪错未成年人的刑罚执行变更，是否当由少年及家事案件审判庭主导，相应的合适成年人到场以及审理方式上的规定，都需要进一步予以完善。

（三）缺乏有效的分级干预体系

从域外许多国家的司法实践经验来看，刑事责任年龄的具体数字在不同地区和国家会有一定的差异，但针对实施罪错行为的未成年人，对他们的罪错行为进行预防和处理是十分必要的，因而应建立起一套分级处遇体系。《预防未成年人犯罪法》的四级分类，将罪错未成年人由轻到重分为四类。第一类是由父母和学校进行看管教育的未成年人，统称为不良行为未成年人；第二类是由公安主导，学校与父母辅助配合管教的，属于严重不良行为未成年人；第三类是交由专门的矫治教育学校开展专门教育，这类未成年人都是有情节恶劣行为或拒不配合管教的；第四类是交由刑事法律处置，苛以刑罚的犯罪未成年人。

对以上四级罪错未成年人干预措施予以深入分析，不难发现干预的方式和对象都具有一定的不足。就干预的方式来看，收容教养制度最初的设立以安置无家可归的少年犯，通过社会救济的方式进行管理为目标，在 2020 年《刑法修正案（十一）》和《预防未成年人犯罪法》修订后没有予以保留，而是新创设法律术语“专门矫治教育”，但修订后的术语里，最为严苛的非刑罚措施是专门学校的管教矫治，许多重要以及关键的关于专门学校的规定却十分概括和抽象，专门矫治教育的适用条件和范围不够细化问题尤为突出。正如前文所提及，就不予刑事处罚的未达刑事责任年龄未成年人而言，专门矫

⑨ 参见朱萍萍：《我国假释制度的现实困境及其推广路径》，载《犯罪研究》2015 年第 6 期，第 67 页。

治教育这一措施，可以针对他们开展和适用吗？在《刑法修正案（十一）》中，关于“必要的时候”的界定作何解释？怎样在司法实践中进行落实？闭环管理场所在专门矫治教育的语境下又要作何解释？罪错未成年人的人身自由能否被公权力强制剥夺和限制？司法行政部门和公安机关就专门矫治教育怎样进行？以上许多的重要事项没有明确。就现在未保留收容教养制度的分级干预体系来说，其存在着较大缺失。[⑩]

四、域外罪错未成年人分级处遇制度的借鉴

针对罪错未成年人，应展开及时有效的干预与矫治。这一领域的域外研究成果是十分丰富的。但在我国，这一领域的研究仍处在发展时期。后文就罪错未成年人处遇的措施，以德国、日本以及美国为例进行梳理，期待从中汲取有益经验，为我国的分级处遇制度完善提供借鉴。

（一）德国

19 世纪末，少年司法改革在德国逐渐兴起。经历两次世界大战后，青少年违法犯罪的社会问题日趋严重，这极大推动和促进了诸如《少年法院法》、少年检察官制度等相关法律、制度的诞生。在德国，教育矫正作为少年司法制度的核心理念，起源于少年宜教不宜罚的思想。[⑪] 以《少年法院法》为主的德国相关法律规定，根据年龄段的不同，将自然人划分为儿童、未成年人、年轻成年人以及成人，具体为：14 周岁到 18 周岁，这个区间为未成年人；而年轻成年人则在 18 周岁到 21 周岁这个区间。德国的少年司法制度有教育处分、惩戒措施和刑罚三种。前两种是罪错未成年人主要适用的措施。这里有一点应当引起关注，那就是前两种措施看似较刑罚轻，但实际上其干预程度不亚于刑罚。基于这个原因，实际适用时都是首先从具体案件出发，其次严格考虑比例原则予以判断，最后是要避免多种措施并用引发的实际矛盾。就第一种教育处分来讲，引导青少年形成较好的生活习惯是其设立的目的。进一步细化这一制度，其包含指示与教育救助。司法实践中，指示适用于绝大多数案件。指示的种类不限于：法官安排其进行职业技能培训，可能在某个家庭或机构中进行；要求未成年人参加相应的心理课程或恶习戒除课程；以及某些其他较为明确的指示。以上指示的情况期限，都是由法官作出并决定，且依据个案判断分析，综合内容、目的，可以调整期限。惩戒措施的目的在于让罪错的未成年人意识到其犯罪行为应当得到惩戒，司法实践中分为训诫、义务以及拘禁三种。训诫较为轻松，主要是法官干预下使其认识错误并悔改；义务则包含道歉、特定任务的完成、公益劳动以及赔偿损失等等，类似于民法上的民事责任规定；拘禁不属于刑罚，由法院适用，共有三种情形，分别是周末拘禁、短期拘禁以及长期拘禁。4 天左右的属于短期，长期的则有可能为一周到数周不等。

（二）日本

专门的《儿童福利法》和《少年法》是日本少年司法的重要组成。从立法目的上来

---

⑩ 参见苑宁宁：《新〈预防未成年人犯罪法〉的方向、思路与展望｜新法解读③》，载搜狐网，https://www.sohu.com/a/442860228_579041，2021 年 1 月 6 日访问。

⑪ 参见康树华：《青少年法学》，北京大学出版社 1986 年版，第 287 页。

讲，其最终的价值追求，着重于未成年人的健康成长。其《少年法》多次修正后，完善了对一般违法行为的处罚制度，保证了虞犯少年和少年犯的权益，且为了实行有力的措施，专门规定处分制度，使之作为替代刑罚的制度出现，从而发挥预防犯罪和保护未成年人的作用。此外，对处分的相应执行机关、适用对象、适用条件、程序以及救济方式等等，立法上均予以明确规定。通过处分措施的针对性施行，帮助虞犯少年或少年犯回归正常生活，使其心理上的不安定因素得到缓解或消灭，保障未成年人（虞犯少年或少年犯）享有的所有正当权益，极力避免未成年人遭受司法不公，同时将其受到伤害的可能性降至最低，这是对儿童利益最大化原则的全面落实，更是对该原则的深入贯彻。对日本的少年司法制度而言，少年司法双轨制和感化院是其重要亮点。

其一是少年司法双轨制。顾名思义，即在日本对少年司法案件的处理有两套流程，也就是少年司法程序和普通司法程序，两套程序有诸多不同。其大致流程为检察机关收到移送的案件，审查后交给家庭法院，由家庭法院对此类案件调查，最后交给法官由法官对案件进行审理。审理过后便是作出相应的决定，看是否予以处分或不处分，例如法官作出观察保护决定，将未成年人送到具备专门观护设施的机构，即少年院⑫，抑或家庭法院再由调查官进行介入观察，附条件地由保护人对他们进行看管，并由特定机构展开辅导等。⑬ 在其中又存在逆送自渡，即当法院的法官认为当对其科以刑罚时，从本阶段直接送到检察机构，接下来便是普通刑事流程。日本的少年司法制度分流适当，从双轨制和逆送制均可以看出，首先由家庭法院主导未成年人刑事案件，他们具有优先权，其次是保护处分的优先级。也就是说具有主管机构和主要措施的双优先。

其二是感化院。惩治主义作为日本最初的刑事政策秉承理念，也是罪错未成年人的相关措施处理方向，在这个理念影响下，日本开始将虞犯少年和少年犯收容在专门场所进行惩治管教。但受到之后的国内革新以及欧美影响，日本逐渐开始强调，针对虞犯少年和少年犯，要以教育感化为主导，日本的家庭学校由此萌芽并迅速得到发展，其相当于家庭版的感化院。初始阶段，感化院通过安排专业指导者，以特定家庭收容的模式，使之与虞犯少年和少年犯一起居住生活，在长期的接触交流下，缓解虞犯少年和少年犯的对立感和陌生感，通过对话形式，借用更多柔性化方式开展感化工作。在后续法律完善后，其适用的对象范围进一步扩大，开始囊括由地方长官作出认定的未成年人的情况，（主要有缺少监护人的、没有亲权行使者的、8 周岁至 16 周岁之间伴发有游荡乞讨行为的或不良交友行为的）。⑭ 感化院制度起源时期，私立型为主要的模式，但随着这一制度的推广与得到国人的认可，公立型的感化院诞生并得到不断完善，进一步推动有关少年司法的法律和制度的革新。未成年人保护，从最初的民间性质的慈善福利感化院不断演变发展，已经向着预防和遏制不良少年犯罪的国家刑事政策迈进。⑮ 从感化院的作用角度看待日本的少年司法，就对象而言，主要在罪错未成年人间推行，从方式来讲，自下而上，由私立到公立，理念上始终坚持对未成年人的教育与挽救。

---

⑫ 参见张志泉：《日本犯罪者处遇研究》，山东人民出版社 2010 年版，第 111 页。

⑬ 参见［日］大谷实：《刑法总论》，黎宏译，法律出版社 2003 年版，第 411 页。

⑭ 参见尹琳：《日本少年法研究》，中国人民公安大学出版社 2005 年版，第 14 页。

⑮ 前注⑯，尹琳书，第 15 页。

（三）美国

对于罪错未成年人的处理，美国不同的州采取的措施各有不同。通常来讲，少年法院可作出以下三种处理决定。第一类是保护观察，这在多数情况下属于少年法庭的优先选择项，更有某些州，在立法上将保护观察失败作为处以拘禁的前提条件。罪错未成年人在观护机构的监督下，进行矫治。[16] 第二类是安置于原生家庭之外的处理。这类措施相较于保护观察更为严苛，这种措施的适用，需要将父母或监护人对未成年人的罪错或偏差行为无力改变或主观上无心改变作为前置条件。第三类，叫作公立训练学校拘禁。这是少年法庭最后同时也是最严苛的手段。一般针对 14 周岁到 18 周岁之间的罪错未成年人，大多学校的人数为一百至三百不等。从表面来看，未成年人好像在校园一般，因为这类学校仅仅进行中等及以下的警戒，没有高墙、持枪看守，专门的管教者也无制服。在学校里，罪错未成年人在多数时间进行文化课程、职业技能训练以及文艺体育活动。除此之外，学校里还有针对个人的治疗项目，比如精神病分析、心理治疗等等。

近代的少年司法起源于美国，从这方面而言美国属于“鼻祖”。美国历史上的第一个少年法院建立后，有关于国家亲权、保护优先、教育矫治、儿童福利等理念在百年演进中早已落实到少年司法之中。[17] 正如前文所述的日本，美国也是双轨制运行模式，其司法程序分为少年司法程序和普通司法程序。少年司法制度中少年法院作为罪错未成年人的专门处理机构被建立，目的是避免他们进入普通审判机构和监狱等场所。其中少年法院具备完全独立的法律地位，在它的程序、制度以及处理方式上与普通刑事法院都有很大差异。其受案范围主要包含了涉及未成年人的各类案件。通常而言，对未成年人的不良行为也需要对应措施预防其发展为犯罪，例如针对逃学、酗酒、涉毒、违法乱纪等不良行为，少年司法会适时提前介入。在此之外，一系列的转处措施对未成年人进行分流，其内涵在于使构成犯罪的被告人受到相应的教育训练以及社区职业训练计划，若其达到相应的要求，可以免于处罚或撤回起诉。初犯时若未成年人所犯罪行并非重罪，那么其便享有受转处的权利，这同时也是少年司法机构在法律上被科以的义务和责任。在转处程序中，少年司法警察、检察官、法官都有权利可以就罪错少年送至法院处罚或转处进行审查和决定。该审查决定也具有分级规定，其中缓刑是少年法院的主要适用刑种，另一类是安置于家庭之外，其中少数会适用监禁。从美国这一制度体系可见，各程序和环节都有转处安排，这种过滤的安排模式，从案件伊始到案件裁判都预留了转向出口。

五、我国罪错未成年人分级处遇制度的完善

（一）以儿童利益最大化原则为导向

少年司法制度的百年演进过程中，政策以及理念一直在惩罚与照顾、义务和福利间来回穿梭。针对罪错未成年人的干预措施游离在限制和宽容之间，处遇也在是否由机构

[16] 如指导罪错未成年人参加职业训练项目、按时上学、在少年引导诊所获得治疗、赔偿等。

[17] 参见田然、杨兴培：《我国少年司法改革的理念重塑与制度构建——以美国少年司法制度的借鉴为视角》，载《青少年犯罪问题》2017 年第 1 期，第 46 页。

承担之间摇摆。国家亲权理念的发展，国际儿童人权规则的演变，共同形成了儿童利益最大化原则，这一原则是少年司法和未成年人保护的基础和方针。《儿童权利公约》第3条[⑱]以及《少年司法最低限度标准规则》的具体内容都针对少年司法的重要目标作出了明确的界定：首先，增加少年福利，维护少年的权益，确保其不断发展以及获得人生的幸福；其次，规定最低要求的惩罚性措施。国内在关于未成年人的立法、司法以及国家政策层面，对此都有不同程度的体现。2020年《未成年人保护法》修订后，重要亮点之一在于具体条文中的第4条，即“保护未成年人，应当坚持最有利于未成年人的原则”[⑲]。另外，这一法律还就未成年人具体事务处理作出详细具体的列举。罪错未成年人分级处遇的必然要求，首先一定是儿童利益最大化原则，从罪错未成年人的角度解读，这一原则规定，最大程度地保障其可以重返社会，这是处遇措施设计和制定的趋向，使罪错未成年人的尊严及自身价值得到完全的体现，同时也是对其各项权利的充分保障，是推动罪错未成年人重归生活的原则基础。

（二）完善罪错未成年人非犯罪化转处机制

首先是侦查时的非犯罪化转处。参考美国双轨制做法，未成年人司法应当自始至终都与普通刑事司法程序相区别。于个案，针对未成年人犯罪案件，需要具体案件具体分析，不只是简单地看是否有犯罪事实，还应当对未成年人的动机、学习生活情况、有无教唆等各类可能因素，进行全面了解。对于一些非暴力犯罪，若刑罚为1年以下有期徒刑、拘役或者管制等，认罪悔罪态度好、积极赔偿、取得谅解的，侦查机关可以就此案件，考虑上述因素而不予立案，责令监护人、家庭或者学校在一定的期限内，对涉案的未成年人严加看管和教育。对于未成年人案件，在侦查机关立案伊始，随即应当委托社会调查者，针对当事未成年人的基本情况、家庭情况、学习生活情况、动机原因等因素展开调查，并综合考虑调查的具体情况。对于非暴力或轻微暴力的未成年人，其刑罚若为3年以下有期徒刑之内，抑或者为初犯、胁从犯、偶然犯的，参考其态度、对被害方的赔偿情况或是否采取其他挽救措施，采用观护的方式对其进行教育，对此而言公安机关当为观护以及教育的一线机关组织。

其次是审查起诉时的非犯罪化转处。现在我国刑事司法程序中，最具有代表性的制度是附条件不起诉，但就前文提到的实践性问题，对其应当进行以下调整：第一，未成年人矫治和教育为附条件不起诉的要义，在存在如观护等其他方式可以进行教育矫治的情况下，就应当择轻选用。第二，附条件不起诉的适用当得到扩大，综合考量其动机起因、主观恶性，考虑有没有对未成年人的矫治教育附加考察期限的必要，促使他们更好地回归社会生活。基于以上，只要不涉及国家安全利益的情况，不再考量初犯、偶犯以及取保直诉的情形，在有期徒刑以内的刑罚，均可适用附条件不起诉制度对罪错未成年人免予起诉。第三，扩大附条件不起诉适用范围，对于附条件不起诉的考察期，可以从6个月开始，最长不能超过3年。第四，谨慎对附条件不起诉进行撤销，作出决定后，

---

⑱ 《儿童权利公约》第3条中规定，关于儿童的一切行动，不论是由公私社会福利机构、法院、行政当局或立法机构执行，均应以儿童的最大利益为一种首要考虑。

⑲ 宋英辉：《最有利于未成年人原则对未检工作提出新要求》，载《检察日报》2020年11月2日，第3版。

有机会对罪错未成年人通过观护等矫治教育进行纠正，应当依据儿童利益最大化原则，不再使其重回普通刑事司法程序。

（三）强化对未成年人的提前干预

14 周岁，作为日本刑法上自然人的无刑事责任能力界限，低于 14 周岁犯罪的不会受到处罚。这一类未成年人是早期的矫治教育的主体，而矫治教育正是其手段，强化提前干预是想要达到的目标。此即尽可能早地筛查出犯罪可能性大的未成年人，对这类少年予以少年司法制度上的干预，提前采取措施，防患于未然。我国 2020 年修订的《预防未成年人犯罪法》，与这一立法精神不谋而合[20]，但是在具体制度上缺乏卓有成效的制度设计。举例来讲，家庭以及学校的矫治是针对未成年人不良行为的主要方式，具体实施的措施比如责令其加强管教等，在实践中达到的效果是十分有限的。又如针对某些监护人对监护职责履行不到位甚至不想履行监护职责的亲职教育问题，尚缺乏有效的举措。从具体案件中可窥见，大多数未成年人的不良行为和犯罪行为，往往存在或多或少的家庭原因，例如单亲家庭、留守儿童、教育方式错误等等。对未成年人的教育首先需要加强亲职教育，增加对父母等监护人的理念灌输和知识普及。对养育行为的干预力度加强，以期在源头对犯罪诱因进行预防和消除的目的得以实现。[21] 完善我国的罪错未成年人分级处遇制度，日本《少年法》的部分内容可作为有益借鉴，形成符合中国实际并且具有中国特色的“虞犯少年司法制度”。综上所述，应加强教育矫治和对未成年人的司法保护，不断解锁创新未成年人犯罪预防的措施，加强亲职教育，促进监护义务的有效履行，强化提前干预。

（四）增加罪错未成年人分级处遇制度参与主体

就我国的罪错未成年人分级处遇设计而言，只有当不同的处遇措施针对的是不同程度的对象，才能算作真正的分级处遇。在司法实践中，需要使家庭、学校以及社会力量和司法机关之间形成有效衔接，充分发挥多主体参与下的教育矫治作用。单靠赔礼道歉、具结悔过以及训诫措施是远远不够的。首先是对参与矫治过程主体的确定，包括作出决定和具体执行的主体。需要设立专门机构负责罪错未成年人的相关决定和执行，这是立法上的需求。根据《预防未成年人犯罪法》2020 年修订内容和我国的实际情况，笔者以为公安机关作为教育矫治的主体较为恰当，同时，其职责的落实和效果也十分关键。目前，检察机关为处理未成年人保护相关问题的主力。结合具体国情，检察机关也需要继续依法履行检察职权，落实各项责任。由检察机关和公安机关牵头，联合诸如教育局、共青团、妇联、法院、民政局等机构单位，开展多元化的罪错未成年人分级处遇措施，有效增加参与的主体，协力防止罪错未成年人错上加错。另外，政府通过财政预算增加经费，通过聘请专家、购买服务等方式联合上述组织机构和有志于此的志愿团体及人员开展分级处遇措施，促进罪错未成年人分级处遇制度发展，早日实现司法专业化与保护社会化的长效衔接。其次是学校也需要扮演关键角色。不良未成年人和犯罪未成

---

[20] 《预防未成年人犯罪法》第 2 条规定，预防未成年人犯罪，立足于教育和保护未成年人相结合，坚持预防为主、提前干预，对未成年人的不良行为和严重不良行为及时进行分级预防、干预和矫治。

[21] 参见吴海航、黄凤兰：《日本虞犯少年矫正教育制度对我国少年司法制度的启示》，载《青少年犯罪问题》2008 年第 2 期，第 69 页。

年人的矫治，理应得到更多重视，加强对在校学生的不良行为和违法行为的摸排调查力度，由法治副校长牵头，成立学校专门的部门，在上述摸排调查的基础上，与班主任协同，做好与学生家长的常态化沟通，形成完善的预防纠正体系；某些情节严重的学生，应被送到专门的学校，通过矫治和基础教育，帮助其改正和回归。2020 年《预防未成年人犯罪法》修订后，学校的相关责任增加，故对于未成年人的问题，特别是不良未成年人，学校加强管理在法律上有法可依。对情节严重且拒不改正的，学校在特殊情况下可以对未成年人进行处分和采取相应的法定管理教育措施，进一步强化学校在法律赋予的职权范围内对未成年人进行管理教育。最后是家庭的监护。家庭是未成年人的第一个学校，父母是孩子的第一任老师。对罪错未成年人问题而言，家庭更是第一道防线，应强化父母监护职责，努力让罪错未成年人步入正轨。相应的宣传教育也需要落实到家长，即做好亲职教育，纠正错误教育方式，形成科学的教育管理理念和方式。

（五）进一步细化司法化的专门矫治教育措施

在 2020 年《预防未成年人犯罪法》修订之后，笔者认为其第 45 条的规定表述较为概括，具体内容为：未成年人因未达刑事责任年龄，不用承担刑事处罚的犯罪行为，在通过专门教育指导委员会评估，得到同意以后，相关的教育部门会同公安机关，共同作出决定，对其开展针对性的专门矫治教育。关于专门学校的规定，在后续的法律条文中有所体现。㉒ 但仅仅将涉案的类似未成年人送到这类学校，开展所谓的没有细化的矫治教育，对分级处遇体系而言，这显然是内容十分抽象且制度存在缺憾的。基于此，有细化与完善矫治教育处遇措施的必要。除前文论及的专门学校以外，强制教养司法处遇措施也理应被建构。关于强制教养对象以及必要的条件，必须有清晰的界定。封闭化的强制教养处遇措施，应当是分级处遇体系中最为严苛的未成年人矫治方式，对此，这一矫治方式的对象，应当是构成犯罪但是没有遭到刑罚的涉罪未成年人。㉓ 机构和场所也应该得到保障，在条件能够达标的地方，设立专门的、针对性强的强制教养机构，在条件不够而达不到标准的地区，在专门学校内选取一定区域和人员来开展强制教养也不失为一种选择。专门教育指导委员会是矫治教育的评估主体。而强制教养也需要同样的做法，对相应的专门教育指导委员会进行界定，比如其构成、职能以及责任等，明文规定评估是否可以授权或委托，对评估的程序、标准以及评估结果的使用也需要界定。另外，无论是专门学校的矫治教育还是强制教养，其司法属性理应被坚持，即应当交由少年及家事案件审判庭的专业法官进行决定。前述 2020 年有关于未成年人的两部法律的修改，极大地推动和促进了未成年人保护工作的深化，对未成年人的保护与犯罪预防都是体系性的变革，但仍有进步和完善的空间。虽然任重道远，但未成年人的司法制度一定会不断完善，罪错未成年人分级处遇制度在不久的将来定会落实得越发契合实际。

㉒ 参见 2020 年修订后《预防未成年人犯罪法》第 45 至 48 条。

㉓ 即已满 12 周岁未满 14 周岁的未成年人，实施故意杀人、故意伤害致人重伤或者死亡、强奸、抢劫、贩卖毒品、放火、爆炸、投放危险物质 8 类严重犯罪的，或者已满 14 周岁未满 16 周岁的未成年人，实施 8 类犯罪以外的其他犯罪，主观恶性较大并造成恶劣社会影响的，通过其他方式不足以实现教育矫治目的的未成年犯罪人。

六、结语

罪错未成年人的分级处遇，在不同国家和地区的制度虽然不尽相同，但都有一个共同的理念，那就是充分考虑儿童利益最大化原则，对罪错未成年人作出处遇措施。就我国而言，在比较法上借鉴域外的成熟经验，立足国情，在对罪错未成年人的保护处遇中加强及时性的干预、专业性的矫治，发挥专门学校的中坚作用，建立强制教养的制度体系，厘清各部门和机构间的定位和职责，并在建构过程中不断完善罪错未成年人分级处遇制度，是确保该制度在司法实践中行稳致远的有效路径。

论未成年人社区矫正制度

——以少年司法与社区矫正的融合性为切入点*

潘若宇　全　亮**

摘要： 我国的未成年人社区矫正制度是少年司法制度与社区矫正制度的融合，该制度主张通过柔性的手段来对罪错未成年人进行教育和矫正，促使其再社会化。但在制度运行过程中，不仅对罪错未成年人的特殊关怀的理念未能得到贯彻，而且实践中司法行政机关、检察机关以及社区矫正社工机构在分工与协作上的不明确都使得矫正目的难以达成。究其原因，主要体现在实践中各个主体对少年司法的底层逻辑认识不足、专门机关行政逻辑过强且社会支持逻辑体现不足。针对这些问题，应当从完善未成年人社区矫正的法律规范制度、促进专门机关与社区矫正机构的分工合作与更多地引入并支持社会力量来入手，以此促进少年司法与社区矫正在未成年人社区矫正制度中的融合。

关键词： 少年司法；社区矫正；未成年人社区矫正制度；教育为主；社会支持

引　言

自党的十八大以来，党中央高度重视未成年人保护工作，国家保护未成年人大格局逐步形成。2019 年 12 月 28 日，第十三届全国人大常委会第十五次会议表决通过了《社区矫正法》。在这部法中，有一项在少年司法领域中较为突出的成就：第七章以专章的形式对未成年人社区矫正制度的相关内容进行规定。这是官方对未成年人社区矫正制度的一个肯定，是少年司法制度与社区矫正制度结合的一个阶段性的成果。但是该制度目前仍然存在着一些逻辑上的偏差，体现为对少年司法中“教育”理念认识的不足、对少年司法独立性认识的不足、受司法行政化的影响以及未能明确社区矫正社工机构在矫正工作中的定位。这些问题若是不能得到彻底解决，我国未成年人社区矫正制度与少年司法制度、社区矫正制度的发展可能就会受到影响。因此，剖析这些问题产生的原因并进行现实可行的弥补，不论是对未成年人社区矫正制度自身的发展，还是对少年司法制度与社区矫正制度的完善，都是很有必要的。

---

* 本文系 2020 年四川省高校人文社科重点基地“社区矫正研究中心”一般项目“司法社会工作介入社区矫正问题研究”（SQJZ2020－03）及 2020 年成都市社会组织发展专项基金课题研究类项目“成都市社区矫正社会工作服务实证研究”（成慈协［2020］433 号 1－2－162）的阶段性成果。

** 潘若宇，西南政法大学法学院博士研究生。全亮，四川师范大学法学院教授，法学博士。

一、基本原理：我国未成年人社区矫正制度构建的初衷

我国未成年人社区矫正制度的建立就是为了在司法活动中引入社会力量，从而对罪错未成年人实施柔性矫正，以此来弥补其在成长过程中受到的创伤，促使其形成正确的三观并回归社会，降低其再犯的风险。这既体现了少年司法中“教育为主”的价值追求，也体现了社区矫正中“助人自助”的价值理念。在矫正过程中，仅仅依靠国家机关的力量是远远不够的，还需要社会力量的参与。这种在司法活动中对社会力量的需求，就是少年司法与社区矫正在未成年人社区矫正制度中融合的体现。

（一）对罪错未成年人进行柔性矫正

有研究表明，纵使未成年人犯罪与成年人犯罪在客观上造成的社会危害程度较为接近，但在主观层面上，二者仍然有着较大的差别：成年人实施犯罪行为往往是出于其自由意志，而未成年人实施犯罪行为是其心智不成熟与不良成长环境共同作用的结果。[①]这种心智上的不成熟，也可被解释为罪错未成年人的三观尚未形成，通常表现为其不擅长分辨事情的对错、意气用事等。但是换个角度来看，这种不成熟也是他们“可塑性”的体现。我们可以通过个性化的教育与矫正来帮助他们形成正确的三观，从而帮助其回归社会，以此降低他们再犯的风险。

这就要求我们在处理罪错未成年人的相关问题时，不能直接套用成人司法中的“刚性”司法理念，而是应当区别于成年矫正对象，采取更加有针对性的、教育性的“柔性”矫正理念。[②] 对违法犯罪行为，本应由国家机关采取一系列“刚性”的行政手段、司法手段来对犯罪嫌疑人进行惩罚，使其感受到痛苦，以此来防止其再犯，维护社会秩序。但是，在处理未成年人犯罪案件的时候，由于未成年人的特殊性，我们不能直接以处理成年犯的手段对其进行处理，而是要以一种教育与矫治的思路和手段对其进行矫正，这就是针对未成年犯的特殊矫正理念。

这种特殊矫正理念的基础为“国家亲权”、“教育刑”和“儿童利益最大化”等理论。“国家亲权”的理论，即国家在适当的时候可以超越父母的亲权而对未成年人进行强制性干预和保护[③]，以此来避免未成年人陷入一种孤立无援的风险状态。“教育刑”理论，是指对涉案的未成年人，应当采取一种相对缓和的、非正式的恢复性司法程序，最大程度地实现对少年的教育和矫正，弱化少年的犯罪标签心理，帮助其重拾对生活的信心，以达到顺利实现社会复归的目的。[④] “儿童利益最大化”理论要求我们在进行未成年人社区矫正的过程中，采取个别化以及社会工作专业性的技术与方法，以维护儿童的利益，保障其健康成长。[⑤] 这些理论，都是针对罪错未成年人实施柔性教育手段的理

---

① 参见张寒玉、张亚力、杨迪：《重罪未成年人重返社会问题研究——以云南司法实务为视角》，载《青少年犯罪问题》2018 年第 3 期，第 93 页。

② 参见李岚林：《“柔性”矫正：未成年人社区矫正的理论溯源与实践路径》，载《河北法学》第 38 卷第 10 期，第 120 页。

③ 参见姚建龙：《国家亲权理论与少年司法——以美国少年司法为中心的研究》，载《法学杂志》2008 年第 3 期，第 92 页。

④ 参见宋英辉主编：《未成年人刑事司法改革研究》，北京大学出版社 2013 年版，第 18 页。

⑤ 参见姚建龙：《超越刑事司法：美国少年司法史纲》，法律出版社 2009 年版，第 89 页。

论支撑。

（二）以社会力量支持司法活动

在对罪错未成年人进行社区矫正的过程中，不仅需要公、检、法、司等专职执法队伍的力量，也需要广泛动员社会力量参与到未成年人社区矫正的工作中来。⑥《社区矫正法》第56条⑦对社会力量的引入和参与也作出了明确的规定。

在实践中，鼓励和支持社会力量参与到未成年人社区矫正的工作中来，主要是出于两个方面的考虑。其一，公、检、法、司作为国家专门机关，其是“刚性”力量的代表，而未成年人社区矫正更加偏向于以“柔性”的手段对罪错未成年人进行教育与矫治，因此引入社会力量来支持未成年人的矫正工作是贯彻“柔性”矫正理念的体现。少年司法要求针对罪错未成年人“教育为主，惩罚为辅”，而依靠国家机关来实现少年司法对“教育”的要求是远远不够的，因为国家专门机关始终具有着“刚性”的特征。而社会力量就是一种“柔性”的代表，其可以很好地胜任针对罪错未成年人的“教育”功能。

其二，针对未成年矫正对象，要遵循个性化的矫正方针进行矫正，对每个接受矫正的罪错未成年人，都需要对其情况进行社会调查并进行评估，以此制定个性化的矫正方案。因此需要吸收精通心理学、法学以及教育学等相关知识的专门人员来进行矫正。⑧显然，在这些“柔性”的事项上，相较于国家机关，社会机构与组织是更加专业且更加具有话语权的。因此，引入社会力量对此项司法活动进行支持就很有利于资源的整合，以此产生合力，共同支持未成年人矫正的相关工作。

（三）促进少年司法与社区矫正的融合

从未成年人社区矫正制度本身的微观层面来看，其是由少年司法与社区矫正相结合的一项制度。少年司法的目的是关爱、治疗与回归，重点是通过教育来感化罪错未成年人，从而促使其形成正确的三观并回归社会，所以对罪错未成年人来说，首要选择的是对其进行教育，而非对其进行惩戒。⑨ 社会工作主张以社会力量对有困难的人提供帮助，其核心价值为：以人为本，助人自助。⑩ 这两种价值取向体现在未成年人社区矫正的过程当中，即社会力量对需要得到帮助的罪错未成年人提供专业化的矫正，使其能够更好地了解自己、了解社会，从而得以走出困境，更好地融入社会，实现自我价值。

从司法改革的宏观层面来看，近年来随着司法改革的逐渐深入，司法与社会工作的整合也逐渐增多。司法模式向着多元化的方向逐渐转变与整合，其体现之一就是社会工

---

⑥ 参见李岚林：《“柔性”校正：未成年人社区矫正的理论溯源与实践路径》，载《河北法学》第38卷第10期，第107页。

⑦ 《社区矫正法》第56条规定：“共产主义青年团、妇女联合会、未成年人保护组织应当依法协助社区矫正机构做好未成年人社区矫正工作。国家鼓励其他未成年人相关社会组织参与未成年人社区矫正工作，依法给予政策支持。”

⑧ 《社区矫正法》第52条第1款规定：“社区矫正机构应当根据未成年社区矫正对象的年龄、心理特点、发育需要、成长经历、犯罪原因、家庭监护教育条件等情况，采取针对性的矫正措施。”该条第2款规定：“社区矫正机构为未成年社区矫正对象确定矫正小组，应当吸收熟悉未成年人身心特点的人员参加。”

⑨ 参见周雯：《理念与模式：少年司法制度比较研究》，四川师范大学2021年硕士学位论文，第5页。

⑩ 参见张奔：《社会工作介入少年司法分流制度的研究》，华东政法大学2019年硕士学位论文，第4页。

作的相关专业理念开始与司法领域重合，这就使司法社会工作开始与中国的司法模式一同发展。[11] 我国的未成年人社区矫正制度就是一个很好的例子，因为它是代表司法的少年司法制度与代表社会工作的社区矫正制度的一个融合。而未成年人社区矫正制度是少年司法对社会工作专业理念以及理论和工作方法的需求的体现，也是社会工作进入少年司法领域的契机[12]，更是少年司法与社区矫正制度共同发展的契机。

因此，无论是从未成年人社区矫正这一制度的微观层面来看，还是从司法改革的宏观层面来看，少年司法制度与社区矫正制度的融合都是一种必然的趋势。

二、实践乱象：我国未成年人社区矫正制度存在的问题

目前，我国未成年人社区矫正制度在运行中存在着诸多问题：其一，未能体现出对未成年人的特殊关怀，包括在实践中难以实现“柔性”矫正，而且未成年人矫正与成年人矫正的区分程度不够。其二，由于司法资源的有限性，相应的国家机关并不能很好地胜任相应的矫正工作，因此需要社会力量的支持。但是这些国家机关在矫正工作中过于强势，在社区矫正工作中居于主导地位，这就压缩了社区矫正社工机构对未成年人社区矫正工作的参与范围。其三，社区矫正社工机构内部也存在着一些问题，主要表现为社区矫正社工机构的人员配置不足，而且相应人员的专业性有待提高。

（一）对未成年人的特殊关怀未明确体现

1.“柔性”矫正色彩模糊

“恤幼”这一理念，不仅存在于我国传统刑法理念中，也符合我国“尊老爱幼”的道德追求。然而，我国主流刑法观念中，从严处理、注重惩罚与报应刑的理念仍然占据主流。[13]“杀人偿命，欠债还钱”无疑就是对此种报应刑的刑罚理念在老百姓心中形象的一个诠释。

对接受过系统性法学教育的学者来说，他们可以认识到对罪错未成年人施以教育刑的意义。但是对一些长期被“困”在实务中的法律工作者以及未接受过法学教育的社区矫正工作者来说，理解教育刑以及教育刑对于罪错未成年人的意义可能没有那么透彻，同时在实践中贯彻教育刑时也可能会遇到困难。我国某省的一份针对未成年人社区矫正的调研报告中就提到，社区矫正社工机构的工作人员在思想认识方面存在的三个突出现象之一，就是他们中的大多数都认为对“问题少年”应当加大惩罚力度而非采取教育与矫正的手段。[14]

这种理念层面的认识偏差，就导致实践中难以针对罪错未成年人进行柔性的矫正。对那些被依法采取社区矫正的罪错未成年人来说，在司法的处理上是肯定了他们的可矫正性与可改造性。[15] 因为在实践中，罪行特别恶劣的罪错未成年人，往往都会被处以死

---

[11] 参见何明升：《司法社会工作的理论来源和主要议题》，载《井冈山大学学报（社会科学版）》2015 年第 36 卷第 2 期，第 79 页。

[12] 参见马思程：《涉罪未成年人社会帮教的个案工作研究》，西北农林科技大学 2021 年硕士学位论文，第 5 页。

[13] 参见前注 10，张奔文，第 4 页。

[14] 参见张帆：《云南省未成年人社区矫正工作调研报告》，载《中国司法》2022 年第 4 期，第 70 页。

[15] 参见朱倩倩：《我国未成年犯社区矫正的困境与对策》，河南大学 2021 年硕士学位论文，第 21 页。

刑，而罪行特别轻的罪错未成年人，在检察机关量刑建议的影响下，往往并不会被采取实质性的惩罚措施。只有不属于二者范围的罪错未成年人才会被采取社区矫正的非监禁刑手段，以此对其进行矫正与改造。但是，主流的刑罚观点并不会因为犯罪主体是未成年人就放弃适用刑罚，基层司法工作人员与社区矫正社工机构的工作人员也难以理解对罪错未成年人进行教育与矫正的意义，这就导致实践中难以实现社区矫正对未成年人的“矫正”功能。

2. 与成年人社区矫正的区分程度不够

对未成年人的社区矫正，应当与成年人的矫正分开进行，并且还要针对不同案件的不同情况来针对不同的未成年人制订独具特色的矫正方案。对这些内容，我国《社区矫正法》第 52 条的第 2 款与第 3 款⑯作出了明确的规定。同时，针对未成年犯罪嫌疑人的一些司法程序与司法手段也应当与成年人作出区分，我国《预防未成年人犯罪法》第 46 条⑰对此作出了明确的规定。

对在处理罪错未成年人以及在对其进行社区矫正的过程中，与成年人的相关司法程序和社区矫正作出区分这一点上，全国各地的社区矫正社工机构都达成了共识并作出了区分，且均针对未成年人社区矫正采取了一系列独具当地特色的矫正项目。但是实践中仍然存在问题，仍有部分司法所在针对未成年人进行社区矫正的过程中，并未采取单独的、有针对性的矫正项目，而是仅仅依照对成年人进行矫正的项目进行“打折”与“减免”⑱。

这种“打折”与“减免”非常不利于未成年人矫正工作的进行，因为在理念上，成年人社区矫正与未成年人社区矫正就存在着区别。成年人被处以社区矫正，往往是因为其罪行较轻，无须判处徒刑以上的惩罚，对其进行社区矫正有着一部分惩戒的目的，希望通过此种约束来对其产生警告作用。而对未成年人处以社区矫正，是为了对其进行教育和治疗，纠正其错误的认识，并帮助他们重新塑造一个健康的人格。因此，针对未成年人的社区矫正要与成年人社区矫正在项目上作出区分。

（二）司法行政机关与检察机关角色混同

1. 司法行政机关的缺位

对未成年人社区矫正的主管机关存在一个问题：未成年人社区矫正的工作应当由主管社区矫正的司法行政机关来管理，还是应当由主管少年司法工作的检察机关来管理。由《社区矫正法》第 8 条第 1 款⑲的规定，我们可知我国社区矫正的主管机关为司法行政机关。而未成年人社区矫正工作本身也是属于社会工作，因为在立法层面，未成年人

⑯ 《社区矫正法》第 52 条第 1 款规定：“社区矫正机构应当根据未成年社区矫正对象的年龄、心理特点、发育需要、成长经历、犯罪原因、家庭监护教育条件等情况，采取针对性的矫正措施。”该条第 3 款：“对未成年人的社区矫正，应当与成年人分别进行。”

⑰ 《预防未成年人犯罪法》第 53 条第 1 款规定：“对被拘留、逮捕以及在未成年犯管教所执行刑罚的未成年人，应当与成年人分别关押、管理和教育。对未成年人的社区矫正，应当与成年人分别进行。”

⑱ 张凯：《我国未成年人社区矫正工作的执行现状及推进路径——以我国的社区矫正法相关规定为切入》，载《长白学刊》2021 年第 6 期，第 98 页。

⑲ 《社区矫正法》第 8 条第 1 款规定：“国务院司法行政部门主管全国的社区矫正工作。县级以上地方人民政府司法行政部门主管本行政区域内的社区矫正工作。”

社区矫正的相关规定就是作为《社区矫正法》的专章规定而存在的。因此，司法行政机关应当主管未成年人社区矫正的相关工作，并积极与社工机构进行合作，以此来对受矫正的未成年人进行柔性的矫正。

但在实践中，很少有司法行政机关能真正主管未成年人社区矫正的相关活动，与未成年人相关的司法工作大多交由检察机关进行处理。未成年人社区矫正有着较浓的少年司法色彩，而司法行政机关虽说也有着一些司法权力，但是其在少年司法层面上的专业性要远远弱于检察机关的。因此，在未成年人社区矫正工作中，司法机关与社会机构也就默认了司法行政机关的这种缺位。

而且，让司法机关与社会机构在执行社区矫正这一种刑罚时相互合作，也是不太现实的。我国的政治结构有着典型的科层式的特征[20]，国家机关内部层层分级并严格分工，在国家权力覆盖的部分是将社会机构完全排除在外的。所以，社会机构也就很难参与到具体的矫正工作中来，因此就很难在实践中形成一套国家机关与社会机构共同合作的司法社会工作体系。但是针对未成年人进行社区矫正，就应当积极引入象征“柔性”的社会力量。所以，这种错误的思想若是得不到改变，那么我国的司法社会工作体系就难以真正建立起来，对未成年人进行教育和矫正也就成了一纸空文。

2. 检察机关的越位

我国检察机关在社区矫正中的定位为监督机关，《社区矫正法》第 8 条第 2 款[21]就明确了检察机关在社区矫正工作中的这一定位。但在实践中，出现了检察机关主导未成年人社区矫正工作的乱象，原因在于，在我国未成年人检察工作一体化模式的政策要求下，未成年人社区矫正的相关工作与活动也应当属于检察院的未成年人刑事检察部门的职责范围。[22] 这就产生了问题：检察机关既为社区矫正活动的监督者，也要进行具体的社区矫正案件的办理。

这样的实践状况似乎是违背了法律的相关规定，但是其在实践中能够运行。因为社区矫正作为一种非监禁刑，是一种刑罚手段，其由检察机关来执行是合理合法的。同时，司法行政机关也默许这种“越位”，因其自身也拥有着较多的日常事务需要处理，而且司法行政机关并不擅长于社区矫正工作的具体执行。因此，在实践中就产生了检察机关在未成年人社区矫正工作中“越位”的情况。

由检察机关对未成年人社区矫正工作进行主导是有着很多弊端的。其一，这是一种对法律规定的违反，因为在法律的规定中，检察机关在社区矫正的相关工作中仅仅为一个监督者。其二，检察机关难以胜任对未成年人的社区矫正工作。针对未成年人的司法活动相较于成人司法往往有着更多的要求，例如，在程序上要求与成人司法独立，且对工作人员也有着较多的专业知识的要求，这就使检察机关的工作人员在进行未成年人社

---

⑳ 参见［美］米尔伊安·R. 达玛什卡：《司法和国家权力的多种面孔》，郑戈译，中国政法大学出版社 2015 年版，第 62 页。

㉑ 《社区矫正法》第 8 条第 2 款规定：“人民法院、人民检察院、公安机关和其他有关部门依照各自职责，依法做好社区矫正工作。人民检察院依法对社区矫正工作实行法律监督。”

㉒ 参见李志强、崔美娜：《检察视角下未成年人社区矫正问题研究》，载《上海公安学院学报》2021 年第 31 卷第 5 期，第 58 页。

区矫正的相关工作时往往有心无力。[23] 因此，在未成年人社区矫正的工作上，改变思想，积极引入社会力量就是很有必要的。

（三）社区矫正社工机构专业化缺失

1. 专业人员配置不足

由于未成年人社区矫正工作的特殊性，针对一个未成年受矫正对象往往需要很多社会工作人员来进行矫正的相关工作。但在实践中，由于各种原因往往难以配备充足的矫正人员。据不完全统计，目前我国的司法所中一人所至少占了半数，这样的一种过度简化的人员编制与其应当承担的繁重职能不成正比，并且社区矫正的执行也成了一种兼职职能而非专职职能。[24] 我国某省的一项针对未成年人社区矫正制度的调研报告也指出，其社工的人数与在册的社区矫正对象的比例为 1：16.5。[25]

而且社会机构本身也难以留住人才。社工行业相比于教师、律师行业来说，于就业者而言并不具备太大的吸引力，因为该行业有着收入低且无保障、晋升渠道窄、事务繁多等劣势，这些劣势就使社工行业面临着行业人员流动性大、“人才”留不住的“窘境”[26]。一方面，对参与矫正的社工有着较高的专业水平要求。另一方面，其福利与待遇难以与专业水平的要求相称，这样的行业很难留住人才。

这样来看，普通社区矫正的工作人员不足，对矫正要求更高的未成年人社区矫正的工作人员则更加缺乏。人员的不足也就导致了实践中很多乱象，例如，未成年人社区矫正与成年人社区矫正区分程度不够、非专业社工参加社区矫正等。参与社区矫正专业的社工人才不足，就会导致实践中非专业技术工作人员参与到社会工作中，从而使社会服务的质量难以得到保障。[27]

2. 人员专业性程度不达标

社区矫正首先应当吸收司法社工参与矫正的相关工作，而且对未成年人进行社区矫正，还应当吸收熟悉未成年人身心特点的人员参加。[28] 针对一个未成年人开展矫正工作，往往需要数个工作人员来进行。这就对矫正队伍的专业化提出了较高的要求。但在现实中，很难落实此项要求。

针对社会工作者这个大群体本身来说，他们缺乏对社会工作服务的理论体系以及社会工作者的角色定位的明晰的认知。[29] 如果社会工作者对自身的认知都缺乏一种明确的定位，那么在未成年人社区矫正中对参与矫正工作的社会工作者的法学、心理学以及教育学的知识储备便更加难以保证。

㉓ 参见张素素：《涉罪未成年人社会支持体系建设研究——基于 P 检察院未检社会支持项目》，南京师范大学 2021 年硕士学位论文，第 11 页。

㉔ 参见尹露：《中国特色社区矫正的功能定位与进路选择》，载《河北法学》第 36 卷第 10 期，第 80 页。

㉕ 参见率永利、马英：《建设高素质、专业化社区矫正工作者队伍——浙江省社区矫正社会工作者队伍建设调研报告》，载《人民调解》2021 年第 2 期，第 53 页。

㉖ 全亮、易庐金：《社区矫正社会工作专业化发展困境与对策探析》，载《司法警官职业教育》2021 年第 3 期，第 18 页。

㉗ 参见汪鸿波：《政府购买公共服务背景下社会工作机构的发展》，载《社会工作》2013 年第 5 期，第 13 页。

㉘ 参见齐芳：《社区矫正法：开启矫正社会工作新里程》，载《中国社会工作》2020 年第 4 期，第 11 页。

㉙ 参见冯超：《司法社工在社会帮教中的多重角色扮演困境》，华东师范大学 2020 年硕士学位论文，第 30 页。

在社区矫正中，需要司法社工的介入，而司法社工属于一种交叉学科，其既要求社工拥有社会学的背景知识，同时还要拥有法学的背景知识。我国某省的一份针对社区矫正社会工作者队伍建设的调研报告却显示，该省社工队伍中具有法学、心理学以及社会学背景知识的人才只占了24.78%。[30] 该城市是我国东部经济比较发达的城市，在这样一个城市里都存在着社工人才不足的问题，对其他一些欠发达地区可能存在着更大的问题。由此便能看出我国在社区矫正层面专业人才的匮乏性。

三、逻辑偏差：我国未成年人社区矫正制度问题的成因

我国未成年人社区矫正制度存在问题，根本原因在于制度运行的逻辑出了问题。其一是对少年司法的底层逻辑认识不足。少年司法应当以教育为中心，并且严格区别于成人司法，但在实践中，少年司法附属于成人司法，是一种成人司法的“打折”。其二，司法行政机关的主导与检察机关的越位使得在具体的矫正工作中行政逻辑太强，难以发挥社会力量的作用。其三，在对待社会支持体系时的逻辑也不足。未成年人社区矫正在制度设计上就是要引入社会力量来对罪错未成年人进行矫正，但在实践中既没有明确社会机构的地位，也未给予社会机构充足的支持。

（一）对少年司法的底层逻辑认识不全面

1. 法律规范缺乏独立性

在实践中，由于没有独立的法律规定，很多少年司法程序都只是对成人司法的一种“打折”。以我国未成年人社区矫正为例，其也是依附于成人矫正制度而存在的，理由在于在我国并未区分成人社区矫正与未成年人社区矫正，未成年人社区矫正制度依附于一般矫正制度而存在。在立法层面，即体现为对未成年人社区矫正的相关内容知识作为《社区矫正法》中的专章存在，并未单独立法。

在立法层面，之所以要单独出台少年法，就是为了更好地贯彻少年司法“教育为主、惩罚为辅”的基本原则。未成年人与成年人在犯罪时，其主观层面与客观层面都存在着巨大的差别，我国少年司法中也有着对罪错未成年人进行特殊处遇的要求。因此，在处理罪错未成年人时，我们要做到“柔性司法”。成人司法重点在于惩罚与警示，而少年司法的重点在于帮教与矫治，其是完全不同的两种思维模式与底层逻辑。

立法指导着实践，也规制着实践。若是立法层面就存在着问题，实践中必然会出现种种乱象。少年司法与成人司法是两个完全不同的司法模式，有着不同的指导思想与准则，也有着完全不同的目标与价值追求。因此，针对少年司法的法律规范，我们还需要做一些单独的规定。

2. “教育”理念的并未落实

少年司法的目的在于对罪错未成年人进行改造与教育，从而帮助其回归社会。但是对我国社会中大多数人来说，他们仍旧认为只要是犯罪分子，无论其是什么年龄，都应当被限制人身自由并严刑峻罚，而社区矫正作为一种非监禁刑，自然就难以得到他们的

---

[30] 参见郑艳、金越：《浙江省社区矫正社会工作者队伍建设调研报告》，载《中国司法》2020年第6期，第60页。

认同。[31] 这种“重刑主义”与“重罚主义”的思想在社会中仍然占据了主导。[32]

区别于成年人司法，少年司法更加注重教育。这体现在理念上，就是刚性与柔性。司法机关针对犯罪行为作出判决，一方面是做一个法律上的评价，另一方面就是为了做到一种预防犯罪、维护社会秩序的效果。针对成年人的犯罪行为，我们可以直接通过刑事诉讼法律程序，给予其否定性的法律评价，并依照相应的情节来对罪犯处以刑罚，从而攻破犯罪者的心理防线，使其产生恐惧，规制其的行为，避免其再犯，以此达到相应的警示作用和“刚性”的威慑。这一套逻辑对三观已经形成的成年罪犯来说，是行得通的。

但是针对未成年犯不能用这套逻辑，未成年犯对外界的认识并不全面，三观并未形成，其所实施的违法犯罪行为更多是其家庭氛围或者成长环境的影响所导致的。因此，我们更加注重的是以一种“柔性”的教育手段来对其进行矫正。这种对“柔性”的教育手段的要求，不仅要以政策或者立法的形式予以固定，还要充分贯彻在与少年司法相关的每一个环节中。

（二）实践中行政逻辑太强

1. 专门机关视角单一

无论是司法行政机关还是检察机关，归根到底都是国家机关，其在行使国家权力时，不可避免地会受到行政化因素的影响。从国家权力的构造上来看，我国是一个典型的“能动型”国家，且在司法程序的构造上，更加偏向于“政策实施型”程序的特点。“政策实施型”程序将司法程序视为一种追求正确结果的工具，而且当具体案件中偏离规则的害处被相关政策考虑所抵消的时候，忽略程序就是被允许的。[33] 由此来看，我国在司法实践中对政策与实体的考虑是优先于程序的。

在此基础上，我们可以知悉实践中社区矫正专门机关的“越位”与“缺位”以及社会机构的“辅助地位”主要就是由于专门机关相较于社会机构的强势地位所造成的。而且，虽然专门机关内部也存在着一些权力的差别，但其对外具有着“排外性”特点，这体现为多个专门机关进行内部的“合作”，利用自身拥有的国家权力共同将社会机构排除在未成年人社区矫正的具体工作之外。这种“排外性”的存在，也使得社会力量难以真正参与到未成年人社区矫正的工作中来。

然而，在未成年人社区矫正工作中过强的行政化逻辑体现，恰恰是对政策与实体解读错误的体现。在政策层面，未成年人社区矫正制度是少年司法制度与社区矫正制度的体现，其就是要通过对社会力量的引入来弥补司法的不足，并以社会力量的“柔性”特点来对罪错未成年人进行矫正。在实体层面，未成年人社区矫正制度追求的是对罪错未成年人的教育与矫正的效果，而仅仅依靠代表“刚性”的专门机关是无法达成这一结果的，因此就需要代表“柔性”的社会力量的帮助。

2. 专门机关在改革中急于求成

在目前的实践中，政府与相应的司法机关显得有些“急于求成”了。社区矫正社会

---

[31] 参见肖乾利、侯习敏：《未成年犯社区矫正的困境摆脱》，载《重庆社会科学》2015 年第 8 期，第 47 页。

[32] 参见宁琦：《我国未成年人刑罚惩戒制度研究》，广西师范大学 2021 年硕士学位论文，第 11 页。

[33] 参见前注⑳，［美］米尔伊安·R. 达玛什卡书，第 195 页。

机构的活动资金往往都是来源于政府或者是其他一些司法机关的合作项目，政府也是通过“政府购买”的方式来向社区矫正社会机构购买相应的矫正服务。但是这种“政府购买”的方式具有短期性、临时性的特点。[34] 政府在推进相应未成年人社区矫正项目的时候，都希望通过一种短期投入迅速取得相应的效果。这是行政逻辑的体现，且这种逻辑不利于未成年人社区矫正相关工作的开展。

同时，社区矫正社工机构在与检察机关合作时也存在着理念上的冲突。检察机关作为司法机关，在矫正时更加看重项目所能带来的利益与产出，并希望项目在执行后能够迅速获得立竿见影的效果。[35] 而社区矫正社工机构则会更加重视受矫正对象的发展，注重一种循序渐进的、长期的矫正。对罪错未成年人来说，相较于处罚，矫正是一个漫长的过程。罪错青少年在原生家庭以及生长环境的长期影响下，走上了一条违法犯罪的不归路，那么对其进行教育与矫正，自然也就需要耗费更多的人力与物力，需要更多社会资源的支持。

习近平总书记说过：“青年是整个社会力量中最积极、最有生气的力量，国家的希望在青年，民族的未来在青年。”[36] 所以，投入人力与物力资源对罪错未成年人进行矫正，以促使罪错未成年人转变为朝气蓬勃的青年人是很有必要的。而且对罪错未成年人进行矫正，也有利于其回归社会、融入社会，从而降低其再犯的风险，维护社会的和谐与稳定。所以，虽说对涉罪未成年人的帮教工作是一项长周期、高要求、人群特殊的复杂性系统工程，但对未成年人社区矫正的相关工作投入资源是合法也合理的。[37]

（三）社会支持逻辑体现不足

1. 社区矫正社工机构仅为辅助者而非参与者

实践中，未成年人的社区矫正活动基于分工合作的需要，需要社区矫正社工机构深度参与到相应的工作中来。但在检察机关等国家机关看来，相关社工机构对未成年人社区矫正工作的介入只是发挥一种相对的辅助作用。[38] 这一方面是因为检察机关掌握着财政支出，是资金的提供方，社区矫正社会机构若是想要获得资金的支持与更加长期的合作，那么其最佳的选择就是迎合检察机关的一些需求而非将工作的重心放在具体的矫正与帮教工作上。另一方面，检察机关作为国家司法机关，其在与社会机构进行合作时拥有着天然的强势地位。

由此，社区矫正社工机构便只能作为未成年人社区矫正工作中的辅助者。这种弱势地位，一方面难以使社工机构发挥自身作为社会机构与专业层面的优势，另一方面难以促使社工机构真正地参与到未成年人社区矫正的相关工作中。社区矫正本身就对社会支持有着要求，而未成年人社区矫正的相关工作更加需要社工组织及其专业人员的支持。因此，检察机关应当意识到在未成年人社区矫正的工作中社会力量介入的必要性，这种

---

[34] 参见前注㉓，张素素文，第 24 页。

[35] 参见谢昊天：《司法社工介入涉罪未成年人保护的研究——以 N 市 J 检察院司法社工服务项目为例》，南京师范大学 2021 年硕士学位论文，第 28 页。

[36] 节选自 2019 年 4 月 30 日习近平总书记在纪念五四运动 100 周年大会上的讲话。

[37] 参见前注㉙，冯超文，第 15 页。

[38] 参见前注㉟，谢昊天文，第 30 页。

介入既符合制度设计的要求，也符合少年司法的底层逻辑，更有利于对罪错未成年人进行“柔性”的矫正。

总之，为了更好地发挥未成年人社区矫正制度的效果，应当确立社工机构在未成年人社区矫正中的权利与地位，以此为社区矫正的实践提供保障。[39] 当前实践中，将社工机构仅仅作为一种司法机关的辅助者的思维应当被摒弃，因为这是未成年人社区矫正制度在社工机构地位层面的错误逻辑。

2. 社区矫正社工机构未得到充足的财政支持

现阶段，我国在未成年人社区矫正的司法实践中对社会力量的引入多采取一种“政府购买”的方式来进行开展。[40] “政府购买”即政府将本由自己需要直接提供的社会救助服务，以合同或契约的形式“外包”给合适的非政府组织承接，是一种政府机关与非政府组织的合作形式。[41] 但在我国未成年人社区矫正工作的实践中，相应的专门机关有着很强的行政逻辑，其将代表非政府力量的社会组织排除在外，且在实行项目时急于求成。因此，“政府购买”的项目往往都是一些短期项目与小项目，这些小项目给未成年人社区矫正社会机构带来的经济收益，也仅仅是能够维持机构的正常运行。

然而，除了“政府购买”，社区矫正社会机构难以拥有其他的路径获取资金。参与未成年人社区矫正的社会机构与相关工作人员的薪资和待遇基本来自同政府以及司法行政机关和检察机关的项目合作，缺乏多元化的资金来源。而这种未成年人司法社会支持体系搭建过程中因经费和相关保障不足所产生的实践困境，是现阶段我国未成年人司法社会支持体系的搭建所面临的首要难题。[42] 而政府在工作中的“急于求成”也使得社区矫正社会机构在资金的获取上更加困难。

实践中的一系列“乱象”暴露出的主要问题为：我国未成年人司法社会支持体系并未形成，且政府与司法机关对社会服务机构仍然存疑。[43] 一方面，我国的社会支持体系并未完全建立，政府与社会机构的合作也并不具有长期性与可持续性。另一方面，社会机构本身也存在着一些问题，体现为人员流动性大、提供的服务质量良莠不齐、社会机构的成立的门槛较低等。而且社会机构作为一个机构，其本身带有“逐利性”这一特点。这些原因都使得专门机关在与社会机构进行合作的过程中，始终不能完全信任社会机构，也因此难以给予社会机构充足的财政支持。

四、社会融合：我国未成年人社区矫正制度的完善

要完善我国未成年人社区矫正制度，就是要促进少年司法与社区矫正制度的融合。而在我国未成年人社区矫正制度在实践中乱象层出不穷，且制度底层逻辑的认知上出现偏差的背景下，要完善此项制度，重点在于确立少年司法的独立地位，以此来促进少年

---

[39] 参见佟丽萍：《社会工作者介入社区矫正的难题》，载《中国社会导刊》2007 年第 16 期，第 63 页。

[40] 参见前注㉓，张素素文，第 12 页。

[41] 参见任海霞：《中国社会救助财政支持研究》，中央财经大学 2016 年博士学位论文，第 120 页。

[42] 参见席小华、史卫忠：《建构未成年人司法社会支持体系的理论框架与实践路径》，载《预防青少年犯罪研究》2020 年第 5 期，第 34 页。

[43] 参见前注㉜，宁琦文，第 18 页。

司法与社区矫正制度达成融合。少年司法与成人司法最大的区别就在于少年司法更加侧重于教育而非惩罚，注重一种“柔性”的矫治，因此针对未成年人实施的社区矫正制度就应当更加注重社会对社会力量的引入与支持，以此做到社会融合。针对社会力量的引入，更多的是对其参与者地位的确立，而支持则体现在财政方面和专业技术方面。

（一）完善未成年人社区矫正的规范制度

1. 针对未成年人社区矫正制度单独立法

一部独立的、不依附于成人法而存在的少年法是少年司法制度的根基。㊹ 我国目前与少年法相关的立法有《未成年人保护法》和《预防未成年人犯罪法》以及《刑事诉讼法》与《社区矫正法》中关于少年司法的专章规定和一些其他的法律规范，这些立法层面的成果值得肯定，但这种分散化的立法难以满足少年司法的要求。而少年司法的未来走向应当是综合保护与全面保护，这些保护会涉及刑事、民事、行政以及儿童福利等各个方面。㊺ 立法对实践是有着指引和规制作用的，加强在少年法领域的立法，有利于少年法的相关实践更加有理有据。

但是就我国目前的情况来看，针对少年法进行单独立法，仍然具有很多阻碍。立法是一个非常冗长的过程，是一个发现问题、分析问题到最终取得一种解决问题方法的过程。因此，最佳可行的办法是先针对少年法中的部分内容进行完善，再对少年司法进行单独立法。少年法包括少年司法与少年刑法，而未成年人社区矫正的相关内容是属于少年司法部分的内容，少年司法更加讲求一种动态的实践，因此，对这些内容进行立法是非常有必要的。

目前我国《社区矫正法》中已有对未成年人社区矫正制度的专章规定，所以立法层面的下一步工作为对未成年人社区矫正的相关内容单独立法。单独立法需要细化政府、司法行政机关、检察机关以及社区矫正社会机构的分工与职责，细化对社会力量的引入与支持等多方面的内容，以此对实践进行引导与规制。

2. 贯彻“教育为主”的少年司法理念

在针对罪错未成年人进行矫正的过程中，需要投入更多的资源以及有针对性的关注与支持。从积极方面来讲，青少年是国家的未来与民族的希望；从消极方面来看，若是罪错未成年人没有得到妥善处理，那么其再犯的可能性是远远高于成年人的。㊻ 由此来看，“保护少年”就是在“保护社会”，对罪错未成年人进行教育和矫治，就是在拯救踏入犯罪道路的未成年人，以此来预防其再犯，减少犯罪案件的数量，维护社会秩序的稳定，由此来对社会进行保护。

在我国传统文化中，罪耻文化对犯罪者回归社会无疑是一种较大的阻碍，由于未成年人在社区矫正工作中的“受矫主体”身份，这种来自社会的压力就很可能导致社会关系的撕裂。㊼ 对受过矫正的罪错未成年人，在接受完社区矫正并回归社会以后，会遭到来自社会方面的新的压力，人们会因其接受过社区矫正的特殊身份而对其进行一些区别

㊹ 参见杨秋霞：《我国少年司法制度的困境与出路》，吉林大学2020年硕士学位论文，第19页。

㊺ 参见前注㉒，李志强、崔美娜文，第61页。

㊻ 参见江山河：《美国的未成年人社区矫正及其对中国的启示》，载《青少年犯罪问题》2021年第1期，第105页。

㊼ 参见黄博扬：《未成年社区矫正对象复原力提升的个案研究》，甘肃政法大学2022年硕士学位论文，第44页。

对待。这样的区别对待会使他们在融入社会的过程中感受到压力与阻力，因此，如何抵抗这种压力与阻力，也是“教育”与“矫治”的内容之一。

在理念层面，要减弱“罪耻文化”对未成年受矫主体的影响，可以通过贯彻“国家亲权”的理论与“以教代刑”的原则，在刑法思想中秉持“教育为主”的思想。犯罪的未成年人并不是社会与国家的敌人，而是一种需要矫治的“病人”，我们要将矫治、康复的观点贯彻在对未成年人违法犯罪案件处理的全过程。[48] 这才是少年司法中“教育为主，惩罚为辅”基本原则的真正含义。

（二）促进专门机关与社工机构的分工合作

1. 削弱专门机关在未成年人社区矫正工作中的强势性

在社区矫正期间，未成年人会得到来自办案民警、检察机关工作人员、社会工作人员以及家庭成员等主体的高度关注，这些来自不同主体的关注都会使得罪错未成年人内心深处的被关注与被关心的需求得到满足。[49] 这些参与矫正的主体依照职能，可以被分为以司法行政机关与检察机关为主的专门机关以及以社区矫正社工机构为主的社会组织。

其中，专门机关对未成年人社区矫正工作的介入总是带着一些行政化的目的，其会更加侧重于矫正所能取得的社会价值。相较于对矫正对象的矫正，他们会更加注重所能带来的政治效果。且由于其工作人员的公职人员身份，矫正主体在与之接触的过程中难免会产生一些戒备心理。而社区矫正社工机构则会更加偏向对罪错未成年人进行矫治与关怀，其工作人员往往也是一些熟悉未成年人心理、熟悉教育的专业人士组成，未成年人在面对他们时会更加自在，从而取得更好的矫正效果。因此，针对实践中专门机关过于强势的问题，我们需要进行规制。

专门机关与社会机构在未成年人社区矫正的工作中有着不同的分工。专门机关应当从宏观层面对社区矫正的总体进行指导，尽量减少对具体工作的参与程度，以此来引入并支持更多的社会力量参与到未成年人社区矫正的工作中来。[50] 目前在实践中产生乱象的原因之一就是司法行政机关职能的“错位”以及检察机关在工作中的“越位”，而社会力量难以真正参与到矫正工作中来。因此，专门机关应当改变“泛政治化”的思维模式，减弱行政化对社区矫正工作的影响，认识到社区矫正社工机构与自身在工作中的互补性，给予社区矫正社工机构更多的尊重。[51]

2. 加强社区矫正社工机构在未成年人社区矫正工作中的参与性

一方面，我们要通过规制专门机关的职能来给予社会力量更多的发挥空间，另一方面，我们需要明确社会力量在矫正工作中的参与者地位。在我国现行的做法中，针对罪错未成年人在刑事检察阶段进行矫正，主要是由检察官等专门人员完成的[52]，社区矫正社工组织在矫正工作中仅仅是一个辅助者的身份。但是基于分工合作以及对社会力量引

㊽ 参见前注㉜，宁琦文，第 24 页。

㊾ 参见马思程：《涉罪未成年人社会帮教的个案工作研究》，西北农林科技大学 2021 年硕士学位论文，第 48 页。

㊿ 参见王爱立：《中华人民共和国社区矫正法解读》，中国法制出版社 2020 年版，第 230 页。

[51] 参见前注㉟，谢昊天文，第 39 页。

[52] 参见前注⑩，张奔文，第 36 页。

入的需要，社区矫正社工机构应当作为一个参与者参与到具体的未成年人矫正工作中来。因为这一群体既拥有针对罪错未成年人进行矫治的专业知识，而且加强社区矫正社工机构在未成年人社区矫正工作中的参与性，也有利于用社会资源来弥补司法资源的不足性与有限性。[53]

社区矫正社工机构中的工作者，主要为司法社工。司法社工在未成年人社区矫正工作中的职能应当体现在两个方面：其一，针对被矫正的罪错未成年人进行管理；其二，依照相关的要求来撰写相应的表格、报告与记录。[54] 由此来看，司法社工应当负责社区矫正的具体工作以及相关的行政管理工作，但目前这些工作大多还是由检察机关来完成的。所以，应当明确社区矫正社会机构中司法社工的职能，且检察机关与司法行政机关应当认可社区矫正社工机构在矫正工作中的参与者地位，并为其在参与到具体工作时提供便利。同时，司法社工也需要明确自身的角色与定位，以此更好地发挥自身的专业优势，更好地帮助受矫正的未成年人进行矫正，以此获得成就感与职业认同感。

综上，对我国未成年人社区矫正制度的格局应当如此构造：宏观层面的指导工作由司法行政机关来完成，具体受矫正对象的矫正工作由社区矫正社工机构来完成，而对整个矫正过程的监督工作则由检察机关来完成。以此来对相关的专门机关与社会机构作出分工，确立社区矫正社工机构在矫正工作中的参与者地位，加强社区矫正社工机构在未成年人社区矫正工作中的参与性，由专门机关与社会机构通力合作，做到优势互补、资源互补，从而实现"行刑社会化"。易言之，基于分工合作的需要，社区矫正社工机构需要深度参与到未成年人社区矫正的工作中来。因此，针对实践中社区矫正社工机构既无相应参与者地位，也无充足资金支持的情况，我们需要积极地寻求解决办法并作出改变。

（三）更多地引入并支持社会力量

1. 更多地引入社会力量

更多地引入社会力量，是对社会力量在未成年人社区矫正工作中的参与者地位作出的肯定。对罪错未成年人进行社区矫正，目的就是对其进行教育和矫正，实现其"再社会化"。针对罪错未成年人进行处理，首先介入的主体为司法人员，但是仅仅依靠司法人员的介入并不够。因为司法人员的精力与相关知识有限，难以独自完成对罪错未成年人的矫正工作，所以就需要社会力量的参与来促使未成年人帮教工作的可持续发展。[55] 少年司法转介机制就是一种司法程序外的处遇方式，即从司法程序外将罪错未成年人转给相关社会机构进行适当辅导，可以为未成年人的教育矫治及回归社会提供有效的服务，弥补传统刑事司法的不足，也为实现教育、感化、挽救的目标提供专业性的社会支持。[56] 而且，少年犯罪的原因多种多样，引入更多社会力量并对罪错未成年人采取多元化的矫治方式就显得很有意义与价值。[57]

---

[53] 参见前注⑭，张帆文，第 74 页。

[54] 参见前注㉙，冯超文，第 16 页。

[55] 参见盛艳：《未成年人检察工作社会支持体系建设研究》，南京师范大学 2016 年硕士学位论文，第 44 页。

[56] 参见宋志军：《附条件不起诉社会支持的深化》，载《国家检察官学院学报》2017 年第 3 期，第 64 页。

[57] 参见刘仁琦：《嵌入、契合与实效：我国少年司法转介机制研究——附条件不起诉社会支持体系的完善》，载《青少年犯罪问题》2018 年第 4 期，第 34 页。

因此，为了实现罪错未成年人“再社会化”，需要社会力量的参与和支持。社会力量，本质上是一种来自社区、社会网络以及可以被信任的人向弱势群体提供的援助，该援助既包括物质援助也包括精神援助。[58] 更多地引入社会力量，包括长期目标和短期任务两个层面的内容。首先，在长期的目标层面，我们要出台相应的政策，即在立法层面确定社会力量在社区矫正工作中的参与者地位，以立法的方式制定一套合理可行的未成年人社区矫正制度的运行规则。立法的相关工作是一个长期的过程，需要对我国在各地的试点情况进行长时间的探索与总结。

其次，在短期内对社会力量的引入中，我们需要注意以下两点。其一，要鼓励和支持更多的社会组织与更多的社会主体参与到未成年人社区矫正的相关工作中来，因为针对未成年人的矫正工作不仅需要司法社工的参与，同时还需要精通心理学与教育学的相关专业人士的介入，从而针对未成年受矫正对象制定一套个性化的矫正方案，实现其“再社会化”。其二，司法机关与司法行政机关要充分尊重参与到未成年人社区矫正工作中的社会组织、社工组织的参与者地位，并给予其在矫正工作中更多的发挥空间与更多的权利。这种参与者的地位，是社会力量深度介入未成年人社区矫正工作的基础，只要确立了其参与者的地位，相应的财政支持与技术支持自然就会接踵而至。

2. 更多地支持社会力量

更多地支持社会力量，主要体现在两个方面：财政支持与专业化方面的支持。社区矫正社工机构的属性为社会机构，社会机构的运行是需要财力与物力来作为支撑的。所以要加大针对社会力量的资金支持力度，以此保障其在参与到未成年人社区矫正工作的过程中有着充足的资金与稳定的资金来源。同时，社区矫正社工机构需要的是司法社工，而司法社工属于法学与社会学的交叉学科，理论知识较为庞杂，实践情况更加复杂。因此针对司法社工进行专业的培训也是更多支持社会力量的要点之一。

其一，资金是社会机构运行的核心，充足的财政支持一方面是社会组织运行的基础，另一方面也可以促进其吸收更多人才来参与到未成年人社区矫正的工作中来。目前，政府对未成年人社区矫正社工组织一般采取“政府购买”的方式来进行合作，但是由于政府与相应专门机关在未成年人社区矫正工作中的急于求成，这些合作项目的周期并不会很长，相应的资金也不够充足。因此，政府与相应的专门机关需要转变自身的理念，适当减弱行政化因素的影响，并进行一些时间较长且资金充足的“政府购买”项目。未成年人是国家的未来，对罪错未成年人进行矫正，一方面可以挽救走上歧路的未成年人，以此为国家未来的建设提供更多人才，另一方面，对罪错未成年人进行矫正也可以降低甚至避免其再犯的可能，以此维护社会的秩序。因此，这些支持社会力量的财政支出实际上也是在支持罪错未成年人，更是在为国家的未来进行支持。

其二，我们也要注重对社区矫正机构工作人员专业化水平的培养。参与到未成年人社区矫正工作中来的大多为司法社工，其作为一个交叉学科，专业知识囊括较广，难免会在实践中出现一些问题。因此，为了保证社工的专业性以及矫正的有效性，主管部门可以对司法社工以及其他参与到未成年人社区矫正工作中的社会工作者开展定期或不定

---

[58] 参见曲伶俐：《论社会支持理论下的社会性弱势群体犯罪预防》，载《法学论坛》2014 年第 1 期，第 146 页。

期的培训。[59] 培训的内容既包括对矫正过程中涉及的专业问题进行答疑解惑，也包括与司法行政机关、检察机关配合时的一些需要注意的地方。未成年人社区矫正工作毕竟是专门机关与社会机构的一次合作，是少年司法制度与社区矫正制度的融合，所以需要注意机关与机构的配合问题。

结　语

未成年人社区矫正制度值得被重视和推广：其一，该制度可以贯彻我国当今少年司法中针对罪错未成年人的教育、引导、感化的方针，促进罪错未成年人改正错误，从而回归社会；其二，该制度是司法在社会力量的支持下开展工作的一个成功案例，是少年司法与社区矫正两大制度融合的成功案例。在这个制度中，代表公权力的司法行政机关与代表私权利的社区矫正社工机构能够在未成年人社区矫正这个制度中相互合作、相互融合，既是我国法治社会建设的进步，也是社会矫正工作开展的一个重大成果。因此，在这项制度实施的过程中，我们既要注重对“教育”理念的贯彻，又要注重对社会力量的引入与支持。

而且，对未成年人社区矫正制度进行完善，在国家层面，是一种关爱青少年，注重少年司法制度建设与理论完善的体现；在社会层面，其也有利于减少潜在罪犯与犯罪行为，提升社会的稳定性；对被矫正的罪错未成年人来说，也有利于其重铸正确的三观，以此回归社会、融入社会，实现其社会化。

由此来看，若是这项制度可以得到完善，其必将推动我国少年司法与社区矫正两大制度的融合与发展，使中国的少年司法制度与社区矫正制度更上一层楼。

---

[59] 参见前注㉓，张素素文，第 34 页。

审判中心视野下性侵害未成年人案件的证据印证困境及出路

李　黎　李俊毅*

摘要：性侵害未成年人犯罪在审判中存在客观证据缺乏、被告人“零口供”或翻供情况突出、未成年人言词证据审查困难等证据困境。在审判实践中，尝试通过对证据印证模式进行改革适用，构建以被害人为核心，重点审查言词证据正向印证和反向证伪，从间接证据中寻找突破口的证据链条体系等方式，探索破解性侵未成年人案件证据印证难题。

关键词：性侵害未成年人犯罪；言词证据；证据印证

2022年6月1日，最高人民检察院发布《未成年人检察工作白皮书（2021）》。据统计，2021年检察机关对侵害未成年人犯罪提起公诉人数居前两位的分别是强奸罪17 917人、猥亵儿童罪7 767人①，较2020年的明显增多。② 显而易见，性侵害未成年人犯罪已是侵害未成年人犯罪中最为常发的犯罪。近年来的性侵未成年人案件，如2019年鲍某某以“收养”为名与未成年人发生性关系案件，2018年某小学班主任多次强奸、猥亵女童经最高人民检察院提出抗诉后被改判加重刑罚案件等，引发社会广泛关注。未成年人身心不成熟的特点决定了性侵害未成年人案件的特殊性：其犯罪过程更为隐蔽，证据形式更为单一。在司法实践中普遍存在着证据印证难题。

一、性侵未成年人案件证据印证实践考察

准确来说，司法证明的特殊难题在针对未成年人实施的强奸罪、猥亵儿童罪、强制猥亵罪等“一对一”犯罪中较为突出，在其他性侵害未成年人犯罪中较少出现，因此强奸罪、强制猥亵罪、猥亵儿童罪是本文的主要讨论对象。为行文方便，本文所称“性侵害未成年人犯罪”均指上述三个罪名。

笔者于2022年6月9日以“判决结果：猥亵儿童罪；裁判日期：近三年”，在中国

---

* 李黎，成都高新技术产业开发区人民法院一级法官。李俊毅，成都高新技术产业开发区人民法院四级法官助理。

① 参见最高人民检察院：《未成年人检察工作白皮书（2021）》，载最高人民检察院网上发布厅，http://www.spp.gov.cn/spp/xwfbh/wsfbt/202206/t20220601_558766.shtml#1，第2页，2022年6月9日访问。

② 参见最高人民检察院：《未成年人检察工作白皮书（2020）》，载最高人民检察院网上发布厅，http://www.spp.gov.cn/spp/xwfbh/wsfbt/202106/t20210601_519930.shtml#1，第2页，2022年6月9日访问。

裁判文书公开网检索到案件 4 817 件（详见表 1）。以“判决结果：强奸罪；关键词：未成年人；裁判日期：近三年”，在中国裁判文书公开网检索到案件 259 件（详见表 2）。以“判决结果：强制猥亵侮辱罪；关键词：未成年人”“判决结果：强制猥亵罪；关键词：未成年人”，在中国裁判文书公开网均检索到案件 71 件（详见表 3）。横向对比检察机关数据发现，不捕、不诉或撤回起诉的案件占比不小，其中大部分的案件是基于被告人拒不供认又缺乏其他证据，个别案件诉至法院后，也因法院认为证据不足而撤回起诉，甚至导致出现被害人的法定代理人长期控告的极端情况。③

表 1　猥亵儿童罪裁判文书检索数量统计

一审	二审					再审	
判决	判决	发回裁定	维持裁定	撤诉裁定	未知	驳回裁定	判决
3 906	58	10	118	45	680	112	8

表 2　强奸未成年人裁判文书检索数量统计

一审	二审					再审	
判决	判决	发回裁定	维持裁定	撤诉裁定	未知	驳回裁定	判决
217	8	0	33	0	0	1	0

表 3　强制猥亵、侮辱未成年人裁判文书检索数量统计

一审	二审					再审	
判决	判决	发回裁定	维持裁定	撤诉裁定	未知	驳回裁定	判决
59	2	0	10	0	0	0	0

再审被改判的典型案件有齐某强奸、猥亵儿童案。该案先后经某市中级人民法院、某省高级人民法院三次审判。2017 年 3 月，最高人民检察院依照审判监督程序向最高人民法院提出抗诉。该案中存在如下的证据印证困难情形：一是认定犯罪的直接证据只有被害人陈述，其他证人证言均是传来证据，证据链条不完整；二是被害人陈述前后有重大矛盾等。④

二、性侵未成年人案件中证据印证困境

（一）客观证据缺乏

未成年被害人由于年龄幼小，性防卫能力缺乏，对于可能发生的性侵害不懂得如何防范，对于已经发生的性侵害不懂得如何救济。这一特征使性侵害未成年人案件中常有客观证据缺乏的情况。在针对成年人实施的性侵害犯罪案件中，除了被害人陈述，常见的证据还有被害人及时报警的报警记录、被告人遗留在被害人体内或衣物上的 DNA、

③ 参见沈威、徐晋雄：《审判中心视野下性侵未成年被害人言词证据问题研究——基于海峡两岸司法个案判例之比较》，载《青少年犯罪问题》2018 年第 1 期，第 85～95 页。

④ 参见最高人民检察院：《最高人民检察院第十一批指导性案例》，载《检察日报》2018 年 11 月 19 日，第 4 版，第 1 页。

被害人生殖器的损伤情况、双方激烈对抗导致的身体伤痕、目击案发前后案件关联事实的证人证言等。但在性侵害未成年人案件中常常缺少以上证据。究其原因：第一，由于未成年被害人对于性侵害的懵懂无知或羞涩难言，案发及时性通常不如成年被害人的，因此案发后精液、DNA 或痕迹证据的灭失可能性大。第二，在常见的以引诱、哄骗等方法强奸、猥亵未成年被害人案件中，因被害人不具有反抗意识，通常双方也不会留下身体伤痕。这种情况下，即使被害人生殖器存在损伤情况，也仅能证明存在被害人被性侵的可能，无法解决犯罪人和被告人同一性的问题。而其他类型的证据，通常也仅为间接证据或辅助证据，不能直接证明被告人实施了性侵害行为，不能印证被告人犯罪的事实。第三，在成年人性侵案件中，不少被害人和被告人在案发前系通过同事朋友聚餐、酒吧夜店相识等社交场合接触，通常存在一定数量的目击证人能够直接证明案发前后与案件有关联的情况。但在性侵害未成年人案件中，无论是熟人作案还是陌生人作案，被告人大都是挑选没有证人目击的场合与未成年人进行接触以便隐蔽作案，因此性侵害未成年人案件通常也缺少案发前后的目击证人，证实犯罪事实的证人证言基本为传来证据。

（二）被告人“零口供”或翻供情况突出

性侵害未成年人犯罪隐蔽性强，目击证人缺乏，案发时间晚，客观证据灭失，被害人年幼，种种情况使犯罪的被告人存在更强的侥幸心理，其认罪率较低。另外，社会对于性侵害未成年人犯罪更为难以容忍，性侵害未成年人罪犯社会形象的跌落，也在一定程度上促使犯罪人拒不认罪。因此，性侵害未成年人案件常陷入被害人陈述与被告人的无罪供述“一对一”的尴尬境遇。

对于未成年被害人及时报案的案件，被告人到案后认罪率相对较高，但随着案件诉讼流程的进行，被告人经过与辩护人或狱友的交流，凭借自身在认知能力上的优势，以及出于对刑事处罚后果的逃避心态，可能会以翻供为手段寻求罪轻或无罪的判决结果。比如在强奸未成年人的案件中，被告人往往会对“主观上是否明知被害人系未成年人”提出辩解，法官在审判中既要审查被害人相关表现，还要审查被告人是否尽到注意义务等反证，难度相对更大；在对未成年人强奸未遂的案件中，被告人就其“是否要与被害人发生性关系”的供述可能时有反复，在没有实际发生性关系、缺乏其他有力证据的情形下，可能导致司法机关最终采信有利于被告人的供述，改强奸罪为强制猥亵罪。

（三）未成年人言词证据审查困难

性侵害未成年人案件中常被作为唯一直接证据的被害人陈述由于其来源于未成年人，其真实性也常受质疑。一般来说，未成年人言词证据可能受到时间、暗示、法定代理人在场与否等的影响，造成其真实性存疑。

1. 时间影响

时间影响对未成年人言词证据的影响主要体现在两个方面：一是随着时间推移，未成年人对于事情经过的记忆逐渐出现偏差和混乱，其对于时间、具体行为等关键细节的陈述常有前后矛盾之处，被告人的犯罪事实无法得到准确呈现，并且难以使人不怀疑其陈述的全部或部分真实性。二是一些动态证据会随着未成年人的感受和记忆逐渐模糊而灭失。动态证据是指不能用书面记录的、静态形式展现的证据，诸如未成年人向他人陈述被害经过时的表情神态、肢体动作、语气腔调等。动态证据在加拿大、德国等国家均属于法定补强证据，具有一定的证明力。[⑤] 而在我国，动态证据虽然不属于法定的证据范畴，但在司法实践中也常被使用，作为司法人员增强内心确信的辅助。

2. 暗示影响

有研究表明，当被问及一周前所经历的事件时，学龄前儿童比年长的儿童更易受暗示性提问误导。[⑥] 据此可见，年龄大小影响着对于暗示性提问误导的抵抗力，相较成年人，未成年人受暗示性提问误导的可能性更大。而由于未成年人通常不能够自主完整陈述事情经过，对于案件发生经过的相关重要细节需要办案人员不断引导提问，办案人员的不当提问可能对未成年人造成暗示，影响其陈述真实性。

3. 法定代理人在场影响

根据我国刑事诉讼法的相关规定，未成年人作为被害人受询问时应当有法定代理人或合适成年人在场。而笔者在所办理的案件中发现，一些未成年被害人在案件中具有监护人疏于管教、交友不慎、三观不正的表现，结合证人证言等相关证据，此类表现或与其家庭教育的缺位不无关系。这种情况显示出此类未成年被害人的法定代理人不具备合适的教育能力，未掌握正确的教育方法，在未成年人被侵害前未能充分履行其教育和监护职责，在未成年人被侵害后显然也不大可能作出正确的认识和处理，因此其在场对未成年人陈述事实的真实性或全面性有一定的影响。在笔者办理的案件中，有的未成年人在被询问受性侵害经历时，明显表现出避重就轻的倾向，比如在一件 13 岁幼女结交成年网友并发生性关系的案件中，被害人在法定代理人在场的情况下多次明确表示网友以暴力手段强行与其发生性关系，而在案的其他证据则显示被害人对于发生性关系较为主动。被害人对发生性关系的过程作出了虚假陈述，可能仅是出于惧怕家长责备的心理，逃避自己的责任，却无意中夸大了被告人的罪行。虽然是否被迫发生性关系，在本案中不足以影响强奸罪的成立，但是这种虚假陈述会影响司法人员对于案情的掌握和对被告人主观恶性程度的判断，也会引起司法人员对于被害人陈述真实性的合理怀疑。

三、出路探索及可行性分析

（一）证据印证模式的改革适用

孤证难以定罪，这是传统的印证证明模式所决定的。关于印证证明困境的研究，学界早有论及，其中包括但不限于认为印证证明缺乏正当程序机制支撑[⑦]；对印证规则适用流于形式，选择性适用印证规则[⑧]；印证证明规则具有“新法定证据主义”色彩[⑨]；

---

⑤ 参见向燕：《性侵未成年人案件证明疑难问题研究——兼论我国刑事证明模式从印证到多元“求真”的制度转型》，载《法学家》2019 年第 4 期，第 168 页。

⑥ 转引自张鸿巍、于天姿：《论“猥亵儿童罪”认定中儿童言词证据适用困境及出路》，载《中国青年社会科学》2021 年第 40 期，第 116 页。

⑦ 参见左卫民：《“印证”证明模式反思与重塑：基于中国刑事错案的反思》，载《中国法学》2016 年第 1 期，第 162～176 页。

⑧ 参见向燕：《“印证”证明与事实认定——以印证规则与程序机制的互动结构为视角》，载《政法论坛》2017 年第 6 期，第 16～31 页。

⑨ 参见陈瑞华：《论证据相互印证规则》，载《法商研究》2012 年第 1 期，第 112～123 页。

等等。而在性侵害未成年人案件中，印证证明模式的局限性更为清晰地显露出来，在此类案件中仍然抱残守缺地坚持使用印证，显然不利于打击性侵害未成年人犯罪，保护未成年人权益。

因此不少学者对改革现有证明模式的可行性进行了深入探索。有的学者提出在未成年人案件中引入经验法则。一般认为，经验法则是通过归纳的方法获得的并且其外延包括事物的法则和知识。学者认为经验法则可以解决单一证据定案问题，可以评价性侵未成年人案件中的证据能力、未成年人陈述证明力及转述证言的证明力，从而推论性侵害事实。[10]

运用经验法则，必须遵循穷尽证据原则，还应当加强判决书的心证公开，说明判决理由。但在“彭某案”中，主审法官在裁判文书中使用了“常理”“日常生活经验”等概念，实际上就是运用经验法则进行逻辑推理，最终得出了彭某撞倒老人的结论，引起舆论哗然，造成了恶劣影响。这充分表明，第一，经验法则依赖于个人的经历、认知和归纳能力，不同个体所形成的经验法则可能是完全不同的，单个个体所形成的经验法则也不可能做到在对每一个具体事件进行判断时都与社会大多数人的经验法则完全一致。因此即使裁判者秉持良知，运用自己的经验法则判案，也可能得出社会公众不能认同甚至强烈反对的结论，这种结论无论是否符合事实真相，都缺乏司法所追求的法律效果和社会效果。第二，“彭某案”也揭示了当前裁判文书“司法虚饰”[11] 现象愈来愈严重的原因之一，即法官自知不可能做到每一个案件的心证过程都能符合社会公众的认知，在当前严格的司法环境下自然也不愿意徒劳增加出错的风险，因而更倾向于出具模式化的判决书。

虽然如此，为应对性侵害未成年人犯罪的证据困境，司法实践中仍然涌现出了一批适用经验法则认定犯罪事实的刑事案例。如前文中举示的齐某强奸、猥亵儿童案，该案例还明确提出对性侵未成年人犯罪案件证据的审查，要根据未成年人的身心特点，按照有别于成年人的标准予以判断。审查言词证据，要结合全案情况予以分析。根据经验和常识，未成年人的陈述合乎情理、逻辑，对细节的描述符合其认知和表达能力，且有其他证据予以印证，被告人的辩解没有证据支持，结合双方关系不存在诬告可能的，应当采纳未成年人的陈述。在该指导案例中，在案证据有数名被害人陈述、被害人同学的证言、被告人卧室勘验笔录、被害人辨认现场笔录、现场照片、被害人生理状况诊断证明等。其中，被害人陈述为直接证据，被害人同学的证言、被告人卧室勘验笔录、被害人辨认现场笔录、现场照片、被害人生理状况诊断证明等均为间接证据。数名被害人陈述、被害人辨认现场笔录仅能单独证明被告人对自己进行性侵害的事实，不能对他人遭受的性侵害事实形成印证。被害人同学的证言属于传来证据，也不能形成印证且证明力较低。被告人卧室勘验笔录、现场照片，被告人卧室的客观情况与被害人陈述基本一致，也仅能证明被害人见过被告人的卧室情景，但不能直接证明性侵害在卧室发生。被

---

⑩ 参见周莹莹：《从印证到经验法则：我国性侵未成年人案件证明难题及破解》，载《当代青年研究》2021年第5期，第83～88页。

⑪ 杨贝：《论判决理由与判决原因的分离——对司法虚饰论的批判》，载《清华法学》2016年第2期，第37页。

害人生理状况诊断证明，证明被害人可能遭受性侵害，但不能直接指向被告人。若按照传统的印证证明模式，本案裁判者即使根据相关证据对被害人陈述的真实性形成内心确信，也不能认定本案证据形成印证而判定被告人有罪。而本案的司法人员并未适用印证模式，而是认为：第一，被害人家长与被告人不存在矛盾，案发过程自然；第二，被害人陈述及同学证言符合案发实际和儿童心理，证明力强。综合全案证据，足以排除合理怀疑。⑫ 该案在证成过程中使用了经验法则来评价证据的证明力，在证据未形成印证的情况下推论出了性侵害事实，避开了印证证明模式的局限性，取得了良好的法律效果和社会效果，是一次卓有成效的司法创新，为新型证明模式的广泛适用提供了宝贵的经验。

还有的学者提出引入自由心证，即由事实的裁决者根据案件的实际情况自由判断个别证据的证明力以及全部证据对案件事实的证明作用，法律对证据的证明力不作规则限定。⑬ 在除被害人陈述之外没有其他证据指向待证事实，但存在若干能够证明被害人陈述真实性的辅助性证据的情况下，裁判者仍得据其心证认定被告人有罪。⑭ 自由心证的确可以解决印证模式下部分案件的证明困境，但相比印证而言具有两个明显的缺点：一是主要证据的相互支持性不足，以此进行判断得出结果的可靠性弱于依据印证模式证得的结论。二是证据间未能相互印证，主要信息内容不一致，不便于把握和检验。缺乏印证的证据，无论其本身质量多高，也无论其本身携带的丰富信息是否足以支持人们作出判断，再无论其是多么符合情理，但其可认定性往往与判断者本身的主观认识相关，其可检验性不足，其真实可靠性比较难以把握。⑮

可见，证据印证模式的改革适用有其必要性，相关研究成果和司法案例也表明其确有一定的可行性。但无论是经验法则还是自由心证，更依赖裁判者个体的主观判断，相较于印证证明而言，更难以形成客观统一的判断标准。在当前裁判文书模式化现象越发严重的情况下，如何体察裁判者的内心证成过程，如何保证同案同判和防止权力滥用，是刑事证明模式改革适用的最大难点，值得继续深入研究。

（二）构建以被害人为核心，重点审查言词证据正向印证和反向证伪，从间接证据中寻找突破口的证据链条体系

性侵未成年人的案件中，在被告人拒不供认的情况下，应重点审查被害人陈述，并以被害人陈述为核心构建证据链条，即判断被害人陈述是否真实、合理，与其他证据是否能相互印证，被告人辩解是否合理，以达到证据确实充分、排除合理怀疑的证明标准。⑯ 对于被害人陈述的效力考察应当放在首要、核心位置进行。具体而言，未成年被害人的年龄与其所陈述的事件内容经过的完整性正相关，虽然受限于其自身认知可能存在细节出入以及主观认识错误，但对其亲历的特殊事件一般可以用简单的语言与动作进

---

⑫ 参见前注④。

⑬ 参见龙宗智：《印证与自由心证——我国刑事诉讼证明模式》，载《法学研究》2004 年第 2 期，第 107 页。

⑭ 参见前注⑤，向燕文，第 166 页。

⑮ 参见前注⑬，龙宗智文，第 107～115 页。

⑯ 参见刘艳燕：《以被害人陈述为核心构建性侵未成年人案件的证据标准》，载《人民司法》2015 年第 14 期，第 28 页。

行描述，未成年被害人的指认及陈述不超出其年龄段儿童智力发育程度的，一般应评价为真实可信，不能仅因被害人年幼就否认其陈述的法律效力。但也需要注意的是，在允许被害人陈述存在合理出入的情况下，也需要扩大对案件线索的审查，辅助查明未成年被害人陈述的真实性。

在性侵未成年人的案件中，被害人因年幼、智力缺陷等特殊原因，不能完整、清晰表达被性侵的具体情节，导致被害人陈述与其他证据不一致，甚至相互矛盾，此时，应当结合被害人自身特点，以及发案、破案过程，从间接证据中寻找突破口，去伪求真，得出结论。在司法实践中，应当重视案发过程，发案和破案经过虽不能作为认定被告人有罪的证据，但在性侵未成年人案件缺乏客观物证的情况下，发案和破案经过自然、正常而且及时，有助于办案人员形成内心确信。在没有直接证据的情况下，对间接证据进行符合逻辑和经验判断的推理，也可以构建出有指向性的证据链。基于案件的特殊性，全案证据印证可以考虑采用“宽松模式”，即将证据内容予以宽松化，对未成年被害人、证人、被告人的言词证据与其他证据、证据线索（诸如是否有构陷可能、品格证据的适当适用、动态证据、被害人心理测评报告、被告人测谎检验等）进行相互印证。[17]

（三）建立完善未成年被害人言词证据真实性的配套程序保障

之所以印证模式要求孤证不定案，是因为难以保证孤证即未成年被害人陈述的真实性。因此通过程序尽可能保障未成年被害人言词证据的真实性，也是解决证据困境的出路之一。自我国于近年开始探索建立多部门合作的性侵未成年人案件“一站式”办案机制以来，各地检察机关推进检医合作、检警合作等集取证、救助于一体的机制建设，以实现证据固定及被害人保护的平衡。[18] 在办案过程中，对未成年被害人言词证据的取证过程还应当从以下程序进行完善：

1. 及时固定证据

一是要重视及时性，防止可能存在的物证灭失。二是要注重证据搜集过程的记录，应通过影像设备对搜查、提取、询问被害人等过程全程录像，既要保证证据的合法性和真实性，又要防止被害人神态举止等动态证据灭失。

2. 证言内发呈现

侦查人员在对未成年人进行询问时，应当尽量使用开放式提问，避免“是不是”等暗示性、诱导性提问，有技巧地引导未成年人自主陈述事情经过。相关部门可针对未成年人的生理心理特点，结合司法实践情况制作模板化询问方案供侦查机关使用，保证询问的科学性。

3. 避免重复询问

对成年人进行重复询问是司法实践中确保言词证据真实性的有效常用手段，但对未成年人进行重复询问的意义并不大，一是如前所述重复询问可能形成伪造事件的心理强化，对未成年人的陈述真实性产生影响；二是未成年人的记忆更可能会随时间推移而出

---

⑰ 参见前注⑥，张鸿巍、于天姿文，第119页。

⑱ 参见刘莹、许烨：《性侵未成年人案件的证据运用——以“一站式”取证模式为视角》，载《中国刑警学院学报》2019年第6期，第55～62页。

现偏差。因此重复询问后的陈述无论是前后一致还是前后矛盾，该一致性或矛盾性均难以提供有价值的信息。有鉴于此，对未成年被害人进行询问时应当全面而具体，尽量避免遗漏问题，一次性固定被害人陈述。

4. 弱化法定代理人在场影响

询问未成年被害人时尽量使用玻璃单向可视房间，让法定代理人在房间外以可视的形式在场，在未成年人以为无家长在场的情况下进行询问，既避免了未成年人因家长在场而作虚假陈述，又保证了未成年人的合法程序权利。在不具有玻璃单向可视房间条件之时，应向法定代理人提前说明其在场时的注意事项，不得以语言、行为、神态等扰乱未成年人陈述，以确保未成年人陈述的客观真实。

古为今用

中华刑律成文典集简考

——先秦至大清[*]

熊谋林　郑澳琪[**]

摘要： 中华刑律自上古以来，便以成文法著称，源远流长，这在各大古籍中均有迹可循。然而，中清以来帝国列强长期贬低中华法制。晚清在多次战败后为立宪修律而弃绝祖宗之法，走上模仿德日刑法之路。百年以来，有关中华刑律的诸多论述均围绕晚清劣评而展开，鲜有研究重考中华诸朝刑律的传承和发展历程。本文通过博采现存古籍，以各朝历史发展为主线，重现上古至清代中华刑律诸朝相袭、律法稳定、罪刑法定的成文法特征。正确认识中华刑律的法制传承，不仅可丰富法律史学素材，而且可为解决当前中国刑法道路提供参考，最终推动中华刑法体系的回归和弘扬。

关键词： 中华刑律；中华法系；罪刑法定；刑法修正；断罪于律

一、引言：亡清修律古今绝续之遗训

中国自书契以来，以礼教治天下。劳之来之而政出焉，匡之直之而刑生焉。政也，刑也，凡皆以维持礼教于勿替……古先哲王，其制刑之精义如此。周衰礼废，典籍散失。魏李悝著法经六篇，流衍至于汉初，萧何加为九章，历代颇有增损分合。至唐永徽律出，始集其成。虽沿宋迄元、明而面目一变，然科条所布，于扶翼世教之意，未尝不兢兢焉。君子上下数千年间，观其教化之昏明，与夫刑罚之中不中，而盛衰治乱之故，綦可睹矣。

有清起自辽左，不三四十年混一区宇。圣祖冲年践阼，与天下休养，六十馀稔，宽恤之诏，岁不绝书。高宗运际昌明，一代法制，多所裁定。仁宗以降，事多因循，未遑改作。综其终始，列朝刑政，虽不尽清明，然如明代之厂卫、廷杖，专意戮辱士大夫，无有也。治狱者虽不尽仁恕，然如汉、唐之张汤、赵禹、周兴、来俊臣辈，深文惨刻，无有也。德宗末叶，庚子拳匪之变，创巨痛深，朝野上下，争言变法，于是新律萌芽。迨宣统逊位，而中国数千年相传之刑典俱废。是故论有清一代之刑法，亦古今绝续之交也。爰备志之，俾后有考焉。①

* 本文系西南财经大学“中央高校基本科研业务费专项资金”年度培育项目“中华刑律成文法考”（项目批准号：JBK2304069）阶段成果。

** 熊谋林，西南财经大学法学院刑事法学研究所教授，博士研究生导师。郑澳琪，西南财经大学法学院刑事法学研究所刑法学博士研究生。

① （民国）赵尔巽等：《清史稿》，中华书局2020年版，第2971页。

《清史稿·刑法志》开篇的这两段话，以四百余字讲了中华五千年刑法的历史，包含兴起、盛衰、渊源及其原因、遗训。假以本次中德日论坛，虽有古今中外之沟壑，却因法典化主题甚是契合。故作文开篇引语，非以史学律文话题，草拟短文以警同仁我法非薄。百余年以前，辛丑事变以后的晚清修律，高举立宪、文明的旗帜，仿德日刑法而修新律。百余年以来，傍习德日刑法仍行于书院，凡言刑法及理论必言及德日，非不以德日不为学，甚以德日理论构建中国理论与实务。是失是得，后世自有论断。是以本文，观晚清修律何以少识无根，还可思弃绝中华“断罪于律”迎泰西“罪行法定”之劣，更可激新学思考中华刑法之谛。法制和法治重归正道，华夏刑律修学方以正之。

关于中华各朝代所制定的刑律，除了二十五史中的《刑法志》及诸子百家散评，相传清人蒋廷锡等纂校的《祥刑典》[②]，沈家本署名的遗书《历代刑法考》[③]，以及邱汉平的《历代刑法志》[④] 等均有介绍，但诸多考证仍不全面。法律史教科书汗牛充栋，但唯盛唐以后诸朝显明法典为著述，各散见律令及朝中更替几无论述。就刑法学界而言，截至目前尚无专考中华刑律的专著或论文出版。也正因为如此，有关中华刑律的诸多论断多源于晚清以来的荒诞怪论，鲜有刑法学者从最基本和最起码的典籍中重新考证。从这个角度来说，本文最大的意义在于，填补目前关于中华刑律研究的空白，重塑中华刑法的律本渊源。

本文意不在观点创新，而在爬格古籍，重现中华刑律的典集脉络。故全文大量内容以古籍原文为详证，诸多论述除必要总结以外，各朝刑法专论主要以史料和典集为依据。全文结构安排如下：第一部分，借助于遗书古籍，从上古时期到春秋战国，描述先秦时期的各时代的刑书。第二部分，以秦简和汉书为基础描述秦汉时期的律令，重点描述西汉时期的律法变更。第三部分，简论唐宋元时期的刑律，重点描述三朝的律、令、格、式、敕的形式渊源和变迁。第四部分，简论明清时期的刑律传承，重点讲述清承明律，两朝律文如何践行“已成之法，一字不可改”[⑤]，如何在各朝几百年时间内保持刑律绝对的稳定不变。

二、先秦时期的刑书

（一）上古时期

关于上古时期，诸多古籍都展示出当时早已存在非常详尽的刑律，但因原本遗失而不可考。黄帝时期，其法以称《黄帝李法》。《管子·任法篇》载：“黄帝之治也，置法而不变，使民安其法者也”[⑥]，《淮南·览冥训》载：“昔者黄帝治天下……法令明而不暗”[⑦]。

---

② 参见（清）蒋廷锡等纂校：《古今图书集成·祥刑典》，中华书局、巴蜀书社 1985 年版。

③ 参见（清）沈家本：《历代刑法考》，邓经元、骈宇骞点校，中华书局 1985 年版。特别言明是沈家本署名的遗书《历代刑法考》，是为了说明，本书恐非沈家本本人所书写。详细论证甚繁，此论是否为真，留待同仁共考之。

④ 参见邱汉平：《历代刑法志》，商务印书馆 2017 年版。

⑤ 杨一凡、田涛主编：《中国珍稀法律典籍续编》（第三册），杨一凡点校，黑龙江人民出版社 2002 年版，第 481 页。

⑥ （唐）房玄龄注：《管子》，（明）刘绩增注，上海古籍出版社 1989 年版，第 144 页。

⑦ （汉）刘安等：《淮南子》，（汉）高诱注，上海古籍出版社 1989 年版，第 65 页。

由于法律典集已不可考，故“《汉书·艺文志》不录其书，是全书亡矣”⑧。然而，《汉书》将《黄帝李法》内容和形式定性为“兵法”。尽管如此，据《历代刑法考》推测，“其时之法律必已详备”⑨。又据《尚书·吕刑》所载，“若古有训，蚩尤惟始作乱，延及于平民，罔不寇贼，鸱义奸宄，夺攘矫虔。苗民弗用灵，制以刑，惟作五虐之刑曰法。杀戮无辜，爰始淫为劓刵椓黥。越兹丽刑并制，罔差有辞”⑩。虽“五虐之刑曰法”稍有夸张，但这至少肯定了上古时期，已经建立起可以判处死刑及“劓、刵、椓、黥”四种肉刑的刑法。

尧帝时期的法律记载不多，但仍有可能已有明确的施刑用刑之法。《尚书·尧典》载：“昔在帝尧，聪明文思，光宅天下。将逊于位，让于虞舜，作《尧典》”⑪，但尧典关于刑的内容记载很少。《史记·五帝本纪》载，“尧善之，乃使舜慎和五典，五典能从”⑫。据《尚书·吕刑》载，“伯夷降典，折民维刑”⑬。相传伯处于尧舜时期，这又可看出尧帝时期也有刑典。东汉时期的《孔丛子·刑论》在论述孔子时，也提及孔子曰：“古之刑省，今之刑繁。其为教，古有礼然后有刑，是以刑省；今无礼以教而齐之以刑，刑是以繁。《书》曰：‘伯夷降典，折民维刑’，谓下礼以教之，然后维以刑折之也。夫无礼则民无耻，而正之以刑，故民苟免。”⑭ 这再次表明伯夷时期的刑法虽然不像孔子时期的刑法那样烦琐，但制书刑法已不可疑。

唐虞时期，诸多古籍已然明确，当时已有刑典，最为确信的是皋陶造律和“象以典刑”。据《尚书·舜典》记载：“虞舜侧微，尧闻之聪明，将使嗣位，历试诸难，作《舜典》。”“象以典刑，流宥五刑，鞭作官刑，扑作教刑，金作赎刑。眚灾肆赦，怙终贼刑。钦哉，钦哉，惟刑之恤哉！流共工于幽州，放驩兜于崇山，窜三苗于三危，殛鲧于羽山，四罪而天下咸服。”⑮ 《史记·五帝本纪》也载如此，还另载“舜曰：契，百姓不亲，五品不驯，汝为司徒，而敬敷五教，在宽。舜曰：皋陶，蛮夷猾夏，寇贼奸轨，汝作士，五刑有服，五服三就；五流有度，五度三居：维明能信。”⑯ 正因为如此，《后汉书·张敏传》载：“臣伏见孔子垂经典，皋陶造法律，原其本意，皆欲禁民为非也。”⑰ 《急救篇》载：“皋陶造狱法律存。”⑱ 《尚书·大禹谟》载：“帝曰：皋陶，惟兹臣庶，罔或干予正。汝作士，明于五刑，以弼五教。期于予治，刑期于无刑，民协于中，时乃

⑧ 前注③，(清) 沈家本书，第 814 页。

⑨ 前注③，(清) 沈家本书，第 814 页。

⑩ 王世舜、王翠叶译注：《尚书》，中华书局 2012 年版，第 318 页。

⑪ 杜希宙注译：《尚书》，大连出版社 1998 年版，第 1 页。大多数出版的《尚书》第一句中都删除了“昔在帝尧，聪明文思，光宅天下。将逊于位，让于虞舜，作《尧典》”。根据《尚书纂传》的说法：“按唐孔氏谓书序，马融、王肃并云孔子所作，至朱子则以为非，又云相承已久，未敢轻议，且附经后，今是编姑从汉孔氏引之各冠其篇首云。”其后多数古籍将其认定为“书序”。

⑫ (汉) 司马迁：《史记》，(宋) 裴骃集解，(唐) 司马贞索隐，(唐) 张守节正义，中华书局 1999 年版，第 17 页。

⑬ 前注⑩，王世舜、王翠叶译注书，第 321 页。

⑭ 王钧林、周海生译注：《孔丛子·刑论》，中华书局 2009 年版，第 51 页。

⑮ 前注⑩，王世舜、王翠叶译注书，第 21 页。

⑯ 前注⑫，(汉) 司马迁书，第 29 页。

⑰ (宋) 范晔：《后汉书》，(唐) 李贤等注，中华书局 2000 年版，第 1014 页。

⑱ 转引自前注③，(清) 沈家本书，第 815 页。

功，懋哉。皋陶曰：‘帝德罔愆，临下以简，御众以宽；罚弗及嗣，赏延于世。宥过无大，刑故无小；罪疑惟轻，功疑惟重；与其杀不辜，宁失不经；好生之德，洽于民心，兹用不犯于有司。’”⑲《尚书·皋陶谟》载，“天叙有典，敕我五典五惇哉！天秩有礼，自我五礼有庸哉！同寅协恭和衷哉！天命有德，五服五章哉！天讨有罪，五刑五用哉！”⑳。

（二）夏商周

夏商周时期的刑法现在已不可考证，但若干古籍均一致肯定成文法典的存在。《左传·昭公六年》云，“夏有乱政，而作《禹刑》；商有乱政，而作《汤刑》；周有乱政，而作《九刑》”㉑。

关于夏朝，《尚书大传》曰，“夏刑三千条”㉒，《尚书·吕刑》也说夏朝“五刑之属三千”㉓。《史记·夏本纪》记载，“天讨有罪，五刑五用哉。吾言底可行乎？”㉔。从目前的资料来看，夏朝刑法的具体内容因文献失传而不可考。

在商朝时期，其刑法自当不比夏朝的差。《尚书·康诰》载：“王曰：外事，汝陈时臬，司师，兹殷罚有伦。又曰：要囚，服念五、六日至于旬时，丕蔽要囚。王曰：汝陈时臬，事罚。蔽殷彝，用其义刑义杀，勿庸以次汝封。”㉕这能充分说明当时所存在的“殷彝”便是商朝时期的刑法。南宋时期王应麟所著《玉海》将商朝的刑法称为《殷刑书》㉖，并引《尚书·康诰》载，“汝陈时臬，事罚。蔽殷彝，用其义刑义杀，勿庸以次汝封”㉗。《尚书注疏》在该句后注疏道：“陈是法事，其刑罚断狱，用殷家常法，谓典刑故事。”㉘《竹书纪年·祖甲》载：“二十四年，重作汤刑。”㉙据《司马法·天子之义》载：“殷罚而不赏，至威也！”㉚

周朝时期是现今可考证的具有成文刑法的最早时期，广为流传的《吕刑》及其五刑、二千五百罪是其刑法成典的最好例证。据《逸周书·尝麦解》载：“（周成王）维四年孟夏，王初祈祷于宗庙，乃尝麦于太祖。是月，王命大正正刑书……众臣咸兴，受大正书，乃降。太史筴刑书九篇，以升，授大正。乃左还自两柱之间。”㉛然而，周成王命太史修刑书的内容并不可知。那么，《吕刑》作于何时，因何而作？

《尚书·吕刑》载：“惟吕命。王享国百年，耄，荒度作刑，以诘四方。”㉜《竹书纪

⑲ 前注⑩，王世舜、王翠叶译注书，第359页。
⑳ 前注⑩，王世舜、王翠叶译注书，第38页。
㉑ 郭丹、程小青、李彬源译注：《左传》，中华书局2016年版，第1664页。
㉒ （汉）伏胜：《尚书大传》，（汉）郑玄注，（清）陈寿祺辑校，中华书局1985年版，第109页。
㉓ 前注⑩，王世舜、王翠叶译注书，第328页。
㉔ 前注⑫，（汉）司马迁书，第58页。
㉕ 前注⑩，王世舜、王翠叶译注书，第187页。
㉖ 参见（宋）王应麟：《玉海》，江苏古籍出版社、上海书店1987年版，第1219页。
㉗ 前注⑩，王世舜、王翠叶译注书，第187页。
㉘ 杜泽逊主编：《尚书注疏汇校》（六），中华书局2018年版，第2037页。
㉙ 沈约注：《竹书纪年》，洪颐煊校，中华书局1985年版，第31页。
㉚ 陈曦、陈铮铮译注：《司马法》，中华书局2017年版，第95页。
㉛ 贾二强校点：《帝王世纪逸周书》，辽宁教育出版社1997年版，第53～54页。
㉜ 前注⑩，王世舜、王翠叶译注书，第318页。

年·穆王》载:“五十一年,作《吕刑》。命甫侯于丰。”[33] 有关《吕刑》的成文法内容,《尚书·吕刑》有大量记载:“王曰:吁!来,有邦有土,告尔祥刑。在今尔安百姓,何择非人?何敬非刑?何度非及?两造具备,师听五辞。五辞简孚,正于五刑。五刑不简,正于五罚。五罚不服,正于五过。五过之疵:惟官、惟反、惟内、惟货、惟来。其罪惟均,其审克之。五刑之疑有赦,五罚之疑有赦,其审克之。简孚有众,惟貌有稽,无简不听,具严天威。墨辟疑赦,其罚百锾,阅实其罪。劓辟疑赦,其罚惟倍,阅实其罪。剕辟疑赦,其罚倍差,阅实其罪。宫辟疑赦,其罚六百锾,阅实其罪。大辟疑赦,其罚千锾,阅实其罪。墨罚之属千。劓罚之属千,剕罚之属五百,宫罚之属三百,大辟之罚其属二百。五刑之属三千。上下比罪,无僭乱辞。勿用不行,惟察惟法,其审克之。上刑适轻,下服。下刑适重,上服。轻重诸罚有权。刑罚世轻世重。惟齐非齐,有伦有要。罚惩非死,人极于病。非佞折狱,惟良折狱,罔非在中。察辞于差,非从惟从。哀敬折狱,明启刑书胥占,咸庶中正。其刑其罚,其审克之。狱成而孚,输而孚。其刑上备,有并两刑。王曰:呜呼!敬之哉,官伯族姓。朕言多惧,朕敬于刑,有德惟刑。今天相民,作配在下。明清于单辞,民之乱,罔不中听狱之两辞,无或私家于狱之两辞。狱货非宝,惟府辜功,报以庶尤。永畏惟罚。非天不中,惟人在命。天罚不极,庶民罔有令政在于天下。”[34]

又《周礼·秋官·司刑》载:“司刑掌五刑之法,以丽万民之罪:墨罪五百,劓罪五百,宫罪五百,刖罪五百,杀罪五百。若司寇断狱弊讼,则以五刑之法诏刑罚,而以辨罪之轻重”[35]。虽然《历代刑法考》按语“此二千五百罪之目略也,其刑书则亡”[36],但根据《周礼·秋官·司寇》所记载的内容,已经能够充分展示刑法的明确性和法定性。“大司寇之职,掌建邦之三典,以佐王刑邦国,诘四方:一曰刑新国用轻典,二曰刑平国用中典,三曰刑乱国用重典。以五刑纠万民:一曰野刑,上功纠力;二曰军刑,上命纠守;三曰乡刑,上德纠孝;四曰官刑,上能纠职;五曰国刑;上愿纠暴。以圜土聚教罢民。凡害人者,置之圜土而施职事焉,以明刑耻之。其能改者,反于中国,不齿三年。其不能改而出圜土者,杀。以两造禁民讼,入束矢于朝,然后听之。以两剂禁民狱,入钧金,三日,乃致于朝,然后听之。以嘉石平罢民,凡万民之有罪过而未丽于法,而害于州里者,桎梏而坐诸嘉石,役诸司空。重罪,旬有三日坐,期役;其次九日坐,九月役;其次七日坐,七月役;其次五日坐,五月役;其下罪三日坐,三月役。使州里任之,则宥而舍之。以肺石达穷民。凡远近惸独老幼之欲有复于上,而其长弗达者,立于肺石三日,士听其辞,以告于上,而罪其长。正月之吉,始和布刑于邦国都鄙,乃县刑象之法于象魏,使万民观刑象。挟日,而敛之。凡邦之大盟约,莅其盟书,而登之于天府,大史、内史、司会及六官,皆受其贰而藏之。凡诸侯之狱讼,以邦典定之。凡卿大夫之狱讼,以邦法断之。凡庶民之狱讼,以邦成弊之。大祭祀,奉犬牲;若禋祀五帝,则戒之日,莅誓百官,戒于百族。及纳亨,前王。祭之日亦如之。奉其明水

㉝ 前注㉙,沈约注书,第 46 页。

㉞ 前注⑩,王世舜、王翠叶译注书,第 325~331 页。

㉟ 徐正英、常佩雨译注:《周礼》,中华书局 2014 年版,第 769~770 页。

㊱ 前注③,(清)沈家本书,第 827 页。

火。凡朝觐、会同，前王。大丧亦如之。大军旅，莅戮于社。凡邦之大事，使其属跸。”[37] 同时，《小司寇》中的“国有常刑”[38]，也可见刑法的稳定性、明确性、常态性，用刑罚以使民知法、守法。据《周礼·秋官·司寇》载：“正岁，帅其属而观刑象，令以木铎曰：‘不用法者，国有常刑。’令群士，乃宣布于四方，宪刑禁，乃命其属入会，乃致事。”[39]

（三）春秋战国

春秋战国时期，列国征战、群雄争霸，刑法作为“国之常法”始终与国事盛衰不可分割。除商鞅变法和郑国的《竹刑》以外，还有晋国的《刑书》、赵国的《国律》、韩国的《刑符》、楚国的《宪令》等等。据《淮南子·览冥训》载：“晚世之时，七国异族；诸侯制法，各殊习俗；纵横间之，举兵而相角。”[40] 这可能是表达这一时期各诸侯国制定刑法的最好证据。另据《韩非子·饰邪》载：“当魏之方明立辟、从宪令行之时，有功者必赏，有罪者必诛，强匡天下，威行四邻；及法慢，妄予，而国日削矣。当赵之方明国律、从大军之时，人众兵强，辟地齐、燕；及国律慢，用者弱，而国日削矣。当燕之方明奉法、审官断之时，东县齐国，南尽中山之地；及奉法已亡，官断不用，左右交争，论从其下，则兵弱而地削，国制于邻敌矣。故曰：明法者强，慢法者弱。强弱如是其明矣，而世主弗为，国亡宜矣。语曰：‘家有常业，虽饥不饿。国有常法，虽危不亡。’夫舍常法而从私意，则臣下饰于智能，臣下饰于智能则法禁不立矣。是妄意之道行，治国之道废也。治国之道，去害法者，则不惑于智能、不矫于名誉矣。”[41]

关于郑国的《竹刑》，《汉书·刑法志》记载，“春秋之时，王道寖坏，教化不行，子产相郑而铸刑书。”[42] 据《列子·力命》记载，“邓析操两可之说，设无穷之辞，当子产执政，作《竹刑》。郑国用之，数难子产之治。子产屈之。子产执而戮之，俄而诛之。然则子产非能用《竹刑》，不得不用；邓析非能屈子产，不得不屈；子产非能诛邓析，不得不诛也”[43]。《历代刑法考》载，“定四年，郑驷歂杀邓析而用其竹刑”[44]。郑国的《竹刑》掀起了一场是否应当制刑造典的运动，有国家随之，也有国家弃之。据《春秋列传·昭公》载，“三月，郑人铸刑书。叔向使诒子产书曰：始吾有虞于子，今则已矣。昔先王议事以制，不为刑辟，惧民之有争心也。犹不可禁御，是故闲之以义，纠之以政，行之以礼，守之以信，奉之以仁，制为禄位，以劝其从，严断刑罚，以威其淫。惧其未也，故诲之以忠，耸之以行，教之以务，使之以和，临之以敬，莅之以强，断之以刚，犹求圣哲之上，明察之官，忠信之长，慈惠之师，民于是乎可任使也，而不生祸乱。民知有辟，则不忌于上。并有争心，以征于书，而徼幸以成之，弗可为矣。夏有乱政，而作《禹刑》；商有乱政，而作《汤刑》；周有乱政，而作《九刑》。三辟之兴，皆

[37] 前注[35]，徐正英、常佩雨译注书，第734～741页。

[38] 前注[35]，徐正英、常佩雨译注书，第748页。

[39] 前注[35]，徐正英、常佩雨译注书，第748～749页。

[40] 前注[7]，（汉）刘安等书，第66页。

[41] （战国）韩非：《韩非子》，上海古籍出版社1989年版，第45～46页。

[42] （汉）班固：《汉书》，（唐）颜师古注，中华书局2000年版，第927页。

[43] 景中译注：《列子·力命》，中华书局2007年版，第189页。

[44] 前注[3]，（清）沈家本书，第841页。

叔世也。今吾子相郑国，作封洫，立谤政，制参辟，铸刑书，将以靖民，不亦难乎？诗曰：仪式刑文王之德，日靖四方。又曰：仪刑文王，万邦作孚，如是何辟之有？民知争端矣，将弃礼而征于书，锥刀之末，将尽争之。乱狱滋丰，贿赂并行，终子之世，郑其败乎，肸闻之，国将亡，必多制，其此之谓乎！复书曰：若吾子之言，侨不才，不能及子孙，吾以救世也。既不承命，敢忘大惠！士文伯曰：火见，郑其火乎？火未出，而作火以铸刑器，藏争辟焉。火如象之，不火何为。"㊺

关于《刑书》，史载范宣子所撰，但言不多。据《春秋左传·昭公二十九年》载："冬，晋赵鞅，荀寅帅师城汝滨，遂赋晋国一鼓铁，以铸刑鼎，著范宣子所为刑书焉。"㊻《孔子家语·正论解》也载："赵简子赋晋国一鼓钟，以铸刑鼎，著范宣子所为刑书。"㊼

商鞅变法在后世的史记、传记中均被形容为残暴的。虽然刑法具体内容不可考，但诸多史料载其借用了李悝所撰《法经》。《唐律疏议》载："魏文侯师于里悝，集诸国刑典造《法经》六篇，一盗法，二贼法，三囚法，四捕法，五杂法，六具法。"㊽ 故明朝邱浚认为"刑法之著为书始于此"㊾。沈家本遗书《历代刑法考》又言，"战国时，各国各有刑法，悝不过集而自成为一家言"㊿。沈家本推测："《汉书·艺文志》法家有《李子》三十二篇，《法经》当在其中，此书为秦法之根原，必不与杂烧之列，不知何时其书始亡，恐在董卓之乱。"(51)

据《韩非子·定法》载："今申不害言术，而公孙鞅为法。术者，因任而授官，循名而责实，操杀生之柄，课群臣之能者也，此人主之所执也。法者，宪令著于官府，刑罚必于民心，赏存乎慎法，而罚加乎奸令者也，此臣之所师也。君无术则弊于上，臣无法则乱于下，此不可一无，皆帝王之具也……问者曰：徒术而无法，徒法而无术，其不可何哉？对曰：申不害，韩昭侯之佐也。韩者，晋之别国也。晋之故法未息，而韩之新法又生；先君之令未收，而后君之令又下。申不害不擅其法，不一其宪令则奸多故。利在故法前令则道之，利在新法后令则道之，利在故新相反，前后相勃。则申不害虽十使昭侯用术，而奸臣犹有所谲其辞矣。故托万乘之劲韩，七十年而不至于霸王者，虽用术于上，法不勤饰于官之患也。公孙鞅之治秦也，设告相坐而责其实，连什伍而同其罪，赏厚而信，刑重而必，是以其民用力劳而不休，逐敌危而不却，故其国富而兵强。然而无术以知奸，则以其富强也资人臣而已矣。及孝公、商君死，惠王即位，秦法未败也，而张仪以秦殉韩、魏。惠王死，武王即位，甘茂以秦殉周。武王死，昭襄王即位，穰侯越韩、魏而东攻齐，五年而秦不益尺土之地，乃城其陶邑之封，应侯攻韩八年，成其汝南之封；自是以来，诸用秦者皆应、穰之类也。故战胜则大臣尊，益地则私封立，主无术以知奸也。商君虽十饰其法，人臣反用其资。故乘强秦之资，数十年而不至于帝王

㊺ 前注㉑，郭丹、程小青、李彬源译注书，第1664～1667页。
㊻ 前注㉑，郭丹、程小青、李彬源译注书，第2015页。
㊼ （三国）王肃编著：《孔子家语·正论解》，中州古籍出版社1991年版，第75页。
㊽ （唐）长孙无忌等：《唐律疏议》，刘俊文点校，中华书局1983年版，第2页。
㊾ （明）邱浚：《大学衍义补·慎刑宪》，林冠群、周济夫点校，京华出版社1999年版，第878页。
㊿ 前注③，（清）沈家本书，第843页。
(51) 前注③，（清）沈家本书，第843页。

者，法不勤饰于官，主无术于上之患也……商君之法曰：斩一首者爵一级，欲为官者为五十石之官；斩二首者爵二级，欲为官者为百石之官。官爵之迁与斩首之功相称也。今有法曰：斩首者令为医匠，则屋不成而病不已。夫匠者，手巧也；而医者，齐药也；而以斩首之功为之，则不当其能。今治官者，智能也；今斩首者，勇力之所加也。以勇力之所加、而治智能之官，是以斩首之功为医匠也。故曰：二子之于法术，皆未尽善也。”[52]

先秦时期诸多宝贵的刑法原本已失传，至今仍有待大量考证。据东汉王充所著《论衡·语增》载，“秦始皇帝三十四年，置酒咸阳台，儒士七十人前为寿。仆射周青臣进颂始皇之德。齐淳于越进谏始皇不封子弟功臣，自为狭辅，刺周青臣以为面谀。始皇下其议于丞相李斯。李斯非淳于越曰：‘诸生不师今而学古，以非当世，惑乱黔首。臣请勑史官，非秦记皆烧之；非博士官所职，天下有敢藏《诗》、《书》、百家语诸刑书者；悉诣守、尉集烧之；有敢偶语《诗》、《书》弃市；以古非今者族灭；吏见知弗举与同罪。’”[53] 据此可知，“焚书坑儒”应该是先秦法律典集难以考究的主要原因。虽然如此，但经诸多古籍考证，均可发现先秦时期中华已有成文刑法，自不待疑。

三、秦汉时期的刑律

（一）秦朝

商鞅变法，虽采《法经》诸多内容，但为与之区别而用“律”，故秦以后的刑法名称以“律”为主旋律。秦朝的刑法典集在古籍中记录很少，直到湖北云梦睡虎地秦简的出土，才揭示出诸多秦律体系。众所周知，《法经》分盗、贼、囚、捕、杂、具六篇，《秦律》也大致如此。依据云梦睡虎地出土的简帛，虽然表面看刑律条文并不是秦律的主要内容，但秦律却是以刑律为主的诸法合体的法律。第一类是《秦律》十八种，包括《田律》《厩苑律》《仓律》《金布律》《关市律》《工律》《工人程律》《均工律》《徭律》《司空律》《置吏律》《效律》《军爵律》《传食律》《行书律》《内史杂律》《尉杂律》《属邦律》等，律名或其简称写于每条律文尾端，内容涉及农业、仓库、货币、贸易、徭役、置吏、军爵、手工业等方面。第二类是少量的《秦律》杂抄，含《除吏律》《游士律》《除弟子律》《中劳律》《藏律》《公车司马猎律》《牛羊课》《傅律》《敦表律》《捕盗律》《戍律》。第三类是关于程序法律文书的“式”，如调查、勘验、审讯法律文书及为吏之道类的执法管理制度。第四类是类似于后世敕的一种官方法律答问。第五类是，廷尉审案所形成的成例，大致相当于后世的“例”。为系统介绍，特以各律中的刑律为例，观察《秦律》的刑法规定情况。

《田律》，如“百姓居田舍者毋敢酤酉（酒），田啬夫、部佐谨禁御之，有不从令者有罪”[54]。

《厩苑律》，如“以四月、七月、十月、正月膚田牛。卒岁，以正月大课之，最，赐

[52] 前注㊶，（战国）韩非书，第137～138页。

[53] （汉）王充：《论衡·语增》，上海古籍出版社1990年版，第79页。

[54] 睡虎地秦墓竹简整理小组：《睡虎地秦墓竹简》，文物出版社1990年版，第22页。

田啬夫壶酉（酒）束脯，为旱（皂）者除一更，赐牛长日三旬；殿者，谇田啬夫，罚冗皂者二月。其以牛田，牛减絜，治（笞）主者寸十。有（又）里课之，最者，赐田典日旬；殿，治（笞）卅”[55]。

《仓律》，如“隶臣妾其从事公，隶臣月禾二石，隶妾一石半；其不从事，勿禀。小城旦、隶臣作者，月禾一石半石；未能作者，月禾一石。小妾、舂作者，月禾一石二斗半斗；未能作者，月禾一石。婴儿之毋（无）母者各半石；虽有母而与其母冗居公者，亦禀之，禾月半石。隶臣田者，以二月月禀二石半石，到九月尽而止其半石。舂，月一石半石。隶臣、城旦高不盈六尺五寸，隶妾、舂高不盈六尺二寸，皆为小；高五尺二寸，皆作之”[56]。

《金布律》，如“受（授）衣者，夏衣以四月尽六月禀之，冬衣以九月尽十一月禀之，过时者勿禀。后计冬衣来年。囚有寒者为褐衣。为幏布一，用枲三斤。为褐以禀衣；大褐一，用枲十八斤，直（值）六十钱；中褐一，用枲十四斤，直（值）卌六钱；小褐一，用枲十一斤，直（值）卅六钱。已禀衣，有馀褐十以上，输大内，与计偕。都官有用……其官，隶臣妾、舂城旦毋用，在咸阳者致其衣大内，在它县者致衣从事之县。县、大内皆听其官致，以律禀衣”[57]。

《关市律》，如“为作务及官府市，受钱必辄入其钱缿中，令市者见其入，不从令者赀一甲”[58]。

《工律》，如“公器官……久，久之。不可久者，以髼久之。其或叚（假）公器，归之，久必乃受之。敝而粪者，靡蚩其久。官辄告叚（假）器者曰：器敝久恐靡者，遝其未靡，谒更其久。其久靡不可智（知）者，令赍赏（偿）。叚（假）器者，其事已及免，官辄收其叚（假），弗亟收者有罪。其叚（假）者死亡、有罪毋（无）责也，吏代赏（偿）。毋擅叚（假）公器，者（诸）擅叚（假）公器者有罪，毁伤公器及……者令赏（偿）”[59]。

《司空律》，如“官府叚（假）公车牛者……叚（假）人所。或私用公车牛，及叚（假）人食牛不善，牛訾（胔）；不攻间车，车空失，大车轱紱（盭）；及不芥（介）车，车蕃（藩）盖强折列（裂），其主车牛者及吏、官长皆有罪”[60]。

《军爵律》，如“欲归爵二级以免亲父母为隶臣妾者一人，及隶臣斩首为公士，谒归公士而免故妻隶妾一人者，许之，免以为庶人。工隶臣斩首及人为斩首以免者，皆令为工。其不完者，以为隐官工”[61]。

《效律》，如“仓扇（漏）死（朽）禾粟，及积禾粟而败之，其不可食者不盈百石以下，谇官啬夫；百石以上到千石，赀官啬夫一甲；过千石以上，赀官啬夫二甲；令官啬夫、冗吏共赏（偿）败禾粟。禾粟虽败而尚可食殹（也），程之，以其秏（耗）石数论

[55] 前注[54]，睡虎地秦墓竹简整理小组书，第 22 页。
[56] 前注[54]，睡虎地秦墓竹简整理小组书，第 32 页。
[57] 前注[54]，睡虎地秦墓竹简整理小组书，第 41 页。
[58] 前注[54]，睡虎地秦墓竹简整理小组书，第 42 页。
[59] 前注[54]，睡虎地秦墓竹简整理小组书，第 45 页。
[60] 前注[54]，睡虎地秦墓竹简整理小组书，第 49 页。
[61] 前注[54]，睡虎地秦墓竹简整理小组书，第 55 页。

负之”[62]。

《内史杂律》，如“令赦史毋从事官府。非史子殹（也），毋敢学学室，犯令者有罪”[63]。

《除吏律》，如“任法（废）官者为吏，赀二甲。·有兴，除守啬夫、叚（假）佐居守者，上造以上不从令，赀二甲。·除士吏、发弩啬夫不如律，及发弩射不中，尉赀二甲。·发弩啬夫射不中，赀二甲，免，啬夫任之。·驾騶除四岁，不能驾御，赀教者一盾；免，赏（偿）四岁繇（徭）戍”[64]。

《藏律》，如“臧（藏）皮革槖（蠹）突，赀啬夫一甲，令、丞一盾”[65]。

《牛羊课》，如“牛大牝十，其六毋（无）子，赀啬夫、佐各一盾。·羊牝十，其四毋（无）子，赀啬夫、佐各一盾”[66]。

《法律答问》所反映出的《秦律》，如“告人盗百一十，问盗百，告者可（何）论？当赀二甲。盗百，即端盗驾（加）十钱，问告者可（何）论？当赀一盾。赀一盾应律，虽然，廷行事以不审论，赀二甲。”[67]“律曰：‘斗夬（决）人耳，耐。’今夬（决）耳故不穿，所夬（决）非珥所入殹（也），可（何）论？律所谓，非必珥所入乃为夬（决），夬（决）裂男若女耳，皆当耐”[68]。

虽然睡虎地出土的仅是竹简残片，难以看出《秦律》的全貌，但与先秦时期现有资料尚还难以考证相比，《秦律》是有考古依据的成文刑法典范。《秦律》中的各律文规定比今日之法律更加详细，而且其《法律答问》也反映出当时审理案件严格按照《秦律》予以适用。

（二）汉朝

《汉书·刑法志》载，“律令一定，愚民知所避，奸吏无所弄矣。”“至成帝河平中，复下诏曰：‘《甫刑》云“五刑之属三千，大辟之罚其属二百”，今大辟之刑千有余条，律、令烦多，百有余万言，奇请它比，日以益滋，自明习者不知所由，欲以晓喻众庶，不亦难乎！’”[69]。据《汉书·刑法志》载，汉朝刑法最初从《约法三章》，发展到萧何《九篇》、叔孙通《十八篇》，到张汤、赵禹制刑发展到“律令凡三百五十九章，大辟四百九条，千八百八十二事，死罪决事比万三千四百七十二事”[70]。

《晋书·刑法志》记载，“汉承秦制，萧何定律，除参夷连坐之罪，增部主见知之条，益事律兴、厩、户三篇，合为九篇”[71]。沈家本所藏遗书《历代刑法考》按，“此秦有律有令之证。汉之有律有令，承秦之名也”[72]。同时，《晋书·刑法志》亦载，“是时

---

[62] 前注[54]，睡虎地秦墓竹简整理小组书，第 57 页。
[63] 前注[54]，睡虎地秦墓竹简整理小组书，第 63 页。
[64] 前注[54]，睡虎地秦墓竹简整理小组书，第 79 页。
[65] 前注[54]，睡虎地秦墓竹简整理小组书，第 83 页。
[66] 前注[54]，睡虎地秦墓竹简整理小组书，第 87 页。
[67] 前注[54]，睡虎地秦墓竹简整理小组书，第 102 页。
[68] 前注[54]，睡虎地秦墓竹简整理小组书，第 112 页。
[69] 前注[42]，（汉）班固书，第 933 页。
[70] 前注[42]，（汉）班固书，第 929～932 页。
[71] （唐）房玄龄等：《晋书》，中华书局 2000 年版，第 600 页。
[72] 前注[3]，（清）沈家本书，第 848 页。

承用秦汉旧律，其文起自魏文侯师李悝。悝撰次诸国法，著法经。以为王者之政，莫急于盗贼，故其律始于盗贼。盗贼续劾捕，故著网捕二篇，其轻狡、越城、博戏、假借不廉、淫侈、逾制以为《杂律》一篇，又以具律具其加减。是故所著六篇而已，然皆罪名之制也。商君受之以相秦”(73)。

《汉书·刑法志》记载，高祖约法三章。“汉兴，高祖初入关，约法《三章》，曰：‘杀人者死，伤人及盗抵罪。’蠲削烦苛，兆民大说。其后四夷未附，兵革未息，《三章》之法不足以御奸，于是相国萧何攈摭秦法，取其宜于时者，作律《九章》”(74)。

景帝定棰令。“景帝元年下诏曰：‘加笞与重罪无异。’幸而不死，不可为人。其定律：‘笞五百曰三百，笞三百曰二百。’犹尚不全。至中六年，又下诏曰：‘加笞者，或至死而笞未毕，朕甚怜之！其减笞三百曰二百，笞二百曰一百。’又曰：‘笞者，所以教之也，其定《棰令》。”丞相刘舍，御史大夫卫绾请：“笞者，棰长五尺，其本大一寸；其竹也，末薄半寸，皆平其节。当笞者，笞臀，毋得更人，毕一罪，乃更人。’自是笞者得全，然酷吏犹以为威。死刑既重，而生刑又轻，民易犯之。”(75)

武帝改定律令。“及至孝武即位，外事四夷之功，内盛耳目之好，征发烦数，百姓贫耗。穷民犯法，酷吏击断，奸轨不胜。于是招进张汤赵禹之属，条定法令，作见知故纵监临部主之法，缓深故之罪，急纵出之诛。其后奸猾巧法，转相比况，禁罔浸密：律、令凡三百五十九章，大辟四百九条，千八百八十二事，死罪决事比万三千四百七十二事。文书盈于几阁，典者不能遍睹。是以郡国承用者驳：或罪同而论异，奸吏因缘为市，所欲活，则傅生议，所欲陷则予死比。议者咸冤伤之。”(76)

元帝蠲除律令。“至元席初立，乃下诏曰：‘夫法令者，所以抑暴扶弱，欲其难犯而易避也。今律令烦多而不约，自典文者不能分明，而欲罗元元之不逮，斯岂刑中之意哉！其议律、令可蠲除轻减者，条奏，唯在便安万姓而已。’”(77)

成帝约省律令。“至成帝河平中，复下诏曰：‘《甫刑》云“五刑之属三千，大辟之罚其属二百。”今大辟之刑千有余条，律令烦多百有余万言，奇请它比，日以益滋。自明习者不知所由，欲以晓喻众庶，不亦难乎？于以罗元元之民，夭绝亡辜，岂不哀哉！其与中二千石，二千石博士，及明习律令者，议减死刑及可蠲除约省者，令较然易知，条奏。《书》不云乎：“惟刑之恤哉！”其审核之，务准古法，朕将尽心览焉。’有司无仲山父将明之材，不能因时广宣主恩，建立明制，为一代之法，而徒钩摭微细，毛举数事，以塞诏而已。是以大议不立，遂以至今。议者或曰：‘法难数变’，此庸人不达，疑塞治道，圣智之所常患者也。故略举汉兴以来，法令稍定而合古便今者。”(78)

汉代之刑修订之大略：“汉兴之初，虽有约法《三章》，网漏吞舟之鱼，然其大辟，尚有夷三族之令，令曰：‘当三族者，皆先黥，劓，斩左右止，笞杀之，枭其首，菹其

---

(73) 前注⑰，（唐）房玄龄等书，第 600 页。
(74) 前注㊷，（汉）班固书，第 929 页。
(75) 前注㊷，（汉）班固书，第 932 页。
(76) 前注㊷，（汉）班固书，第 932 页。
(77) 前注㊷，（汉）班固书，第 933 页。
(78) 前注㊷，（汉）班固书，第 934 页。

骨，肉于市。其诽谤詈诅者，又先断舌。’故谓之具五刑。彭越韩信之属，皆受此诛。”(79)

《汉书·王莽传》记载：“三年，莽曰：百官改更，职事分移，律令仪法，未及悉定，且因汉律令仪法以从事。”(80)

《汉律》或《九章律》原文已失传。清人杜贵墀编撰的《汉律辑证》，收录了汉代律令二百五十余条，共六卷。卷一主要是刑种，共70余条，如夷三族、腰斩、弃市、除肉刑、赎等。卷二主要为财政税收，共40余条，如赋、徭役、税等。卷三为贼盗，共40余条，如恐吓、诈取、逃脱等。卷四为职制，共50条，如官品、官吏犯罪、失职、专擅、举奏非是等。卷五为杂律与越宫律，共40余条，如吏卒不得系马宫门树、无引籍不得入宫司马殿门等。卷六为军职，共10余条，如军士逃亡、诈增虏获等。

四、唐宋元时期的刑律

（一）唐朝

隋朝定律改历史之刑律，笞、杖、徒、流、死五刑始定，死刑分绞、斩，肉刑全废。隋朝开启了封建五刑的新开端，直至清末修律以前保留了约1 500年。虽因隋命短而出现“始于隋而用于唐”，但也出现《大学衍义补》所载“万世之下不可易也”(81) 的情况。据《旧唐书·刑法志》记载，唐初立法“大略以开皇为准”(82)。

唐代时期，刑法有四种形式，即律、令、格、式。然而，只有律才是定罪处刑的依据，后三种只是行政治理规范。据《新唐书·刑法志》载：“令者，尊卑贵贱之等数，国家之制度也；格者，百官有司之所常行之事也；式者，其所常守之法也。凡邦国之政，必从事于此三者。其有所违及人之为恶而入于罪戾者，一断以律。”(83) 唐初因隋旧制，“高祖入京师，约法十二条”。武德二年，“颁新格五十三条”。四年，“诏仆射裴寂等十五人更撰律令，凡律五百，丽以五十三条”。太宗时期，“玄龄等遂与法司增损隋律，降大辟为流者九十二，流为徒者七十一，以为律；定令一千五百四十六条，以为令；又删武德以来敕三千馀条为七百条，以为格；又取尚书省列曹及诸寺、监、十六卫计帐以为式。”“自房玄龄等更定律、令、格、式，讫太宗世，用之无所变改。”(84) 据《旧唐书·刑法志》载“玄龄等遂与法司定律五百条，分为十二卷”，“又定令一千五百九十条，为三十卷”(85)。宣宗七年，左卫率府仓曹参军张戣以刑律分类为门，而附以格敕，为《大中刑律统类》，诏刑部颁行之。这在一定程度上改变了《唐律》的基本格局，也开启了《宋刑统》的立法模式。然而，宣宗（846—859年）至景宗（904—907年）只存续了60年时间，这对唐律的基本模式并无影响，尤其是《大明律》的回归说明唐律的基本定型在中华刑法史并无改变。

---

(79) 前注㊷，（汉）班固书，第934页。
(80) 前注㊷，（汉）班固书，第3028页。
(81) 前注㊾，（明）邱浚书，第884页。
(82) （后晋）刘昫等：《旧唐书》，中华书局2000年版，第1439页。
(83) （宋）欧阳修、宋祁：《新唐书·刑法志》，中华书局2000年版，第925页。
(84) 前注(82)，（宋）欧阳修、宋祁书，第926～929页。
(85) 前注(81)，（后晋）刘昫等书，第1441～1442页。

据《新唐书·刑法志》载，高宗即位，"又诏长孙无忌等增损格敕，其曹司常务曰《留司格》，颁之天下曰《散颁格》"。"武后时，内史裴居道、凤阁侍郎韦方质等又删武德以后至于垂拱诏敕为新格，藏于有司，曰《垂拱留司格》。神龙元年，中书令韦安石又续其后至于神龙，为《散颁格》。睿宗即位，户部尚书岑羲等又著《太极格》。玄宗开元三年，黄门监卢怀慎等又著《开元格》。"[86] 据《旧唐书·刑法志》载，开元时，"十九年，侍中裴光庭、中书令萧嵩，又以格后制敕行用之后，颇与格文相违，于事非便，奏令所司删撰《格后长行敕》六卷，颁于天下。二十二年，户部尚书李林甫又受诏改修格令。林甫迁中书令，乃与侍中牛仙客、御史中丞王敬从，与明法之官前左武卫胄曹参军崔见、卫州司户参军直中书陈承信、酸枣尉直刑部俞元杞等，共加删缉旧格式律令及敕，总七千二十六条。其一千三百二十四条于事非要，并删之。二千一百八十条随文损益，三千五百九十四条仍旧不改，总成律十二卷，《律疏》三十卷，《令》三十卷，《式》二十卷，《开元新格》十卷。又撰《格式律令事类》四十卷，以类相从，便于省览。二十五年九月奏上，敕于尚书都省写五十本，发使散于天下。其年刑部断狱，天下死罪惟有五十八人。大理少卿徐峤上言：大理狱院，由来相传杀气太盛，鸟雀不栖，至是有鹊巢其树。于是百僚以几至刑措，上表陈贺。玄宗以宰相燮理、法官平允之功，封仙客为邠国公，林甫为晋国公，刑部大理官共赐帛二千匹"[87]。据《新唐书·刑法志》载："宪宗时，刑部侍郎许孟容等删天宝以后敕为《开元格后敕》，文宗命尚书省郎官各删本司敕，而丞与侍郎覆视，中书门下参其可否而奏之，为《大和格后敕》。开成三年，刑部侍郎狄兼謩采开元二十六年以后至于开成制敕，删其繁者，为《开成详定格》。"[88]《旧唐书·刑法志》载，"开成四年，两省详定《刑法格》一十卷，敕令施行。"[89]"宣宗时，左卫率府仓曹参军张戣以刑律分类为门，而附以格敕，为《大中刑律统类》，诏刑部颁行之。"[90]

（二）宋朝

宋朝法制因唐律令格式，也沿袭玄宗以后的编敕风格。据《宋史·刑法志》载，"其君一以宽仁为治，故立法之制严，而用法之情恕。狱有小疑，覆奏辄得减宥……宋法制因唐律、令、格、式而随时损益，则有《编敕》，一司、一路、一州、一县又别有《敕》。建隆初，诏判大理寺窦仪等上《编敕》四卷，凡一百有六条，诏与新定《刑统》三十卷并颁天下，参酌轻重为详，世称平允。太平兴国中，增《敕》至十五卷，淳化中倍之。咸平中增至万八千五百五十有五条，诏给事中柴成务等芟其繁乱，定可为《敕》者二百八十有六条，准律分十二门，总十一卷。又为《仪制令》一卷。当时便其简易。大中祥符间，又增三十卷，千三百七十四条。又有《农田敕》五卷，与《敕》兼行"[91]。

宋仁宗时期，在咸平时期已经增删的情况下，又编撰新敕。"取《咸平仪制令》及

---

[86] 前注[82]，（宋）欧阳修、宋祁书，第929页。
[87] 前注[81]，（后晋）刘昫等书，第1450～1451页。
[88] 前注[82]，（宋）欧阳修、宋祁书，第929页。
[89] 前注[81]，（后晋）刘昫等书，第1454页。
[90] 前注[82]，（宋）欧阳修、宋祁书，第929页。
[91] （元）脱脱：《宋史》，中华书局2000年版，第3315～3316页。

制度约束之在《敕》者五百馀条，悉附《令》后，号曰《附令敕》。天圣七年《编敕》成，合《农田敕》为一书，视《祥符敕》损百有馀条。其丽于法者，大辟之属十有七，流之属三十有四，徒之属百有六，杖之属二百五十有八，笞之属七十有六。又配隶之属六十有三，大辟而下奏听旨者七十有一。凡此，皆在律令外者也。既颁行，因下诏曰：'敕令者，治世之经，而数动摇，则众听滋惑，何以训迪天下哉？自今有司毋得辄请删改。有未便者，中书、枢密院以闻。'然至庆历又复删定，增五百条，别为《总例》一卷。后又修《一司敕》二千三百十有七条，《一路敕》千八百二十有七条，《一州》、《一县敕》千四百五十有一条。其丽于法者，大辟之属总三十有一，流之属总二十有一，徒之属总百有五，杖之属总百六十有八，笞之属总十有二。又配隶之属总八十有一，大辟而下奏听旨者总六十有四。凡此，又在《编敕》之外者也。"[92] 嘉祐二年，敕从庆历四年又增至四千余条。于是，诏中外开始删修，至嘉祐七年，删修完成，取名《庆历敕》，共 1 834 条。其中，大辟增 60，流增 50，徒增 61，杖增 73，笞增 38。又配隶增 30，大辟而下奏听旨者增 46。此外，还编有《续附令敕》三卷。神宗时期，以律不足以周事情，凡律所不载者一断以敕，乃更其目曰敕、令、格、式，而律恒存乎敕外。所以，神宗在熙宁时期开始下诏置局修敕，到元丰中期，变成书二十六卷，再加修订以后颁行。

关于敕的含义，神宗曾言："禁于已然之谓敕，禁于未然之谓令，设于此以待彼之谓格，使彼效之之谓式。修书者要当识此。""于是凡入笞、杖、徒、流、死，自名例以下至断狱，十有二门，丽刑名轻重者，皆为敕。自品官以下至断狱三十五门，约束禁止者，皆为令。命官之等十有七，吏、庶人之赏等七十有七，又有倍、全、分、厘之级凡五等，有等级高下者皆为格。表奏、帐籍、关牒、符檄之类凡五卷，有体制模楷者皆为式。元祐初，中丞刘挚言：'元丰编修敕令，旧载敕者多移之令，盖违敕法重，违令罪轻，此足以见神宗仁厚之德。而有司不能推广，增多条目，离析旧制，因一言一事，辄立一法，意苛文晦，不足以该事物之情。行之几时，盖已屡变。宜取庆历、嘉祐以来新旧敕参照，去取删正，以成一代之典。'右谏议孙觉亦言烦细难以检用。乃诏挚等刊定。哲宗亲政，不专用元祐近例，稍复熙宁、元丰之制。自是用法以后冲前，改更纷然，而刑制紊矣。崇宁元年，臣僚言：'有司所守者法，法所不载，然后用例。今引例破法，非理也。'乃令各曹取前后所用例，以类编修，与法妨者去之。寻下诏追复元丰法制，凡元祐条例悉毁之。"[93] 徽宗时期，群臣注意到皇帝经常下诏，变乱旧章。靖康初年，群臣言："祖宗有一定之法，因事改者，则随条贴说，有司易于奉行。蔡京当国，欲快己私，请降御笔，出于法令之外，前后牴牾，宜令具录付编修敕令所，参用国初以来条法，删修成书。"[94] 虽然皇帝下诏同意修书，但此次修书没有完成。

高宗迁都南京以后，断例散逸，在建炎三年下令按照嘉祐条法与政和敕令开始编撰新法。如果遇到嘉祐法与现在所行有不同，则除自官制、役法外，按照赏格从重，条约从轻的原则堪修。两年以后，于绍兴元年删修完书，编成《绍兴敕令格式》。本来，按

---

[92] 前注[91]，(元) 脱脱书，第 3316 页。

[93] 前注[91]，(元) 脱脱书，第 3317 页。

[94] 前注[91]，(元) 脱脱书，第 3317 页。

照宋朝祖宗之法，《宋刑统》才是定律，然而因秦桧专权，故《绍兴敕令格式》与《宋刑统》并立服用。孝宗即位以后，有大臣在乾道元年，上书道："绍兴以来，续降指挥无虑数千，牴牾难以考据"[95]。于是，孝宗诏大理寺官详难，定其可否，类申刑部，以所隶事目分送六部长贰参详。乾道六年，刑部侍郎汪大猷等上奏编撰好的《乾道敕令格式》，乾道八年颁行。然而，"法令虽具，然吏一切以例从事，法当然而无例，则事皆泥而不行，甚至隐例以坏法，贿赂既行，乃为具例"[96]。但这种情况在淳熙初年，立即有所改变。孝宗"诏除刑部许用乾道刑名断例，司勋许用获盗推赏例，并乾道经置条例事指挥，其馀并不得引例"[97]。与此同时，由于多年修敕多有矛盾，于是孝宗在群臣建议下，"诏户部尚书蔡洸详定之，凡删改九百馀条，号《淳熙敕令格式》"[98]。其后皇帝又以编撰散漫、不得体，官员不用，不令重编，令敕令所分门编类为一书，名曰《淳熙条法事类》，于淳熙四年颁行。这便开创了以"事类"命名的新的编撰风格，"前此法令之所未有也"[99]。

淳熙末期，又有人议者犹以新书尚多遗阙，于是又开始修订，直到宋宁宗庆元四年，右丞相京镗始上其书，为百二十卷，号《庆元敕令格式》。"理宗宝庆初，敕令所言：'自庆元新书之行，今二十九年，前指挥殆非一事，或旧法该括未尽，文意未明，须用续降参酌者；或旧法元无，而后因事立为成法者；或已有旧法，而续降不必引用者；或一时权宜，而不可为常法者。条目滋繁，无所遵守，乞考定之。'淳祐二年四月，敕令所上其书，名《淳祐敕令格式》。十一年，又取庆元法与淳祐新书删润。其间修改者百四十条，创入者四百条，增入者五十条，删去者十七条，为四百三十卷。度宗以后，遵而行之，无所更定矣。其馀一司、一路、一州、一县敕，前后时有增损，不可胜纪云。"[100] 宋朝法制自淳祐十一年后，直至 1279 年南宋灭亡，剩下的 28 年因时局所限基本没有修订法律。

（三）元朝

元朝时期，法制从援引金律，发展为袭用宋制。据《新元史·刑法志》记载，"至元八年，始禁用金《泰和律》"[101]。至元二十七年，"命中书参知政事何荣祖以公规、治民、御盗、理财等十事，辑为一书，名曰《至元新格》。二十八年，书成，敕刻板颁行，俾百司遵守"[102]。至大二年，"中书省臣言：'律令者，治国之急务，当以时损益。世祖有旨：金《泰和律》勿用，令老臣通法律者参酌古今，从新定制，至今尚未行。臣等谓：律令重布，未可轻议。请自世祖即位以来所行条格，校雠归一，遵而行之。'未几，尚书省臣又言：'国家地广人众，古所未有，累朝格例前后不一，执法之吏轻重任意。请自太祖以来所行政令九千余条，删除繁冗，使归于一。'并从之。于是刑律之出入抵

---

[95] 前注[91]，（元）脱脱书，第 3318 页。
[96] 前注[91]，（元）脱脱书，第 3318 页。
[97] 前注[91]，（元）脱脱书，第 3318 页。
[98] 前注[91]，（元）脱脱书，第 3318 页。
[99] 前注[91]，（元）脱脱书，第 3318 页。
[100] 前注[91]，（元）脱脱书，第 3318 页。
[101] （民国）柯劭忞：《新元史》，张京华、黄曙辉总校，上海古籍出版社 2011 年版，第 2432 页。
[102] 前注[101]，（民国）柯劭忞书，第 2432 页。

牾者，始稍稍改正云。仁宗即位，又命右丞相阿散，平章政事、商议中书省事刘正等，择开国以来法制事例，汇集折衷，以示所司。其大纲有三：一曰诏制，二曰条格，三曰断例。经纬于格例之间，非内外职守所急者，亦时载之，名曰别敕。延祐三年，书成，敕枢密院、御史台、翰林国史、集贤院诸臣相与是正之。至治三年，又命枢密副使完颜纳丹、侍御史曹伯启、也可札鲁忽赤普颜、集贤学士钦察、翰林直学士曹元用等，就前书而损益之，名曰《大元通制》，仍取延祐二年以后所未类者附著焉。凡诏制为条九十四，条格为条一千一百五十有一，断例为条七百一十有七，令类五百七十有七，共二千五百三十九条。其类二十有一：曰名例，曰卫禁，曰职制，曰祭令，曰学规，曰军律，曰户婚，曰食货，曰十恶，曰奸非，曰盗贼，曰诈端，曰诉讼，曰斗殴，曰杀伤，曰禁令，曰杂犯，曰捕亡，曰恤刑，曰平反，曰赎刑”[103]。

又据《元史·刑法志》记载，“其初未有法守，百司断理狱讼，循用金律，颇伤严刻。及世祖平宋，疆理混一，由是简除繁苛，始定新律，颁之有司，号曰《至元新格》。仁宗之时，又以格例条画有关于风纪者，类集成书，号曰《风宪宏纲》。至英宗时，复命宰执儒臣取前书而加损益焉，书成，号曰《大元通制》。其书之大纲有三：一曰诏制，二曰条格，三曰断例。凡诏制为条九十有四，条格为条一千一百五十有一，断例为条七百十有七，大概纂集世祖以来法制事例而已”[104]。终元一世，循笞、杖、徒、流、死五刑，但死刑只有斩刑而无绞刑，罪恶极大者，可用凌迟处死。同时元朝继续废除肉刑，故《元史·刑法志》记载，“元因之，更用轻典，盖亦仁矣。”同时也载，“元之刑法，其得在仁厚，其失在乎缓弛而不知检也”[105]。元朝自忽必烈 1271 年建国号大元开始，在 1279 年灭南宋以后，立即引起长时间的各地农民起义，因内乱频发而未及修律。

五、明清时期的刑律

（一）明朝

明朝约三百年，虽法律文本仍有多种，但朱元璋所定的祖宗制法《大明律》是断罪处刑的依据。法律文件《历代刑法考》列出的主要法律文件有《大明律》，以及四卷《大诰》（《御制大诰》《大诰续编》《大诰三编》《大诰武臣》）、《大明律诰》、《大明令》、《问刑条例》。但只有《大明律》是正统刑法，辅以先例集成《大诰》作为定罪处刑依据。

据《皇明祖训》载，“凡我子孙，钦承朕命，无作聪明，乱我已成之法，一字不可改易。非但不负朕垂法之意，而天地、祖宗亦将孚佑于无穷矣！呜呼，其敬戒之哉！……以后子孙做皇帝时，止守律与大诰，并不许用黥刺、剕、劓、阉割之刑。云何？盖嗣君宫生内长，人情善恶，未能周知；恐一时所施不当，误伤善良。臣下敢有奏用此刑者，文武群臣即时劾奏，将犯人凌迟，全家处死”[106]。《大明律》自不待言，《大诰》到底是

---

[103] 前注⑩，（民国）柯劭忞书，第 2438～2439 页。

[104] （明）宋濂：《元史》，中华书局 2000 年版，第 1729 页。

[105] 前注[104]，（明）宋濂书，第 1729～1730 页。

[106] 前注⑤，杨一凡、田涛主编书，第 483～484 页。

什么，又因何而制呢？根据《明史·刑法志》载，“十八年，采辑官民过犯，条为《大诰》”[107]。由此可知，虽《大诰》本身有惩治峻令成分，但《大诰》本身不过是“皆有所源”的裁判案例汇编而已。[108] 朱元璋以《大诰》形式编发，是为“明刑弼敬”以让臣民知晓依《大明律》治罪概不例外的案例活法，故更多是“政治教科书”[109]。

关于《大明律诰》，据《历代刑法考》按语所载，《艺文志》《读法》均不见此条目内容，只是“附载于律，当是本无单行本也”[110]。杨一凡认为，洪武三十年颁行的《律诰》，“已将主要的《大诰》条目列入《律诰》，且部分条目的量刑已有变更，法司断狱，当以后者为准”[111]，故诸多《大诰》内容便不再使用。正因为如此，《明史·刑法志》载，“自《律诰》出，而《大诰》所载诸峻令未尝轻用”[112]。今后官民有犯五刑者，一依大明律科断，法司遵守，无得深文。[113]

关于《大明令》，洪武元年颁行的《大明令敕》描述为，“律、令者，治天下之法也。令以教之于先，律以齐之于后”[114]。关于《大明令》的由来，据《皇明通纪》载，洪武元年正月，“中书省、御史台臣进所修《大明令》”[115]。虽然在明初沿袭元制中书省统领六部，但洪武十三年胡惟庸被杀以后，中书省即被废，重新由六部分管朝政。尤其是《明会典·刑部》所载，“洪武元年，令凡斗殴词颂犯人，依律保辜……凡特旨临时处决罪名，不著为律令者，大小衙门，不得引此为例。若辄引此律，致令罪有轻重者，以故出入人罪论”[116]。关于《问刑条例》，其本身不过是在《大明律》基础之上，所编修的更为实时的裁判例文。也正因为如此，《明史·刑法志》将《问刑条例》定位为“例以辅律，非以破律”[117]。

据《明史·刑法志》载：“明太祖平武昌，即议律令……洪武元年又命儒臣四人，同刑官讲《唐律》，日进二十条……六年……其冬，诏刑部尚书刘惟谦详定《大明律》。每奏一篇，命揭两庑，亲加裁酌。及成，翰林学士宋濂为表以进，曰：‘臣以洪武六年冬十一月受诏，明年二月书成，篇目一准于唐：曰卫禁，曰职制，曰户婚，曰廏库，曰擅兴，曰贼盗，曰斗讼，曰诈伪，曰杂律，曰捕亡，曰断狱，曰名例。采用旧律二百八十八条，续律百二十八条，旧令改律三十六条，因事制律三十一条，掇唐律以补遗百二十三条，合六百有六条，分为三十卷。或损或益，或仍其旧，务合轻重之宜。’九年，太祖览律条犹有未当者，命丞相胡惟庸、御史大夫汪广洋等详议厘正十有三条。十六

---

[107] （清）张廷玉等：《明史》，中华书局 2000 年版，第 1526 页。

[108] 参见杨一凡：《明〈大诰〉的颁行时间、条目和诰文渊源考释》，载《中国法学》1989 年第 1 期，第 117～119 页。

[109] 杨一凡：《明〈大诰〉的实施及其历史命运》，载《中外法学》1989 年第 3 期，第 24 页；前注 108，杨一凡文，第 117 页。

[110] 前注③，（清）沈家本书，第 1131 页。

[111] 前注[109]，杨一凡文，第 26 页。

[112] 前注[107]，（清）张廷玉书，第 1526 页。

[113] 参见北京图书馆古籍出版编辑组：《北京图书馆古籍珍本丛刊》（11），书目文献出版社 1989 年版，第 20 页。

[114] （明）陈建：《皇明通纪》（上），中华书局 2008 年版，第 114 页。

[115] 前注 114，（明）陈建书，第 114 页。

[116] （明）李东阳等：《大明会典》（第五册），（明）申时行等重修，广陵书社 2007 年版，第 2441 页。

[117] 前注[107]，（清）张廷玉书，第 1528 页。

年，命尚书开济定诈伪律条。二十二年，刑部言：‘比年条例增损不一，以致断狱失当。请编类颁行，俾中外知所遵守。’遂命翰林院同刑部官，取比年所增者，以类附入，改《名例律》冠于篇首。为卷凡三十，为条四百有六十……盖太祖之于律令也，草创于吴元年，更定于洪武六年，整齐于二十二年，至三十年始颁示天下。日久而虑精，一代法始定……弘治中，去定律时已百年，用法者日弛。五年刑部尚书彭韶等以鸿胪少卿李鐩，请删定《问刑条例》。至十三年，刑官复上言：‘洪武末，定《大明律》，后又申明《大诰》，有罪减等，累朝遵用。其法外遗奸，列圣因时推广之而有例，例以辅律，非以破律也。乃中外巧法吏或借便己私，律浸格不用。’于是下尚书白昂等会九卿议，增历年《问刑条例》经久可行者二百九十七条。帝摘其中六事，令再议以闻。九卿执奏，乃不果改。然自是以后，律例并行，而网亦少密。王府禁例六条，诸王无故出城有罚，其法尤严……至（嘉靖）二十八年，刑部尚书喻茂坚言：‘自弘治间定例，垂五十年。乞敕臣等会同三法司，申明《问刑条例》及嘉靖元年后钦定事例，永为遵守……’会茂坚去官，诏尚书顾应祥等定议，增至二百四十九条。三十四年，又因尚书何鳌言，增入九事。万历时，给事中乌昇请续增条例。至十三年，刑部尚书舒化等乃辑嘉靖三十四年以后诏令及宗藩军政条例、捕盗条格、漕运议军与刑名相关者，律为正文，例为附注，共三百八十二条，删世宗时苛令特多”[118]。

（二）清朝

清朝入关前，虽有法制，但多游牧民族之军法、风俗。清军入关后，顺治、康熙、雍正先后多次仿明律编修法律，并在乾隆五年正式定型《钦定大清律例》。自乾隆以后，后世虽有礼文删修，但律文不变是史学定论。史书多载，大清律因“详译明律，参以国制”而系明律的翻版，也是唐律、汉律的再版。

关于清初大清律的修订，法史学界对于顺治编修的时间多有争议。[119] 本文以《清史稿·刑法志》为主线，详依诸多大清律编修官书，综合参酌其他编修律例予以简考。多尔衮入关以后，于顺治元年六月，令问刑衙门准依明律治罪。八月，刑科给事中孙襄提出刑法四事，定刑书是其内容之一。据《清史稿·刑法志》载，理由是“刑之有律，犹物之有规矩准绳也。今法司所遵及故明律令，科条繁简，情法轻重，当稽往宪，合时宜，斟酌损益，刊定成书，布告中外，俾知画一遵守，庶奸慝不形，风俗移易”[120]。摄政王多尔衮得奏后，谕令法司会同廷臣详绎明律，参酌时宜，集议允当，以便裁定成书，颁行天下。当年十月，世祖入京，即皇帝位。刑部左侍郎党崇雅奏，在外官吏，乘兹新制未定，不无凭臆舞文之弊。并乞暂用明律，候国制画一，永垂令甲。于是，顺治帝降旨：“在外仍照明律行，如有恣意轻重等弊，指参重处”[121]。

顺治二年，命修律官参稽满、汉条例，分轻重等差。顺治三年五月，清朝第一部法律大清律，即《钦定大清律》（又名《大清律集解附例》）编成颁行。据田涛、郑秦介

---

[118] 前注[107]，（清）张廷玉书，第1524～1528页。

[119] 参见杨一凡、田涛主编：《中国珍稀法律典籍续编》（第五册），王宏治、李建渝点校，黑龙江人民出版社2002年版，点校说明。

[120] 前注①，（民国）赵尔巽等书，第2972页。

[121] 前注①，（民国）赵尔巽等书，第2972页。

绍，“共三十卷，四百五十九条”[122]。根据《大清律辑注·颁行大清律题本》所载，“前刑部尚书吴达海屡遵明旨，纂修清律”，参与本次修订缮写、勘校的六十余人。[123] 据《大清律集解附例·御制大清律序》载：“朕惟太祖、太宗创业东方，民淳法简，大辟之外，惟有鞭笞。朕仰荷天休，抚临中夏，人民既众，情伪多端。每遇奏谳，轻重出入，颇烦拟议。律例未定，有司无所禀承。爰敕法司官广集廷议，详译明律，参以国制，增损剂量，期于平允。书成奏进，朕再三覆阅，仍命内院诸臣校订妥确，乃允刊布，名曰《大清律集解附例》。尔内外有司官吏，敬此成宪，勿得任意低昂，务使百官万民，畏名义而重犯法，冀几刑措之风，以昭我祖宗好生之德。子孙臣民，其世世守之。”[124] 顺治十三年，再颁满文大清律。

康熙在位六十余年，以遵顺治修律为基本前提，只于康熙九年对《大清律集解附例》进行了校正，于康熙十八年增修《刑部现行则例》。康熙九年，康熙命大学士管理刑部尚书事对喀纳等将律文复行校正。据《大清律辑注·校正大清律题本》载，本次校正的主要目的是，“其不符及未译之处，臣等不便即为改正……将满汉文义不符之未译之处，校定画一……或注解参差，字句讹误、遗落者尚多”[125]。据《清史稿·刑法志》载，“十八年特谕刑部定律之外所有条例，应去应存，著九卿、詹事、科道会同详加酌定，确议具奏，嗣经九卿等遵旨会同，更改条例，别自为书，名为《现行则例》。二十八年，台臣盛符升以律例须归一贯，乞重加考定，以垂法守。特交九卿议，准将《现行则例》附入大清律条”[126]。关于《现行则例》，田涛、郑秦指出，“一收例文 290 条”[127]。虽然《清史稿》删选后留评“别自为书”、“附入大清律条”[128]，几字之差实则误人。雍正版原序则说明，《现行则例》仍然是例文，大致相当于增删修例，故姚宇将《现行则例》定性为“是清代第一次大规模修例活动的成果”颇有道理。[129] 虽康熙还命大学士图纳、张玉书等为总裁，因“律文昉自唐律，辞简义赅，易致舛讹”[130]，试图仿唐律著疏，律文后增用总注，疏解律义，但是，在康熙三十四年先行缮呈后，又于两年后发回刑部，命将奏闻后更改之处补入。但直至康熙四十六年六月，辑进四十二本，康熙留览后未再发还。直至雍正即位以后，才在雍正三年公布增例、加注的新的《大清律集解附例》。

雍正时期，基本也遵顺治修律，律文主体基本未变。雍正元年，命朱轼等为总裁，分析律后总注，编修案例。雍正帝批以后，又以“是书关系事大”交九卿会同审议，于雍正三年九月才公布重新编修的《大清律集解附例》。根据《清史稿·刑法志》统计，雍正三年的《大清集解附例》名例及各部分别为“名例律四十六条。吏律：曰职制十四

---

[122] 田涛、郑秦点校：《大清律例》，法律出版社 1999 年版，点校说明。

[123] 参见（清）沈之奇：《大清律辑注》（上），怀效锋、李俊点校，法律出版社 2000 年版，颁行大清律题本。

[124] 前注[119]，杨一凡、田涛主编书，第 71 页。

[125] 前注[123]，（清）沈之奇书，校正大清律题本。

[126] 前注①，（民国）赵尔巽等书，第 2972 页。

[127] 前注[122]，田涛、郑秦点校书，第 3 页。

[128] 前注①，（民国）赵尔巽等书，第 2972 页。

[129] 参见姚宇：《康熙四十六年修律进呈本的发现及初步研究》，载《清史研究》2021 年第 3 期，第 95 页。

[130] 前注①，（民国）赵尔巽等书，第 2972 页。

条，曰公式十四条。户律：曰户役十五条，曰田宅十一条，曰婚姻十七条，曰仓库二十三条，曰课程八条，曰市廛五条。礼律：曰祭祀六条，曰仪制二十条。兵律：曰宫卫十六条，曰军政二十一条，曰关津七条，曰厩牧十一条，曰邮驿十六条。刑律：曰贼盗二十八条，曰人命二十条，曰斗殴二十二条，曰骂詈八条，曰诉讼十二条，曰受赃十一条，曰诈伪十一条，曰犯奸十条，曰杂犯十一条，曰捕亡八条，曰断狱二十九条。工律：曰营造九条，曰河防四条。盖仍明律三十门，而总为四百三十六条。律首六赃图、五刑图、狱具图、丧服图，大都沿明之旧。纳赎诸例图、徒限内老疾收赎图、诬轻为重收赎图，银数皆从现制。其律文及律注，颇有增损改易。律后总注，则康熙年间所创造。律末并附比引律三十条。此其大较也。自时厥后，虽屡经纂修，然仅续增附律之条例，而律文未之或改”[131]。雍正十年，继续修正《现行则例》，并颁发《新例要览》。

乾隆时期，有两点重要的立法改变值得重视。一是改先王“律附例”的制律习惯，创设《钦定大清律例》（又名《大清律例》）的“律例”并列的律典风格。二是删除雍正时期的所有律后总注，重回唐明律以来的正统习惯。乾隆元年，命三泰、徐本等人逐条考证，重加编辑。经过4年的修律，乾隆将新律改名为《钦定大清律例》，共436条，但例文增至1409条，还有30条比引条例。当然，例文增加并非例以破律，仍是例以注律、例以补律，数量增加只是因为历朝累加的结果。据《清史稿·刑法志》记载：“康熙初年仅存三百二十一条，末年增一百一十五条。雍正三年，分别订定，曰原例，累朝旧例凡三百二十一条；曰增例，康熙间现行例凡二百九十条；曰钦定例，上谕及臣工条奏凡二百有四条，总计八百十有五条……自乾隆元年，刑部奏准三年修例一次。十一年，内阁等衙门议改五年一修。由是刑部专司其事，不复简派总裁，律例馆亦遂附属于刑曹，与他部往往不相关会。高宗临御六十年，性矜明察，每阅谳牍，必求其情罪曲当，以万变不齐之情，欲御以万变不齐之例。故乾隆一朝纂修八九次，删原例、增例诸名目，而改变旧例及因案增设者为独多。嘉庆以降，按期开馆，沿道光、咸丰以迄同治，而条例乃增至一千八百九十有二。”[132] 乾隆以后，虽后世有修例，但律文直至清末修律基本未有变更。[133]

六、结论

本文的结论异常明确、简单，中华刑法自先秦至清，均高度地保持一脉相承的成文法传统。虽然文法有稀疏之别，但朝朝相袭，遵循秦汉以来的律文旧章基本未曾变更。无论是一朝之法，还是五千年的刑法发展，均说明中华刑律自应当具有深厚的传统和浓厚的传承性。中华刑法远比文字所能记载的内容更加精深博大，其历史也更加久远。限于主题和篇幅，罪刑法定及其应用与发展难以展开，历朝律文相袭之考证也留待其他研究展开。文谬在所难免，后续行文完善之。

五千载中华刑律，循祖制以仿故造法是为常态。偶有王朝破例创刑，或三五十载归

---

[131] 前注①，（民国）赵尔巽等书，第2973～2974页。

[132] 前注①，（民国）赵尔巽等书，第2974页。

[133] 参见熊谋林、刘任：《大清帝国死刑文明考：基于律例的数据重格》，载《河北法学》2022年第9期，第49页。

位，或后朝醒悟续循古制。官文颁行自当不难，难在政令如一，难在万民归一。文若不行，弗谁能试，弗谁甘尝苦果。故简易之道，在于循前车之得失，因旧于新成矣！其理不在于新法无信不能，是以因循而定也！倘法无定在，则风雨皆可言刑问罪，刑网或疏或密亦无刑也，终乱纲断常也！是以法定，政令虽变而法恒定，其理在去法者弛也。倘日月更替如法，法亦无法，当诱以不法也。

图书在版编目（CIP）数据

比较刑法研究．第三辑/冯军，陈山主编．-- 北京：中国人民大学出版社，2025.4. -- ISBN 978-7-300-33901-6

Ⅰ．D914.04

中国国家版本馆 CIP 数据核字第 2025YW4988 号

中国人民大学刑事法律科学研究中心系列丛书

比较刑法研究（第三辑）

主　编　冯　军　陈　山

副主编　蔡　鹤　谭　淦

Bijiao Xingfa Yanjiu

出版发行	中国人民大学出版社		
社　　址	北京中关村大街 31 号	**邮政编码**	100080
电　　话	010－62511242（总编室）		010－62511770（质管部）
	010－82501766（邮购部）		010－62514148（门市部）
	010－62511173（发行公司）		010－62515275（盗版举报）
网　　址	http://www.crup.com.cn		
经　　销	新华书店		
印　　刷	北京密兴印刷有限公司		
开　　本	787 mm×1092 mm　1/16	**版　　次**	2025 年 4 月第 1 版
印　　张	19.75 插页 1	**印　　次**	2025 年 4 月第 1 次印刷
字　　数	439 000	**定　　价**	88.00 元